京都大学史料叢書 6

西山地蔵院文書

思文閣出版

口絵1　碧潭周皎画像(西山地蔵院蔵／京都国立博物館図版提供)

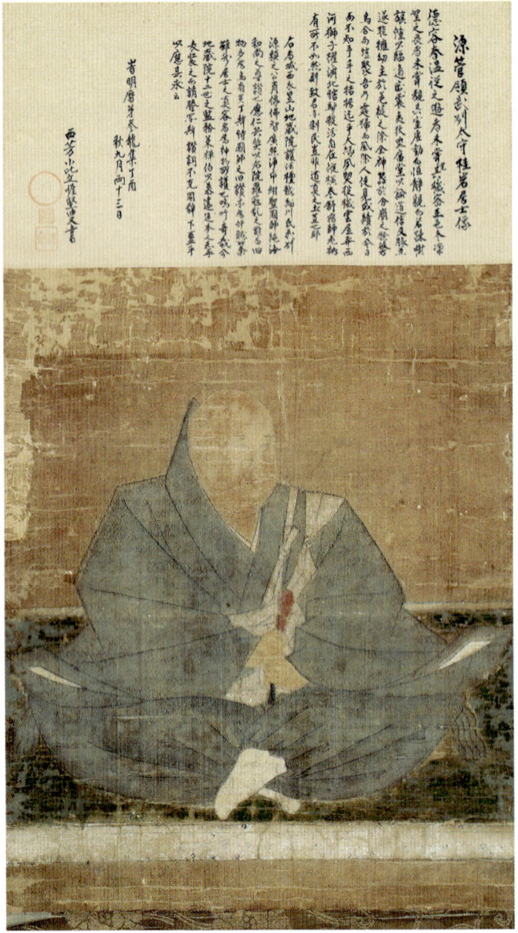

口絵２　細川頼之画像（西山地蔵院蔵）

目次

〔注：頁数は上段が影印、下段が翻刻〕

第二巻

第三巻

第四巻

第五巻

凡例

一　本書は京都大学総合博物館蔵「西山地蔵院文書」の影印・翻刻編である。

一　本文書は六巻に軸装され、文書番号は巻ごとに付箋で朱筆された番号を踏襲している。一巻一号文書は、1―1のように記した。

一　成巻する際、別の文書に貼り継がれた文書については、枝番を付して、1―1(1)のように記した。また本来の文書との接合が判明する場合、可能な限り注記している。

一　翻刻にあたり、字体は原則として常用漢字、通用漢字を用いた。

一　本書作成にあたり、西山地蔵院前住職藤田守浩師、現住職藤田正浩師、藤田薫氏からは、画像の掲載などのご配慮をいただいた。
　また翻刻編作成にあたり、小原嘉記氏、山田徹氏、坪井剛氏、萩原大輔氏、谷徹也氏の協力を得た。記して感謝する次第である。

一　本書はＪＳＰＳ科研費（二六二八四一〇一）の成果の一部である。

影印

1—1（1） 某書状

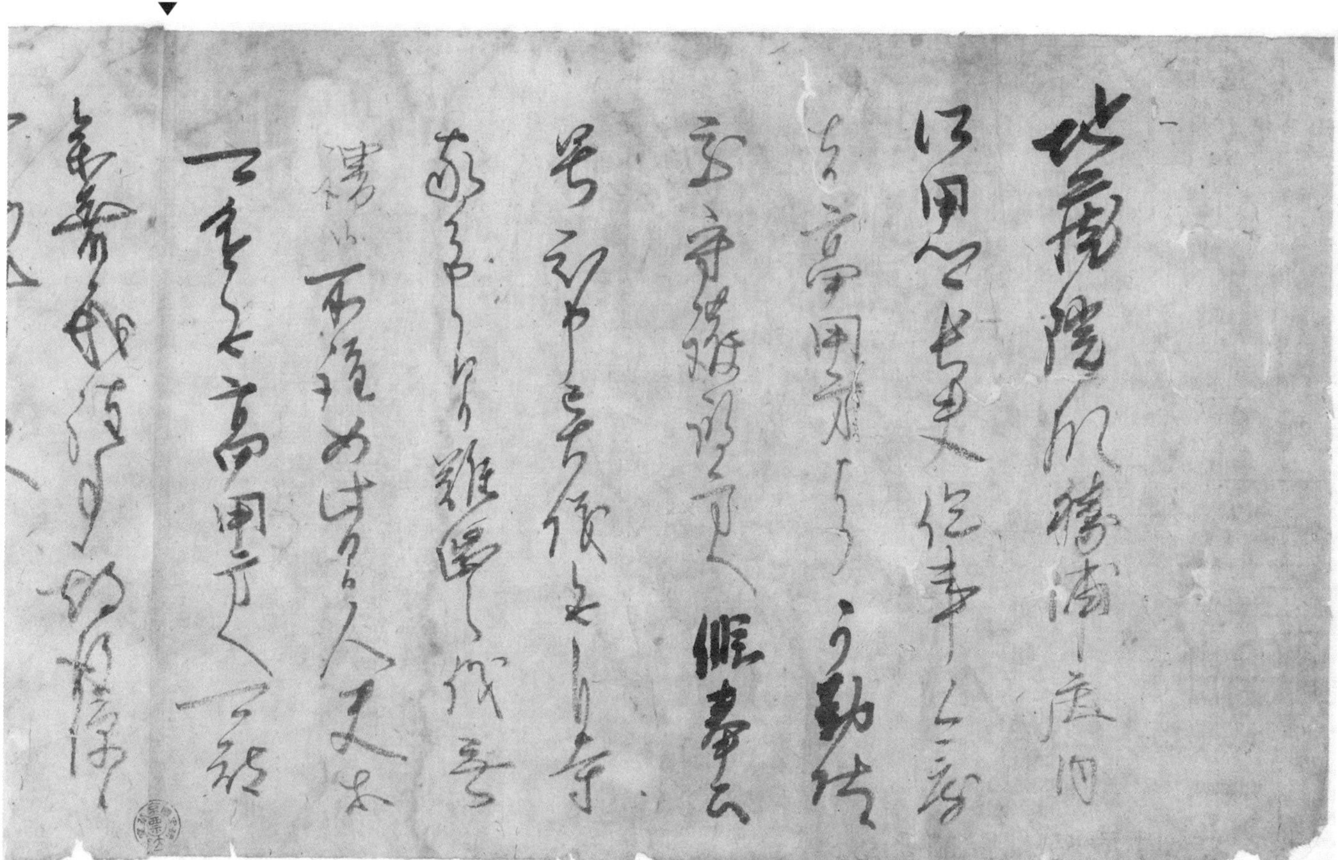

29.6×43.5

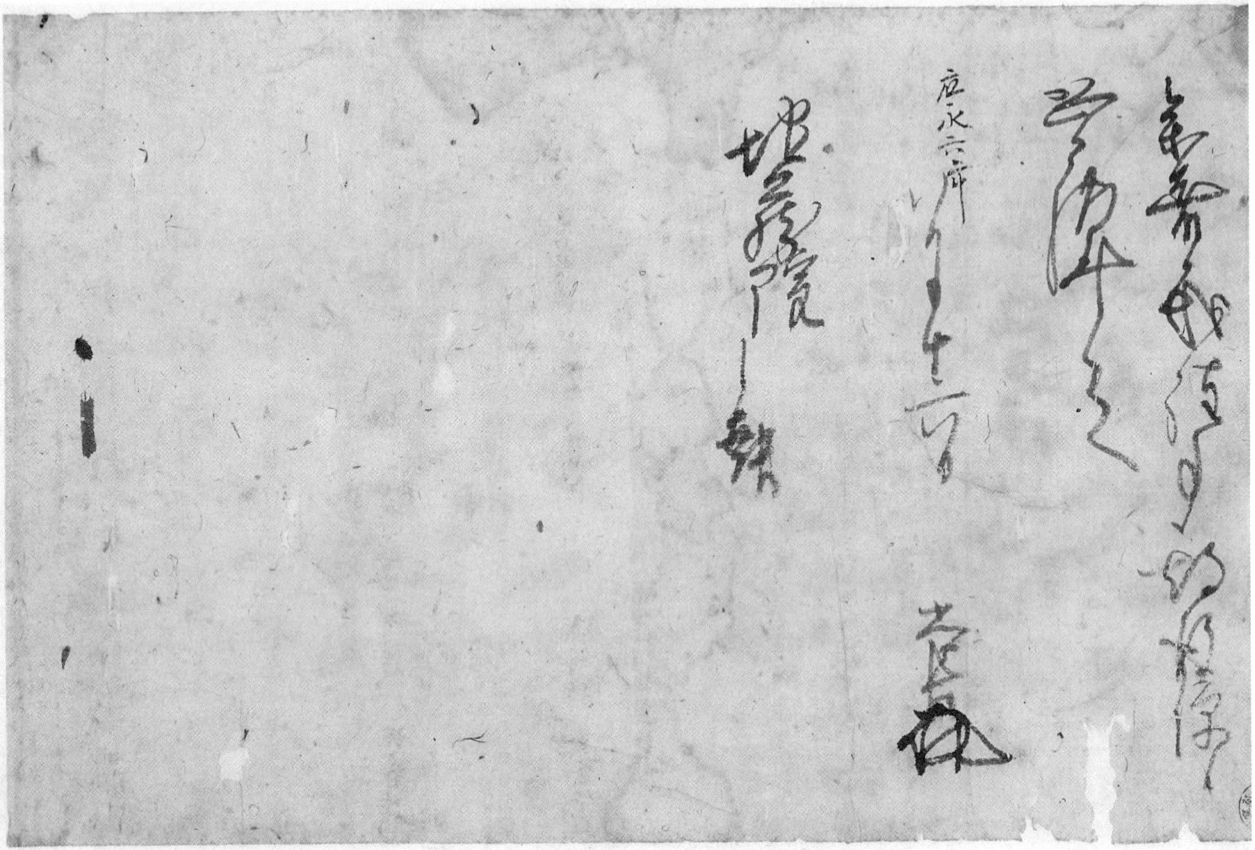

1—1（2） 尚長書状

29.7×46.0

1—2　天台座主尊胤法親王令旨案

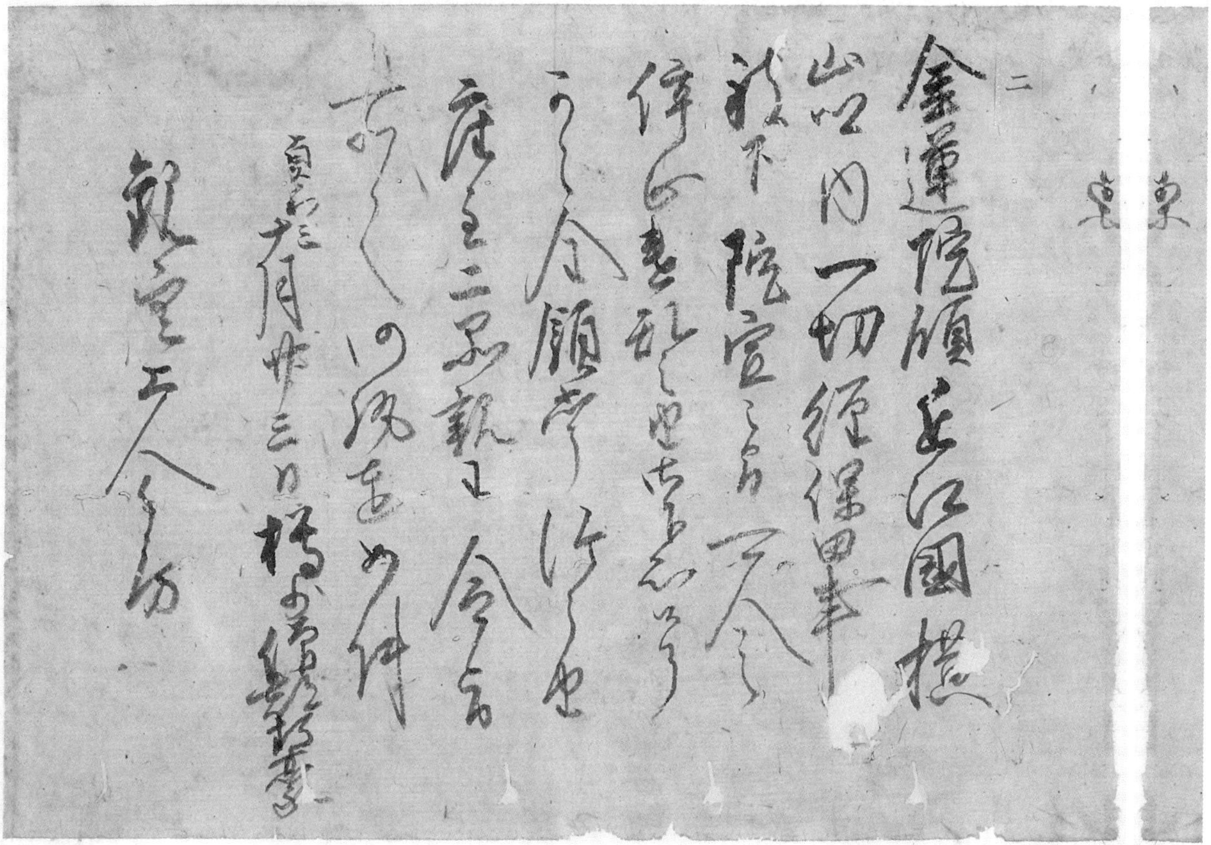

29.8×41.1

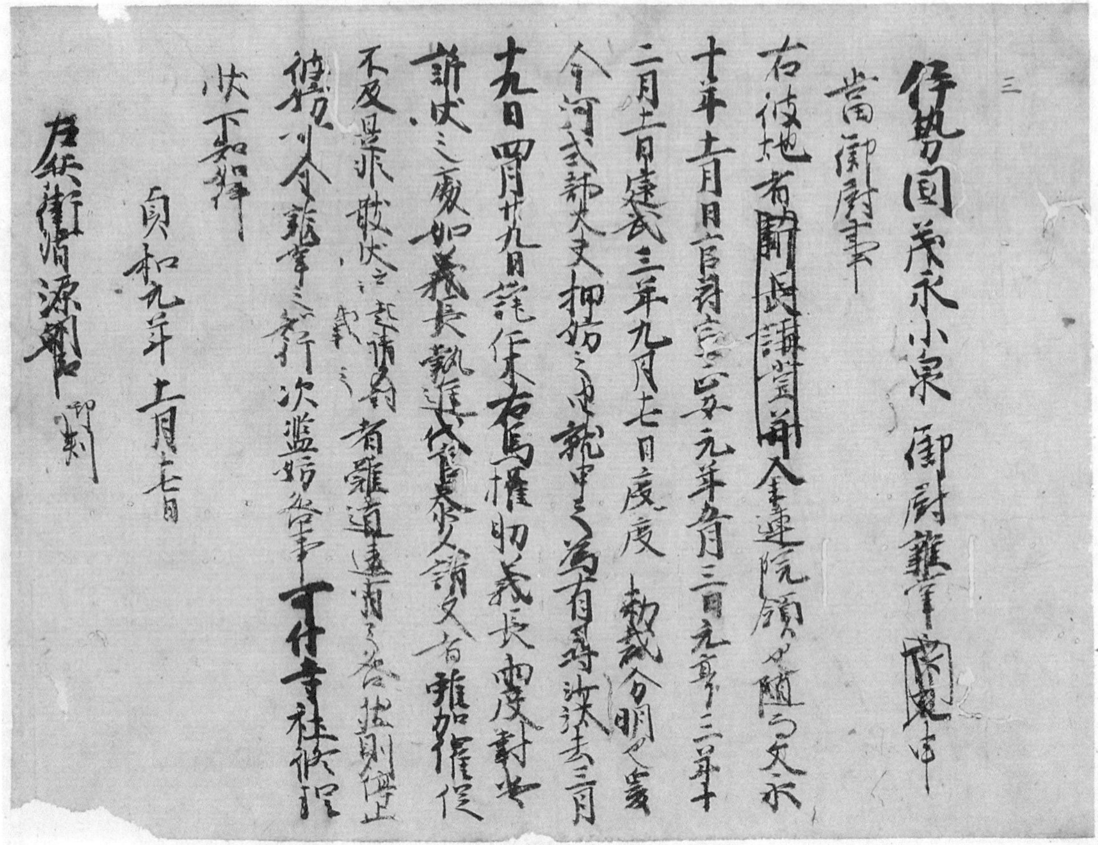

三

伊勢国茂永小泉御厨雑掌寛憲申
当御厨事
右彼地者、前長門入道寂覚并入蓮院領也、随而文永
十年十二月日、弘安元年十月三日、元亨三年十
二月十日、建武三年九月七日度々　勅裁分明也、爰
今河式部大夫押妨之由、就申之、為有其沙汰、去三月
十日・四月廿九日、雖仰于右馬権助義長、両度対捍
訴状之処、如義長執進代官矢部入道請文者、雖加催促、
不及是非散状之、起請之詞者、雑道遠以之挙状、則停止
綺、可令雑掌之旨、次濫妨、爰寺社供祀
状下知如件、
貞和九年十二月廿七日
左兵衛督源朝臣　御判

29.8×40.0

1—4 摂津国長町荘野間村預所職宛行状

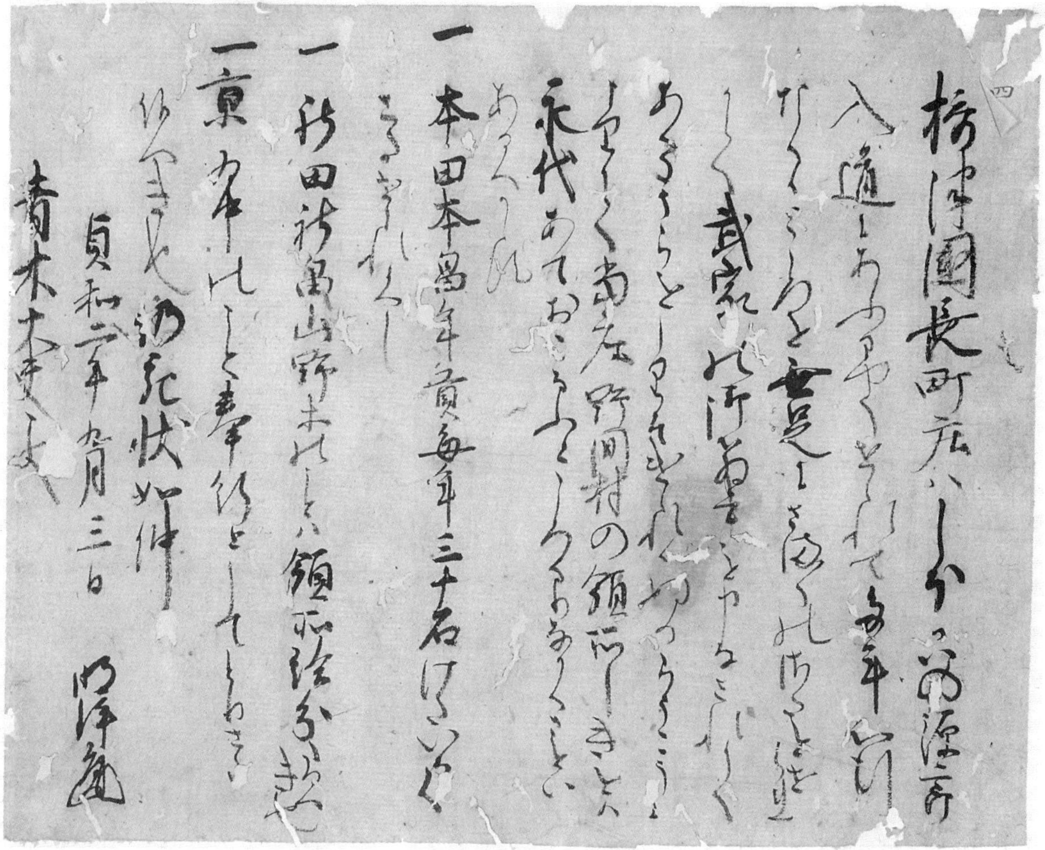

30.0×37.8

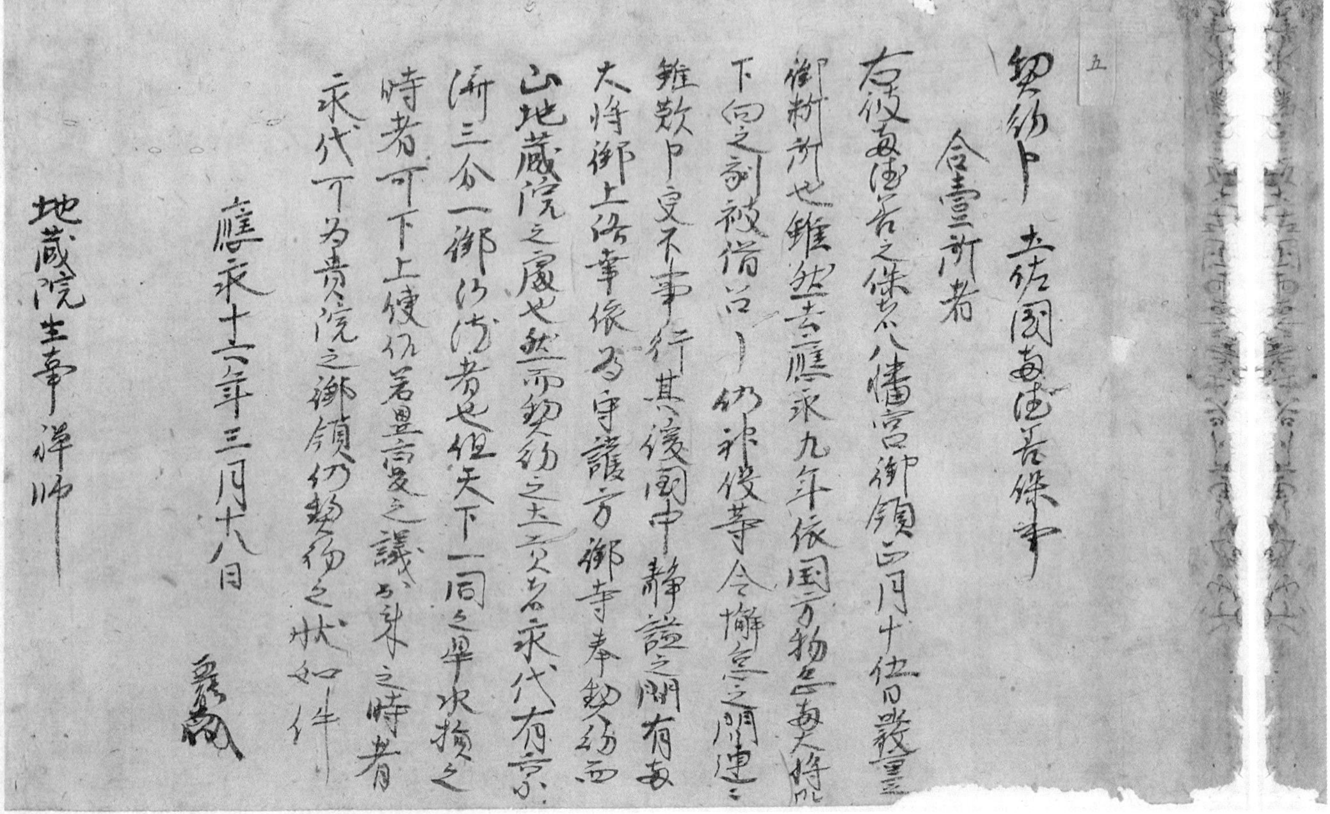
契約申　土佐国安田吾條事
合壹所者
右彼安田吾條者、八幡宮御領、正月十伍日教豊
御料所也、雖然去應永九年依国方勅無安大将殿
下向之刻、被借召、仍神役等令擁怠之間、達々
雖歎申、更不事行、其後国中静謐之間、有安
大将御上洛、幸依為守護方御寺奉契約、而
山地蔵院之處也、然而契約之上者、永代有京
進三分一御得分者也、但天下一同之擧、次換之
時者、可下上使、仍若豊高之議、出来之時者
永代可為貴院之御領、仍契約之状如件
應永十六年三月十八日　兼能（花押）
地蔵院主事禅師

29.7×46.6

1—6　しのむら成教田地売券

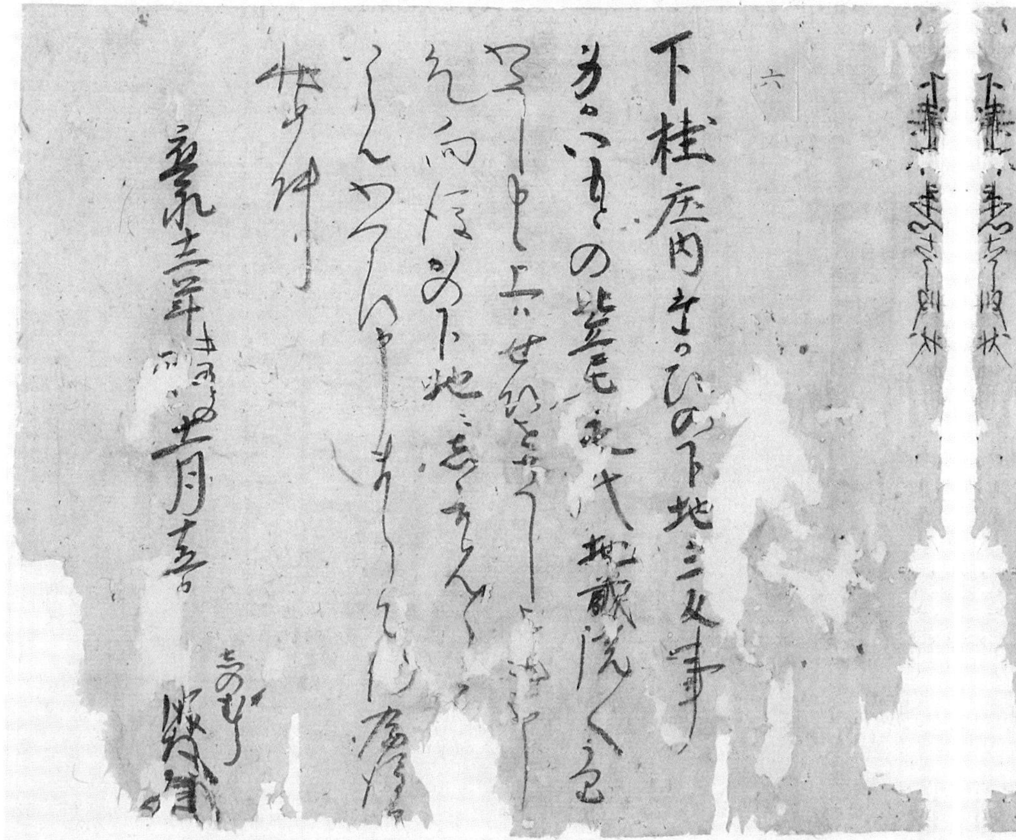

29.1×33.7

近江国守護六角満高書下

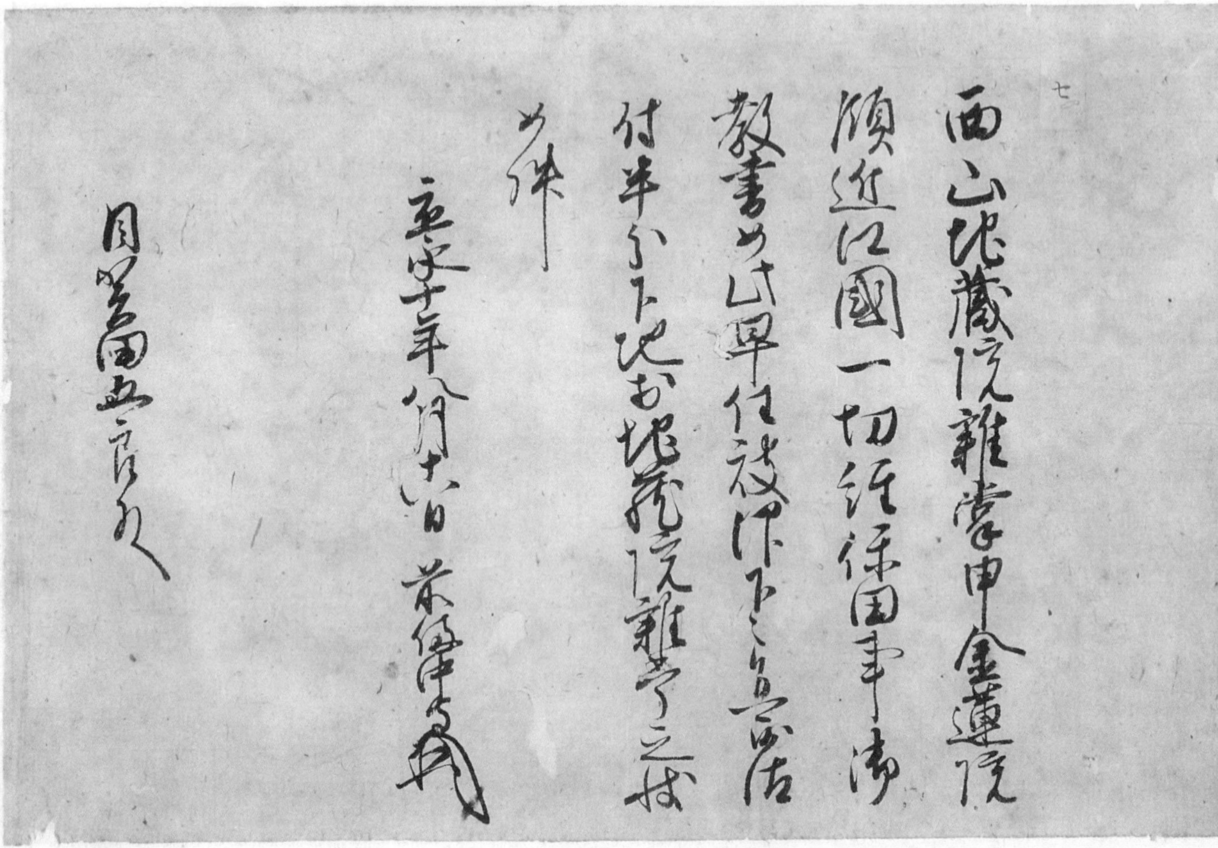

29.7×45.6

1—8 摂津幸夜叉丸寄進状案

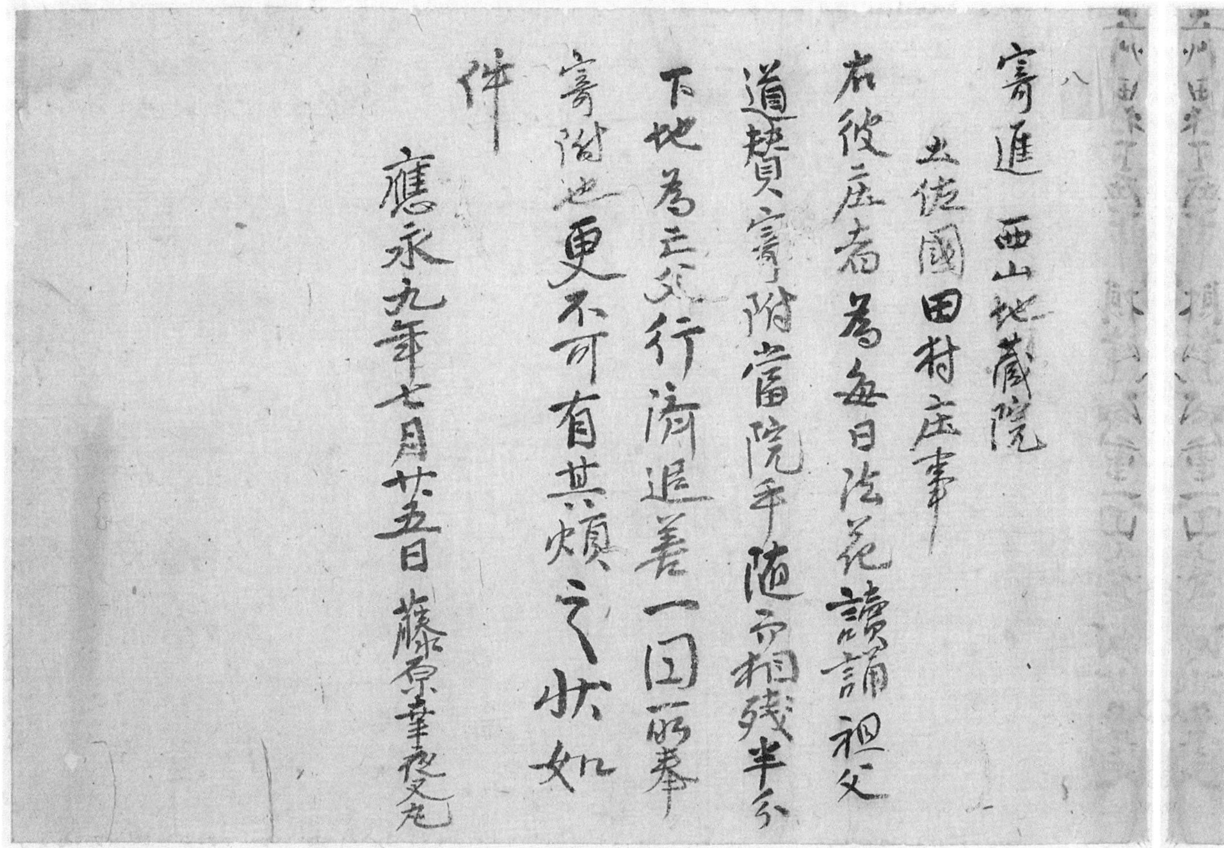

八

寄進 西山地蔵院
　土佐國田村庄事
右彼庄者爲毎日法花讀誦祖父
道賛寄附當院乎、随而相残半分
下地爲亡父行済追善一円所奉
寄附也、更不可有其煩之状如
件
　應永九年七月廿五日　藤原幸夜叉丸

29.7×41.9

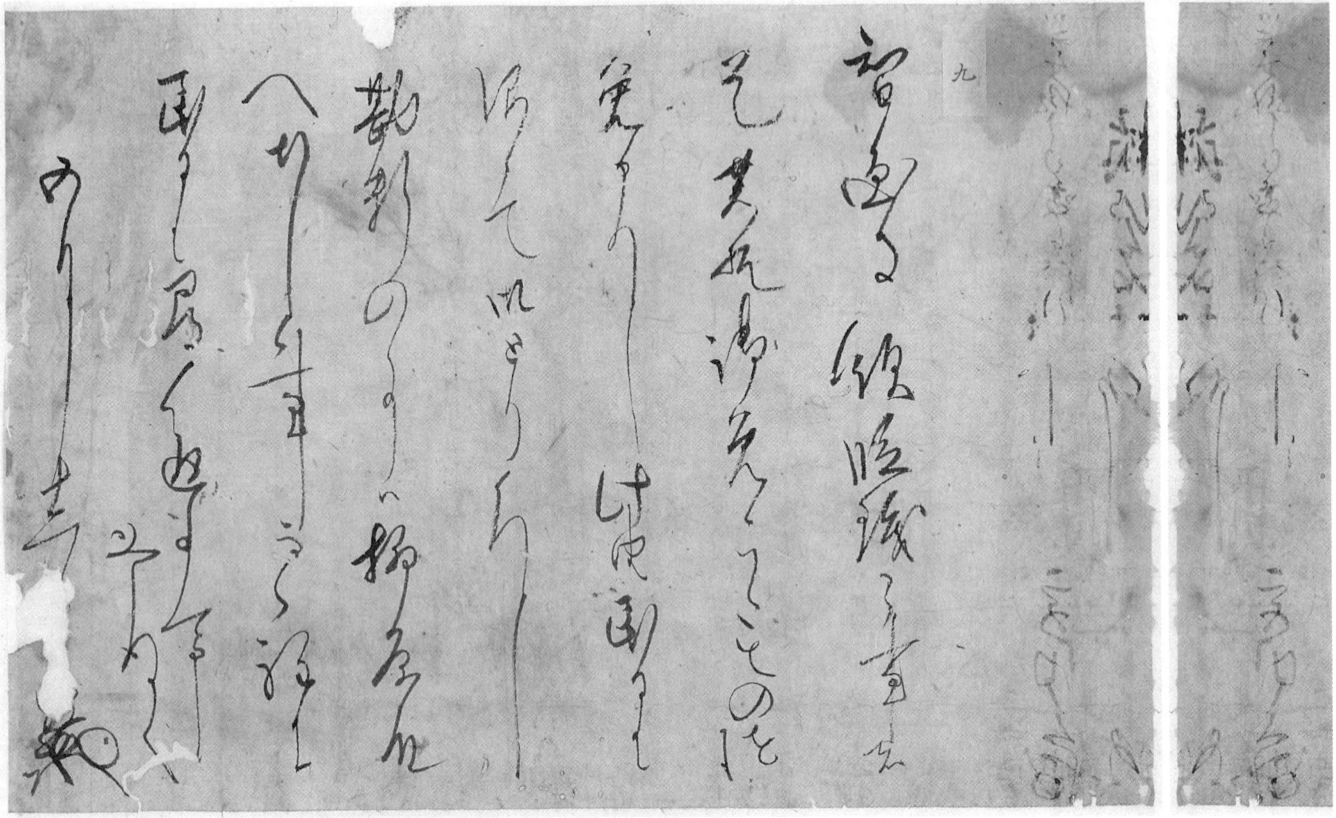

29.7×43.7

室町幕府管領細川満元奉書案

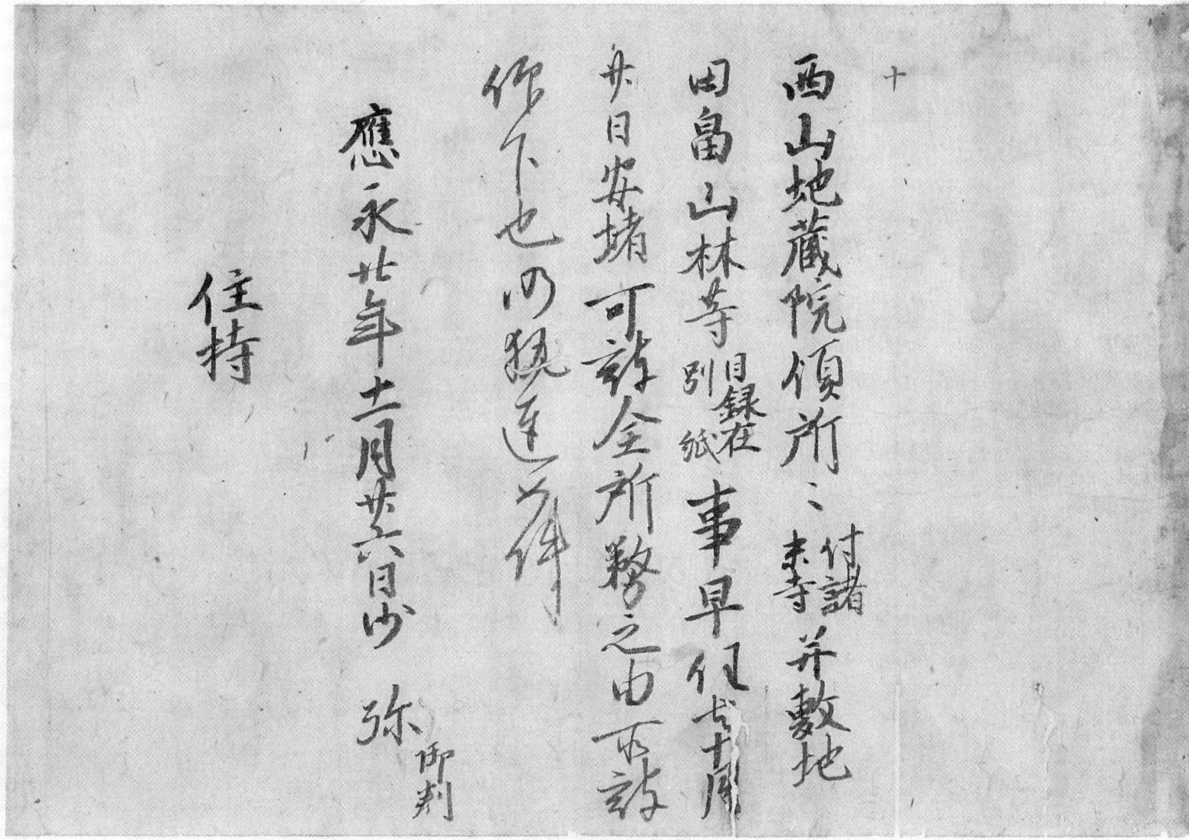
西山地蔵院領所々付諸末寺并散地
田畠山林等目録在別紙事、早任去十月
廿日安堵可被全所務之由所被
仰下也、仍執達如件、
應永廿年十二月廿六日　沙弥（御判）
住持

29.7×43.7

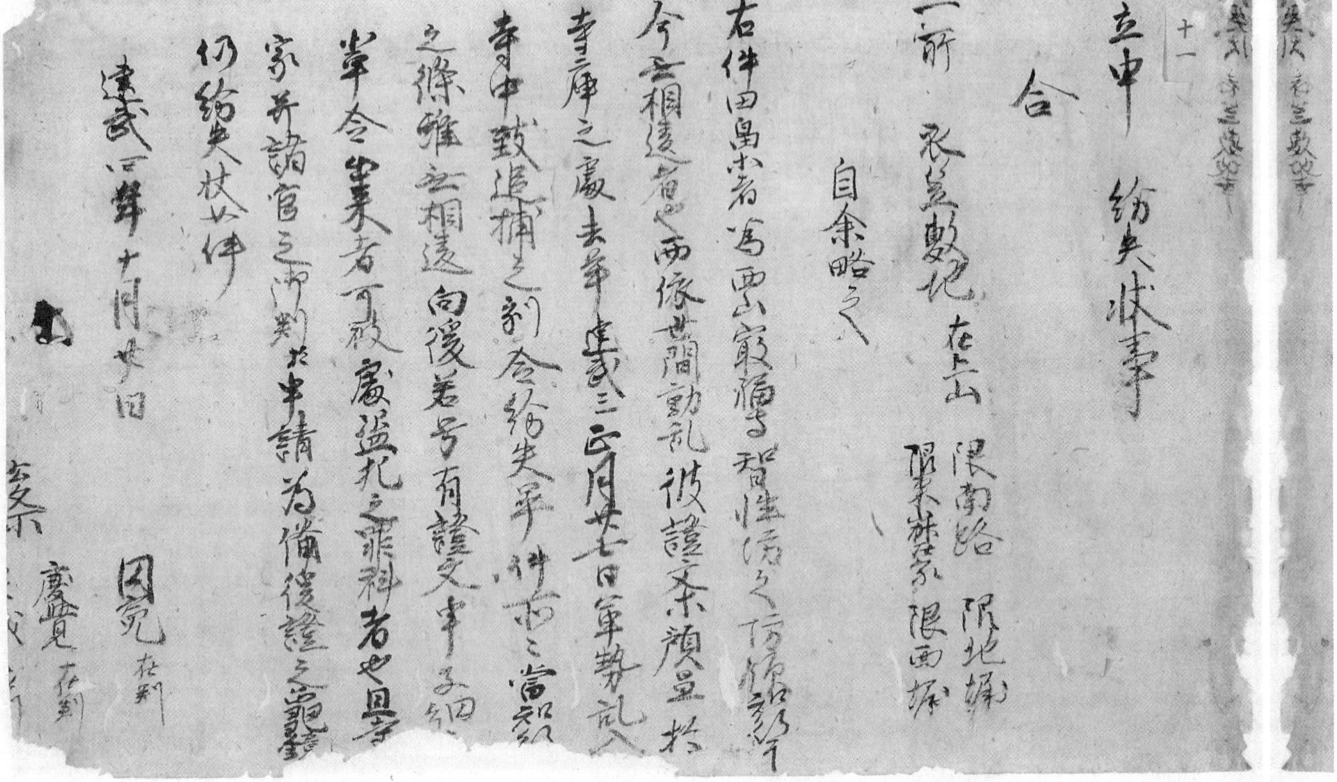
十一
立申　紛失状事
合
一所　在敷地　在上山　限南路　限北堺
限東林家　限西堺
自余略之
右件田畠山者、為要用寂蓮智性房之所沽渡也
今之相違者、両條共世間動乱、彼證文等預置於
寺庫之處、去年建武三正月廿七日軍勢乱入
寺中、致追捕之刻、令紛失畢、仍両方當知行
之條、雖無相違、向後若号有證文、専子細
輩令出来者、可被處盗犯之罪科者也、且寺
家并諸官之御判、於申請為備後證之亀鏡
仍紛失状如件
建武四年十月廿日
円覚　在判
慶覚　在判

1—11　円寛等連署紛失状案

29.6×48.5

飯尾頼連書状

29.7×46.3

1—13　定恒書状

29.4×47.3

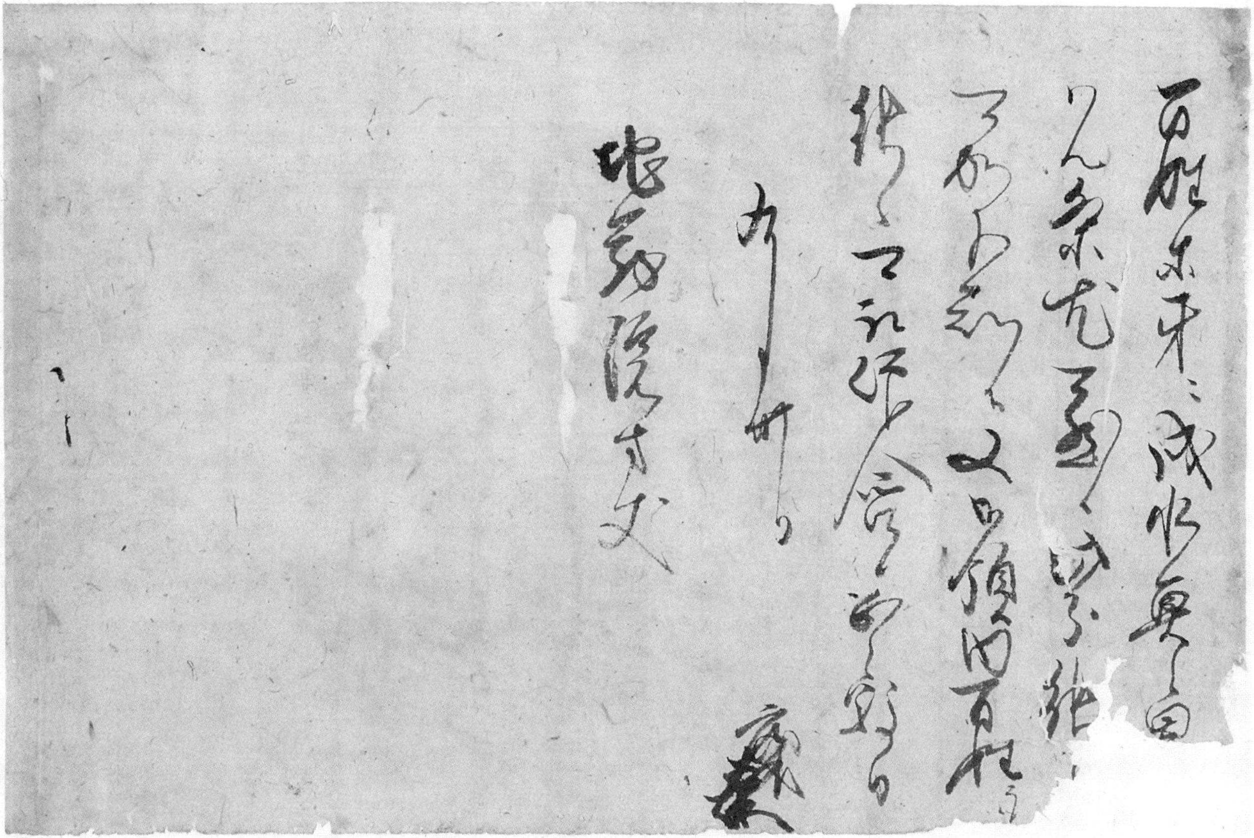

29.6×45.7

1—15 浄恵寄進状案

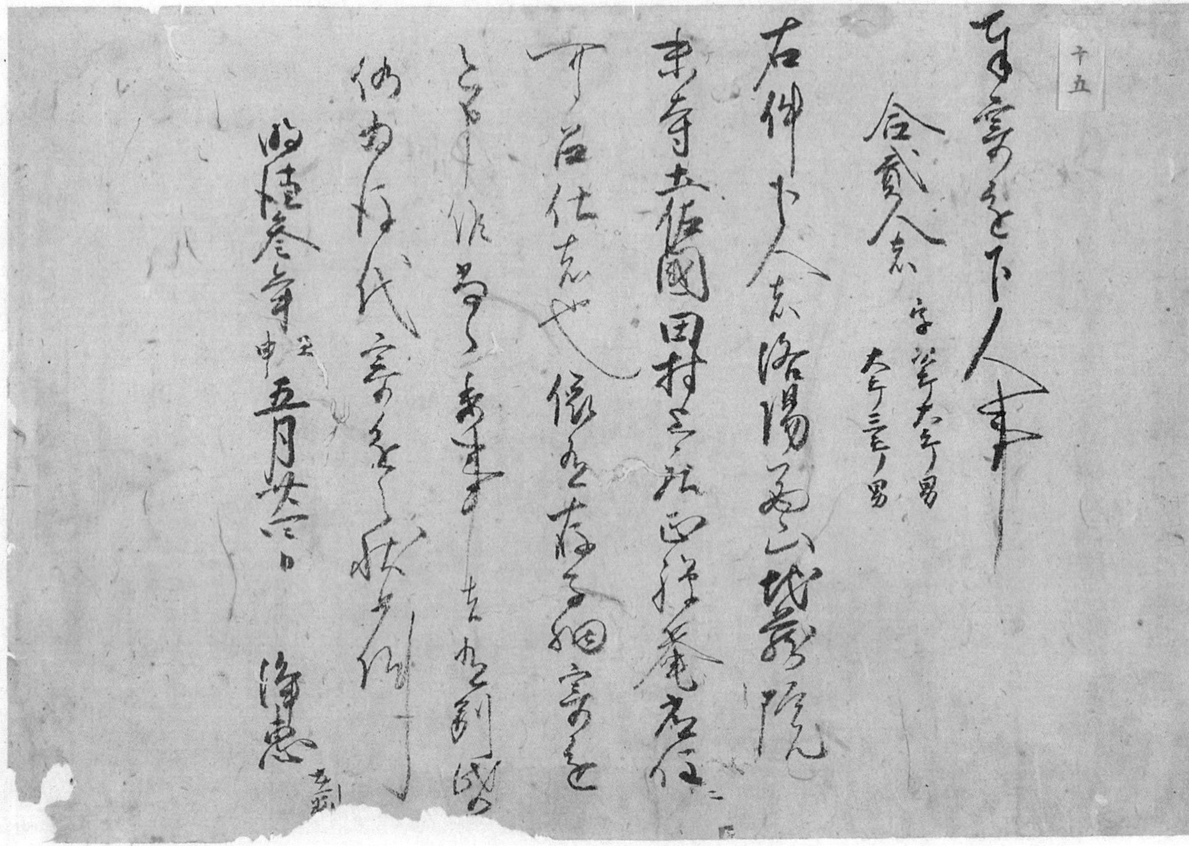

29.3×43.6

しやうきう茶園等譲状案

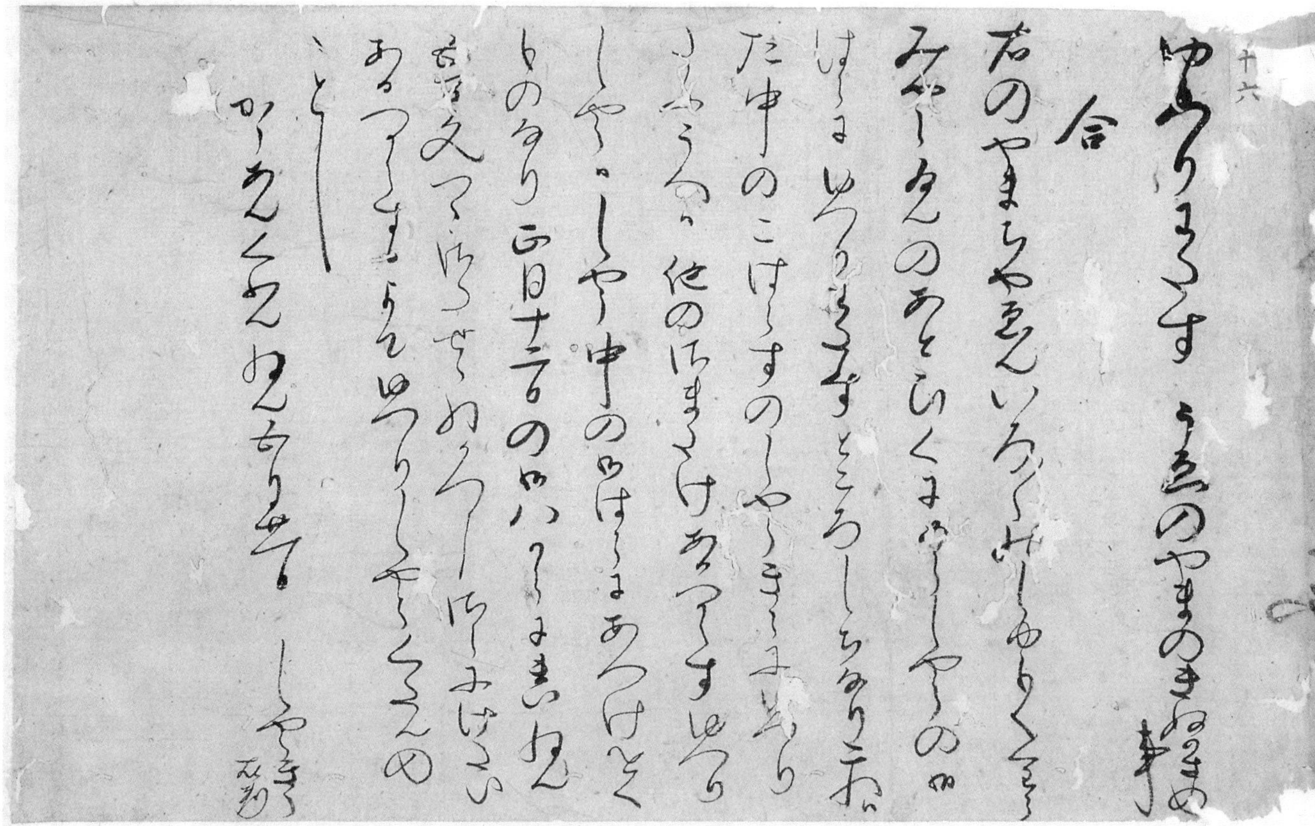

29.3×49.1

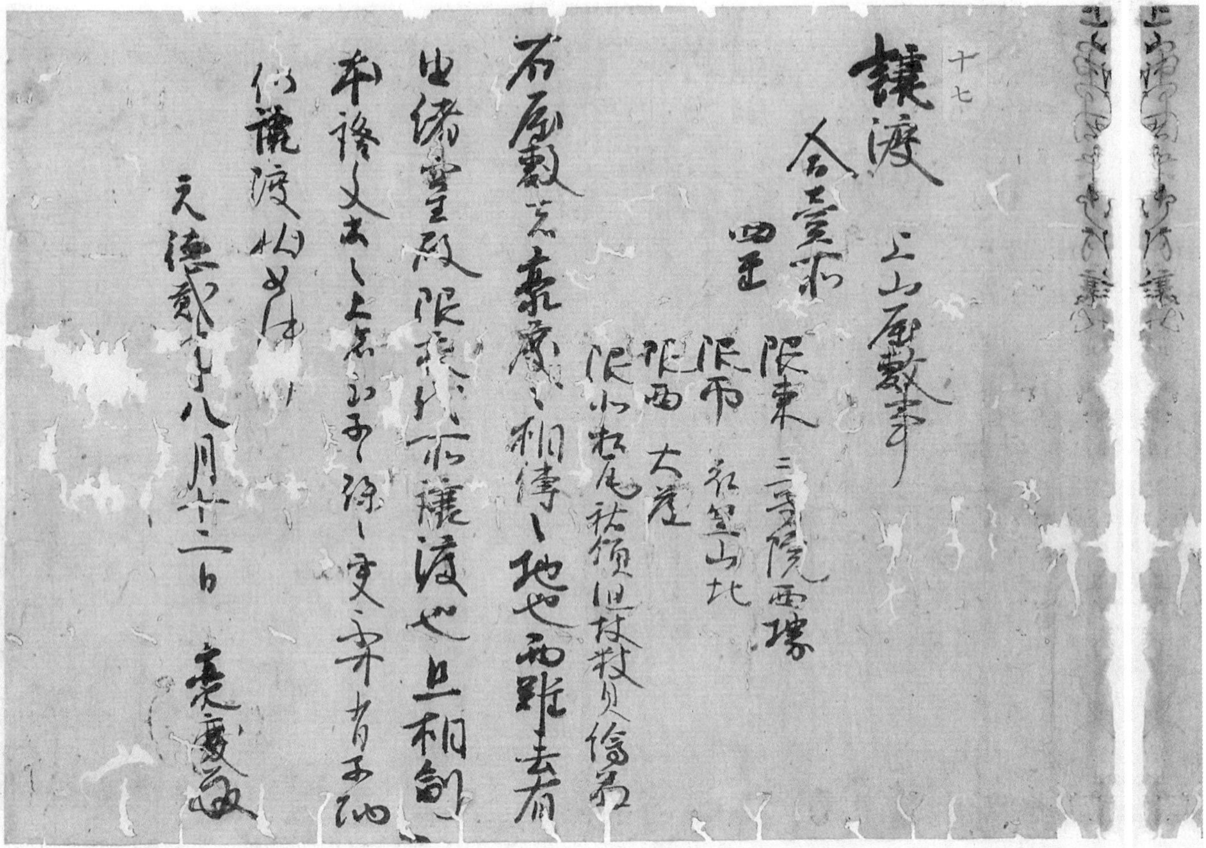
十七

譲渡　上山屋敷事

合壹所

四至　限東　三昧院西堺

限南　[illegible]山北

限西　大路

限北　小松尾[illegible]

右屋敷者、豪慶之相伝之地也、而雖去有

由緒重段、限永代所譲渡也、且相副

本證文等之上者、於子孫更不可有子細、

仍譲渡状如件

元徳貳年八月十二日　豪慶（花押）

29.7×40.9

西山地蔵院雑掌重申状案

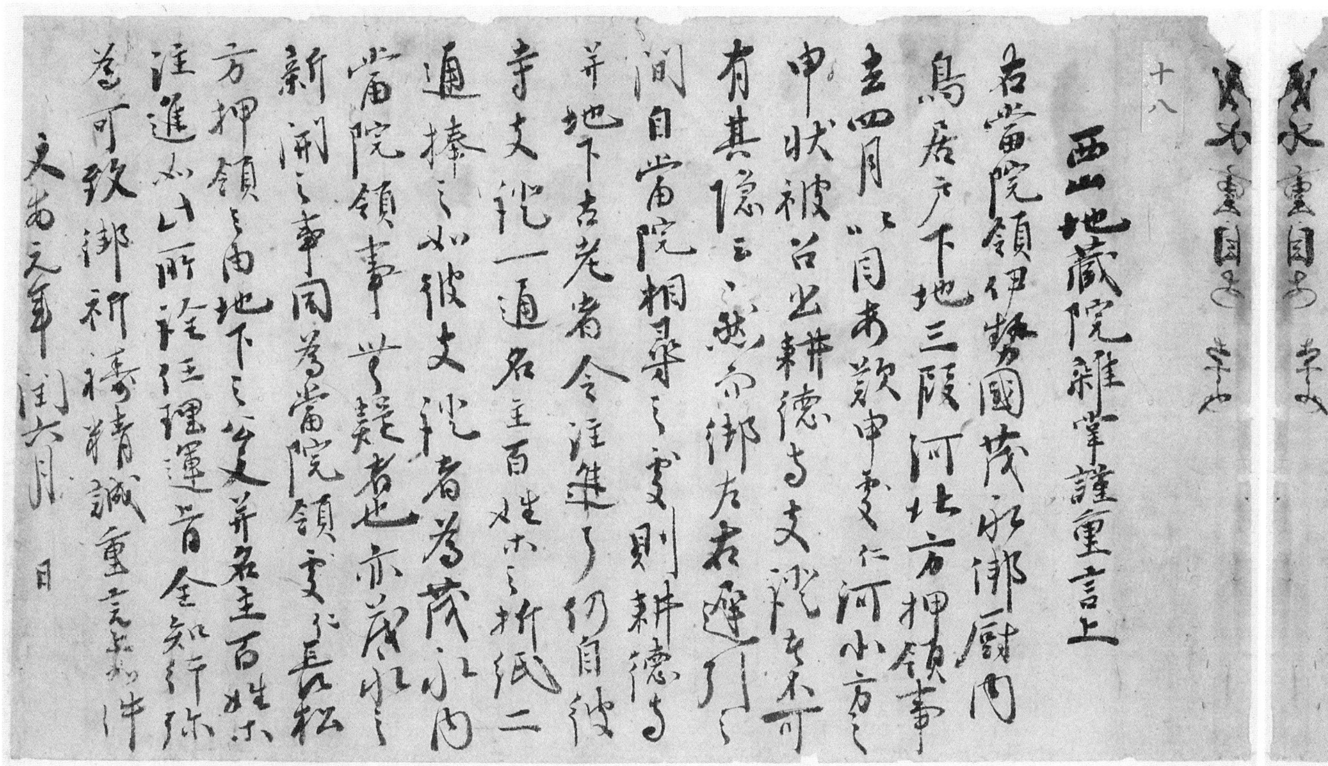
十八

西山地蔵院雑掌謹重言上
右当院領伊勢国茂永郷厨内
鳥居戸下地三段河北方押領事
去四月之比目安歎申処、河北方之
申状被召出、耕徳与文状在之、不可
有其隠云々、然而郷内左右之地了、
間自当院相尋之処、則耕徳与
并地下古老者、今注進了、仍自彼
寺文状一通、名主百姓等之折紙二
通捧之、如彼文状者、為茂永之内
当院領事無其疑者也、亦茂永之
新開之事同為当院領処、長松
方押領之由地下之公文并名主百姓等
注進如此、所詮任理運旨、全知行、弥
為可致御祈祷精誠、重言上如件、
文安元年閏六月　日

27.7×47.6

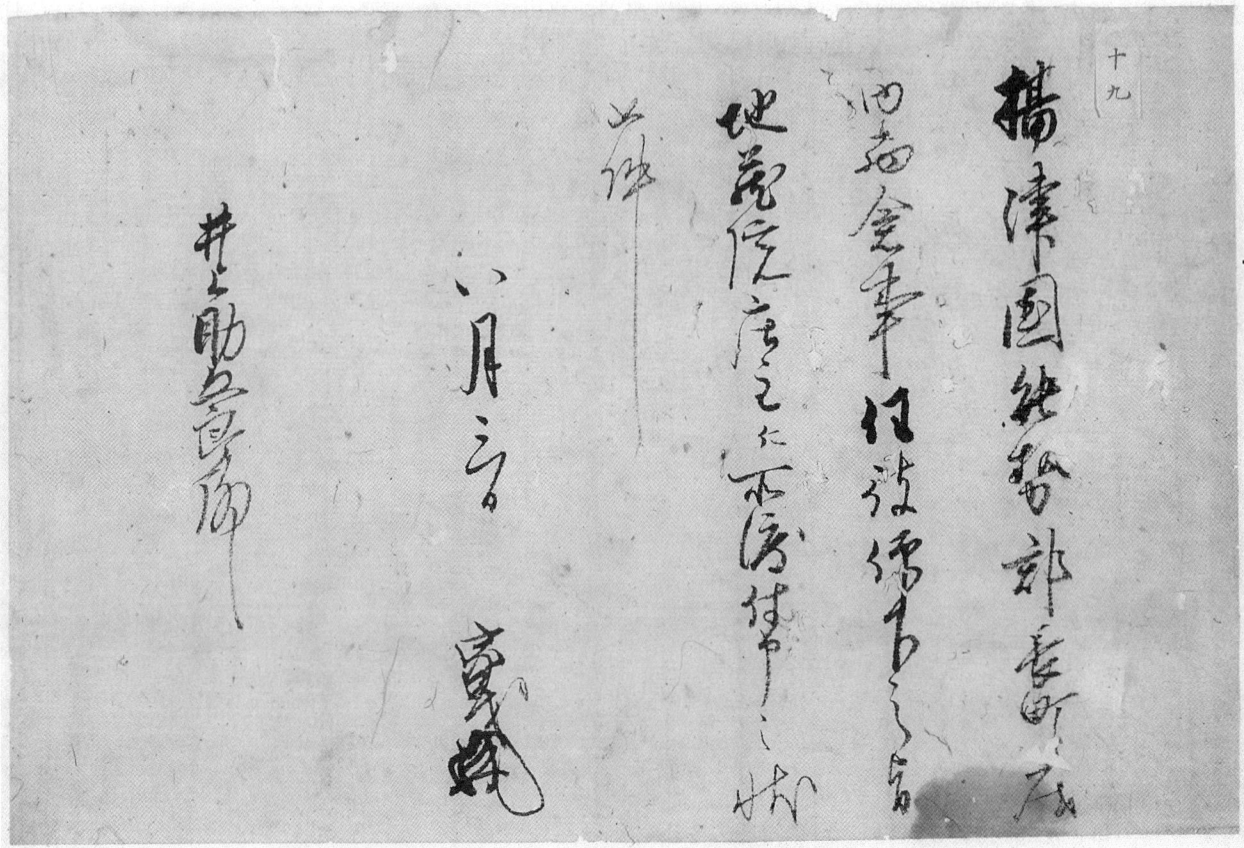

十九

摂津国能勢郡長町庄
内西金寺任被仰付之旨
地蔵院居之仁不混付申之状
如件

八月六日　家茂（花押）

井上助五郎殿

29.5×45.5

1—20 某書状

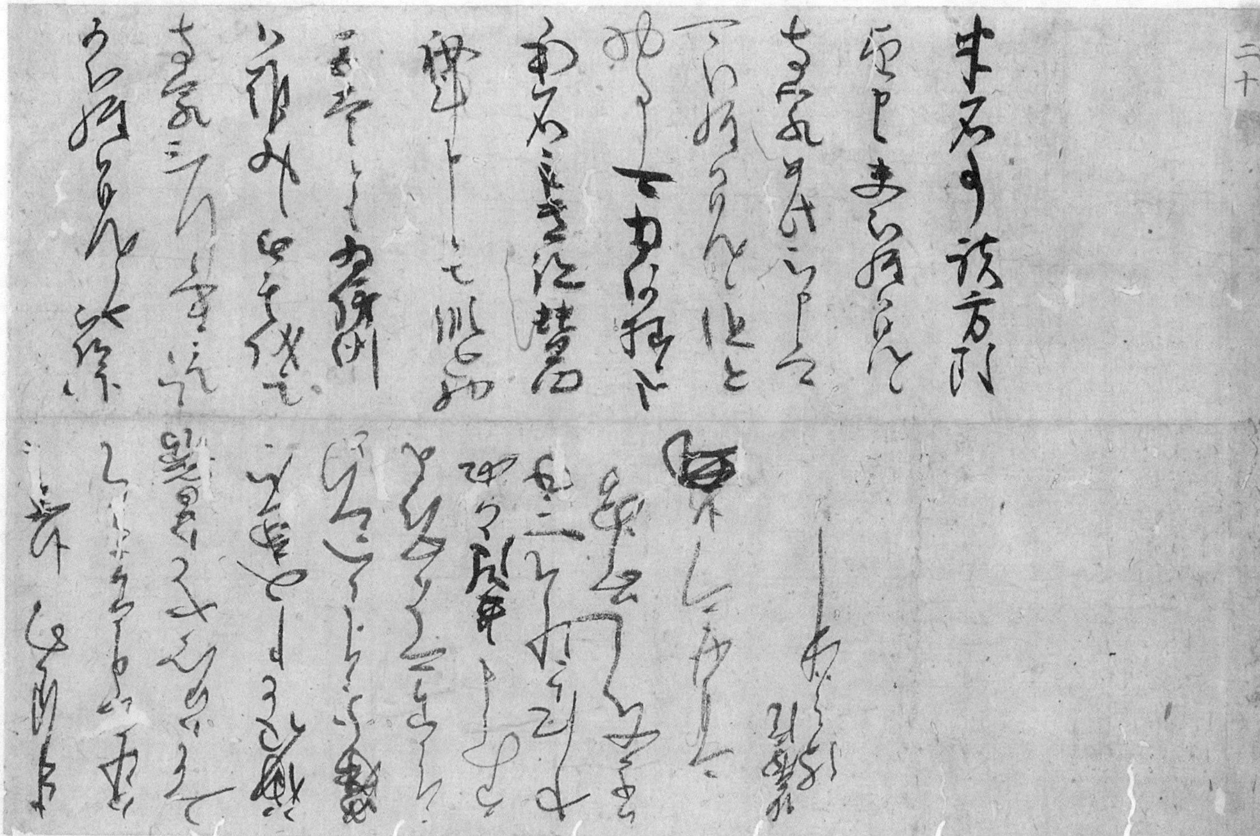

29.7×46.6

1—21 阿波国勝浦荘領家職半済所務職請文案

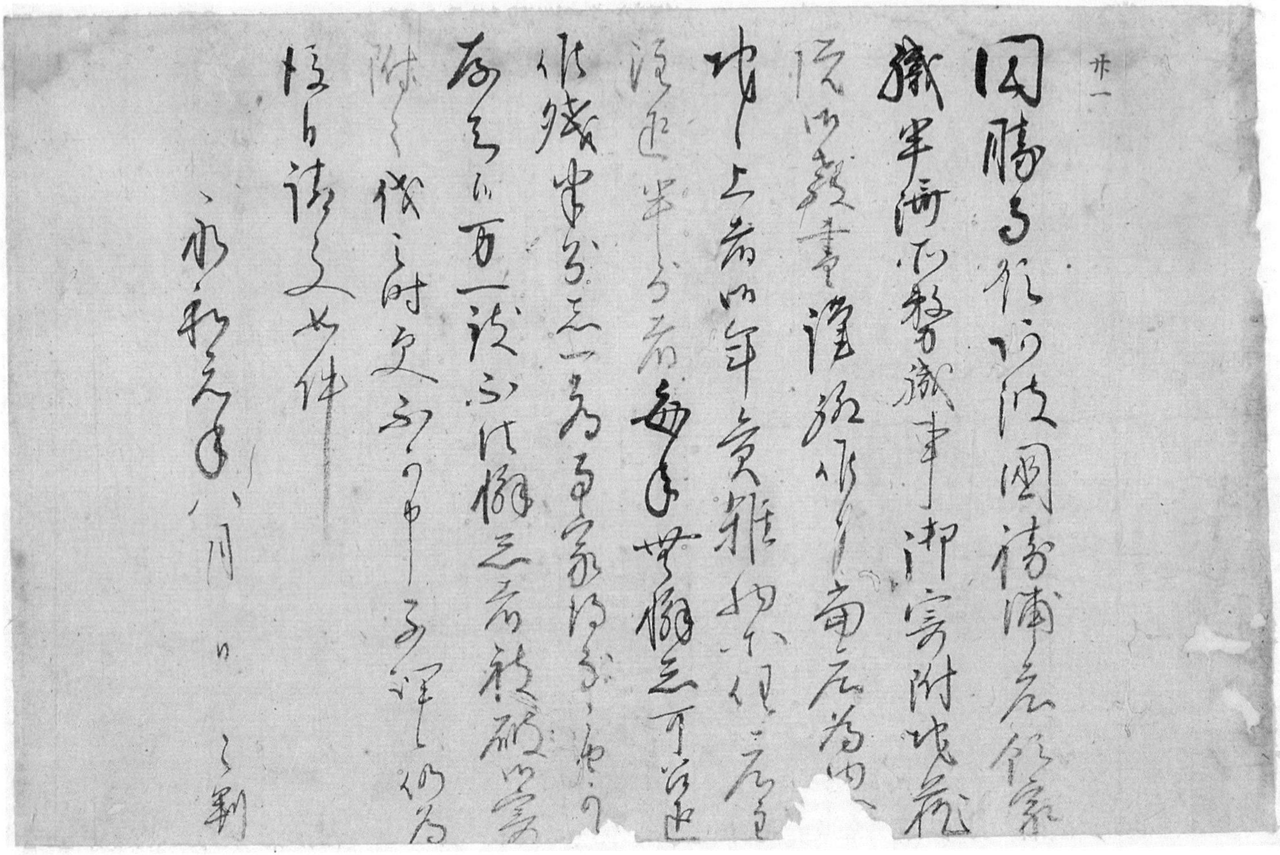

29.2×46.0

秦相季寄進状

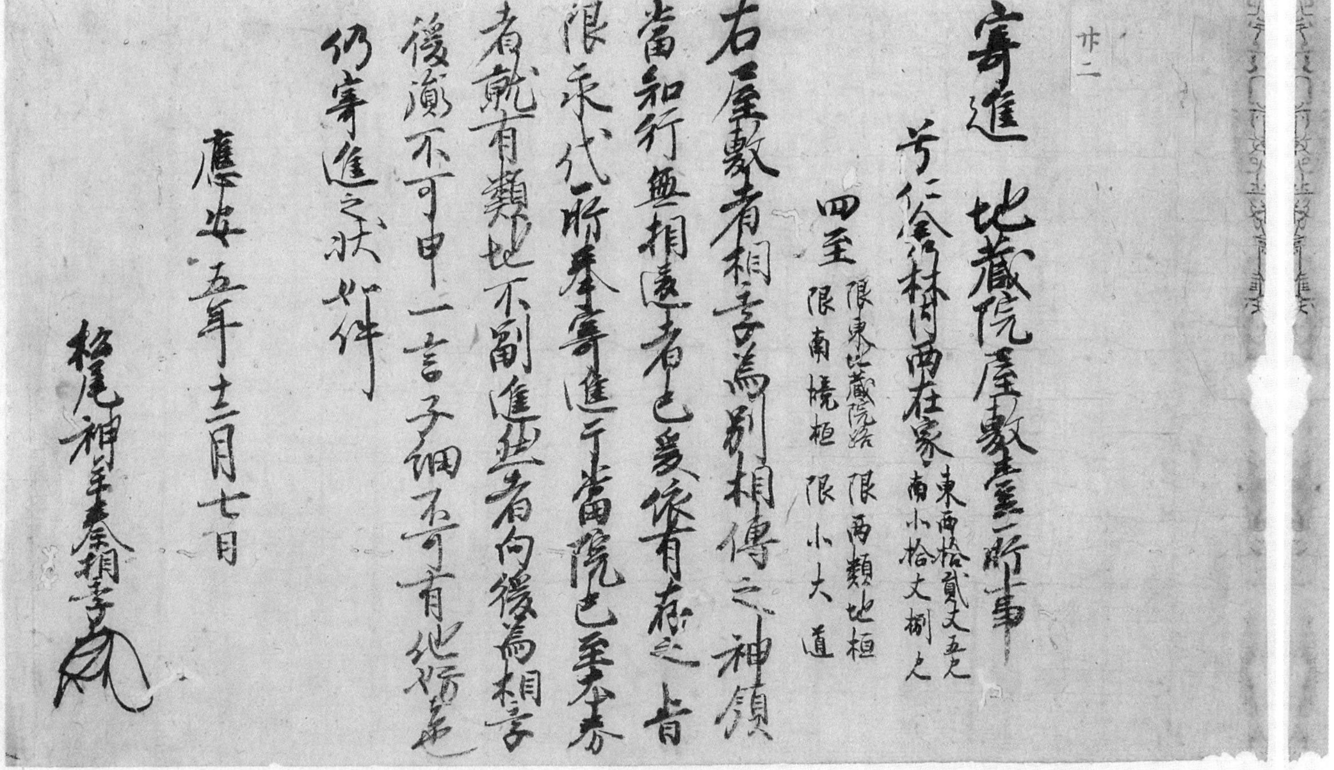

廿二

寄進　地蔵院屋敷壹所事

在仁和寺林内西在家　東西拾貳丈五尺　南北拾丈捌尺

四至　限東地蔵院路　限西類地垣　限南境垣　限北大道

右屋敷者相季為別相傳之神領
當知行無相違者也、爰依有存之旨
限永代所奉寄進于當院也、至本券
者就有類地不副進、無者向後為相季
後濫不可申一言子細、不可有他妨者也
仍寄進之状如件

應安五年十二月七日

松尾神主秦相季（花押）

29.7×49.9

源某名主職宛行状

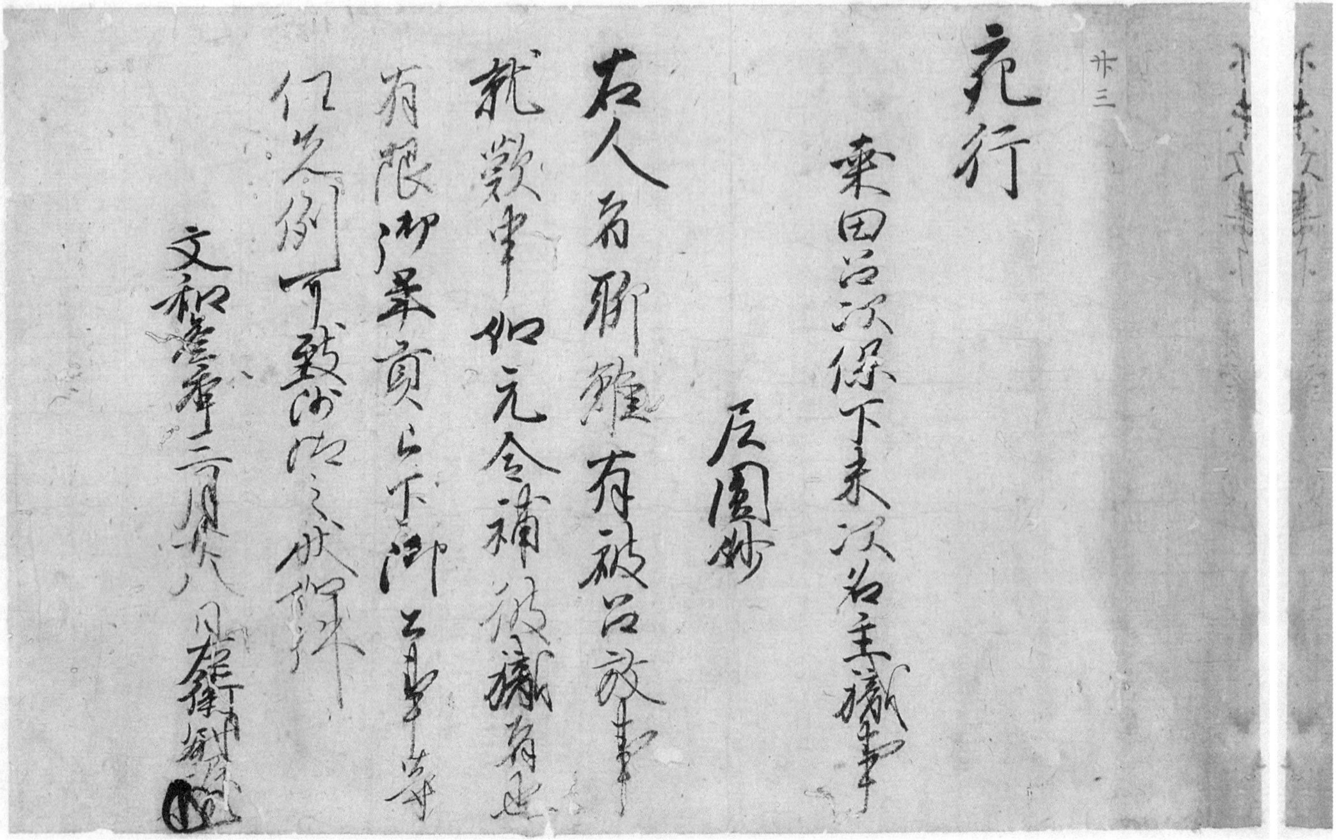

廿三

宛行
粟田吕沢保下末沢名主職事
辰園妙
右人為彼職雖有被召放事
就歎申、如元令補彼職者也
有限御年貢以下御公事等
任先例可致沙汰之状如件
文和参年三月廿八日　左衛門尉源（花押）

29.7×46.5

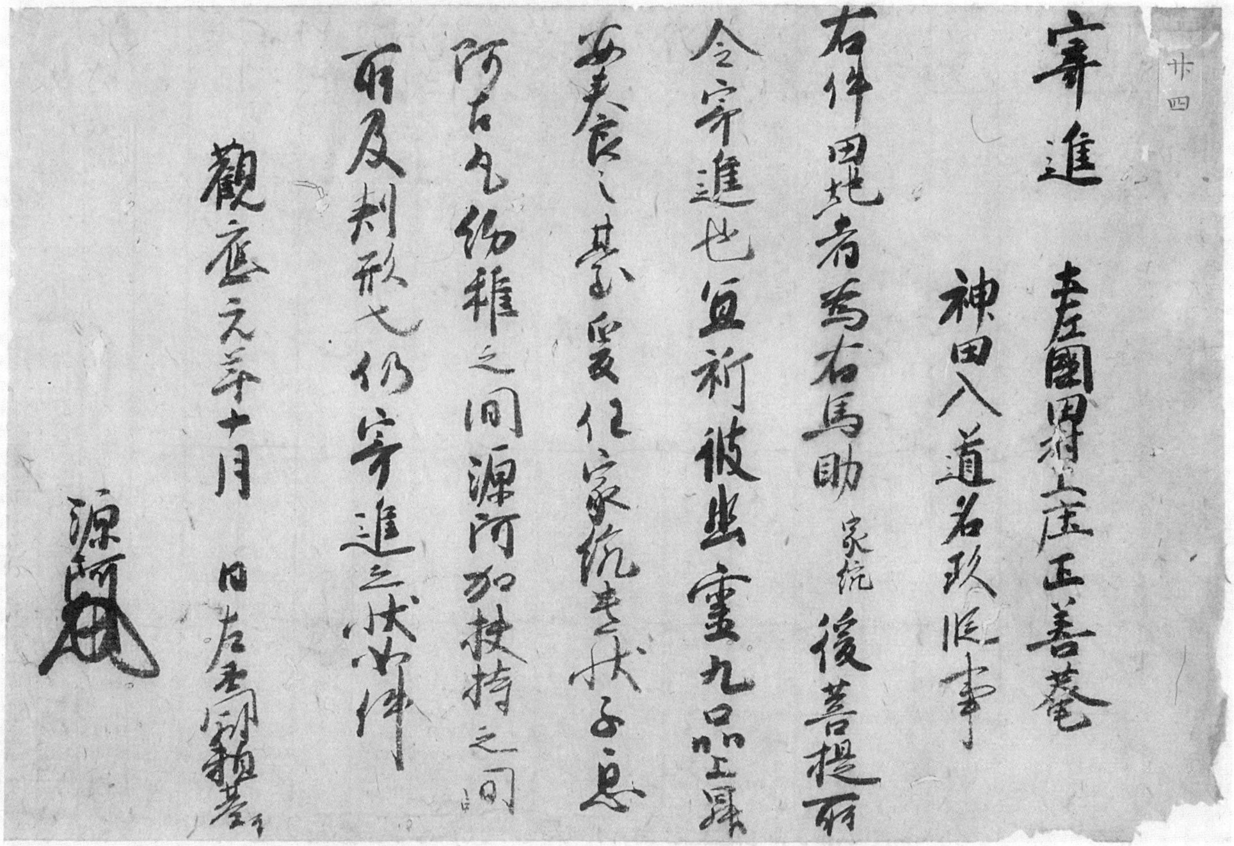

寄進　土左國田村上庄正善菴
　神田入道名玖職事
右件田地者、為右馬助家統後菩提所
令寄進也、宜祈彼出靈九品上生
兼又於其實任家統之状、子息
阿古丸相雖之間、源阿加扶持之間
可及判形也、仍寄進之状如件
　觀應元年十月　日　左衛門尉頼基
　　源阿（花押）

29.8×44.9

1—25　近江国横山郷地頭佐々木横山道光請文

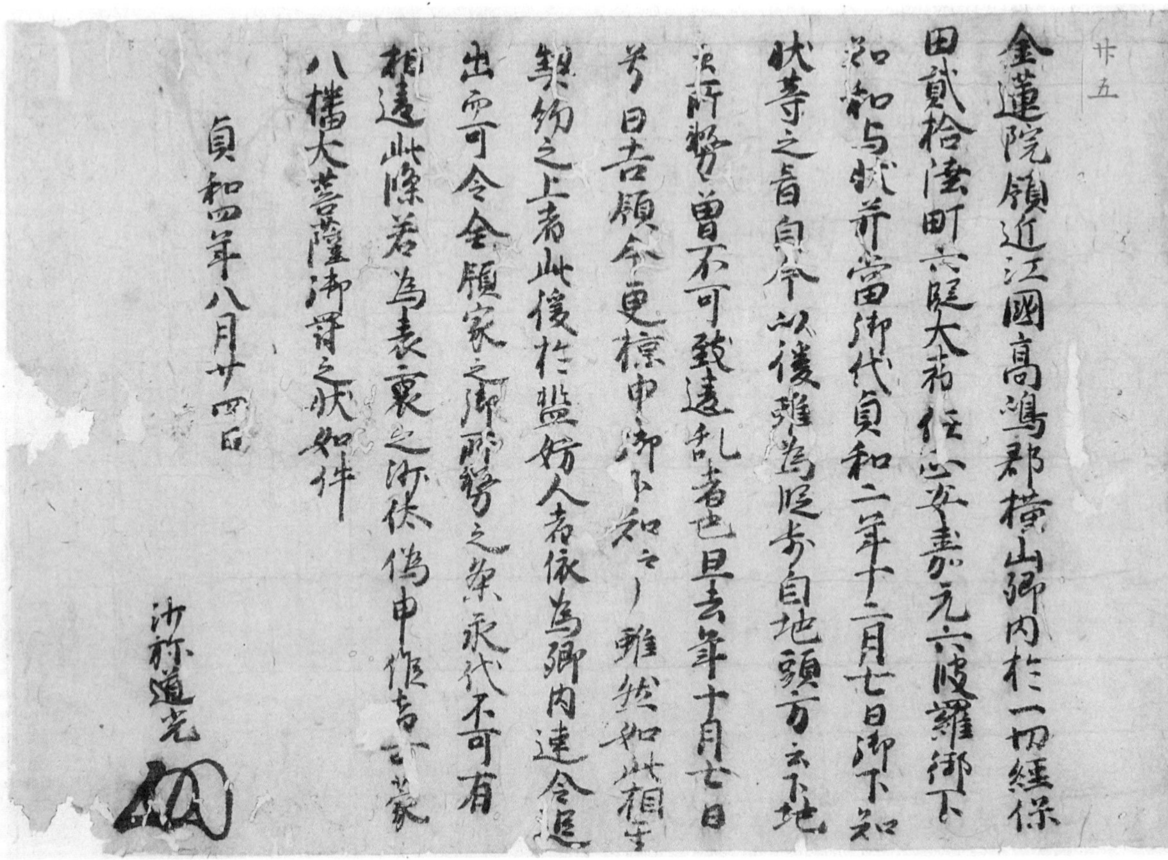
廿五

金蓮院領近江國高嶋郡横山郷内於一切経保
田貳拾陸町六段大者任正安嘉元六波羅御下
知、知与状并當御代貞和二年十二月七日御下知
状等之旨自今以後雖為隄歩自地頭方不下地
於所務曽不可致違乱者也且去年十月七日
於日吉願今更標申御下知之上雖然如此相学
雑物之上者此後於監坊人者依為郷内違令退
出而可令全領家之御所務之条永代不可有
相違此條若為表裏之沙汰偽申候者可蒙
八幡大菩薩御罰之状如件

貞和四年八月廿四日

沙弥道光（花押）

29.9×43.6

1—26 室町幕府管領斯波義将奉書案

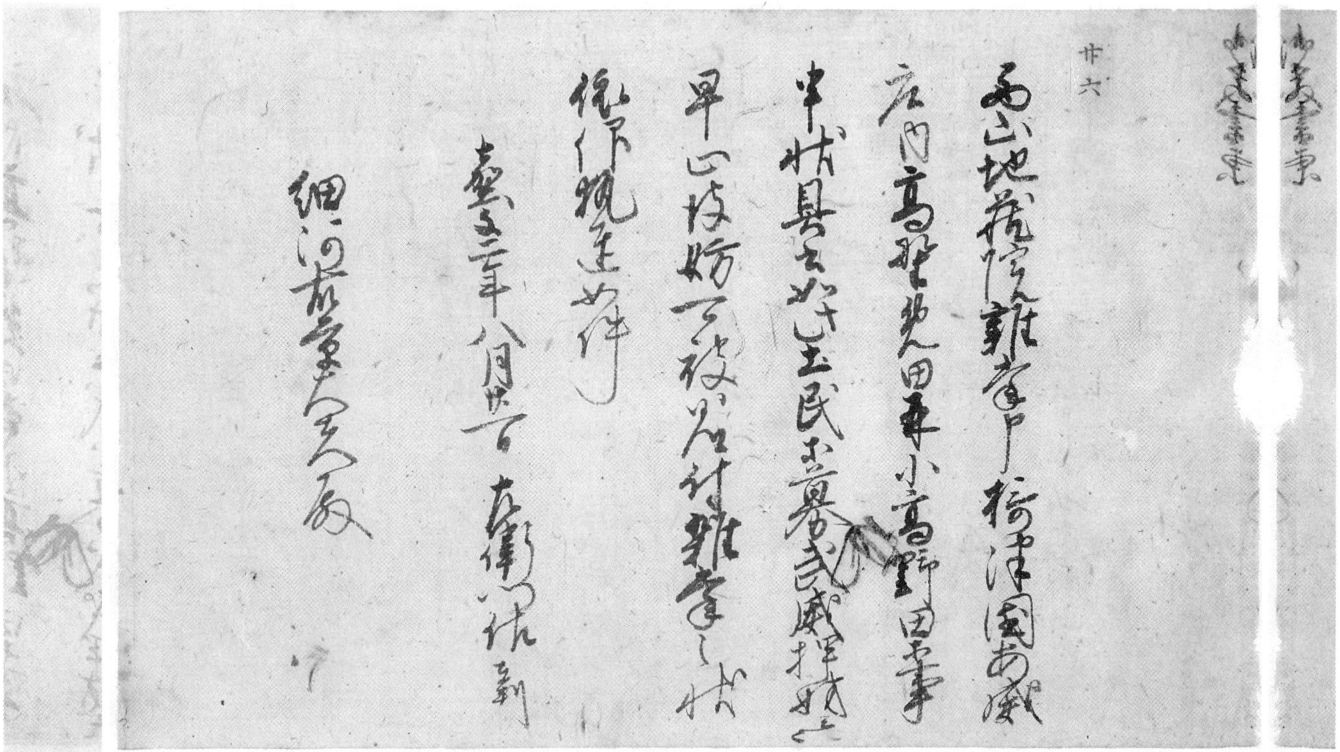
廿六

西山地蔵院雑掌申摂津国兵庫
庄内高野田中小高野郷田事
申状具書如此、土民等募武威押妨云々、
早止彼妨、可被沙汰付雑掌之状、
依仰執達如件、

嘉慶二年八月廿六日　左衛門佐　在判

細川右京大夫殿

29.7×47.6

1—27　摂津能直寄進状

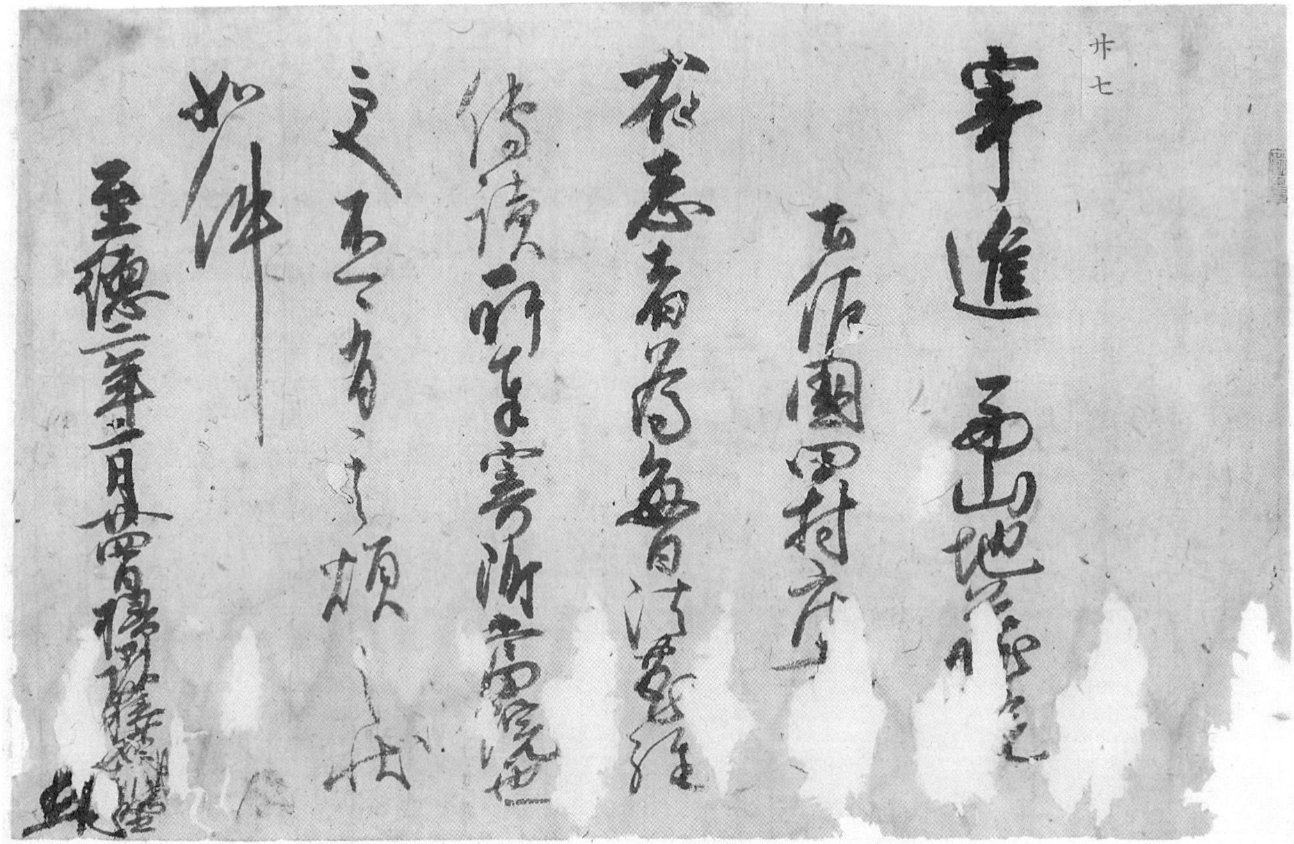

廿七
寄進
如件

29.8×47.0

1—28 丹波国横田保等補任状

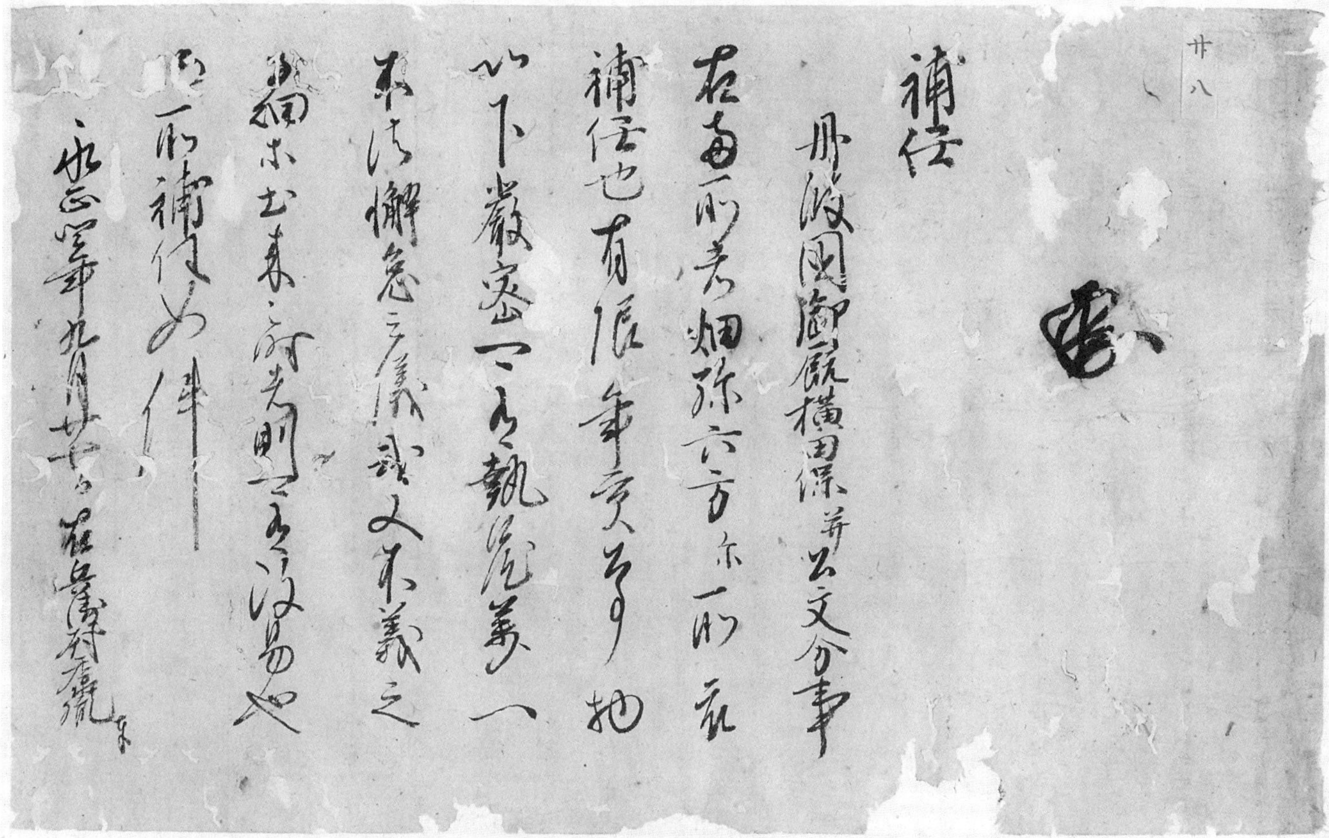

29.6×48.7

1—29 某書状

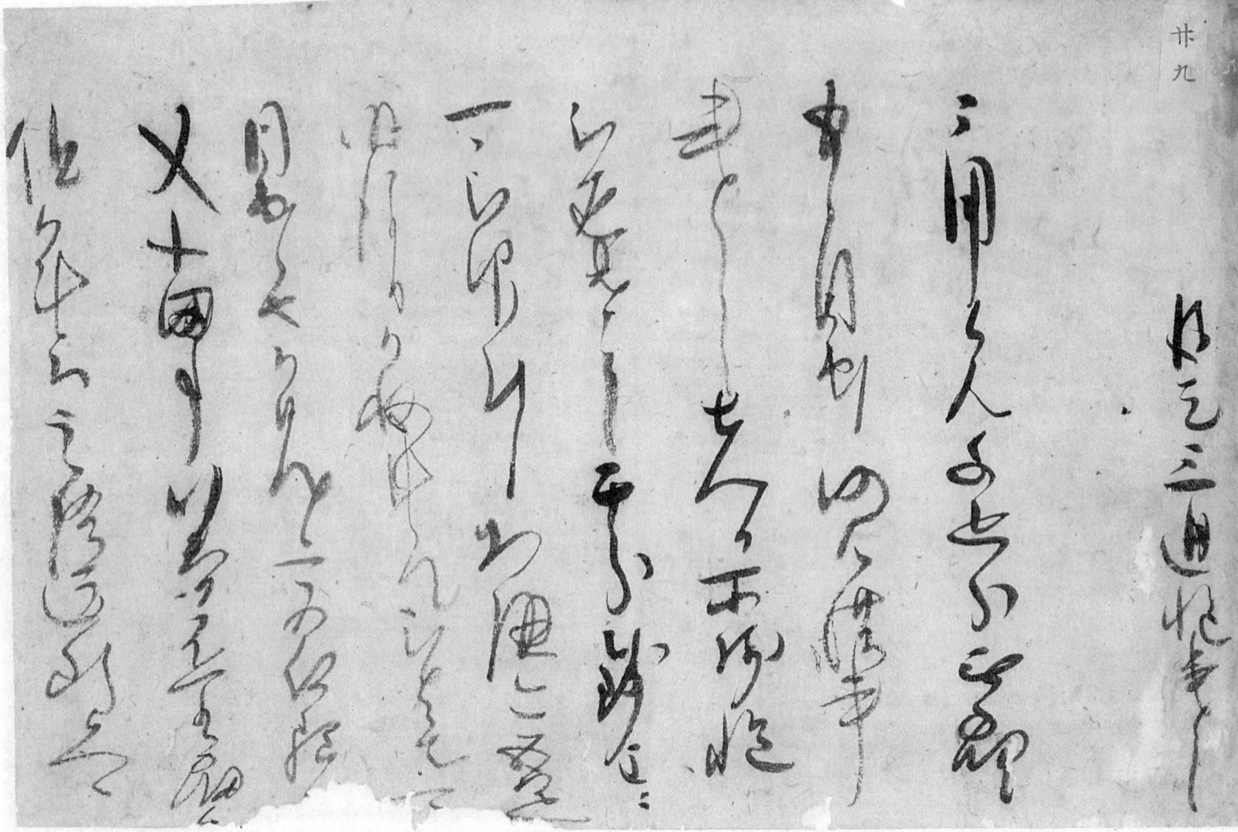

29.8×45.8

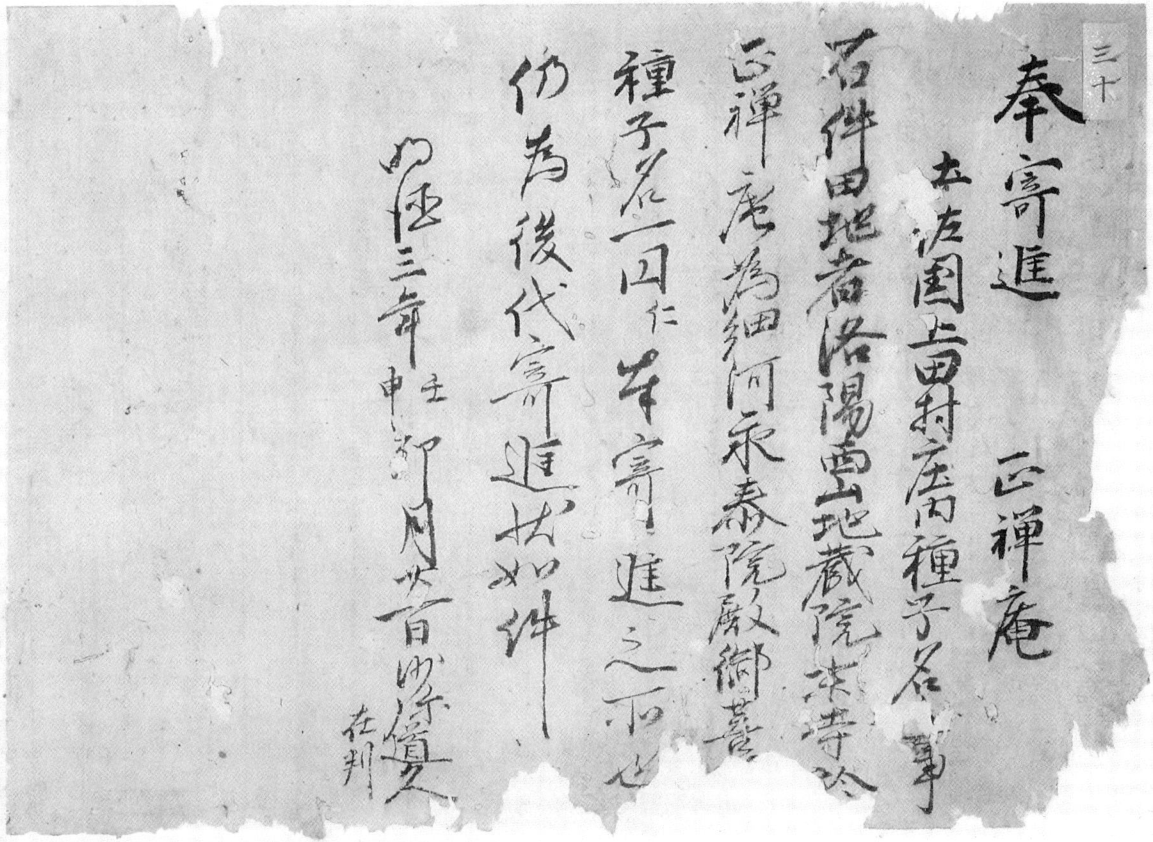

奉寄進　正禅庵

土佐国上田村居内種子名事

右件田地者洛陽西山地蔵院末寺於

正禅庵為細河永泰院殿御菩提

種子名一円ニ奉寄進之所也

仍為後代寄進状如件

明徳三年壬申卯月廿日　沙弥道久

在判

29.7×42.6

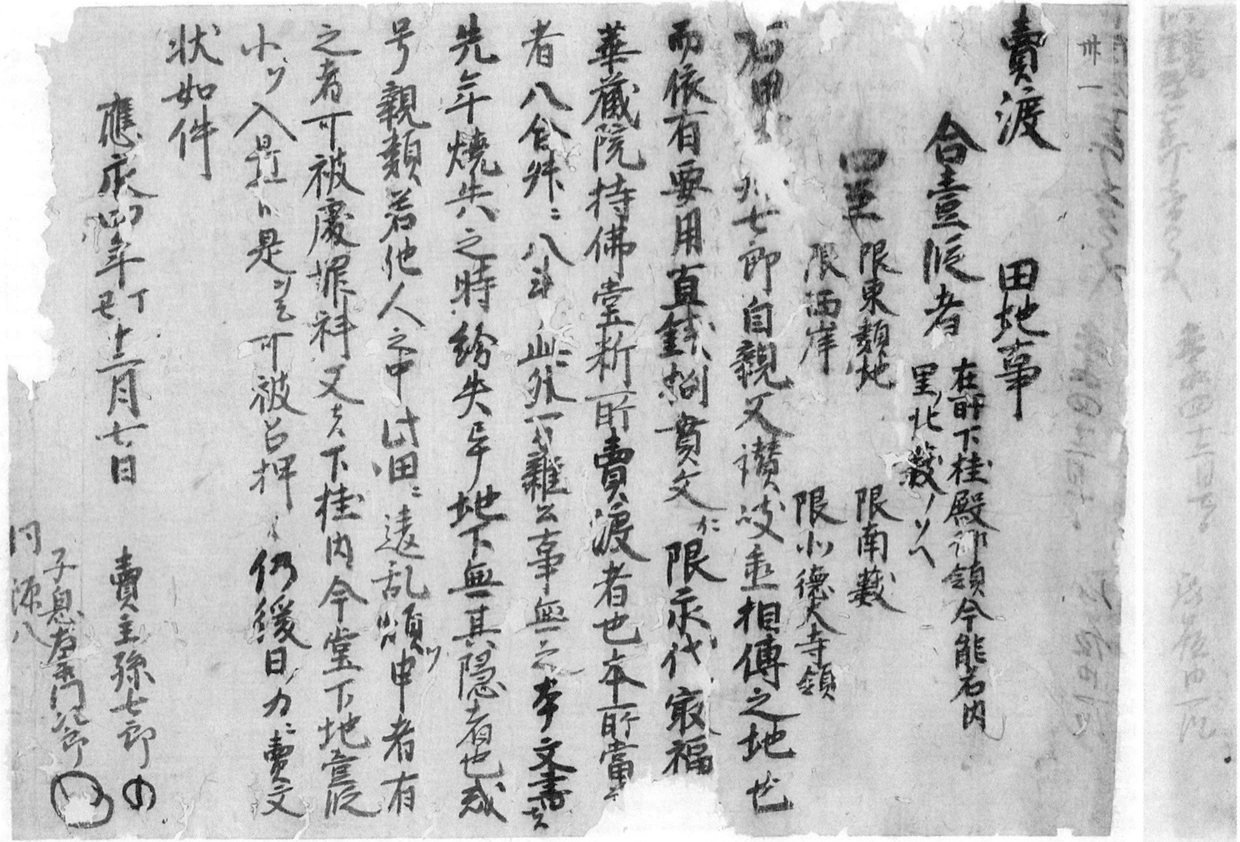

売渡　田地事
合壹段者　在所下桂殿河領今能右内
里北散ノツヘ
四至　限東類地　限南藪
限西岸　限北徳大寺領
右田者、孫七郎自親父譲状並相伝之地也、
雖然依有要用、直銭捌貫文仁限永代、宝福
華蔵院持仏堂祈所売渡者也、本所当者
八合外ニ八斗、此外一切雑公事無之、本文書之
先年焼失之時紛失畢、地下無其隠者也、然
号親類若他人之中、此田ニ違乱煩申者有
之者、可被處罪科、又者下桂内今堂下地壹段
ハツ入置候、是ヲ可被召押、仍為後日、為ニ売文
状如件
応永四年丁丑十二月七日
売主孫七郎（花押）
子息右衛門次郎（略押）
同源八

29.7×41.0

1—32 西山地蔵院住持等連署請文案

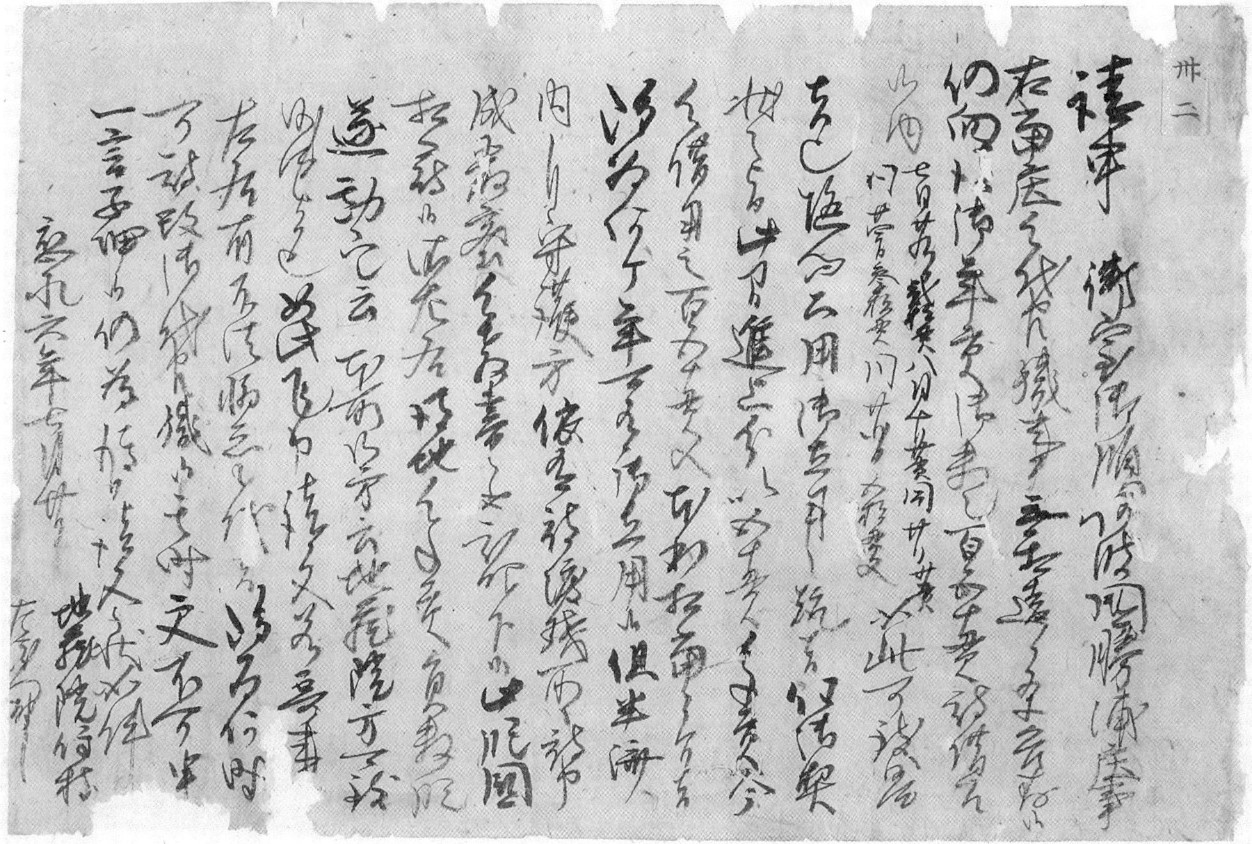

29.8×45.6

1—33　丹波国桑田郡召次保領家某宛行状

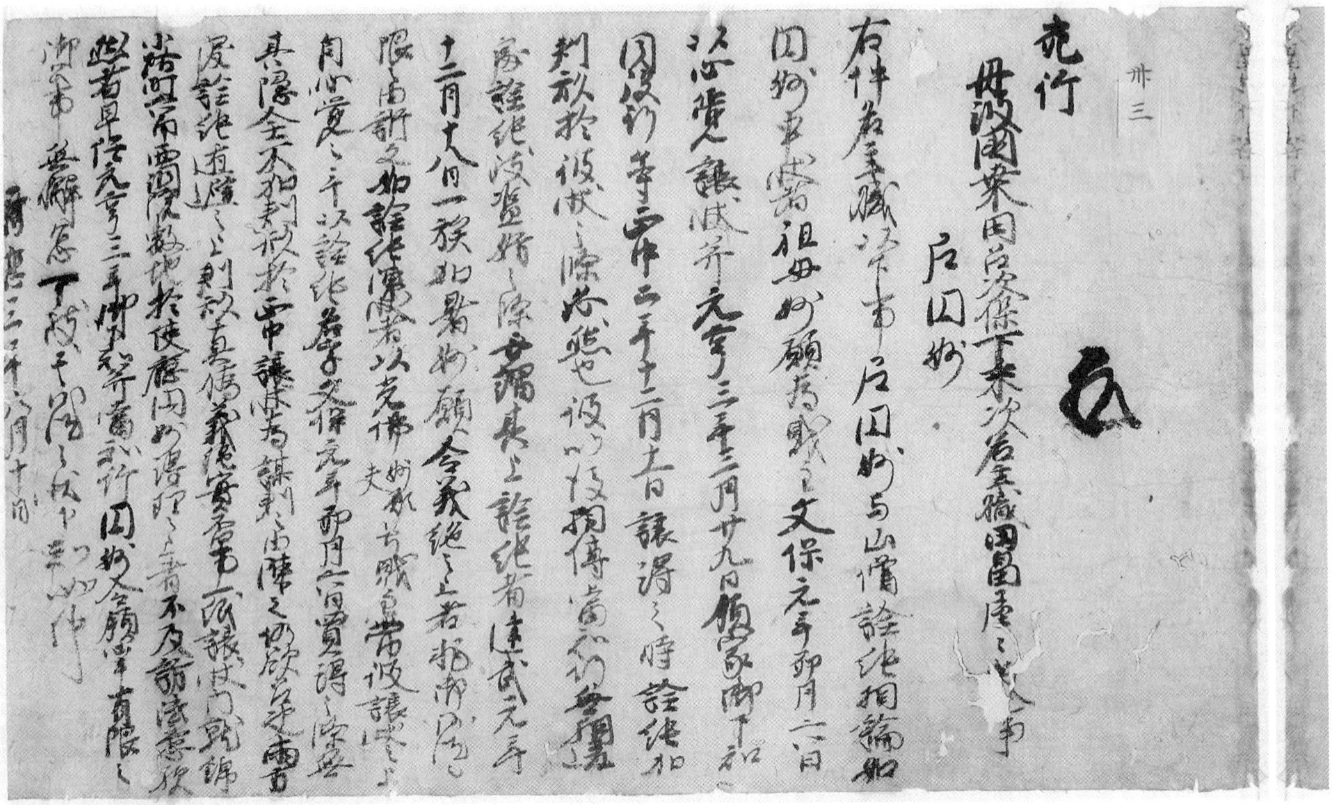

29.9×49.3

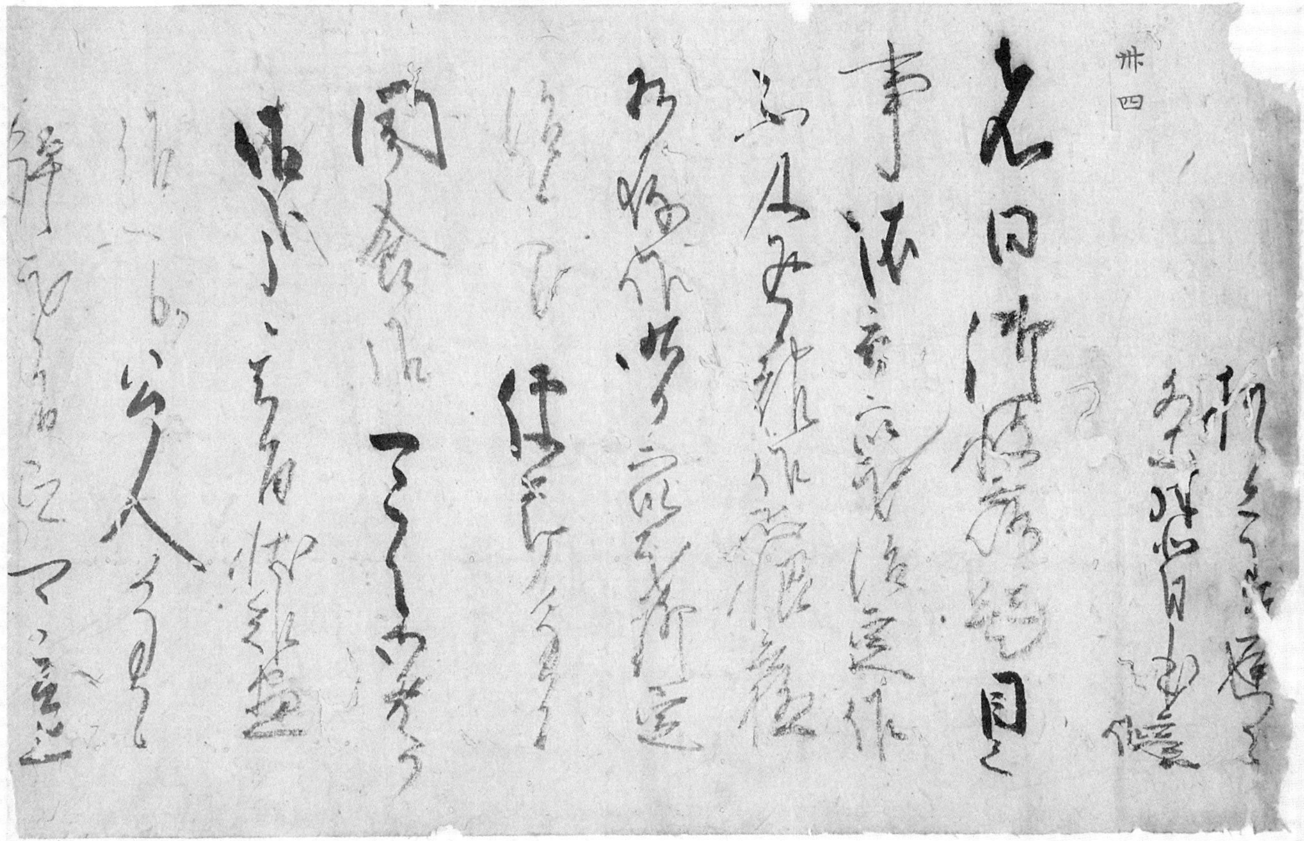
卅四

29.6×47.6

1—35　広成書状

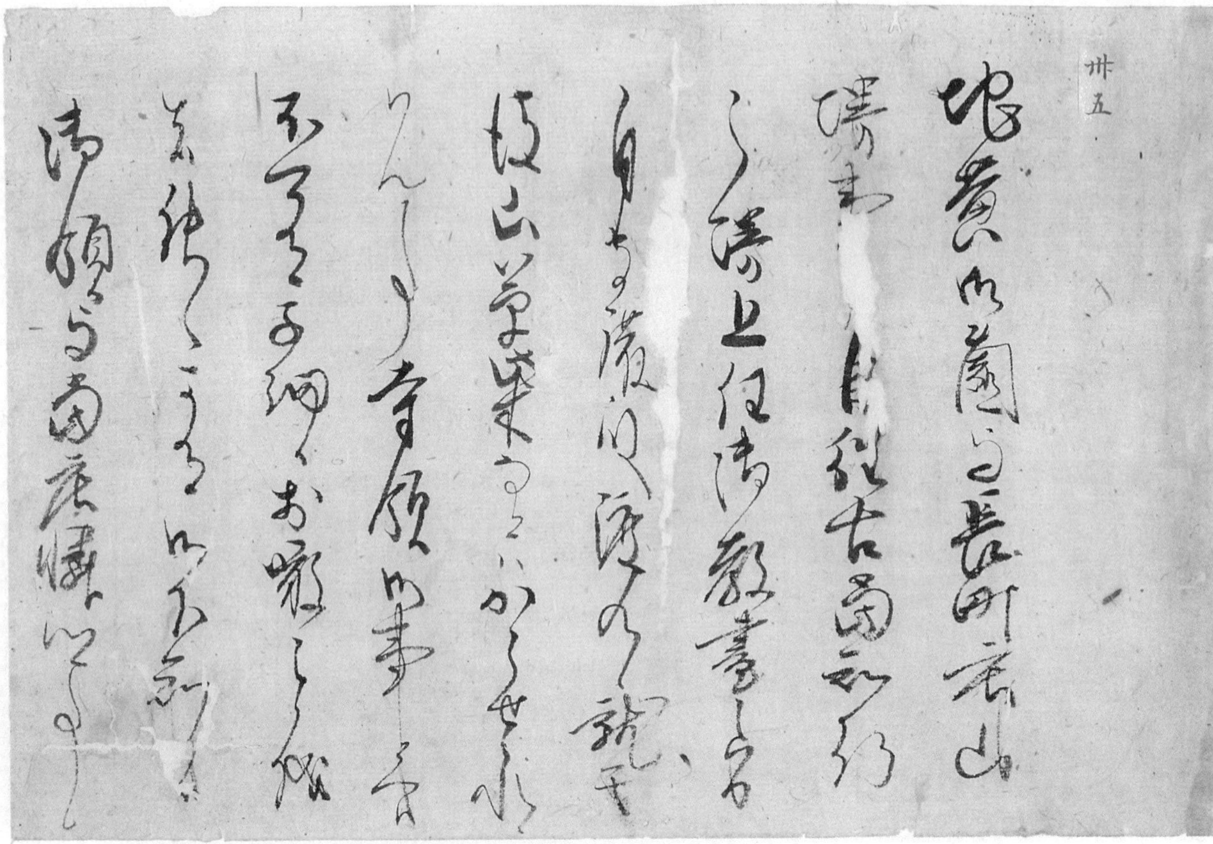

29.6×44.9

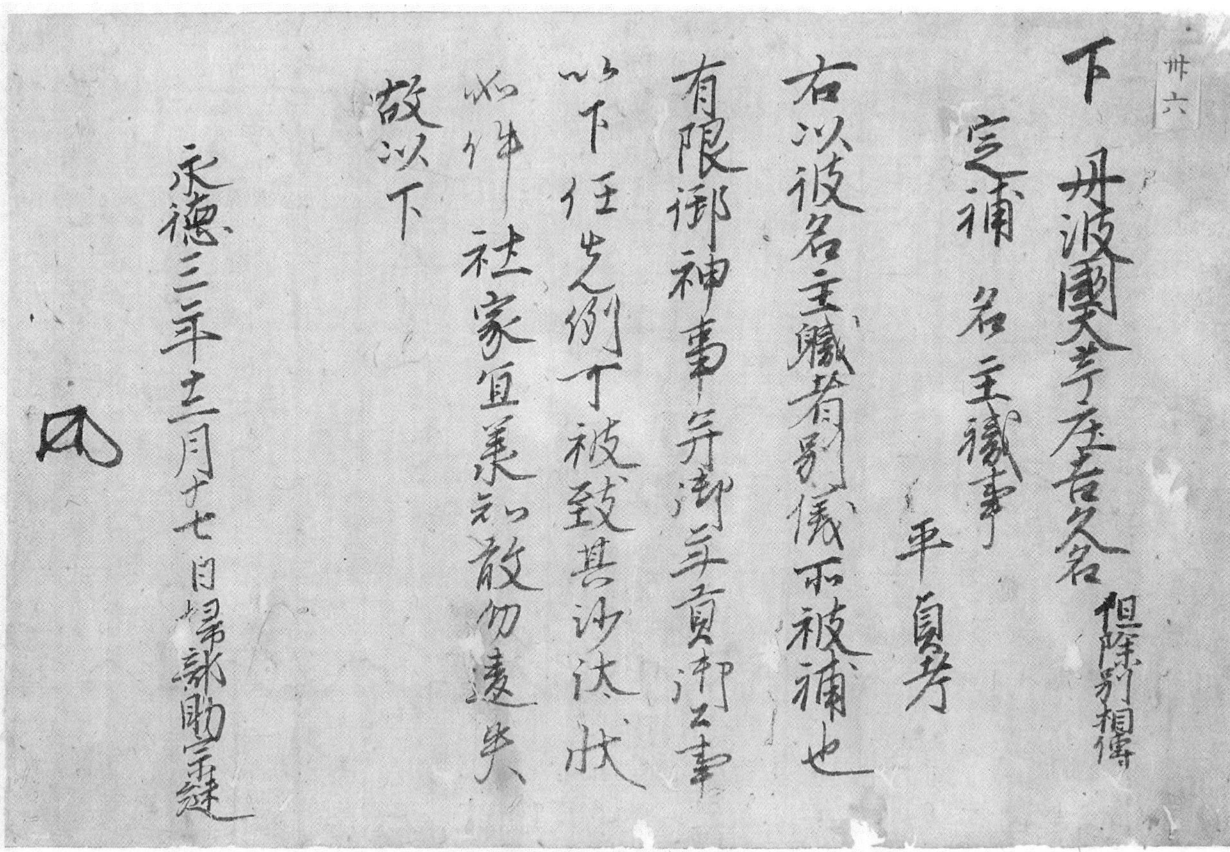
卅六

下　丹波國大芋庄吉久名　但除別相傳
定補　名主職事
平貞方
右以彼名主職者別儀所被補也
有限御神事并御年貢御公事
以下任先例可被致其沙汰状
如件社家宜承知敢勿違失、
故以下
永徳三年十二月十七日掃部助宗述（花押）

29.7×45.6

1—37 阿波国勝浦荘内多奈保領家職半済請文

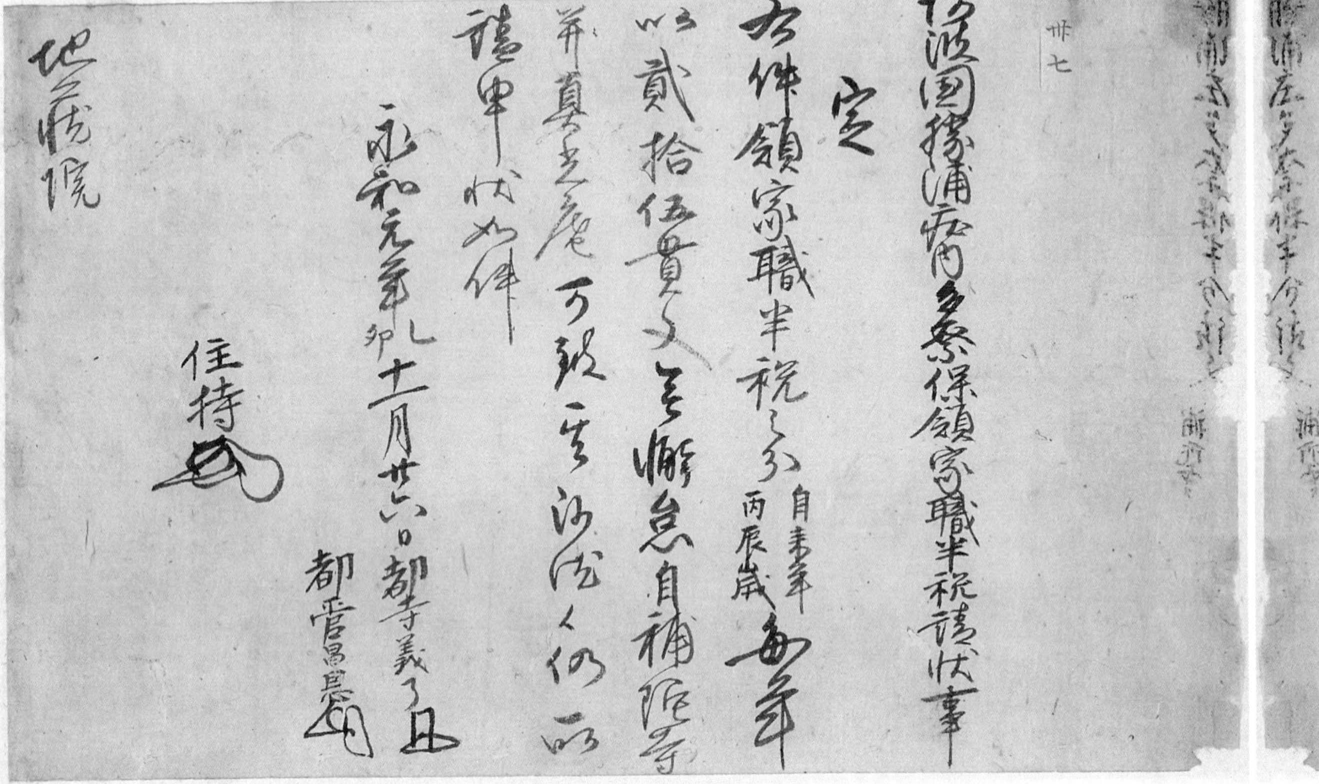
阿波国勝浦庄内多奈保領家職半税請状事
卅七
定
右件領家職半税者、自来年 丙辰歳 毎年
以弐拾伍貫文、無懈怠自補陀寺
并箕之庵、可致其沙汰候、仍所
請申状如件
永和元年 乙卯 十二月廿六日 都寺義了
都管昌崇
住持
地蔵院

29.7×48.5

2—1　細川家奉行人奉書案

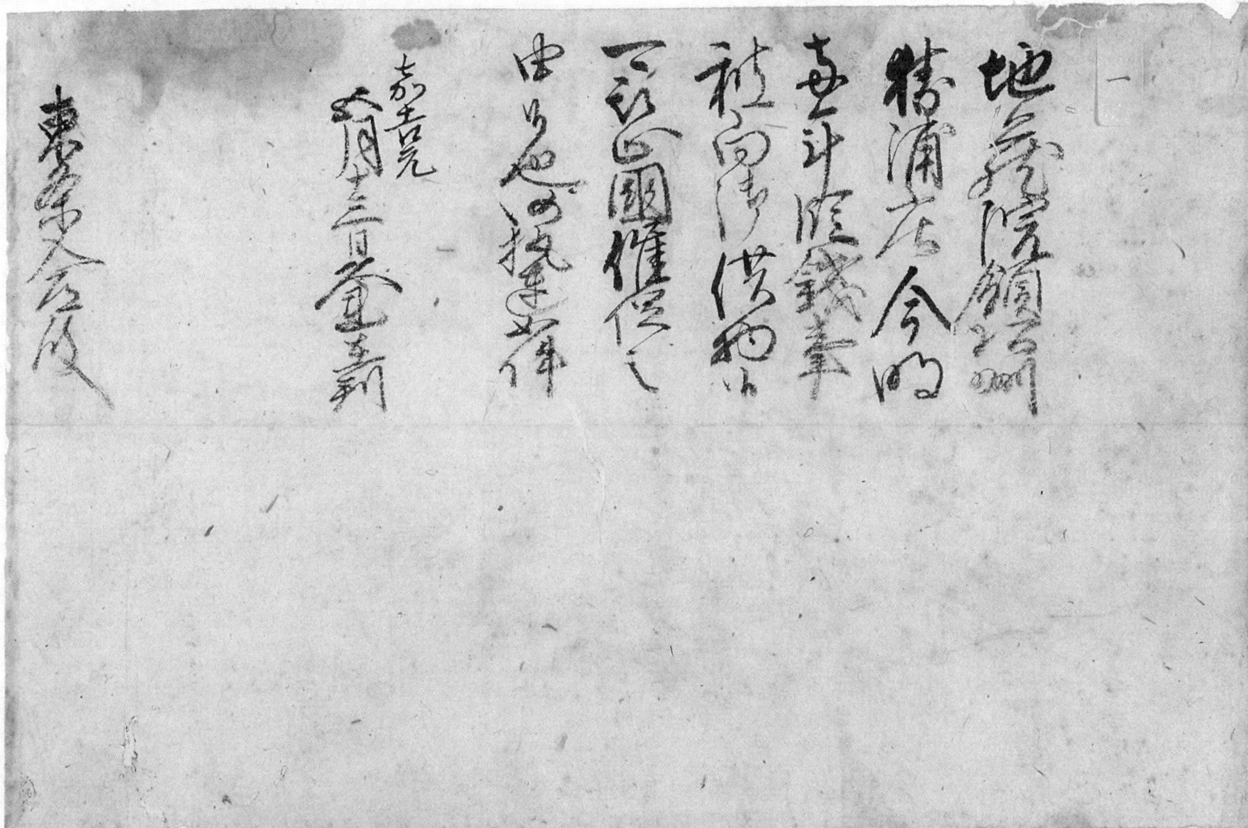

27.6×43.3

室町幕府奉行人連署奉書

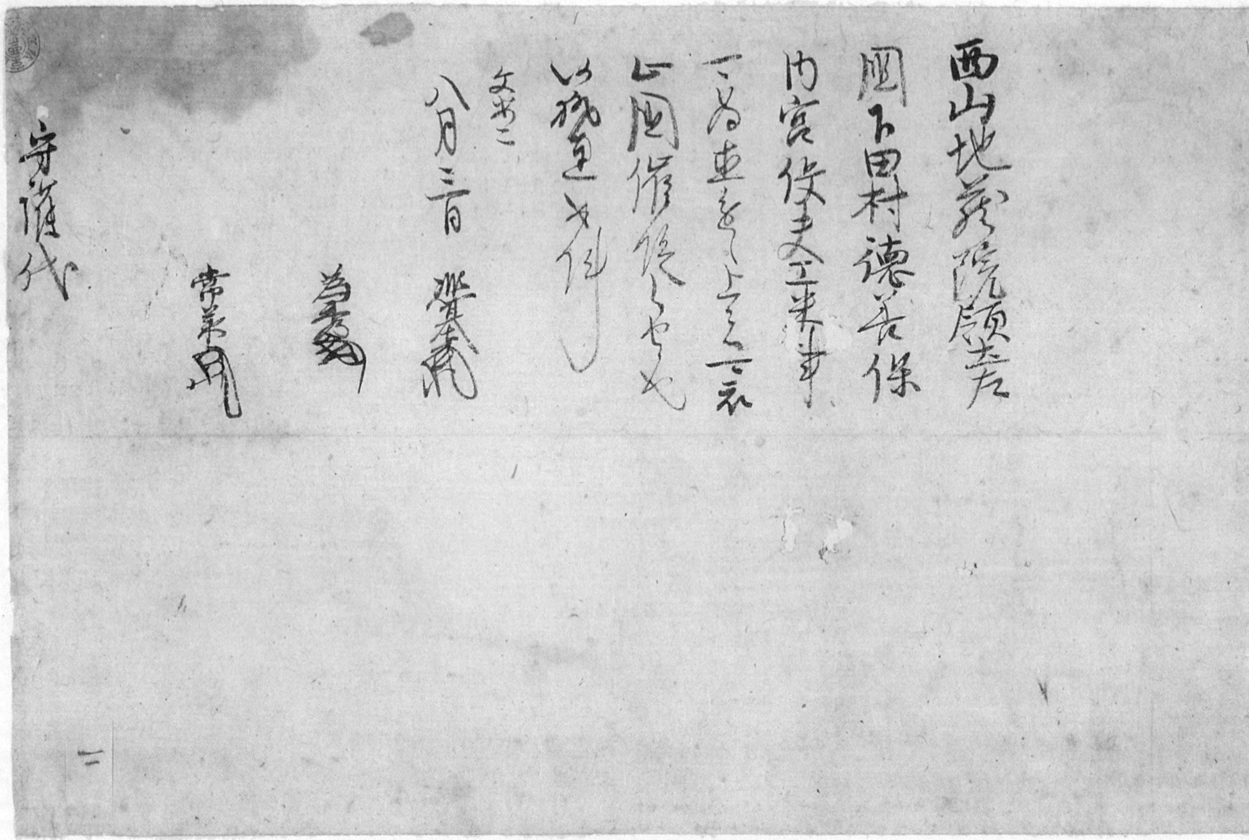

27.6×43.3

三

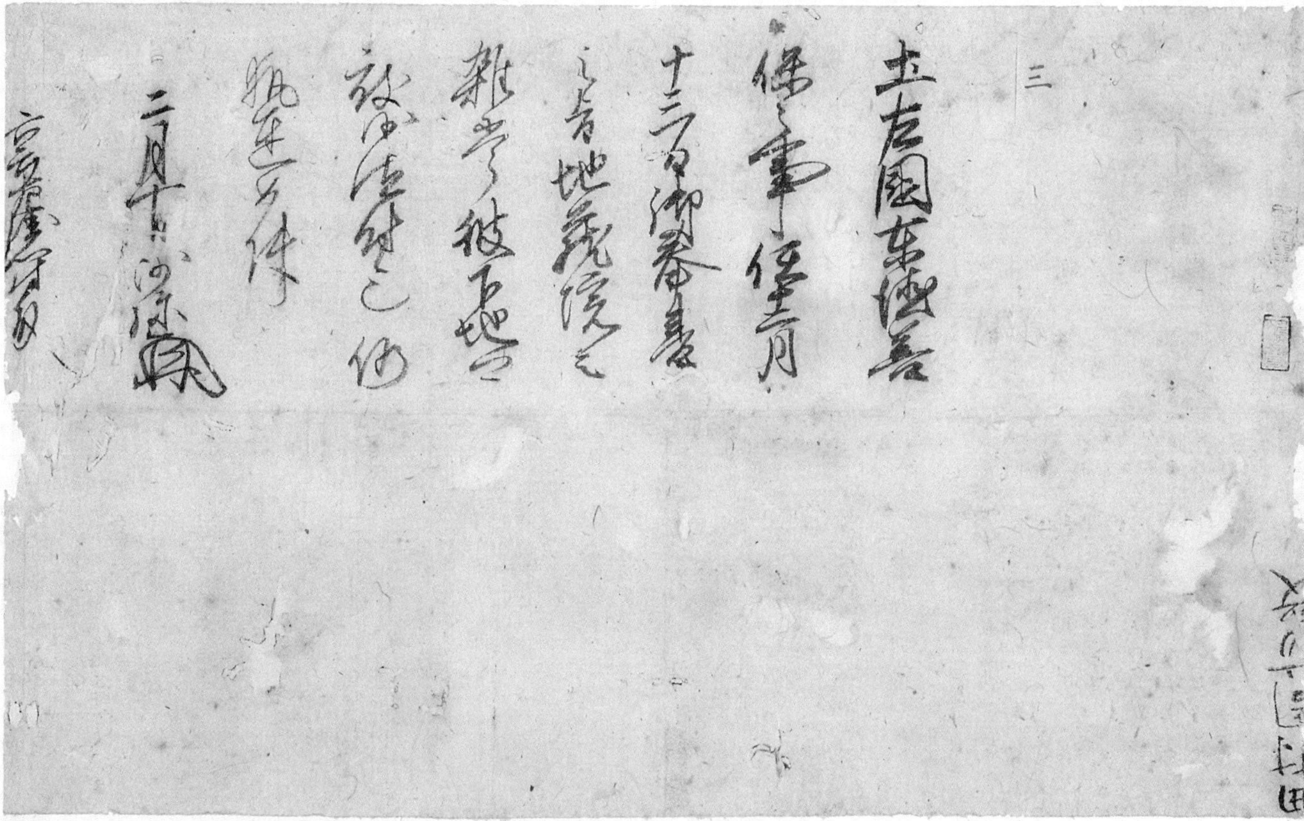

27.7×46.6

2—4（1） 某書状

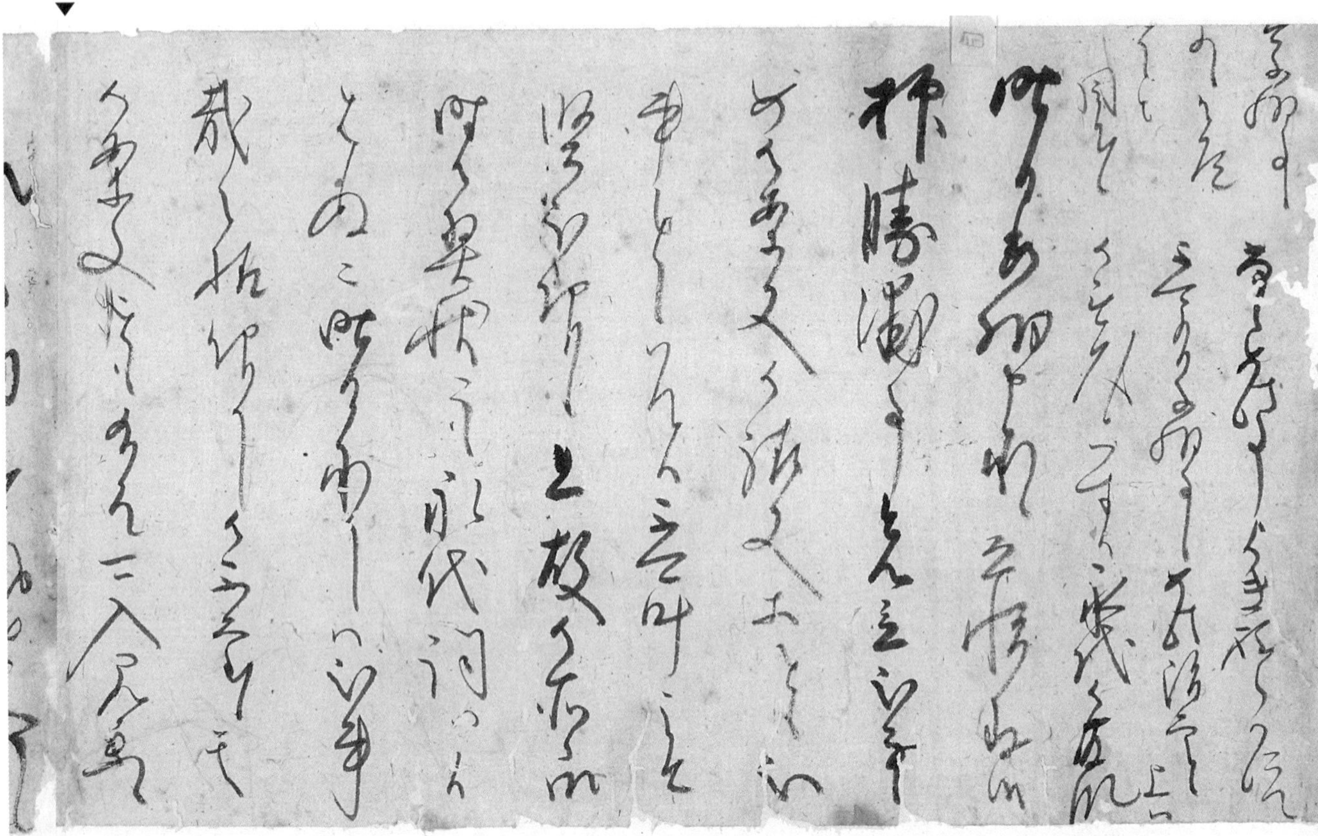

27.7×45.8

2―4（2）　某書状

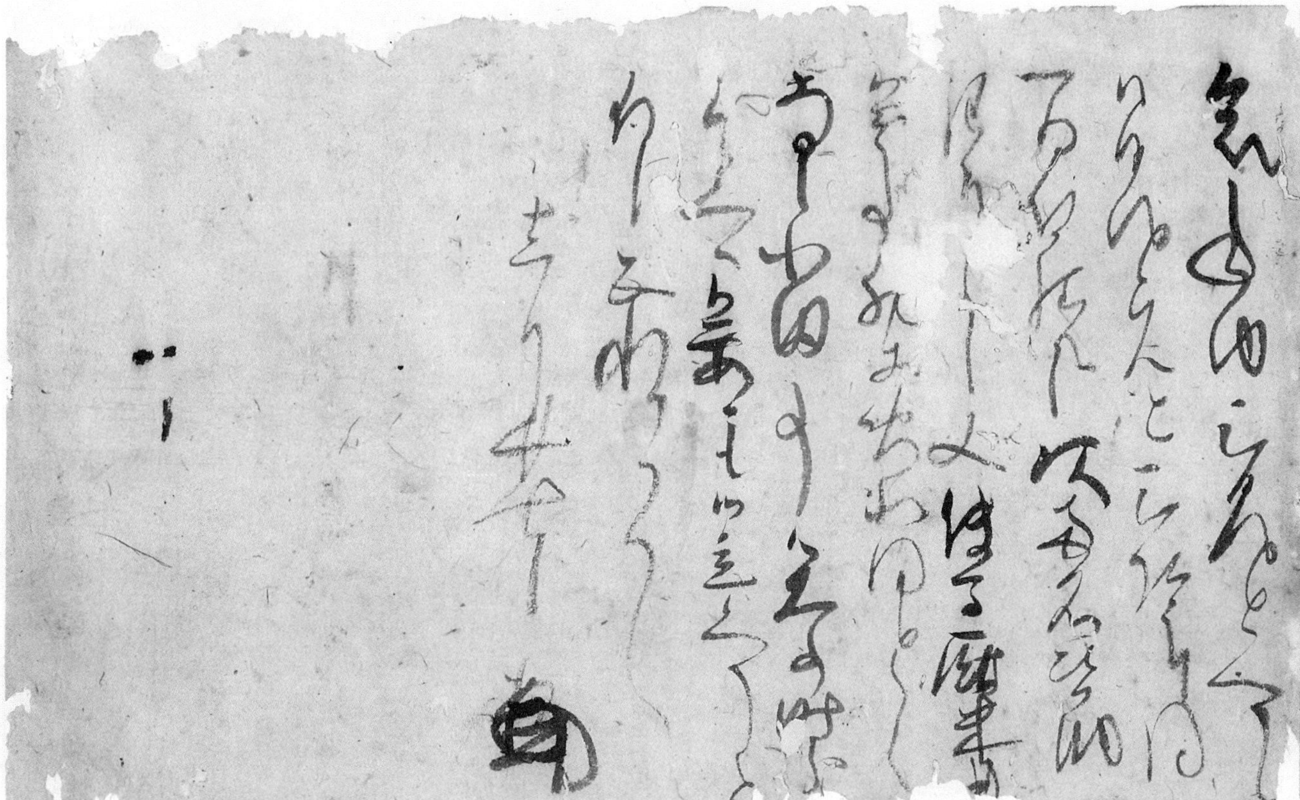

27.7×46.5

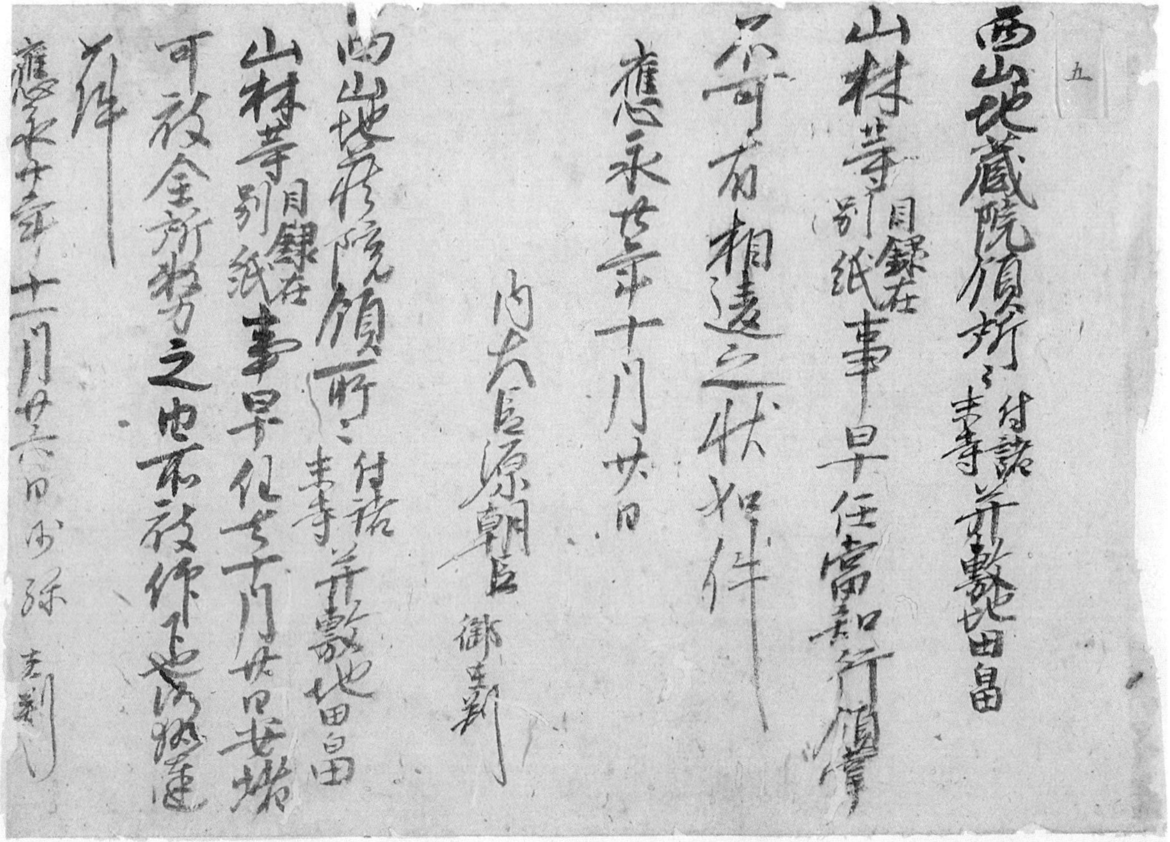
五

西山地蔵院領所々付諸末寺并散在田畠
山林等目録在別紙事、早任當知行領掌
不可有相違之状如件
應永廿年十月廿日
内大臣源朝臣 御判

西山地蔵院領所々付諸末寺并散在田畠
山林等目録在別紙事、早任去十月廿日安堵
可被全所務之由、所被仰下也、仍執達
如件
應永廿年十一月廿六日 沙弥 御判

27.6×39.6

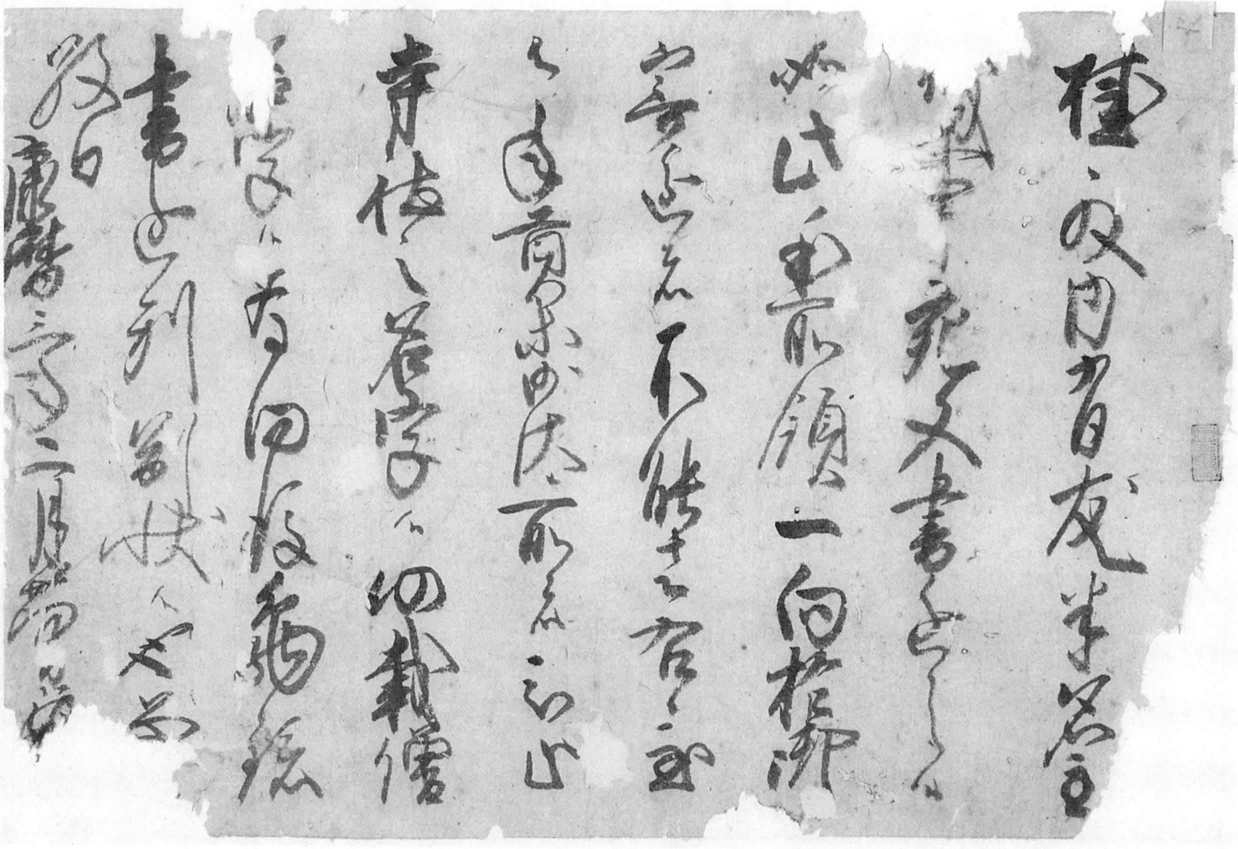

27.7×42.6

2—7（1） 某書状

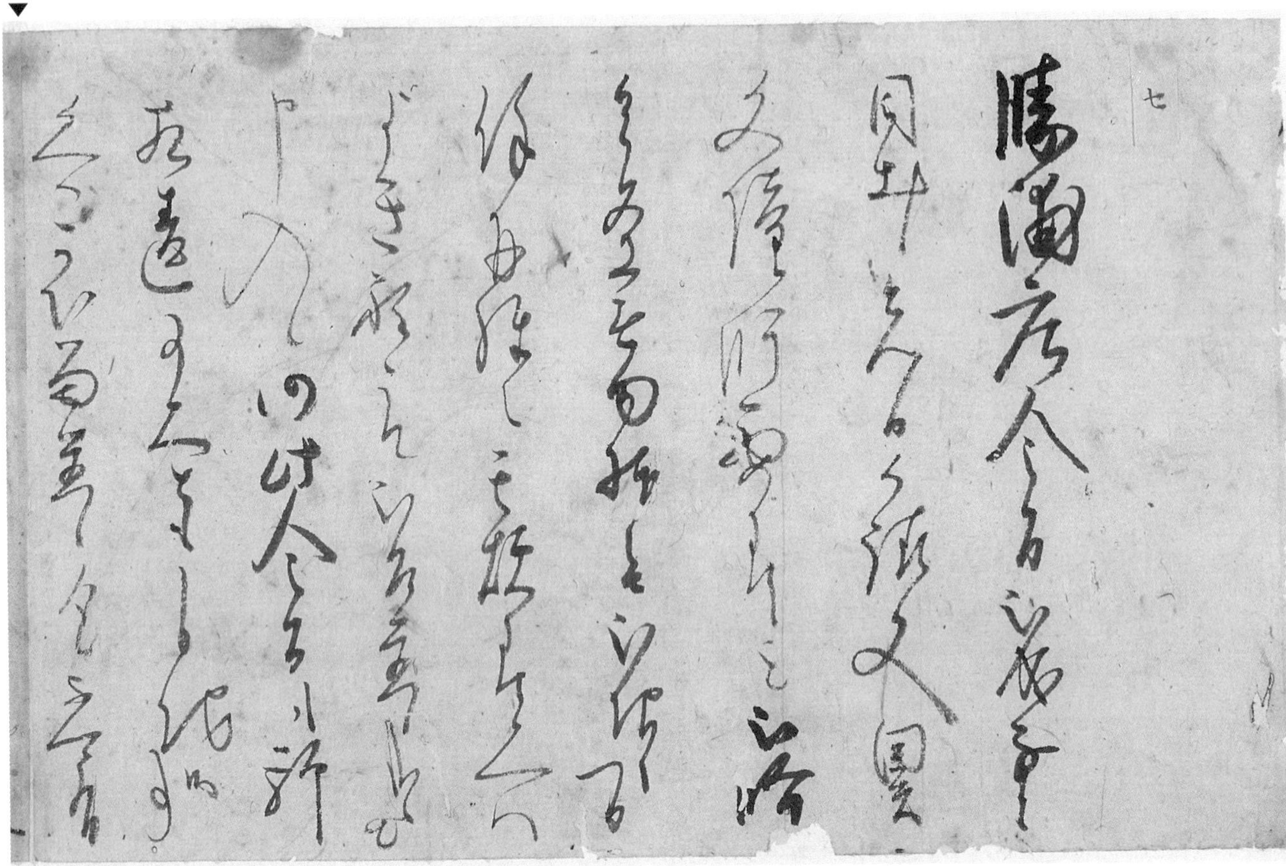

27.7×43.6

2—7（2） 秋庭元明書状

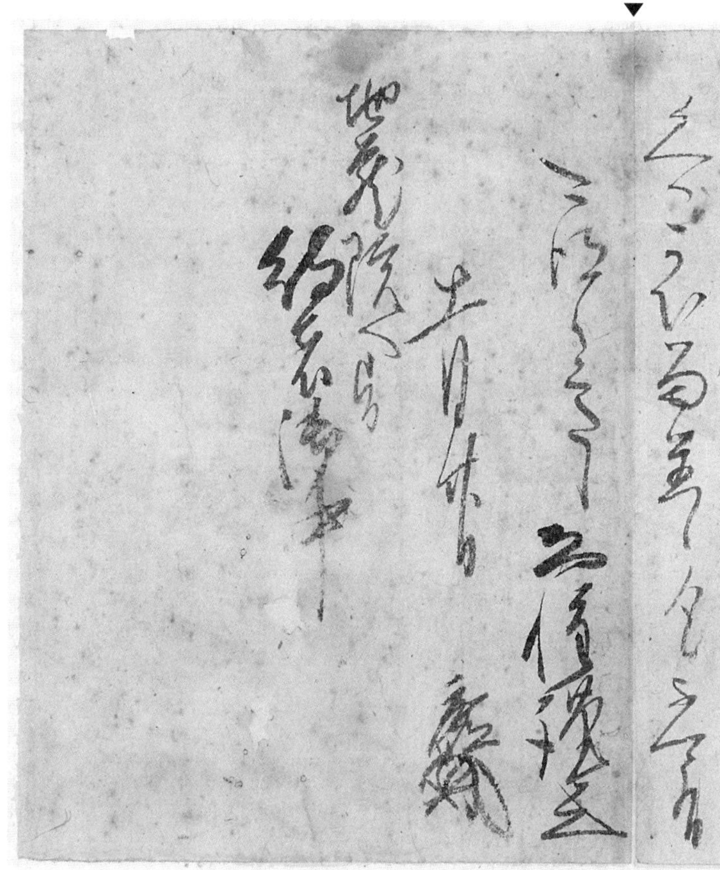

27.7×21.3

八

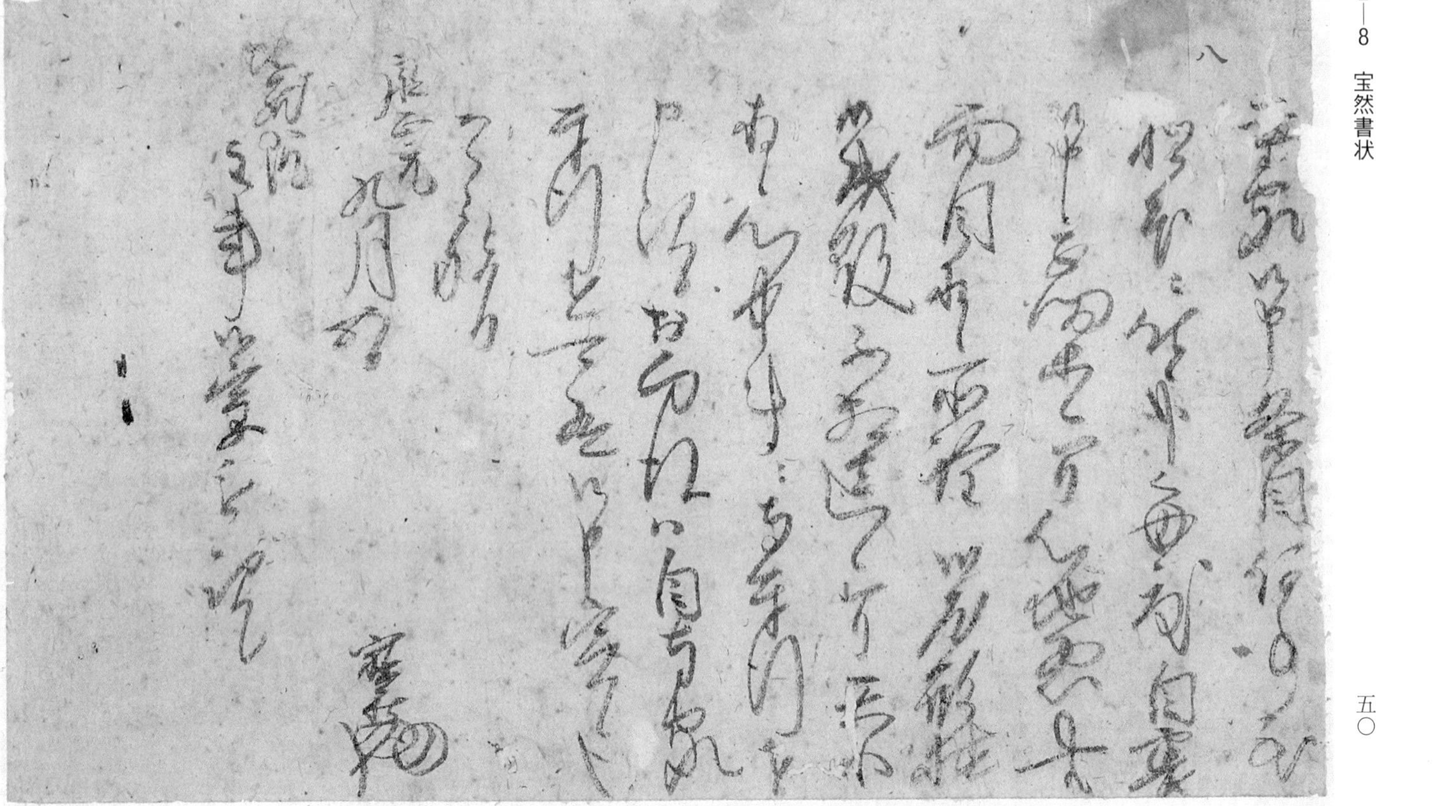

27.7×46.7

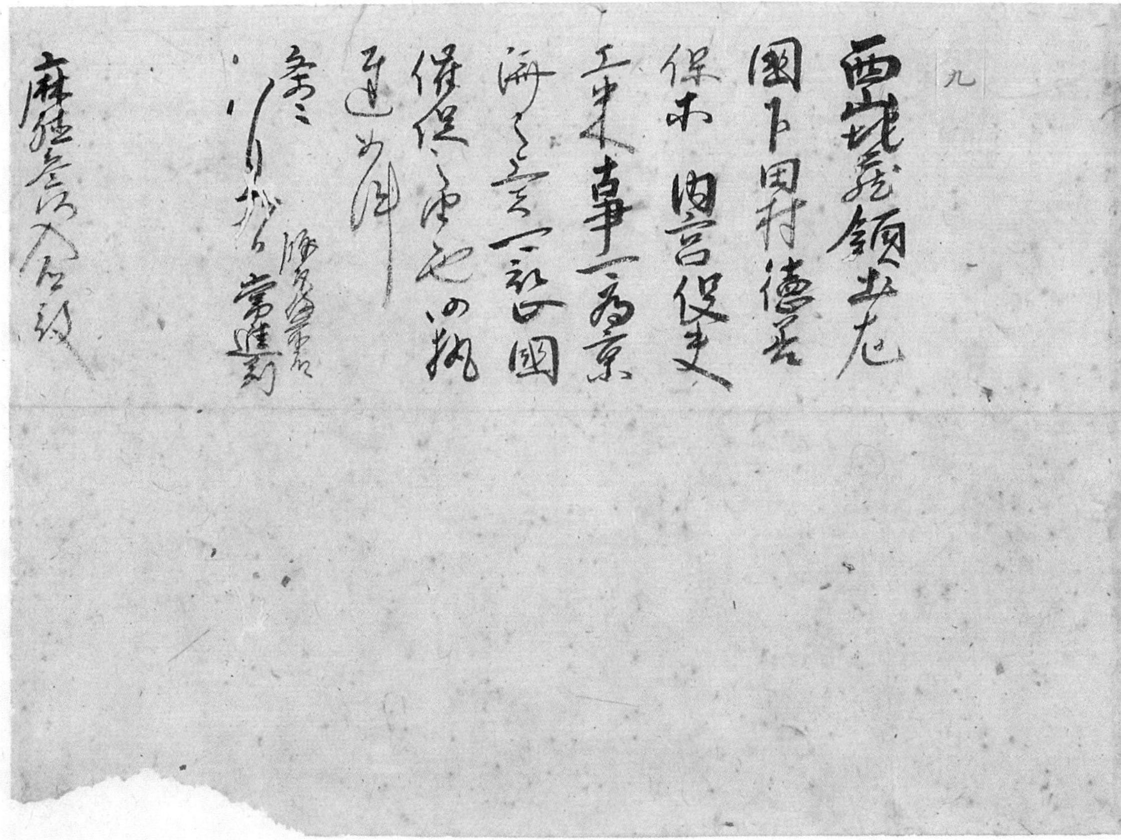

27.7×38.6

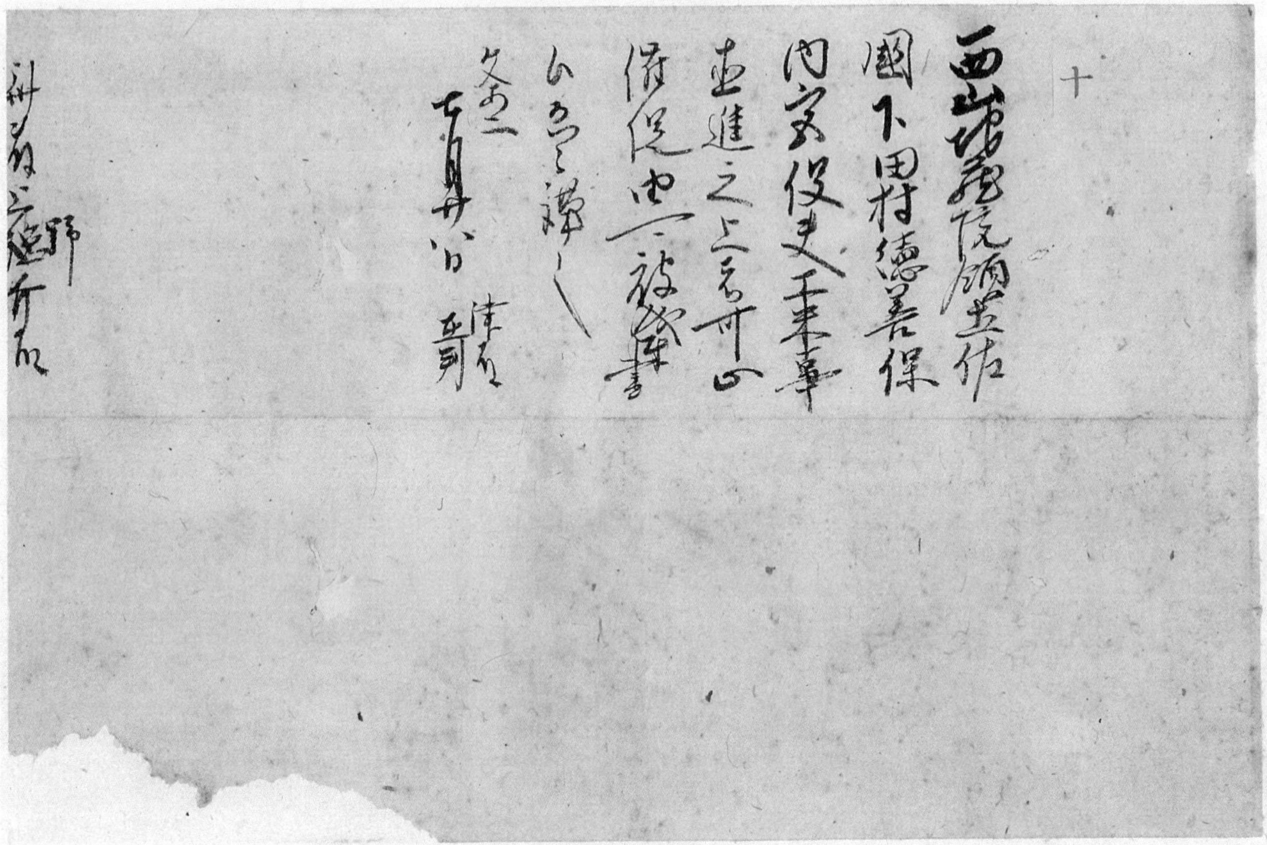

西山地蔵院領土佐
国下田村徳善保
内宮役夫工米事
京進之上者可止
催促也、被成奉書
候、恐々謹言
文安二
十二月廿八日　津兵庫
[illegible]雑掌所

27.7×43.1

十一

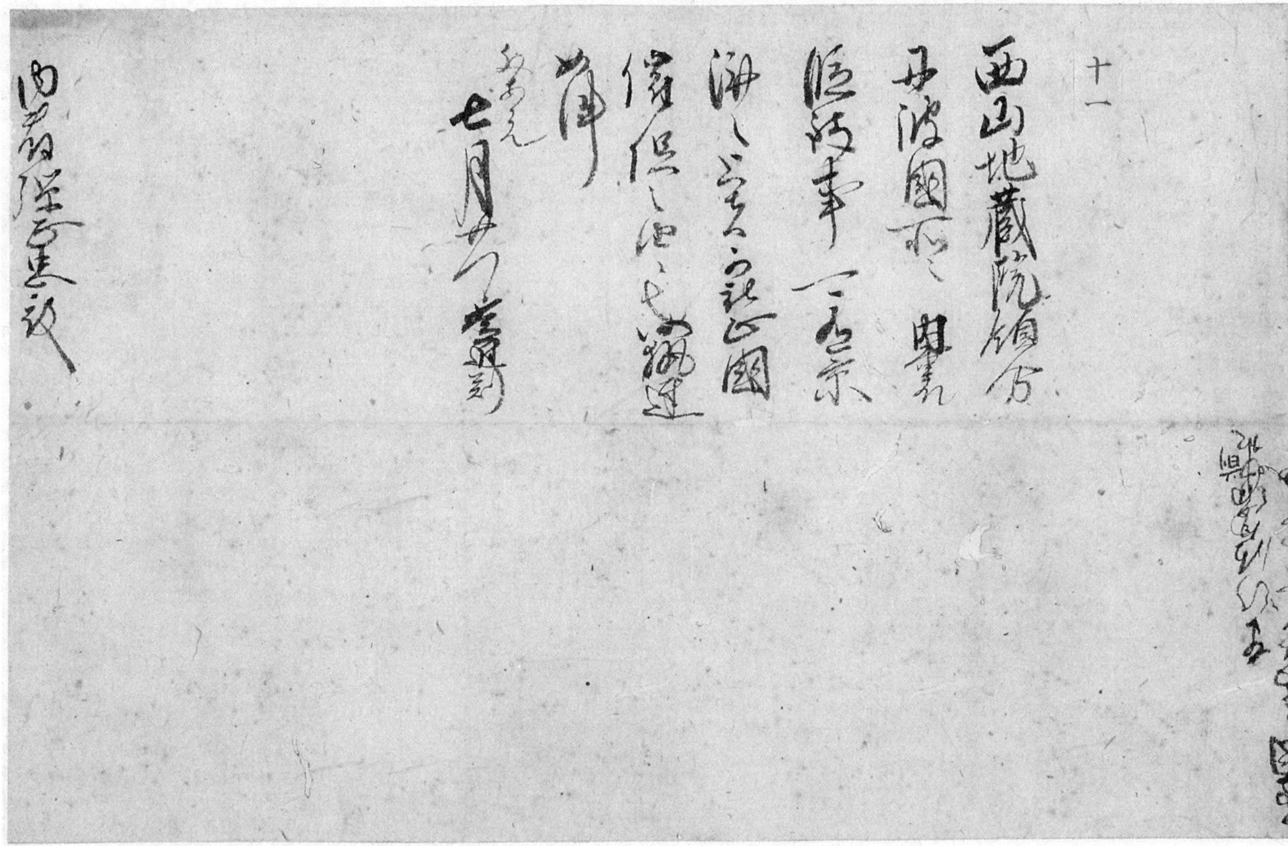

27.8×44.4

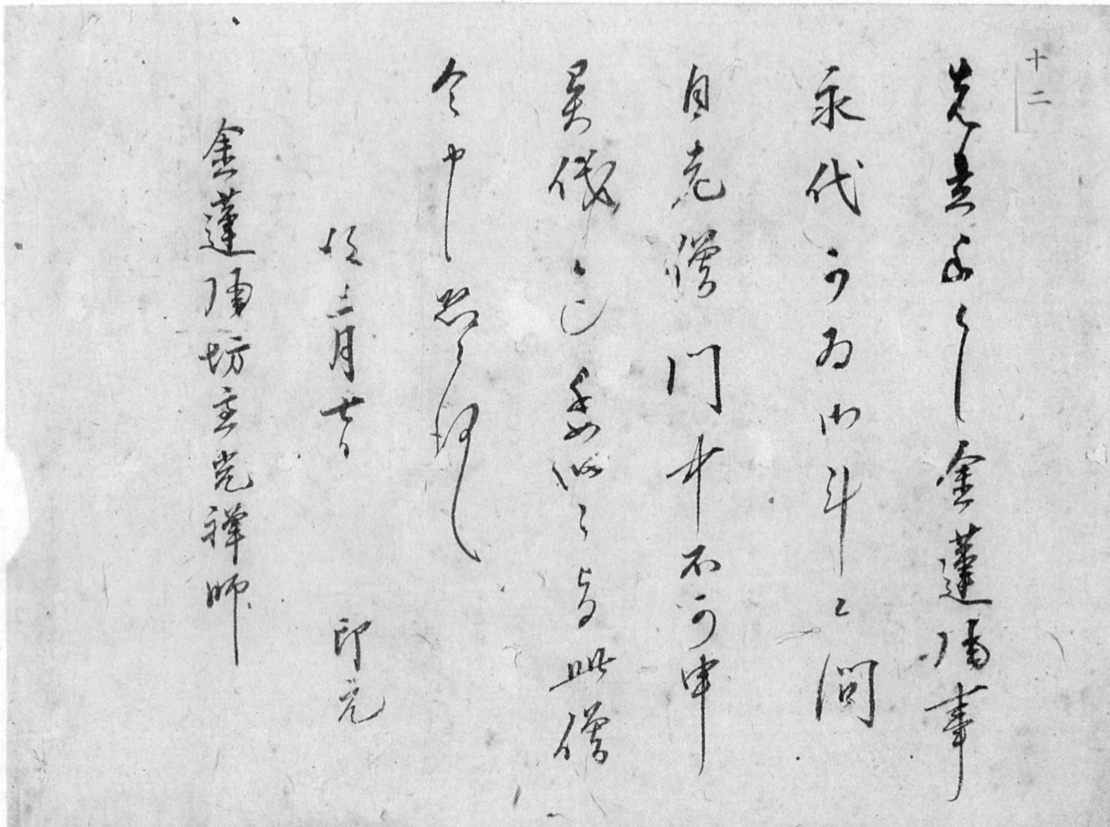
十二

就其方ゟ金蓮庵事
永代可為山斗之間
自先師門中不可申
異儀候、委細之旨此僧
令申候也
後二月十日　印元
金蓮庵坊主完禅師

27.8×38.6

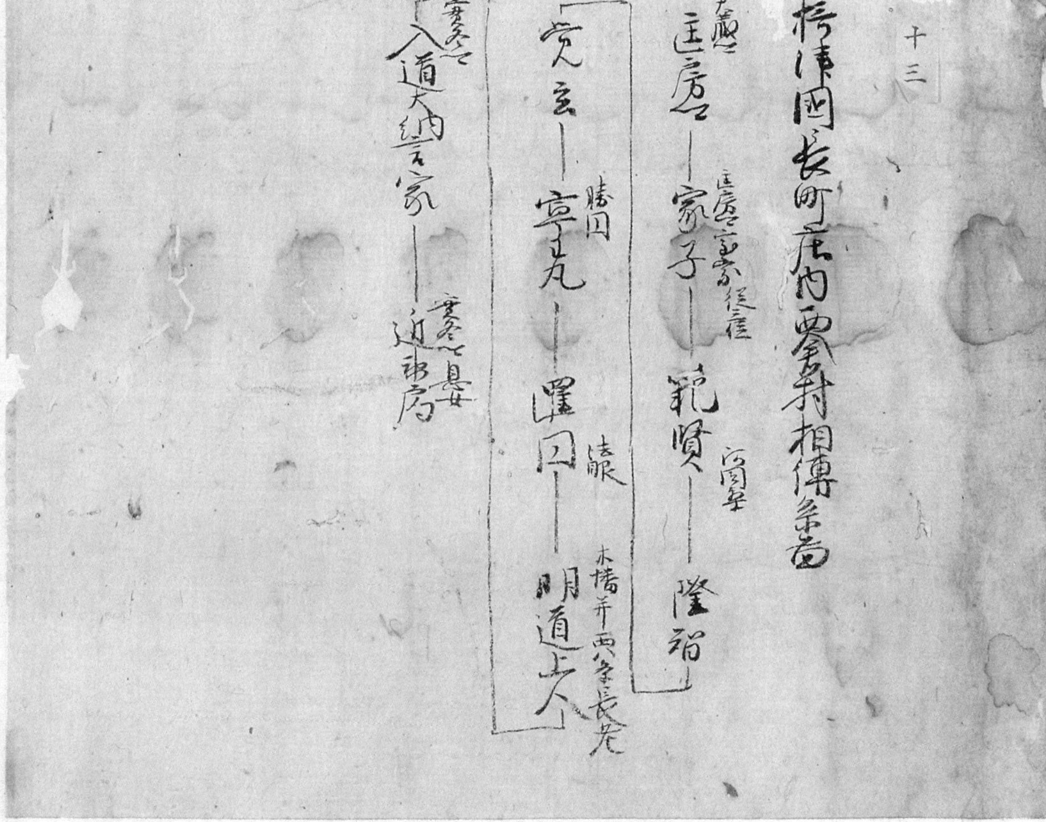
十三
摂津国長町庄内西倉村相傳系図
主殿房 — 家子 — 範賢 — 隆瑜
覚玄 — 亭丸 — 瓘円 — 明道上人
入道大納言家 — 道邦房

27.8×36.3

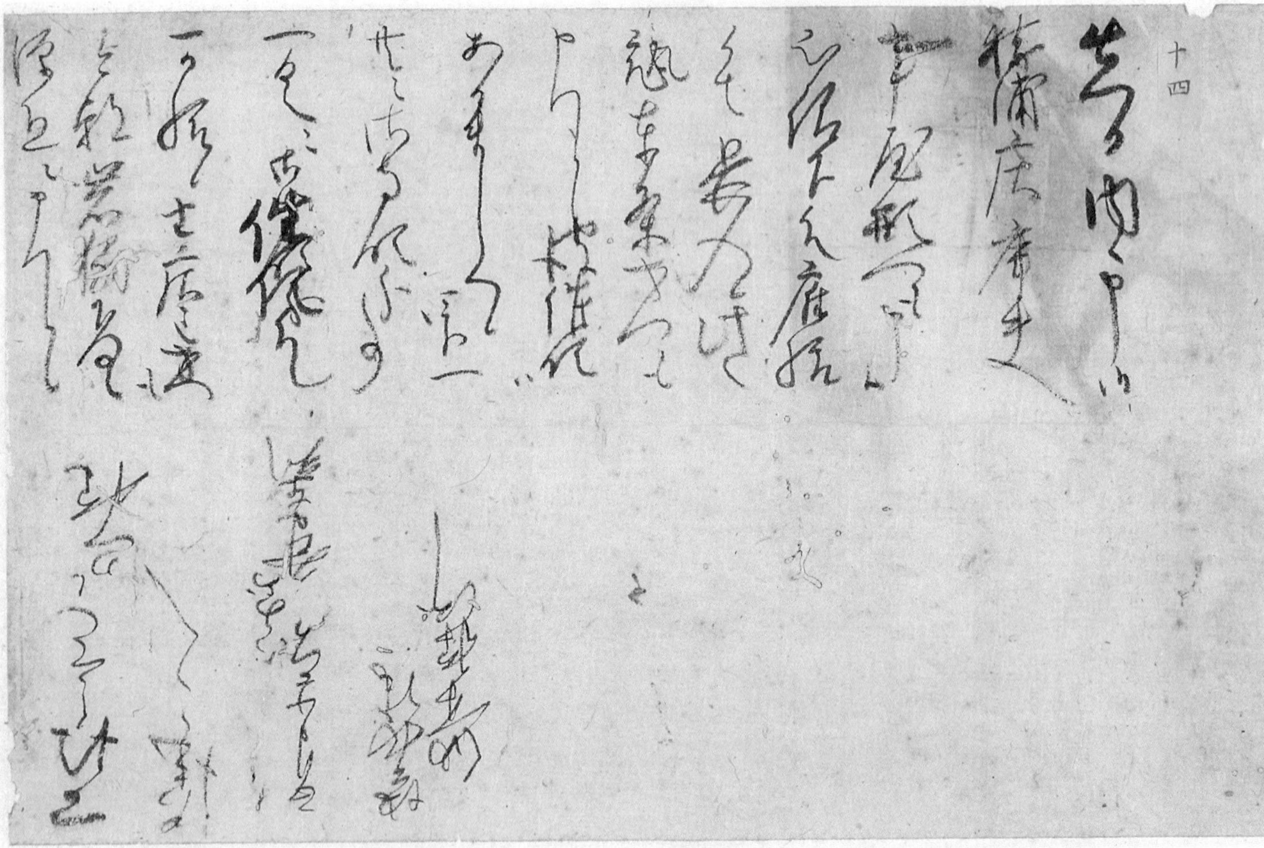

27.8×44.0

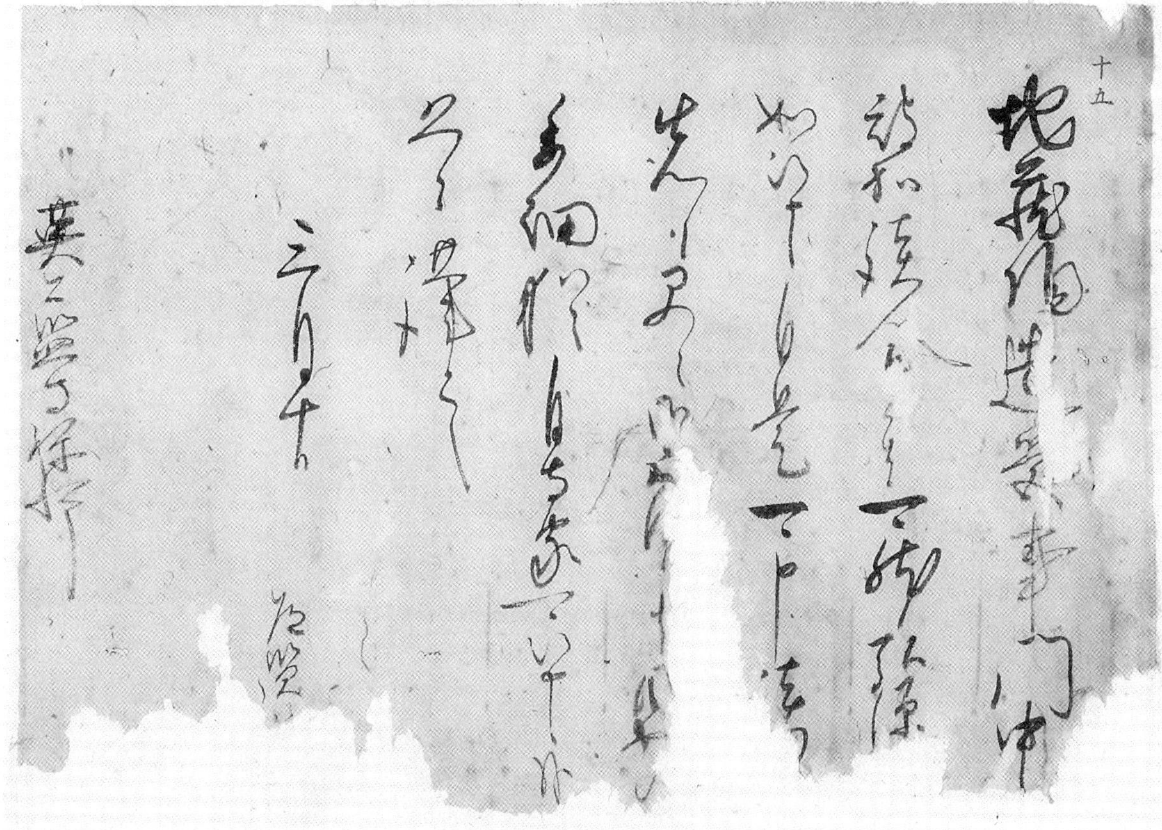
十五

26.7×38.9

2—16　藤井嗣尹書状

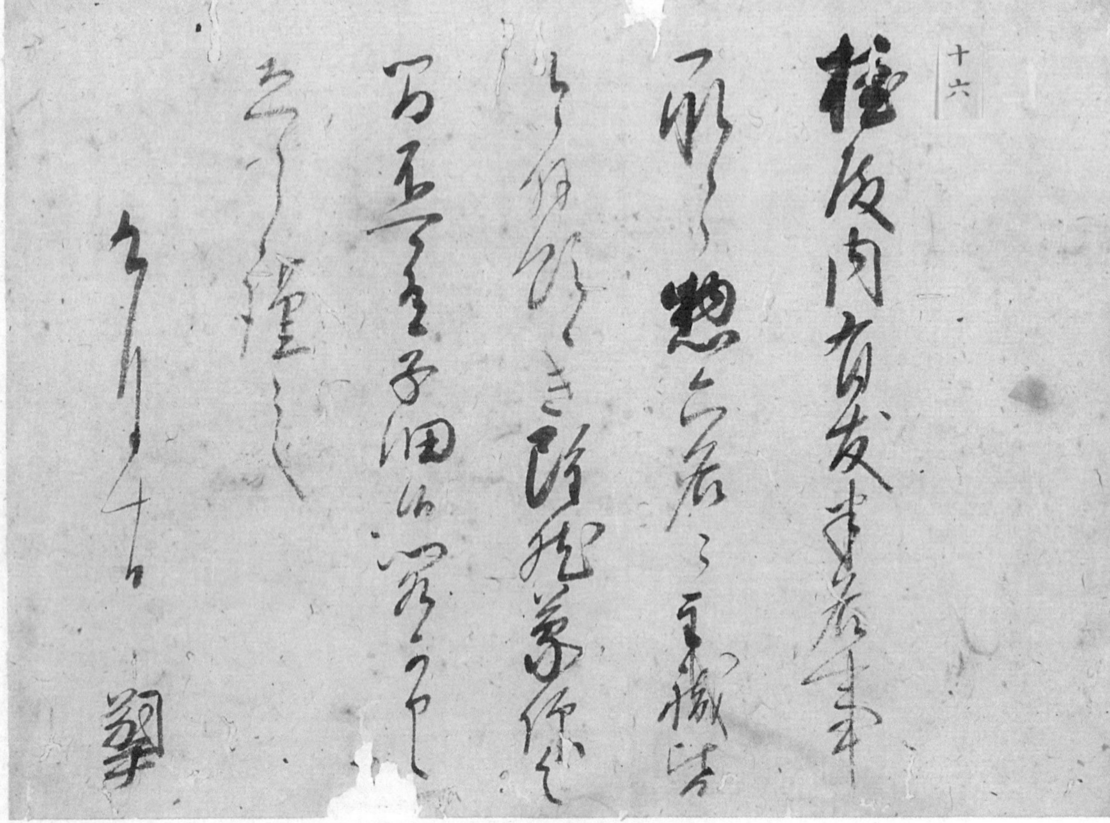
十六

27.8×39.1

2—17　近江国高島郡一切経保田文書請取状

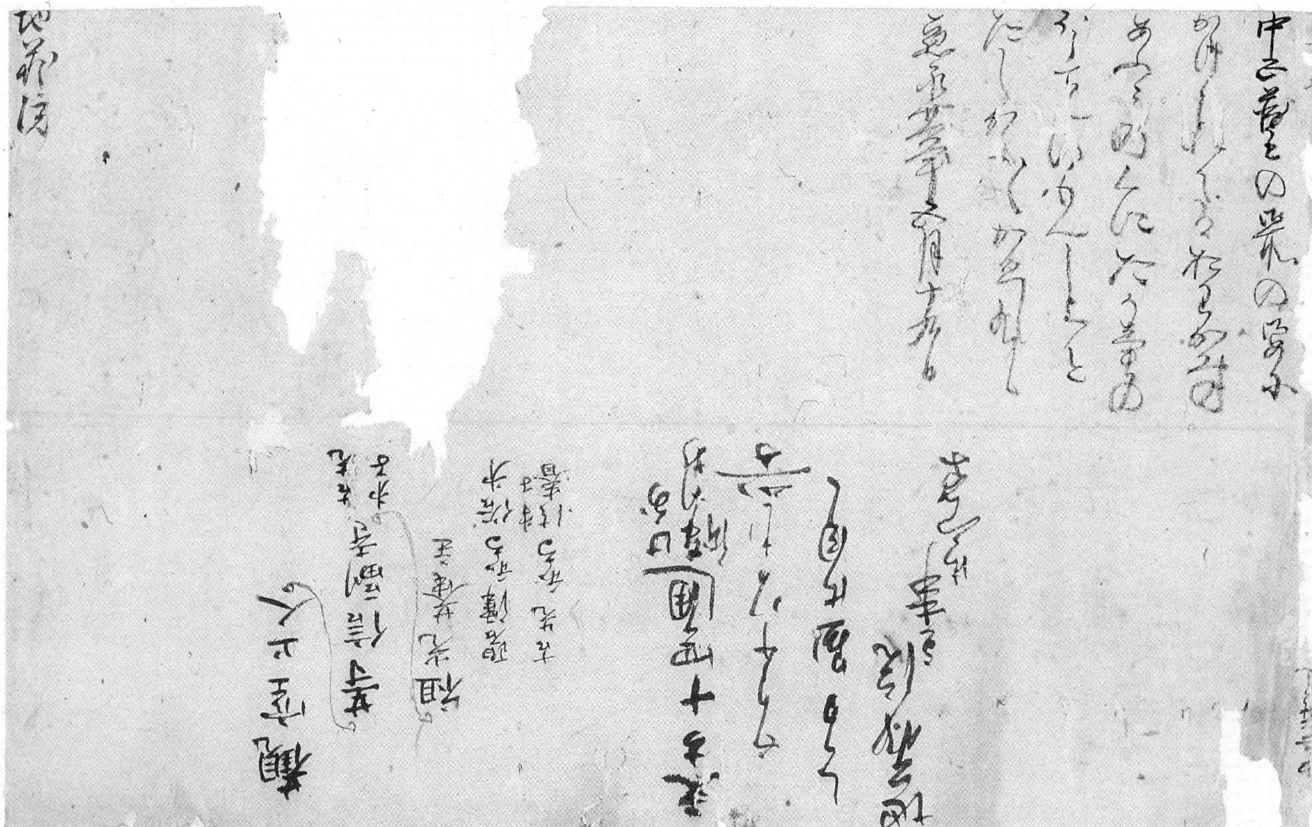

27.7×45.8

十八

27.7×39.5

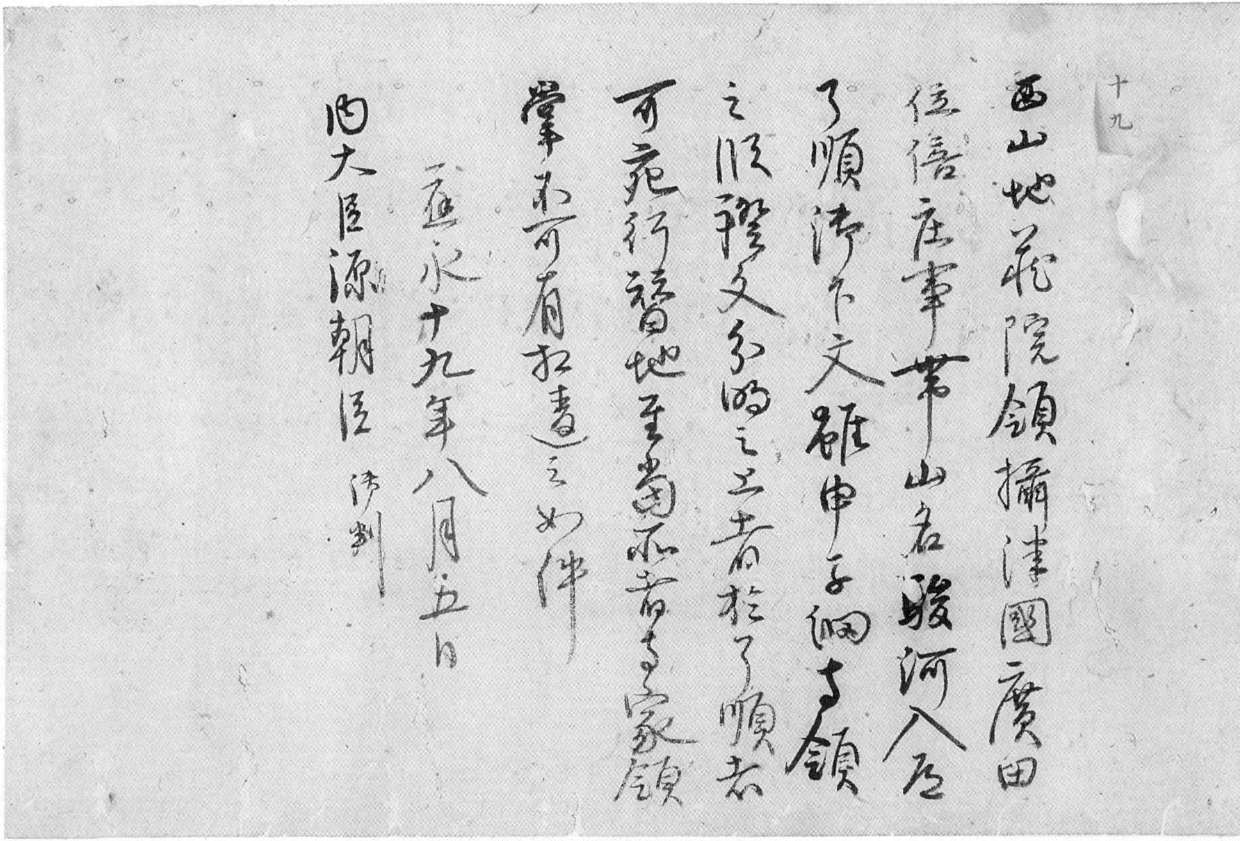
十九
西山地蔵院領摂津国広田
位倍庄事、帯山名駿河入道
了順帯下文雖申子細、寺領
之所證文分明之上者、於了順者
可宛行替地、至当所者、為寺家領
掌、不可有相違之状如件
応永十九年八月五日
内大臣源朝臣 御判

28.0×43.5

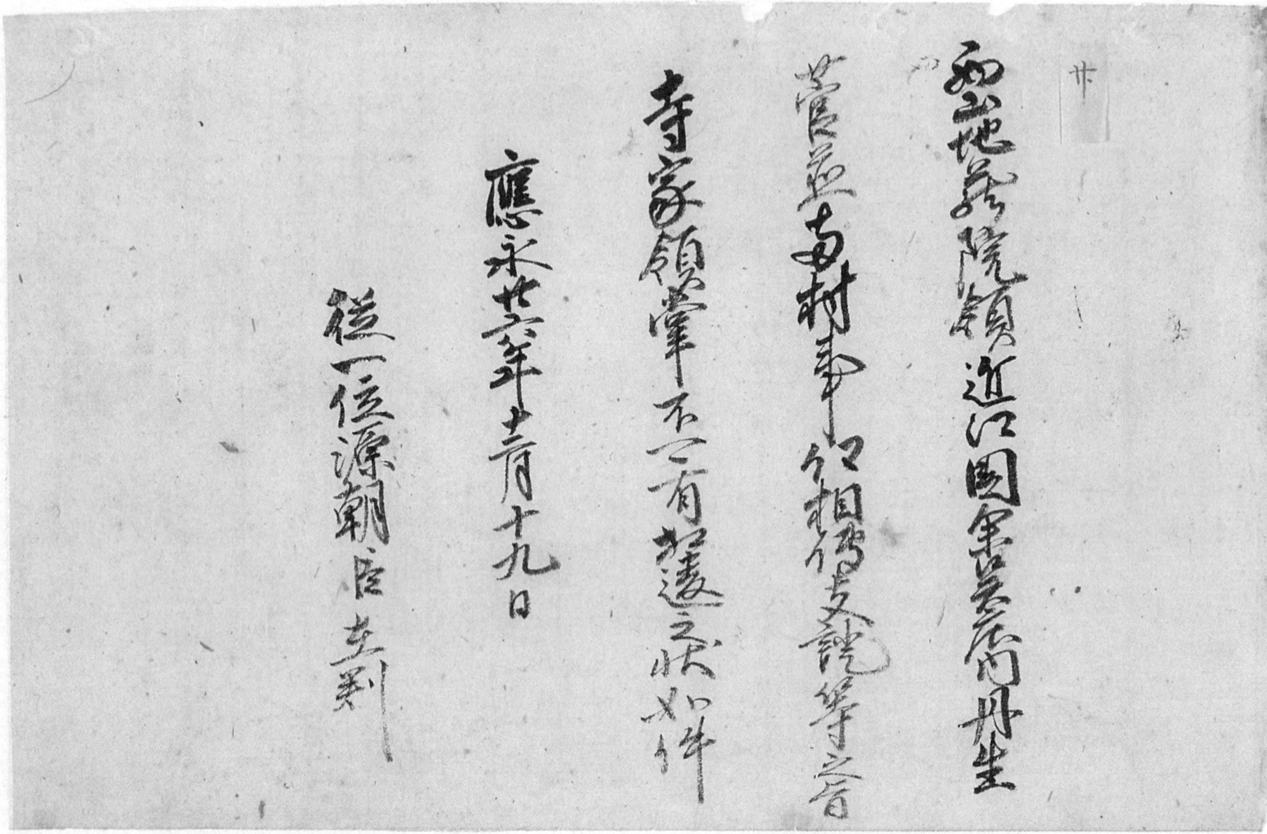

廿

西山地蔵院領近江国栗太郡内丹生
鷺並両村事、任相伝支証等之旨、
寺家領掌不可有相違之状如件
應永廿六年十二月十九日
従一位源朝臣 在判

28.0×44.6

2—21 近江国守護六角満綱書下案

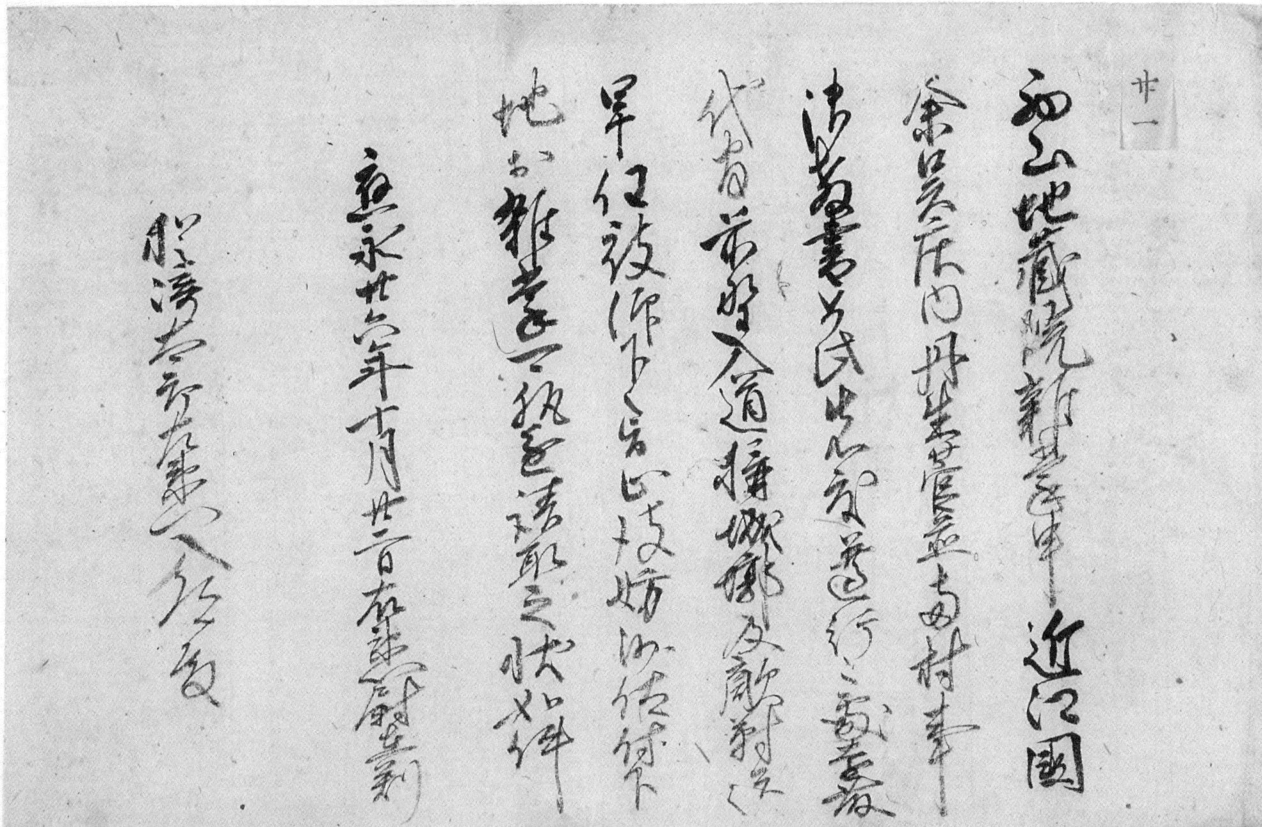

廿一

叡山地蔵院雑掌申、近江国
余呉庄内丹生・菅並両村事、
[illegible]
[illegible]
[illegible]
[illegible]
応永廿六年十月廿二日 [illegible]
[illegible]

28.0×44.1

2—22　近江国丹生・菅並両村関係重書案ほか

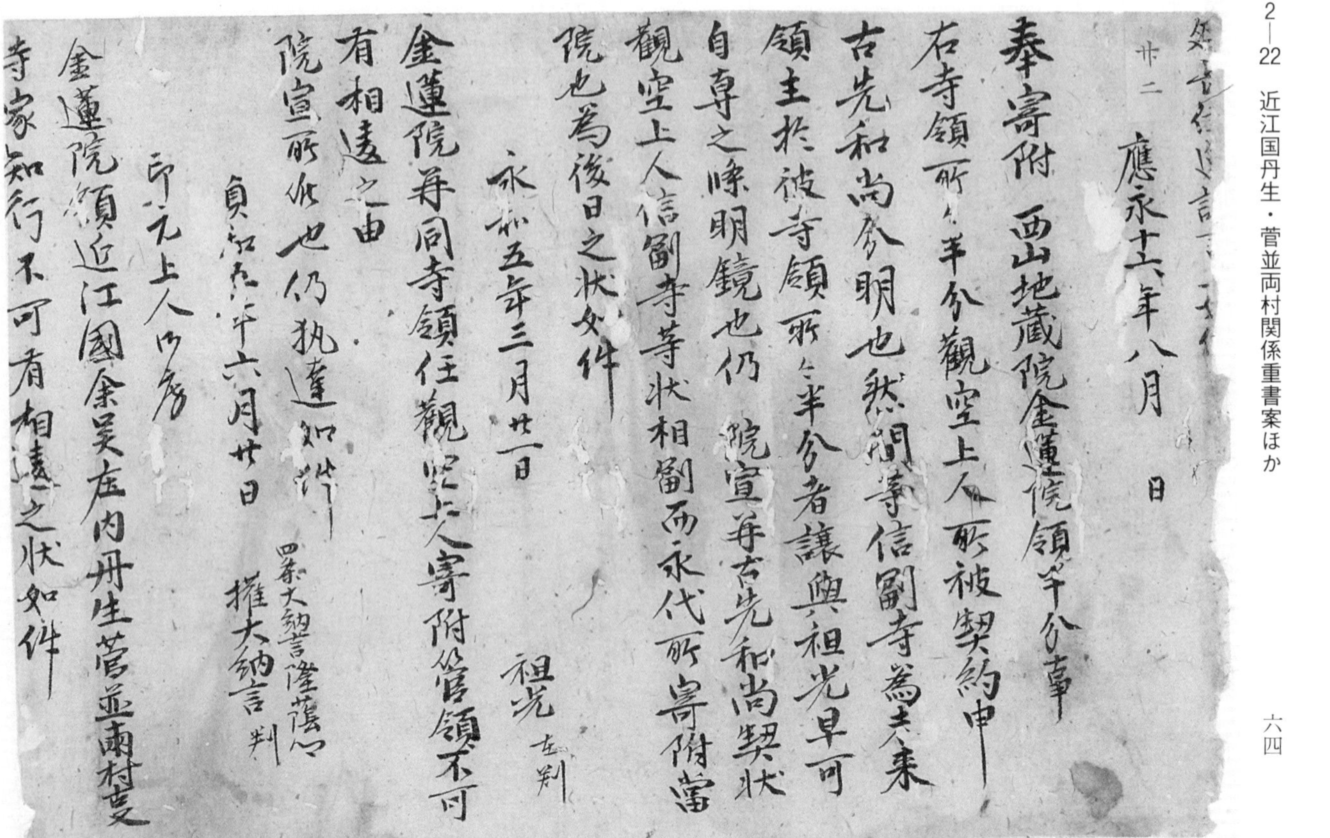
廿二　應永十六年八月　日

奉寄附　西山地蔵院金蓮院領半分事

右寺領所々半分、観空上人所被契約申

古先和尚參明也、然間等信剛寺爲未来

領主、於彼寺領所々半分者、譲与祖光、早可

自専之條明鏡也、仍　院宣并古先和尚契状

観空上人信剛寺等状相副、而永代所寄附當

院也、爲後日之状如件

永和五年三月廿一日　　祖光　在判

金蓮院并同寺領、任観空上人寄附、管領不可

有相違之由

院宣所候也、仍執達如件

貞和六年六月廿日　　四条大納言隆蔭

権大納言　判

帝元上人御房

金蓮院領近江國余呉左内丹生菅並両村事

寺家知行不可有相違之状如件

28.0×42.9

2—23　倉恒経久田地預状

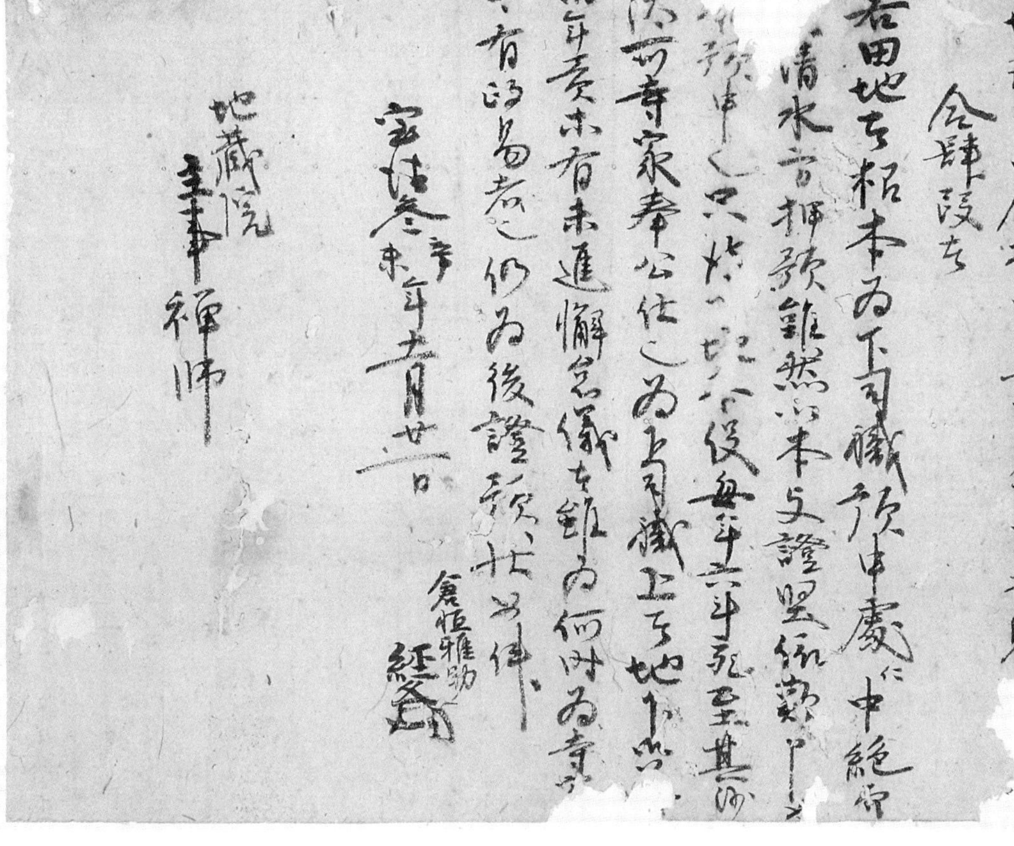

預申　廿三

地藏院御領播州長田庄壹所[illegible]

合肆段者

右田地者根本為下司職預申處仁中絶候

清水寺押領雖然以本文證[illegible]

御預申之[illegible]毎年六斗[illegible]至其沙

汰可寺家奉公仕之為上司職[illegible]

於年貢未有未進懈怠儀者雖為何時為寺

可有[illegible]者也仍為後證預状如件

宝徳参辛未年十二月廿二日　倉恒雅助　経久（花押）

地藏院　主事禅師

28.0×40.0

2—24 土岐持頼書状

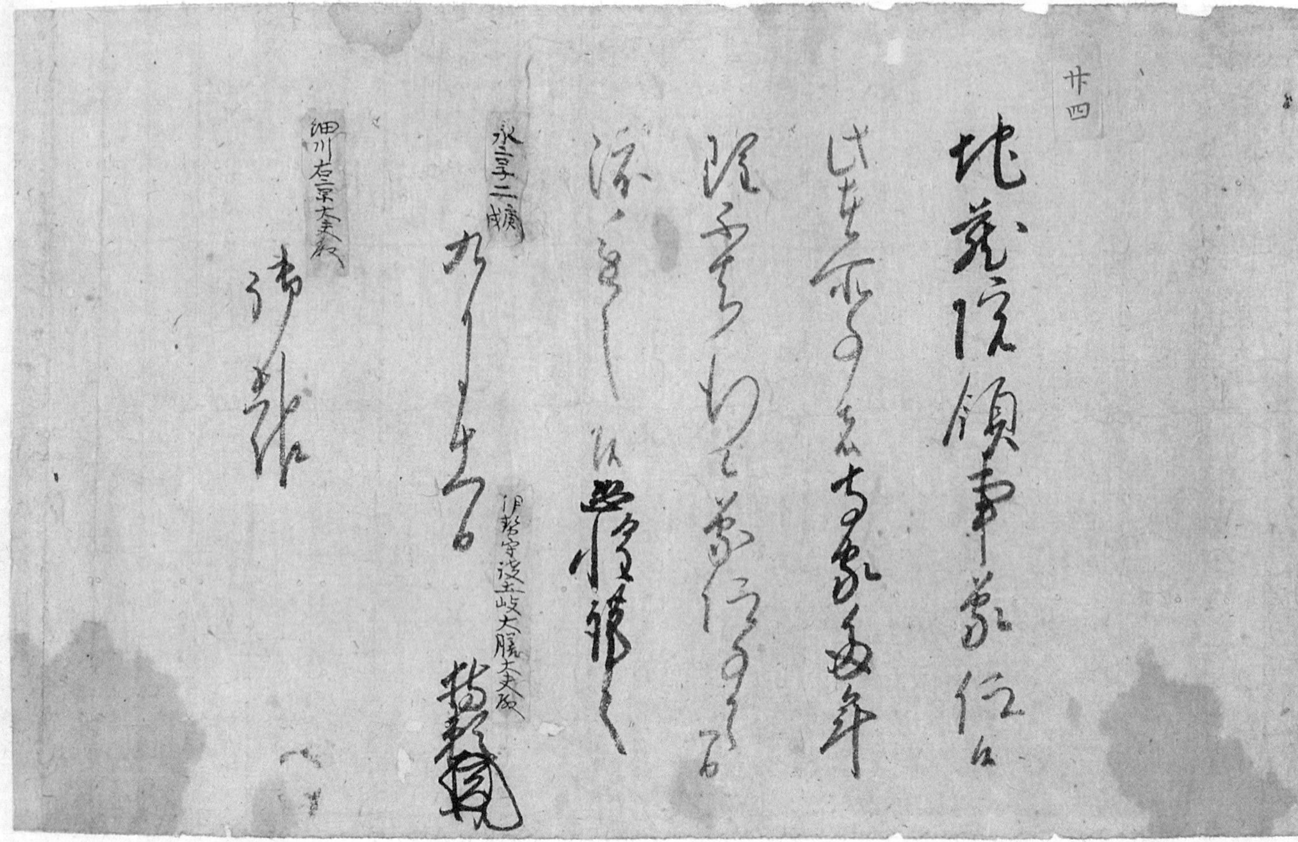
廿四
永享二庚戌
伊勢守護土岐大膳大夫殿
細川右京大夫殿

28.4×45.9

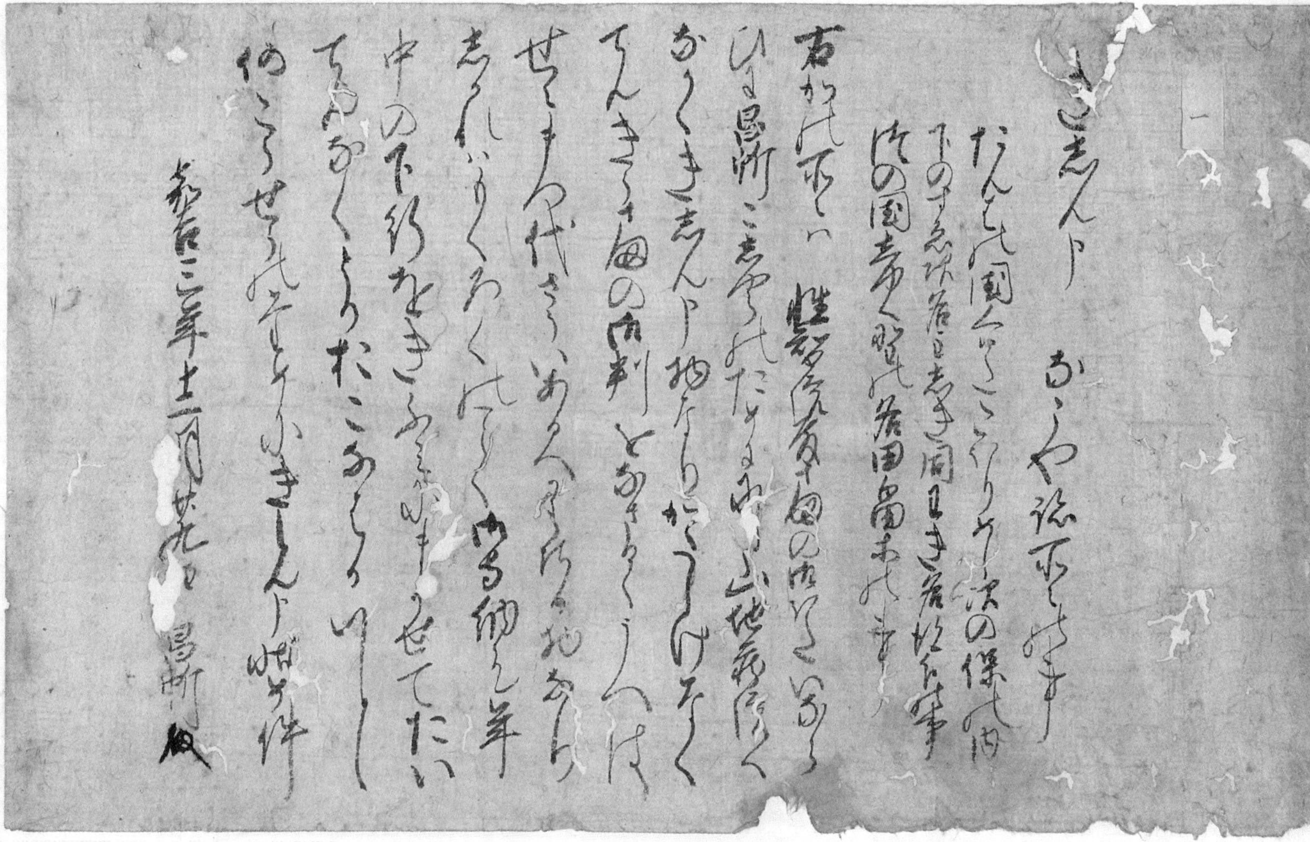

32.6×53.4

3―2　沙弥心覚田畠屋敷等売券

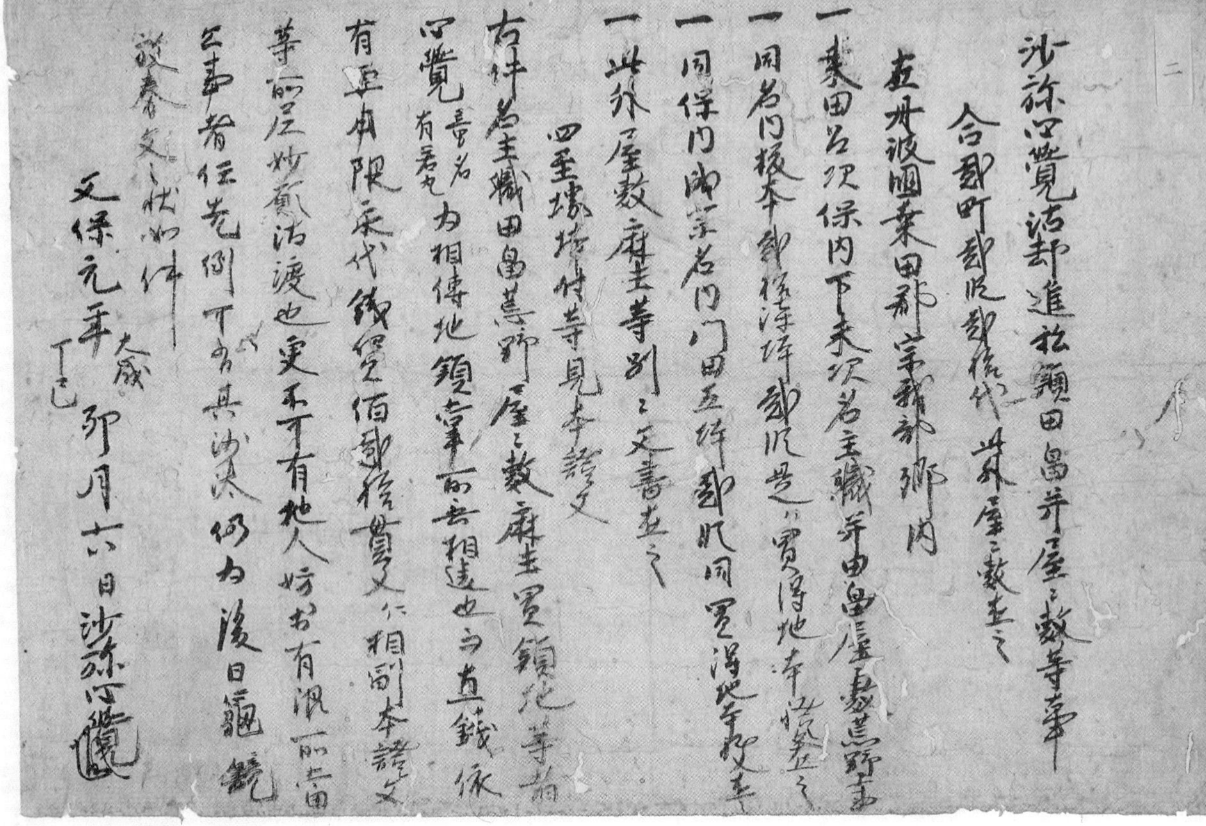

沙弥心覚沽却進私領田畠并屋敷等事
合弐町弐段捌代　并屋敷在之
在丹波国桑田郡宇都郷内
一　桑田名次保内下末次名主職并田畠屋敷荒野等
一　同名内根本御領浮坪弐段　是ハ買得地本券在之
一　同保内御家名内門田五坪弐段　同買得地本券文在之
一　此外屋敷麻畠等別ニ文書在之
四至堺坪付等見本証文
右件名主職田畠荒野屋敷麻畠買領地等者
心覚重代有要名為相伝地領掌而無相違也、而直銭依
有要用限永代銭貨佰弐拾貫文ニ相副本証文
等所限永代沽渡也、更不可有他人妨、若有混乱一出
之事者任先例可有其沙汰、仍為後日亀鏡
沽券文之状如件
文保元年太歳丁巳卯月六日　沙弥心覚（花押）

32.6×51.8

3—3　卜部宿祢田地売券

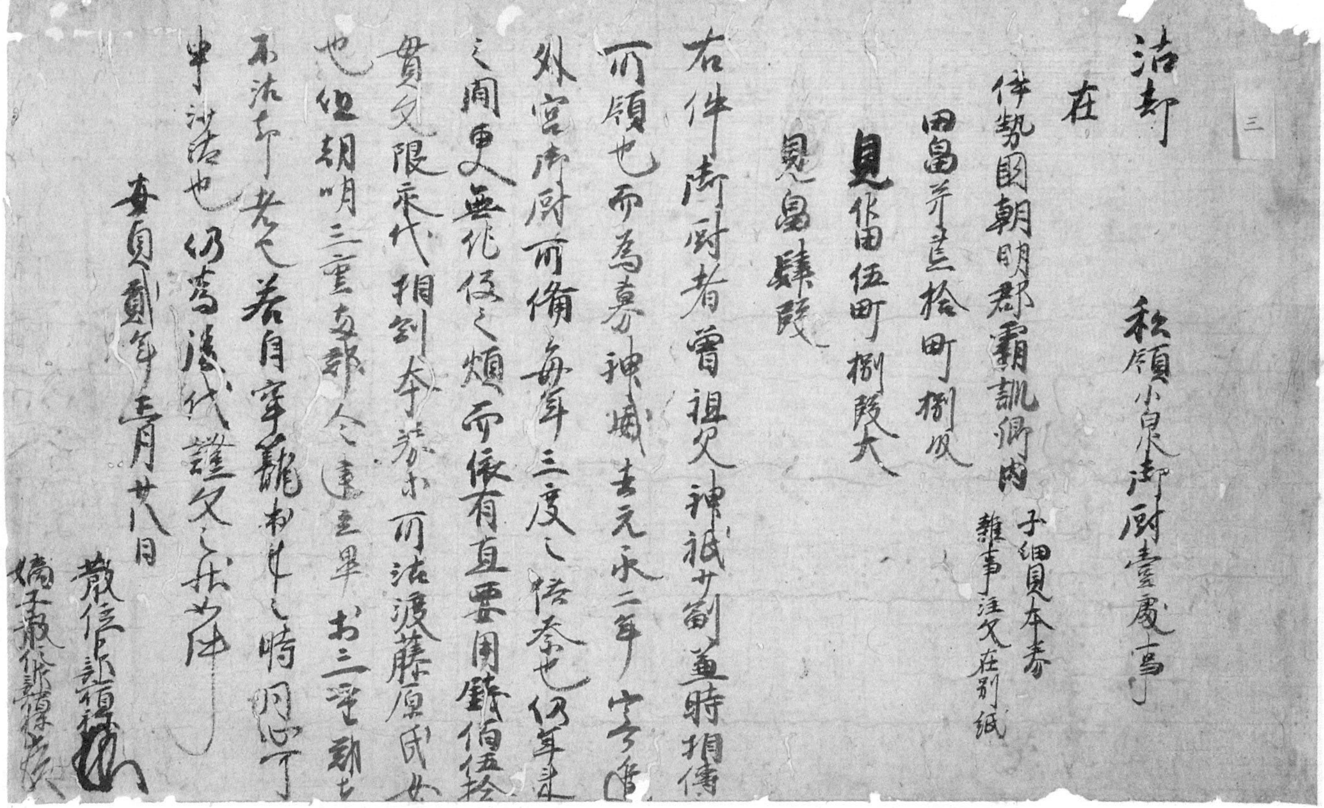

沽却　私領小泉御厨壹處事
在
伊勢国朝明郡霸訓御厨内　子細見本券　雑事注文在別紙
田畠并薗拾町捌段
見作田伍町捌段大
見畠肆段
右件御厨者、曾祖父神祇少副兼時相傳
所領也、而為寄券神職、去元永二年寄進
外宮御厨、所備毎年三度之御祭也、仍年来
之間更無他妨之煩、而依有直要用銭佰伍拾
貫文、限永代相副本券等、所沽渡藤原氏女
也、但胡明三重太郎之違乱出来者、五三動士
不沽却者也、若自身雖有非時用心可
申沙汰也、仍為後代證文之状如件
安貞貳年五月廿八日
散位卜部宿祢（花押）
嫡子散位卜部宿祢（花押）

32.4×54.2

3—4　秦相季寄進状

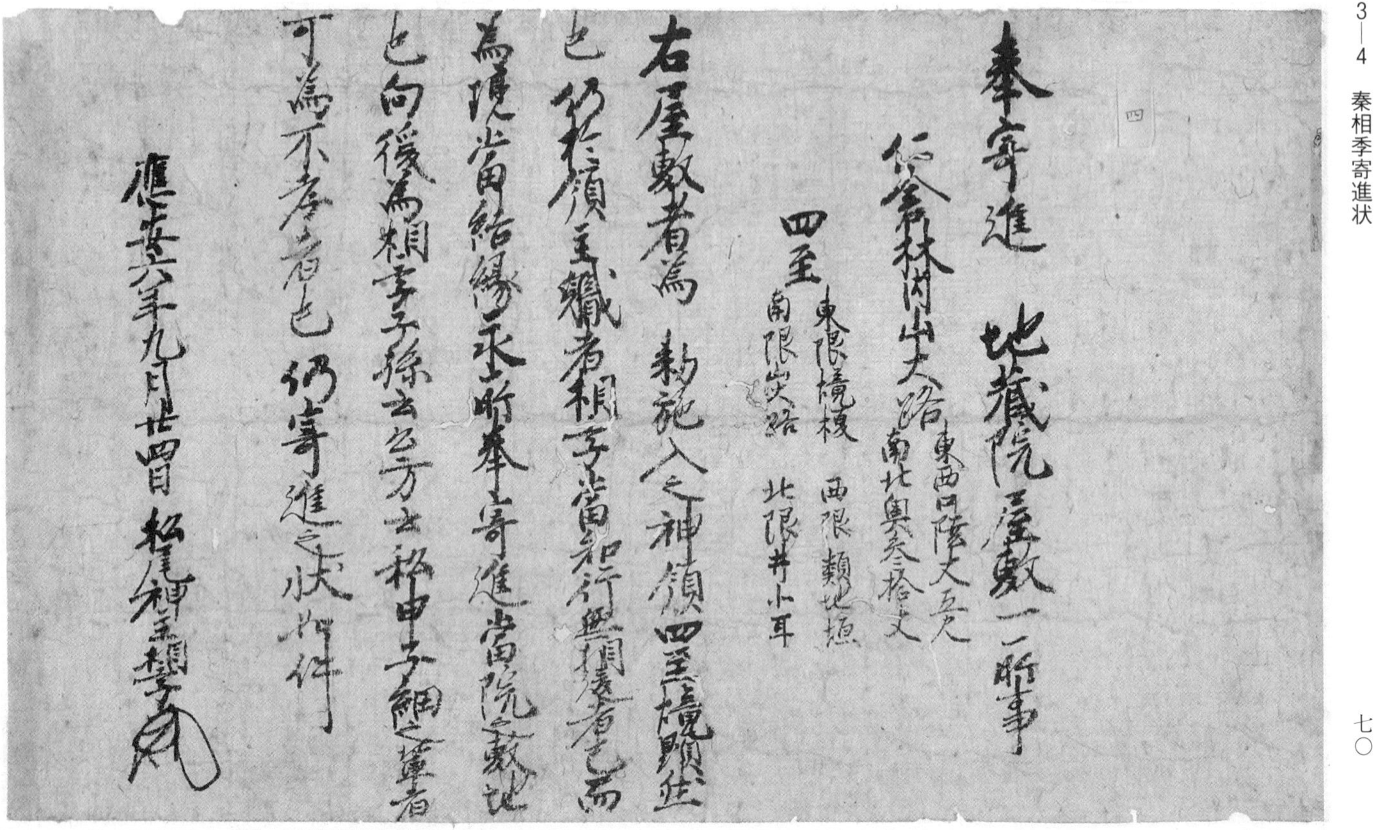
奉寄進　地蔵院屋敷一所事
仁和寺林内山大路　東西四陰丈五尺　南北奥参拾丈
四至　東限境榎　西限類地垣
　　　南限山大路　北限井小耳
右屋敷者為　勅施入之神領四至境顕然
也仍於領主職者相伝子当知行無相違者也而
為現当両結縁永所奉寄進当院之數訖
也向後為相季子孫云々万一称申子細違乱輩者
可為不孝者也　仍寄進之状如件
應安六年九月廿四日　松尾神主秦相季（花押）

32.5×54.4

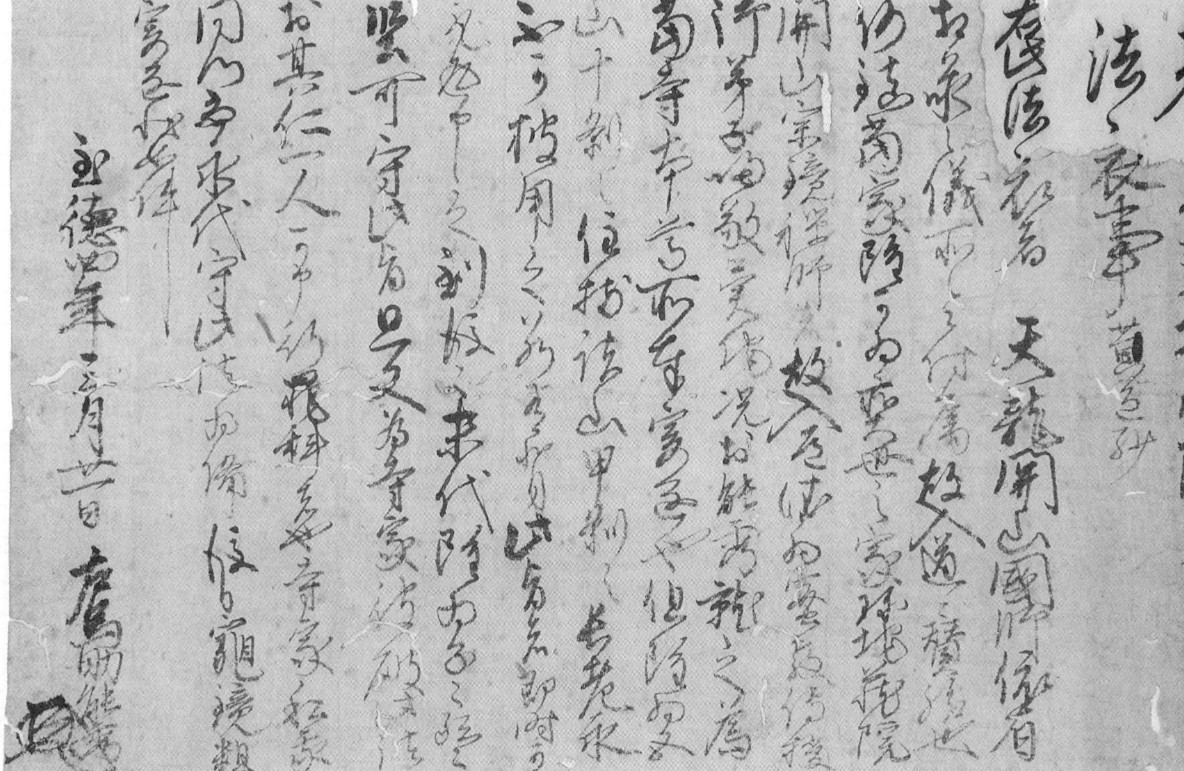

31.7×54.1

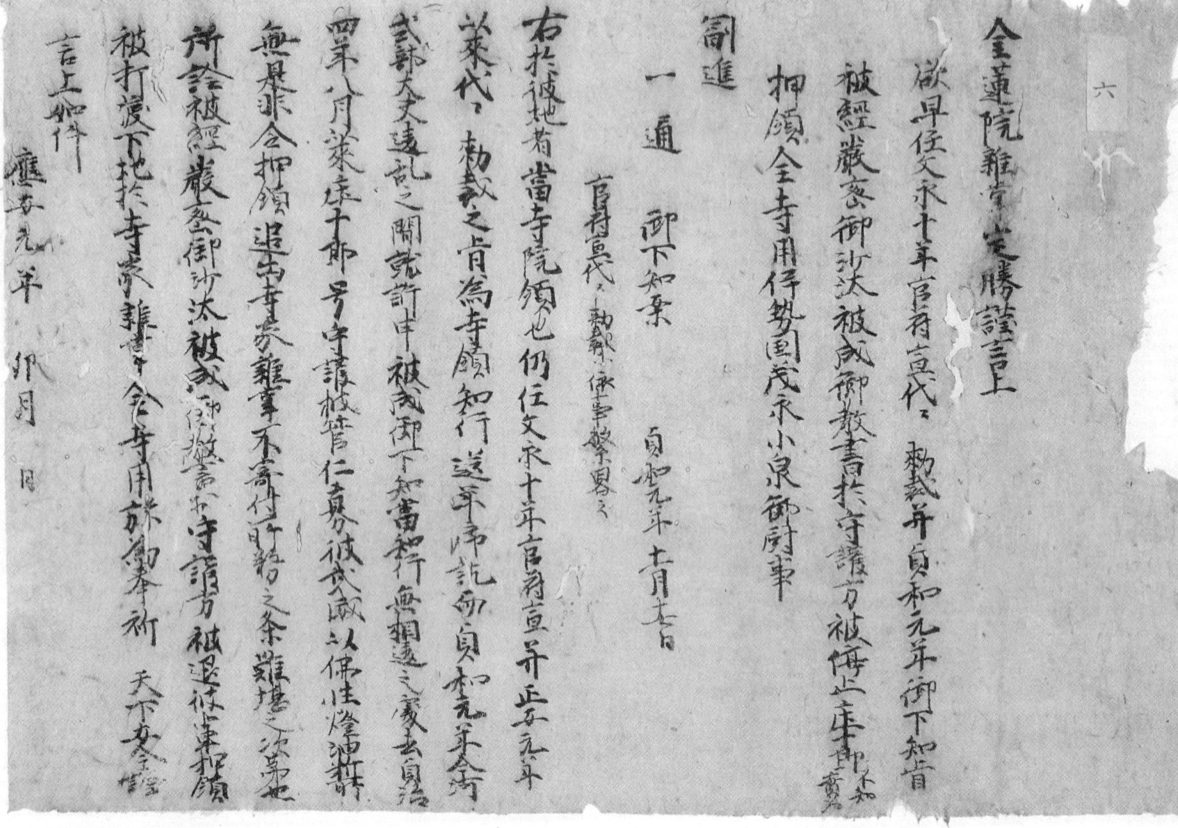

六

金蓮院雑掌定勝謹言上
欲早任文永十年官府宣代々勅裁并貞和元年御下知旨
被経厳密御沙汰被成御教書於守護方被停止庄十郎〈不知實名〉
押領全寺用伊勢国茂永小泉御厨事

副進
一通　御下知案　貞和元年十二月廿七日
官府宣代々勅裁、依事繁略之

右於彼地者当寺院領也、仍任文永十年官府宣并正安元年
莱代々勅裁之旨為寺領知行送年紀、而貞和元年令寄
武部大夫遠訖之間、就訴申被成御下知、当知行無相違之處、去貞治
四年八月莱庄十郎号守護被官仁、募被官之威、以仏性燈油料
無是非令押領、退出寺家雑掌、不寄付所務之条、難堪之次第也
所詮被経厳密御沙汰、被成御教書於守護方、被退彼輩押領
被打渡下地於寺家雑掌、令全寺用、弥励奉祈天下安全
言上如件
応安元年　月　日

31.3×47.6

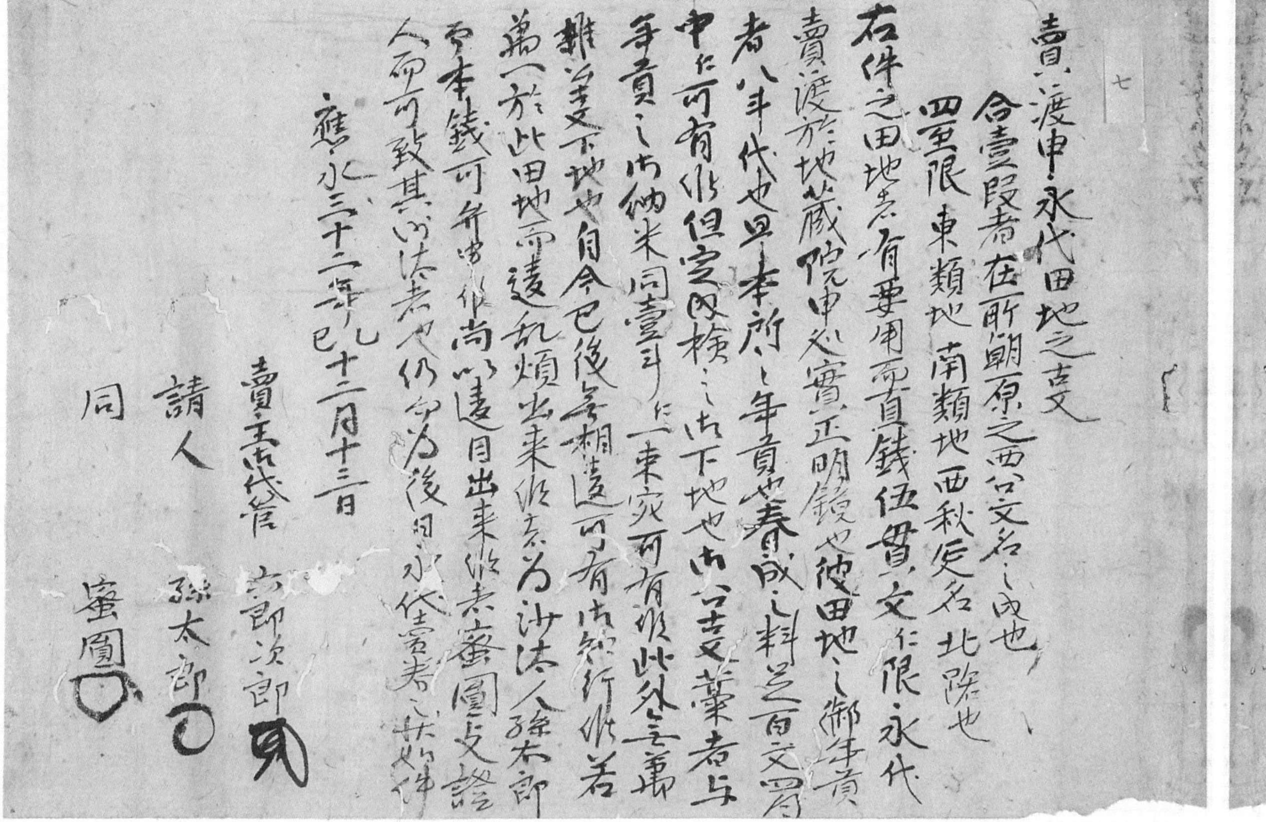

賣渡申永代田地之古文
合壹段者在所朝原之西谷文名之内也
四至限 東類地 南類地 西秋定名 北際也
右件之田地者、有要用而直銭伍貫文仁限永代
賣渡於地蔵院申処實正明鏡也、彼田地之御年貢
者八斗代也、旦本所之年貢也、春成之料足百文習
中ニ可有候、但定段様之内下地也、内公事葉者与
年貢之内納米同壹斗ニ一束宛可有候、此外公事
雖為天下地也、自今已後者相違可有知行候、若
萬一於此田地而違乱煩出来候者、為沙汰人孫太郎
而本銭可弁申候、尚以違目出来候者、為壹圓之證文
人而可致其沙汰者也、仍而為後日永代売券之状如件
應永三十二年乙巳十二月十三日
賣主代官 六郎次郎（略押）
請人 孫太郎（略押）
同 壹圓（略押）

31.3×46.7

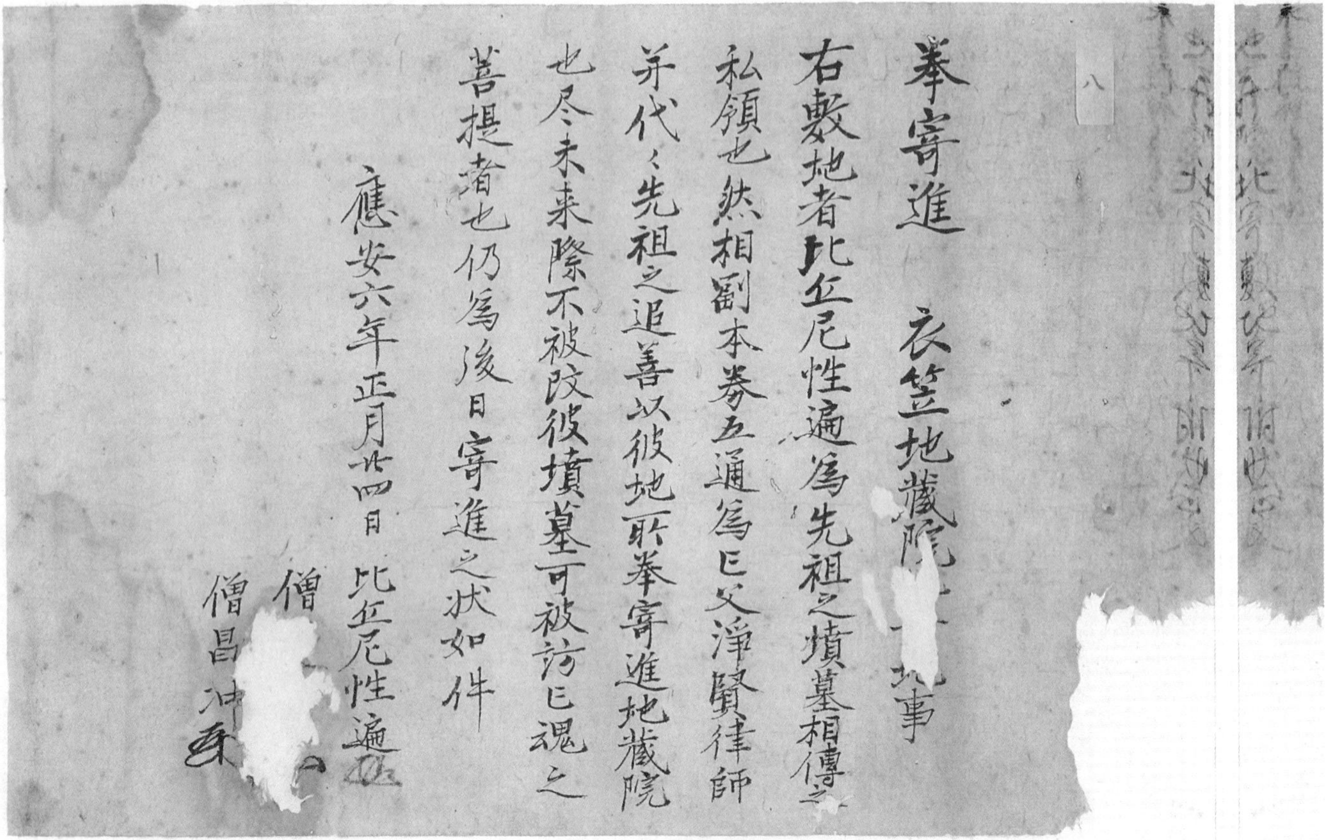

奉寄進　衣笠地蔵院□□□地事
右敷地者比丘尼性遍為先祖之墳墓相傳之
私領也然相副本券五通為亡父浄賢律師
并代々先祖之追善以彼地所奉寄進地蔵院
也尽未来際不被改彼墳墓可被訪亡魂之
菩提者也仍為後日寄進之状如件
應安六年正月廿四日　比丘尼性遍（花押）
僧□
僧昌冲（花押）

31.4×46.9

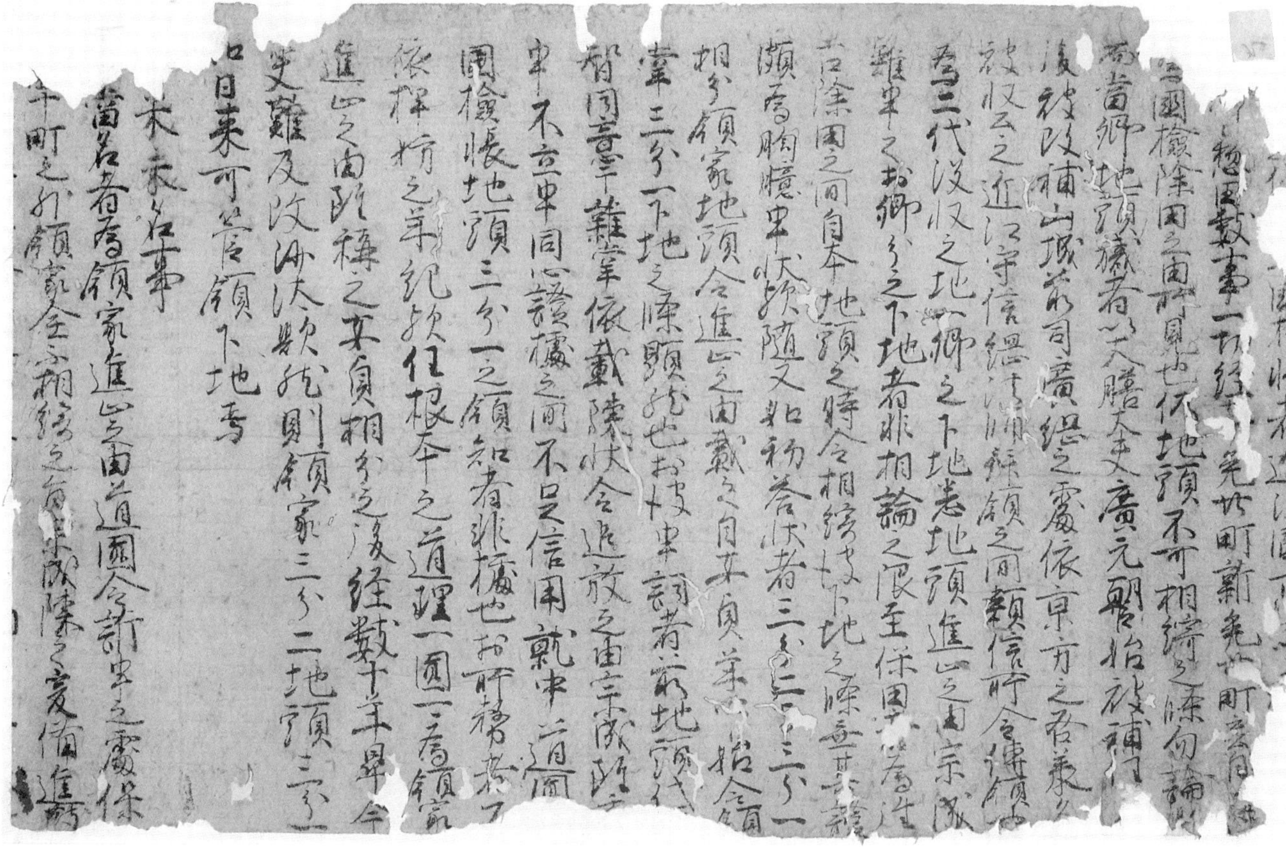

3—9　六波羅下知状案

32.5×52.5

3—10 細川頼元書状案

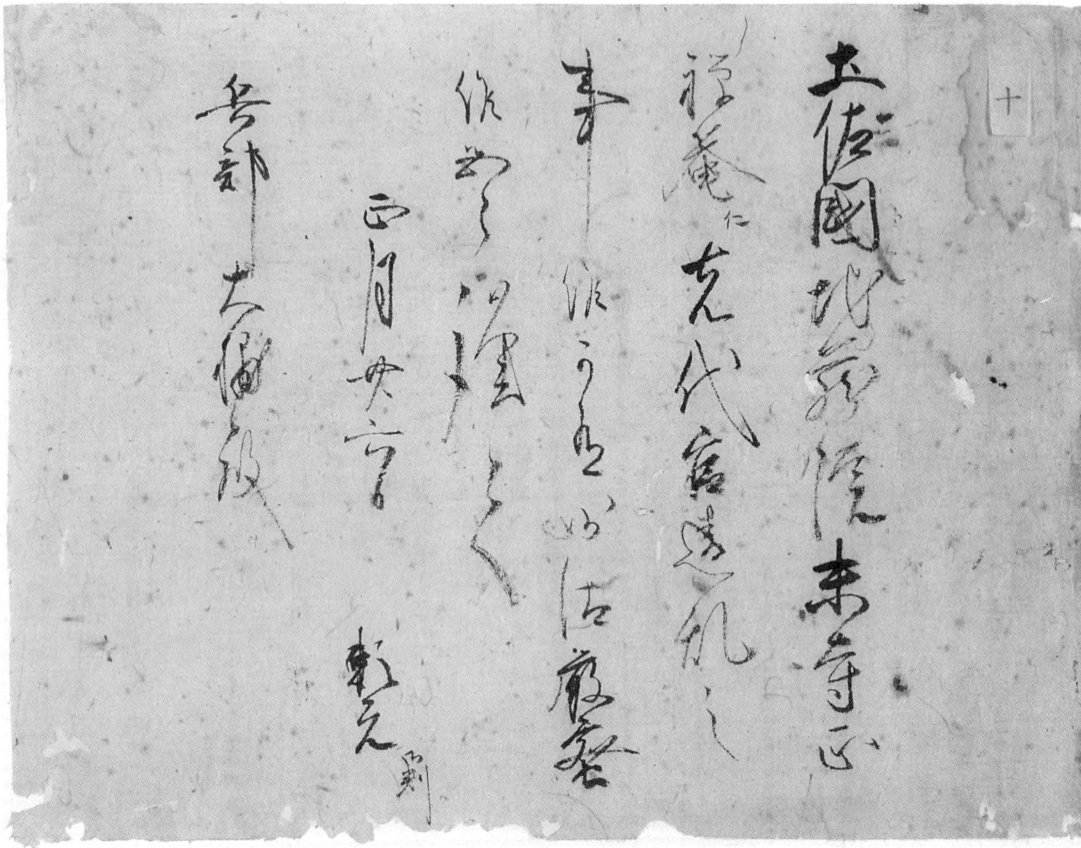

31.4×42.3

3—11 西山地蔵院領総安堵御判御教書等目録

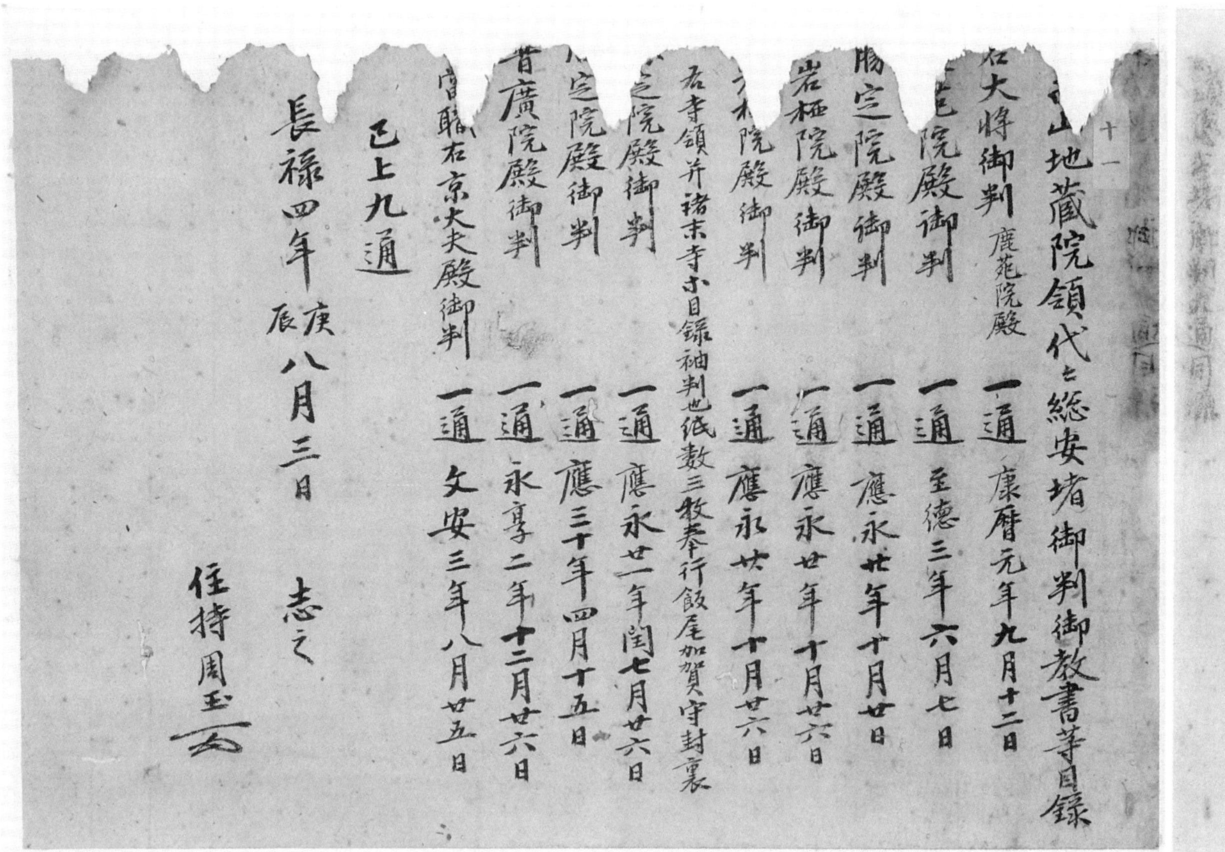
十一
□山地蔵院領代々総安堵御判御教書等目録
右大将御判 鹿苑院殿　一通 康暦元年九月十二日
□苑院殿御判　一通 至徳三年六月七日
勝定院殿御判　一通 應永廿年十月廿日
嵒栖院殿御判　一通 應永廿年十月廿六日
□林院殿御判　一通 應永廿年十月廿六日
右寺領并諸末寺等目録袖判也紙数三枚奉行飯尾加賀守封裏
□定院殿御判　一通 應永廿一年閏七月廿六日
□定院殿御判　一通 應永三十年四月十五日
普廣院殿御判　一通 永享二年十二月廿六日
當職右京大夫殿御判　一通 文安三年八月廿五日
已上九通
長禄四年庚辰八月三日　志之
住持周玉（花押）

30.4×44.2

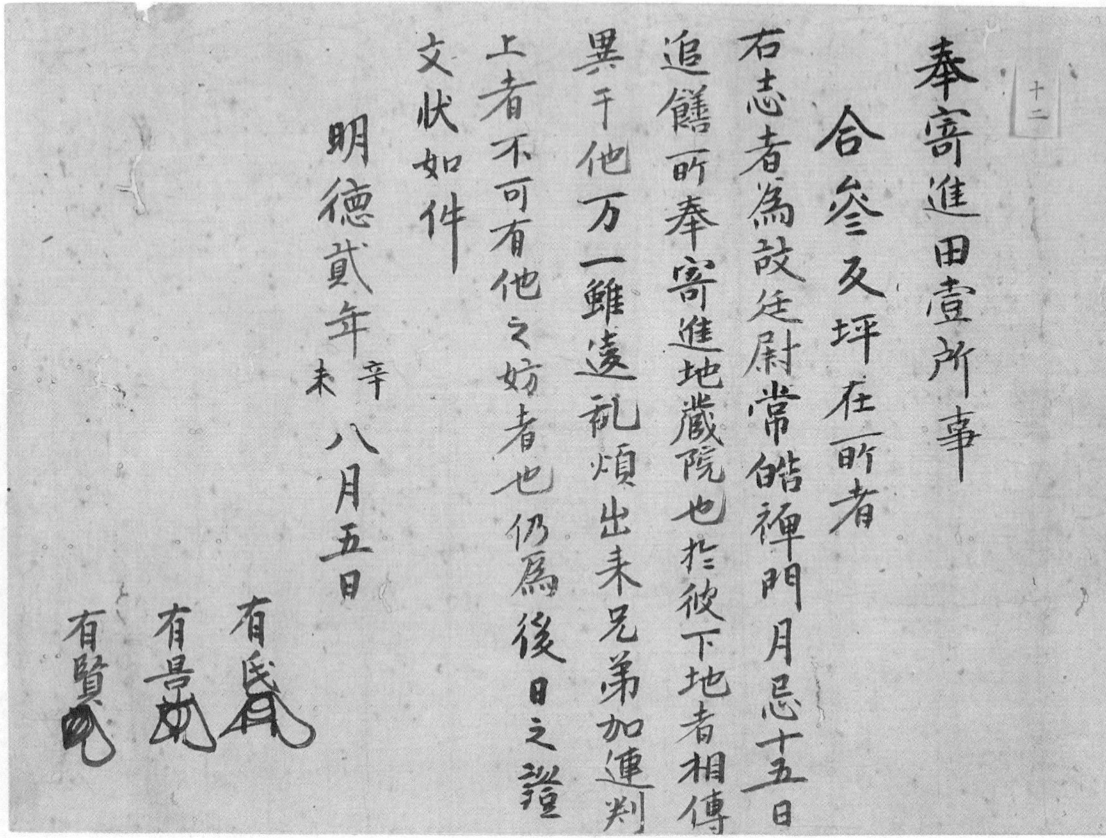

十二

奉寄進田壹所事

合参反坪在所者

右志者為故廷尉常皓禅門月忌十五日
追善所奉寄進地蔵院也於彼下地者相傳
異于他万一雖遠乱煩出来兄弟加連判
上者不可有他之妨者也仍為後日之證
文状如件

明徳貳年辛未八月五日

有氏（花押）
有昌（花押）
有賢（花押）

31.3×43.5

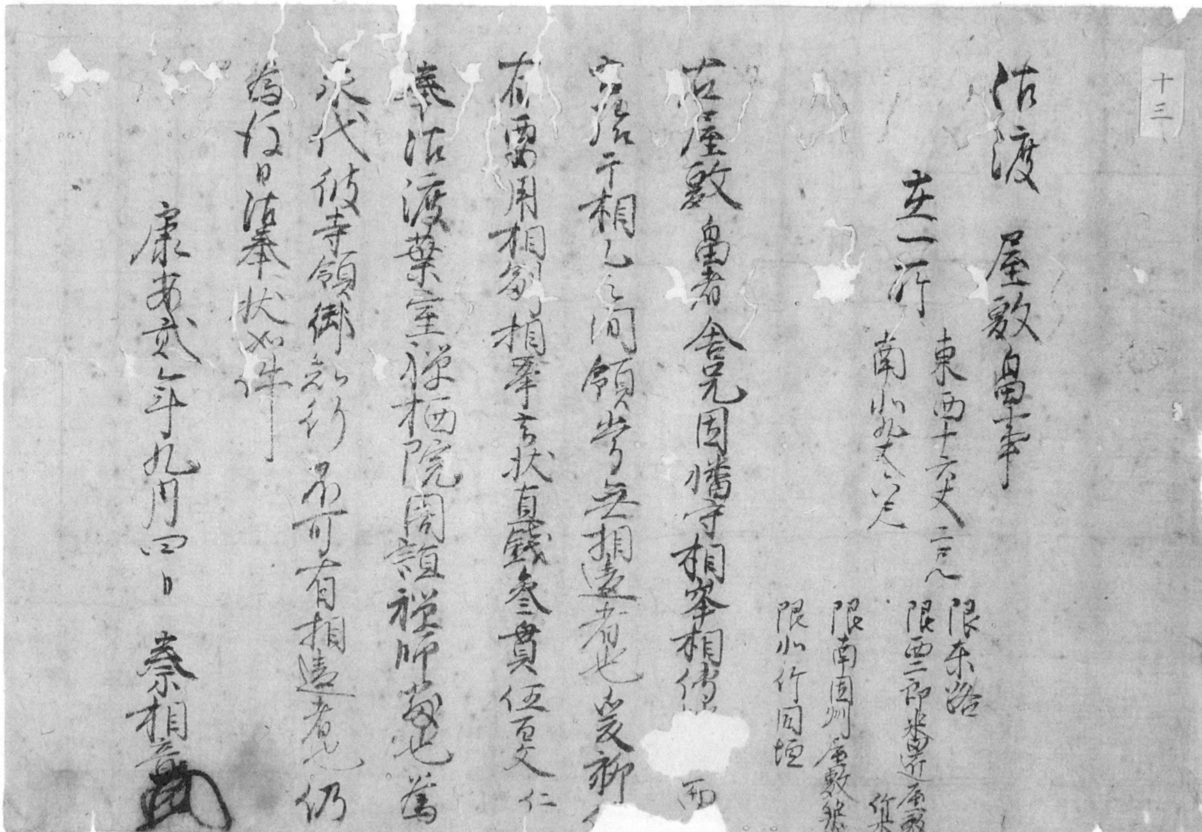

31.3×47.0

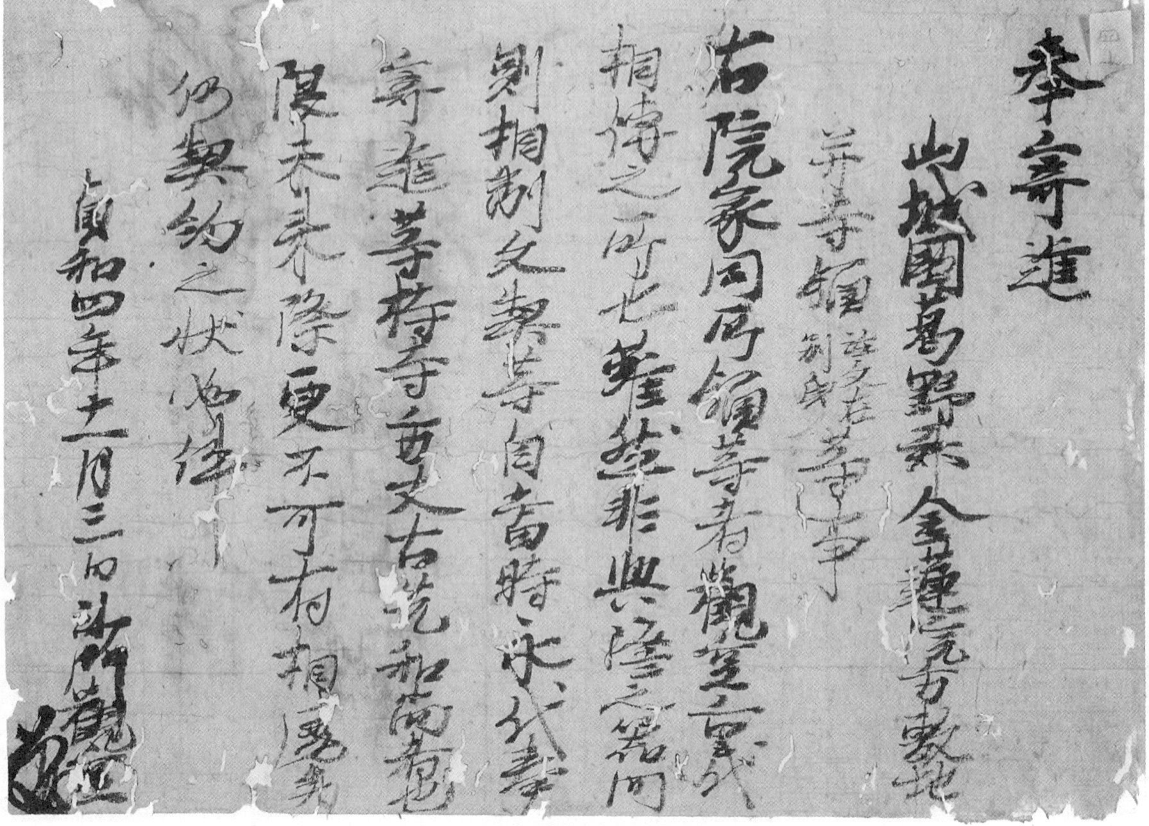

奉寄進
山城國葛野郡東八条法花寺敷地
并寺領[illegible]等事
右院家同所領等者、観空之重代
相傳之所也、雖然非興隆之器間、
別相副文書等、自當時永代、奉
寄進等持寺并又古先和尚御房也、
限未来際更不可有相違、
仍契約之状如件、
貞和四年十一月三日 沙門観空（花押）

31.3×44.2

3—14 紙背

桂殿内正安名名主職宛行状

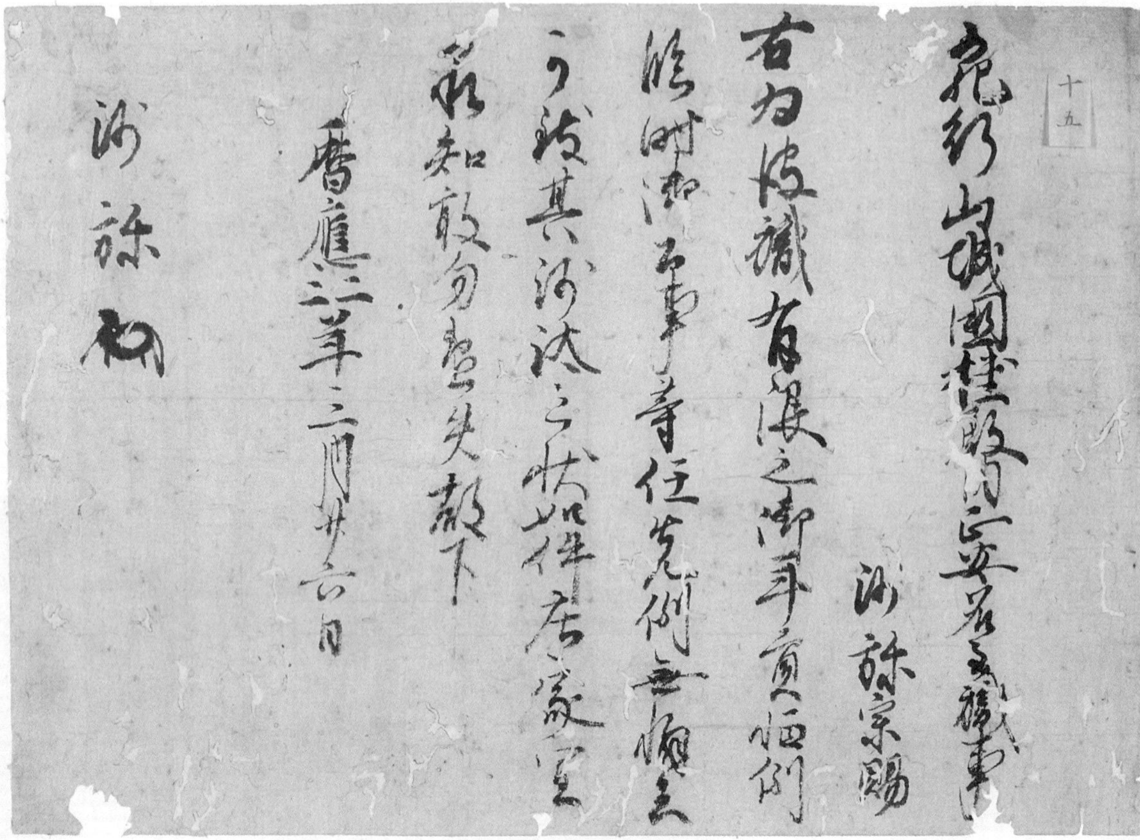

31.3×44.7

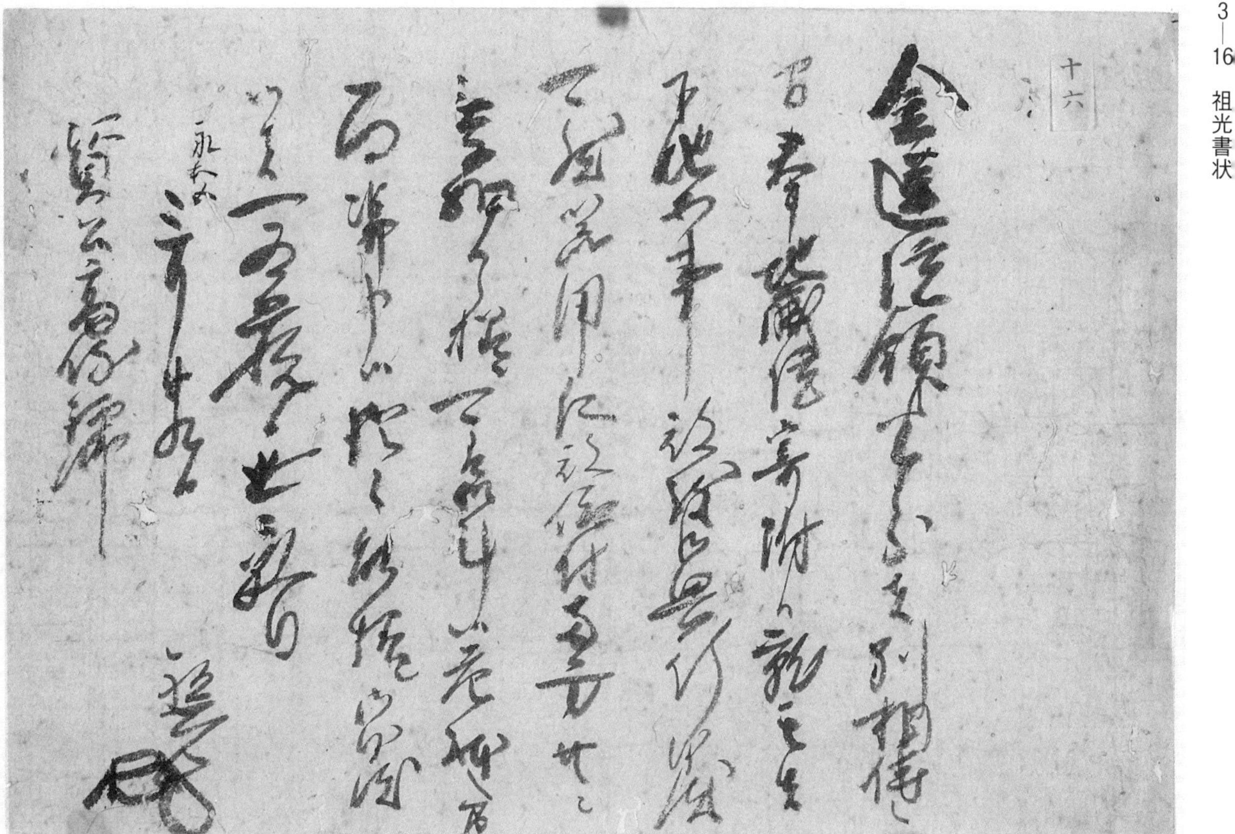

31.5×45.5

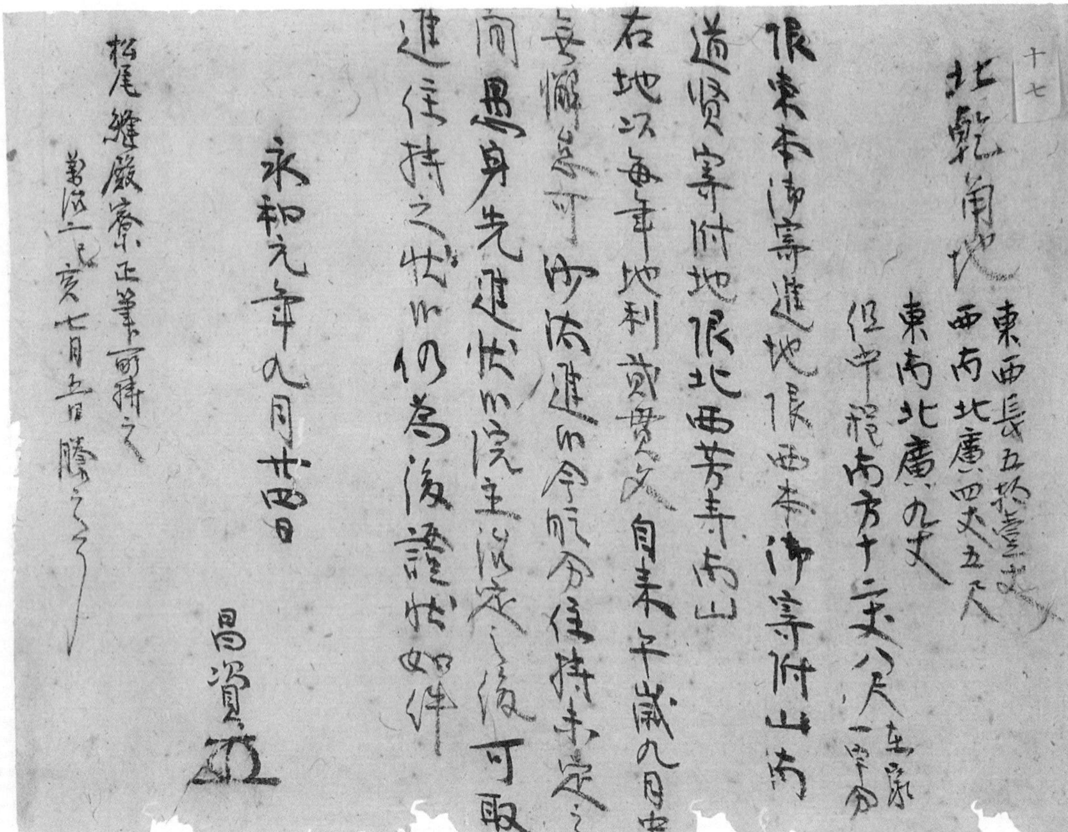

十七

北乾角地
東西長五拾壹丈
西南北廣四丈五尺
東南北廣九丈
但中程南方十二丈八尺　一字分

限東本御寄進地限西本御寄付山南
道賢寄付地限北西芳寺南山
右地以毎年地利貳貫文自未年歳九月中
無懈怠可沙汰進候、令所分住持未定之
間愚身先進候、院主治定之後可取
進住持之状候、仍為後證状如件

永和元年九月廿四日　昌資（花押）

松尾維厳寮正筆可持之
萬治二己亥七月五日　勝之（花押）

31.4×41.3

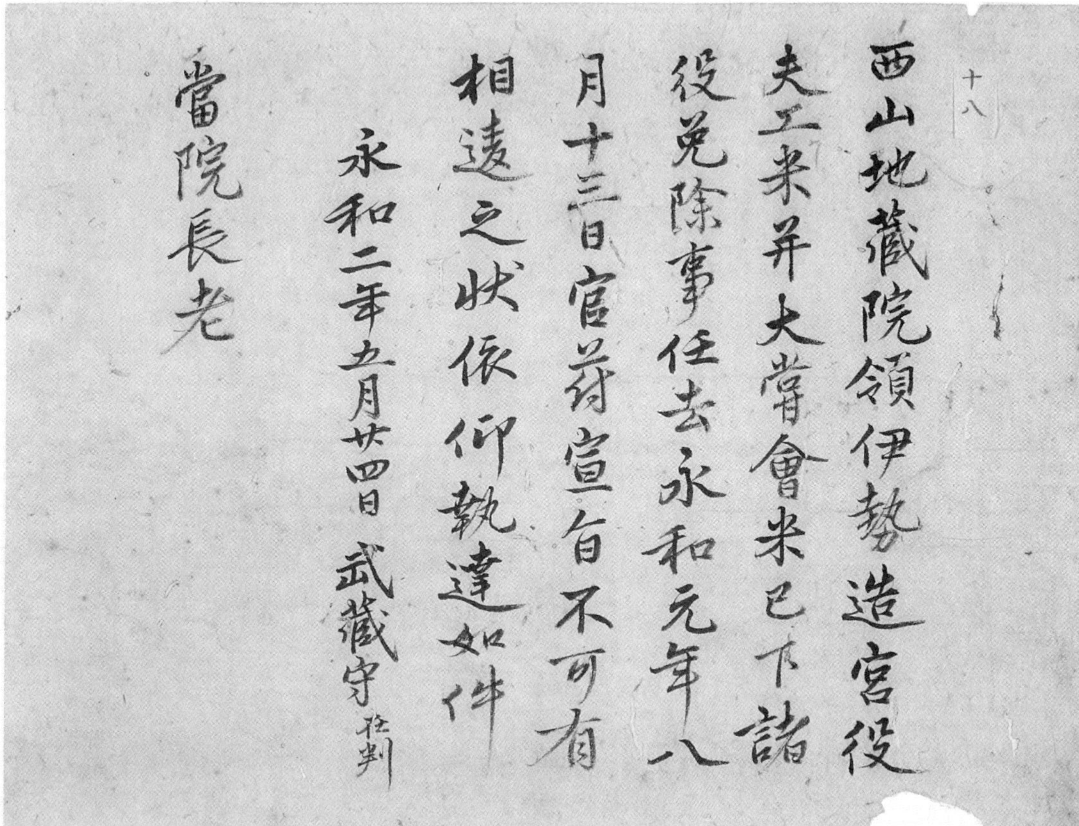
十八

西山地藏院領伊勢造宮役
夫工米并大嘗會米已下諸
役免除事任去永和元年八
月十三日官苻宣旨不可有
相違之状依仰執達如件
永和二年五月廿四日　武藏守 在判
當院長老

31.4×42.2

3—19 某所敷地指図

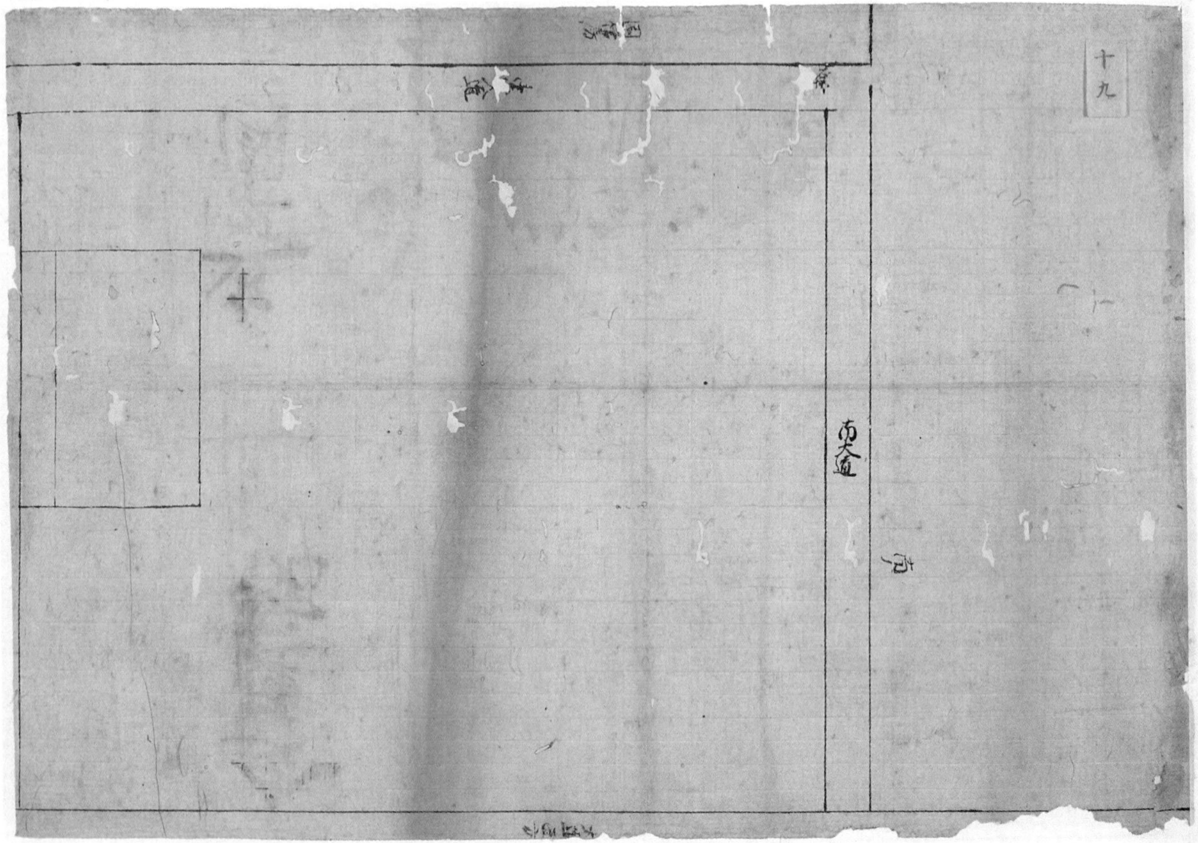

十九
南大道

32.6×47.5

3—19 紙背

3—20 六波羅下知状案

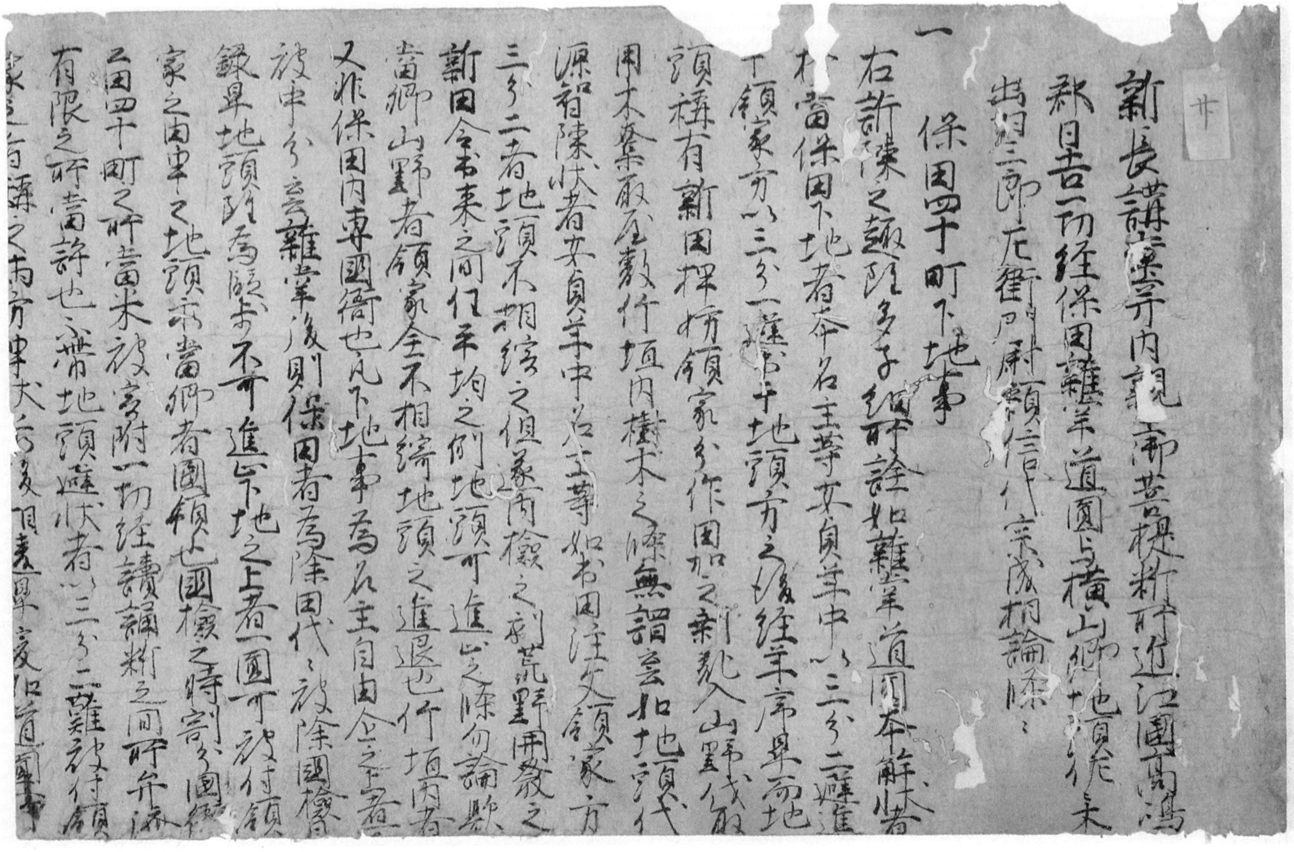

新長講堂并内親王御菩提料所近江国高嶋
郡日吉一切経保田雑掌道圓与横山郷地頭佐々木
出羽三郎左衛門尉頼信代宗成相論條々
一 保田四十町下地事

32.6×51.5

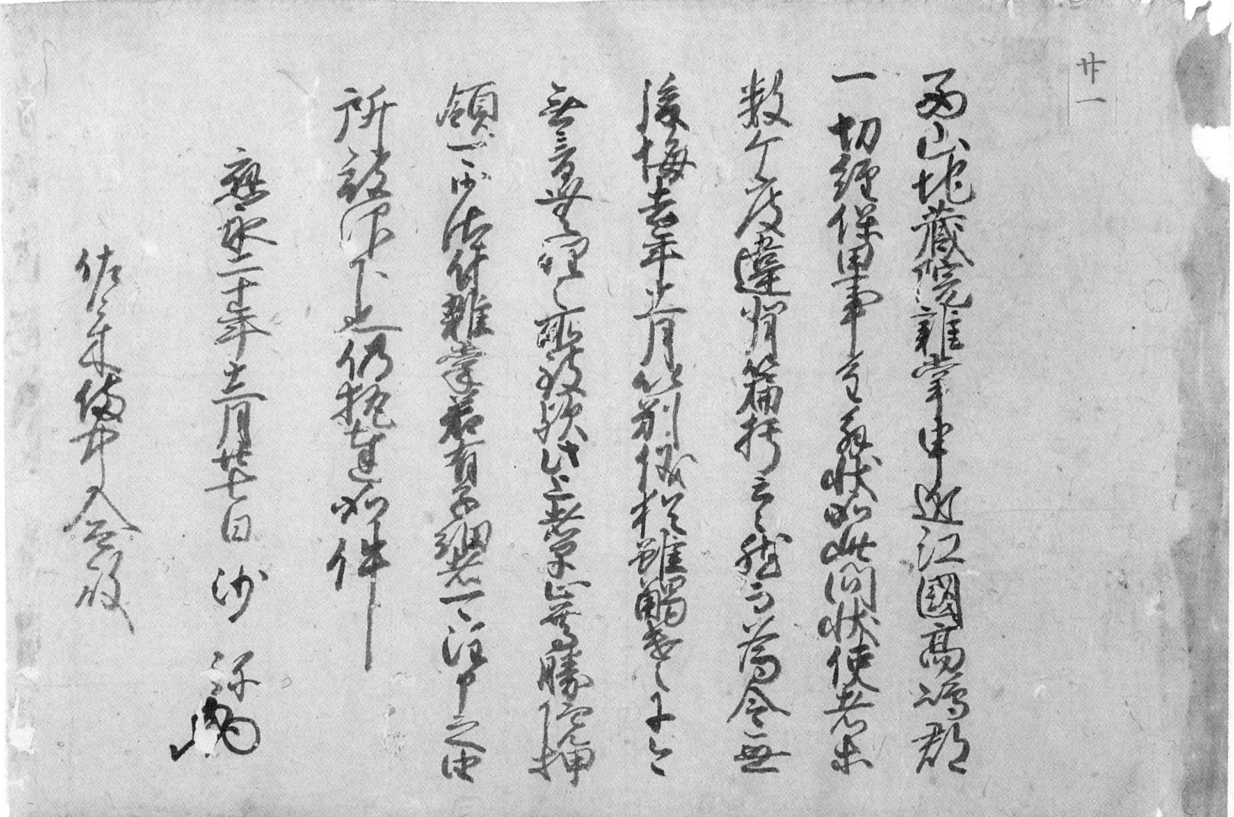

廿一

西山地蔵院雑掌申近江国高嶋郡
一切経保田事、重[illegible]状如此、[illegible]使者未
数ケ度違背[illegible]
後悔去年十二月以前[illegible]雑掌[illegible]
[illegible]
領[illegible]雑掌[illegible]
所詮[illegible]仍執達如件

応永二十年十二月廿七日　沙弥（花押）

佐々木[illegible]入道殿

31.3×47.3

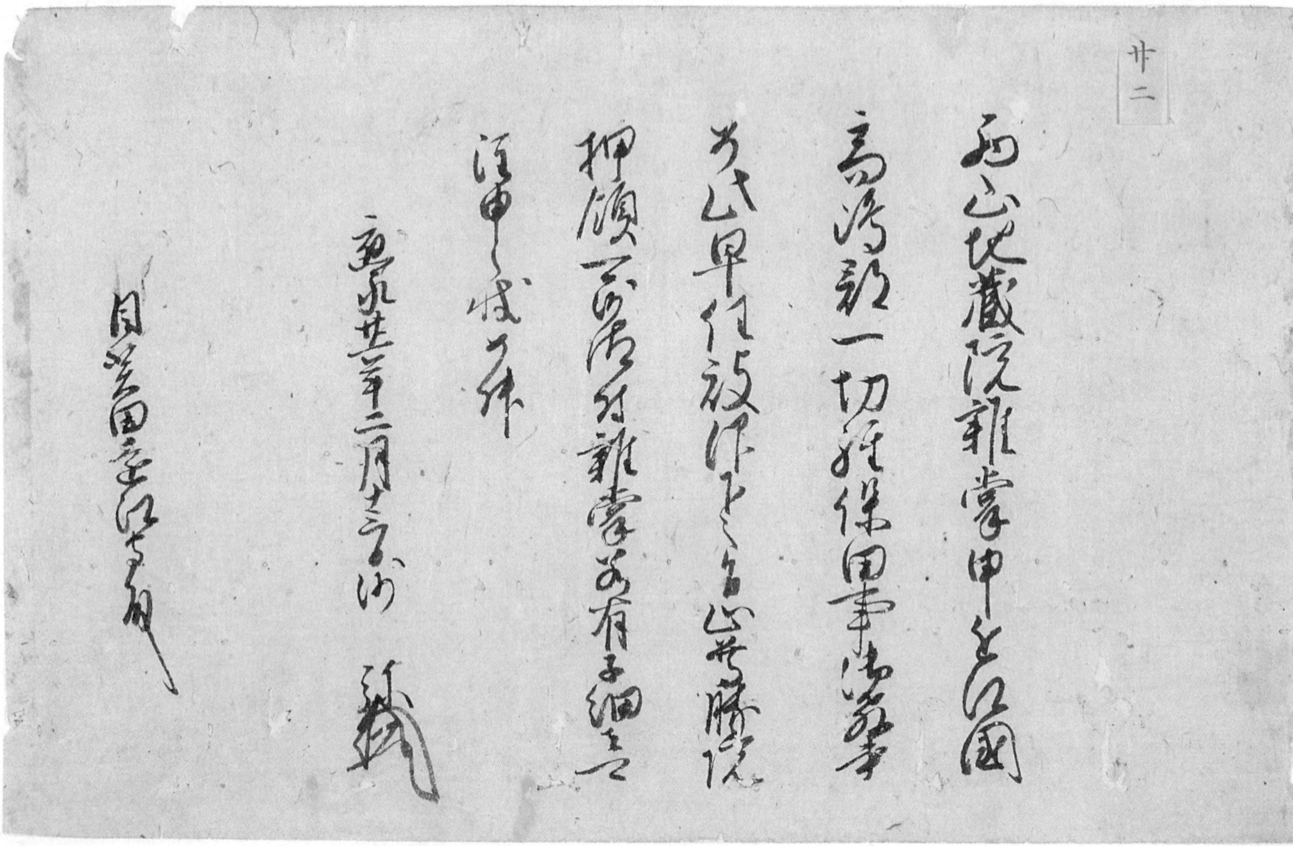
廿二

西山地蔵院雑掌申近江国
高島郡一切経保田事、清滝寺
於此早任被仰下之旨、止常勝院
押領、可沙汰付雑掌、若有子細者
注申之状如件
応永廿年二月十三日　沙弥（花押）
目賀田帯刀左衛門尉殿

30.0×48.5

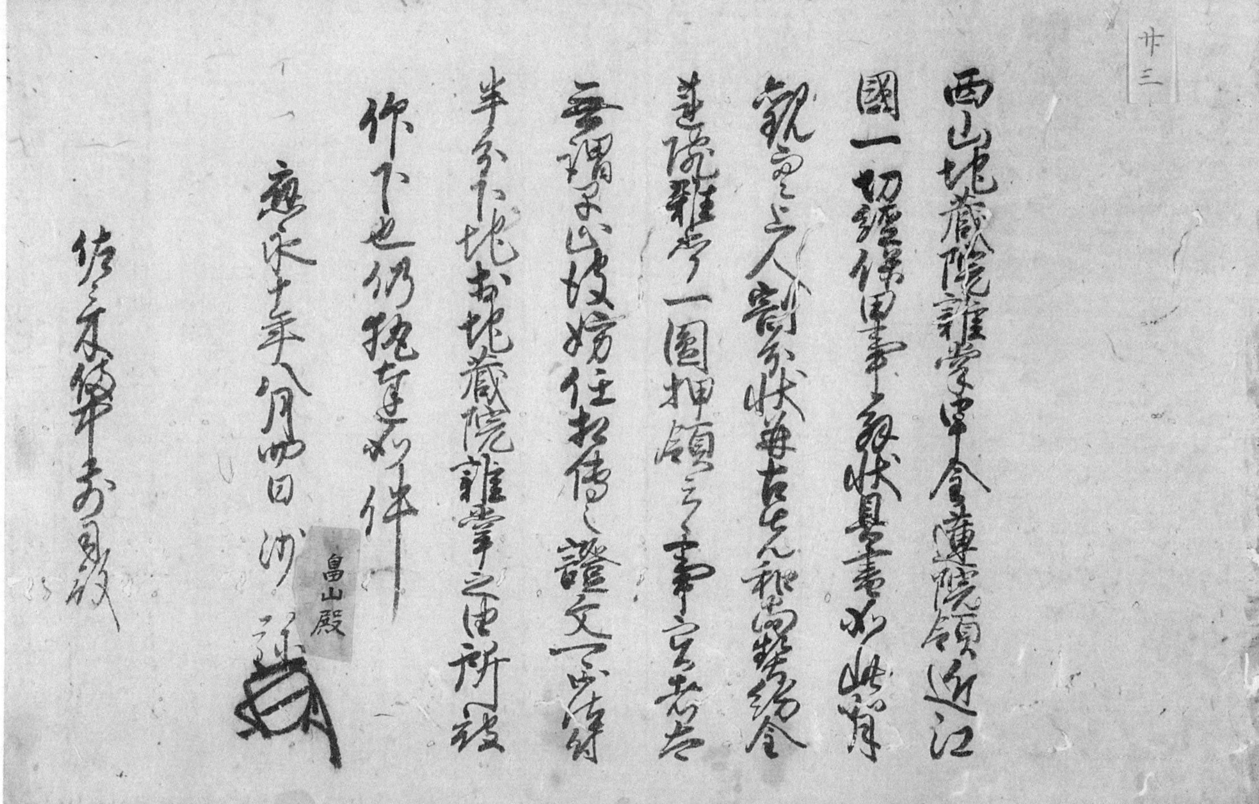

廿三

西山地蔵院雑掌申金蓮院領近江
國一切経保田事、訴状具書如此、背
観音寺入道割分状、無左右称當知行、令
金蓮院雑掌一圓押領云々、事實者太
無謂、所詮、任相傳之證文、可沙汰付
半分於地蔵院雑掌之由、所被
仰下也、仍執達如件、
應永十年八月四日　沙弥（花押）
佐々木備中守殿

畠山殿

30.6×48.6

3—24 足利義持御判御教書案

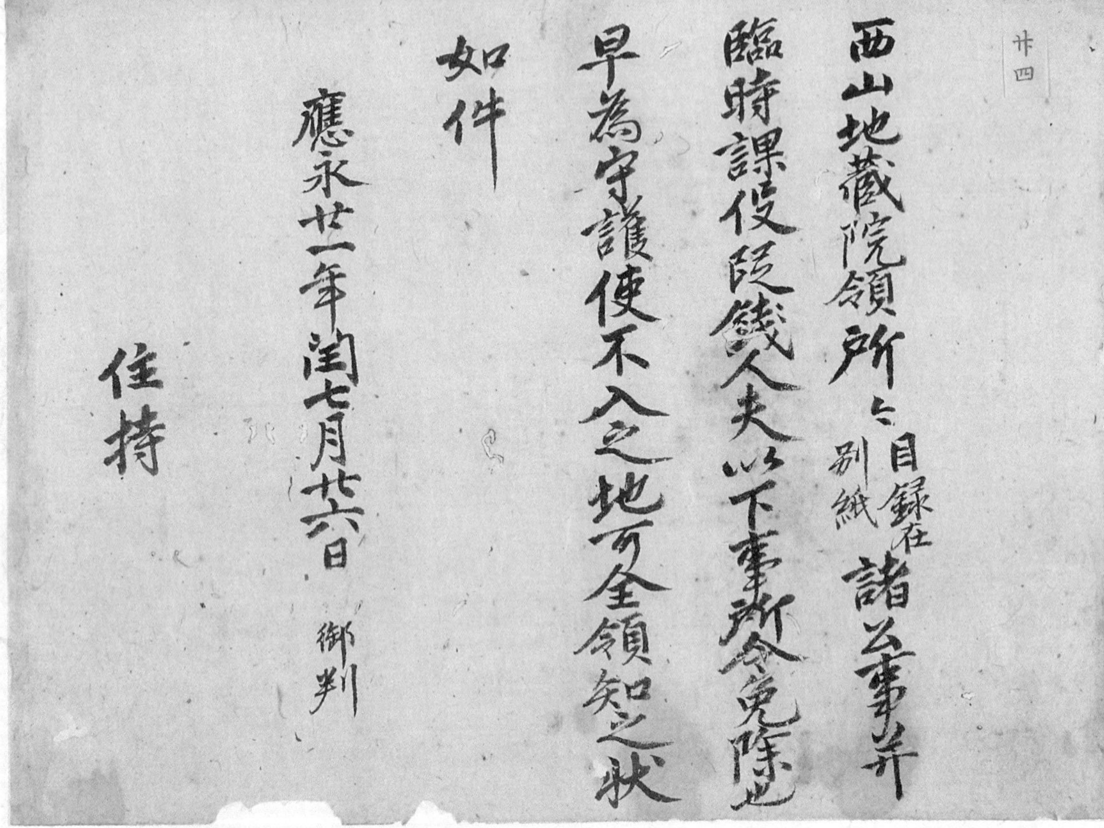
廿四

西山地藏院領所々目録在別紙諸公事并
臨時課役段銭人夫以下事所令免除也
早為守護使不入之地可全領知之状
如件

應永廿一年閏七月廿六日　御判

住持

31.4×43.4

廿五

龍安寺殿 勝元
大心院殿 政元
眞乗院殿 澄元
三友院殿 高國
清源院殿 植國
龍昊院殿 晴元
見桃院殿 氏綱
大龍院殿 信良

職十ケ年嘉吉二年[…]
四十三歳 至慶長十年乙巳百六十四年
仁栄宗寳 源持之息六郎右京大夫
永享二年庚戌誕生文安頃職四ケ年二
度職十二ケ年 文明五年癸巳五月十一日卒ス
四十四歳 至慶長十年乙巳百三十三年
雲関宗興 源勝元息九郎従四位下
右京大夫 文正元年丙戌誕生文明十八年
一日管領職任ス武蔵守ニ翌日上表ス永正
四年丁卯六月廿三日卒ス四十二歳 至慶長
十年乙巳九十九年
安英宗泰 源政元養子讃州道空
入道孫六郎任右京大夫ニ延徳元年己酉
誕生永正十七年庚辰六月十日卒ス三十二
歳 至慶長十年乙巳八十六年
松岳常植 源防州息六郎任管領職
文明十六年甲辰誕生享禄四年辛卯
六月八日卒ス於摂州尼崎生害四十八歳
至慶長十年乙巳七十五年
宗廓了然 源高國息六郎永正五年
戊辰誕生大永五年乙酉十月廿三日卒ス十
八歳 至慶長十年乙巳八十一年
心月一清 源澄元息六郎右京大夫
永正十一年甲戌誕生永禄六年癸亥三
月一日於摂州富田卒ス五十歳 至慶長
十年乙巳四十三年
悟峯宗勤 源右馬頭尹賢息二郎
任右京大夫永正十三年丙子誕生永禄
六年癸亥十二月廿日於城州淀卒四十八
歳 至慶長十年乙巳四十三年
英豪清遊 源晴元息六郎右京大
夫慶長元年十二月七日病死ス

31.4×34.6　31.4×45.7

大龍院殿信良

歳至慶長十年乙巳四十三年

英豪清遊雄　源晴元息六郎右京大

夫慶長元年十二月七日病死ス

31.4×34.6

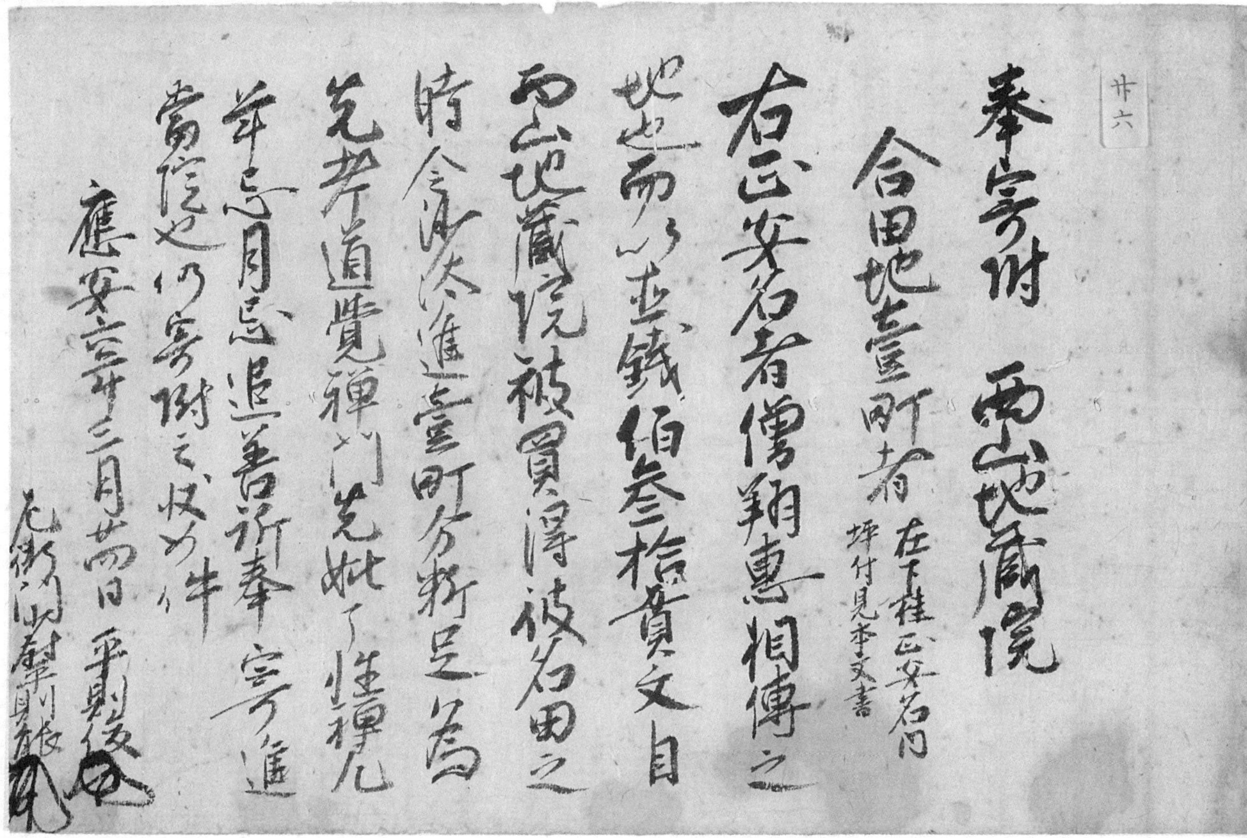

廿六

奉寄附　西山地蔵院
合田地壹町者　在下桂西安名内
坪付見本文書
右西安名者、僧翔恵相傳之
地也、而以直銭佰参拾貫文、自
西山地蔵院被買得彼名田之
時、令沙汰進壹町分料足、為
先考道覺禅門・先妣了性禅尼
菩提月忌追善、所奉寄進
當院也、仍寄附之状如件、
應安六年十二月廿四日　平則俊（花押）
右衛門尉泰貞（花押）

31.4×48.5

3―27 足利直義下知状案

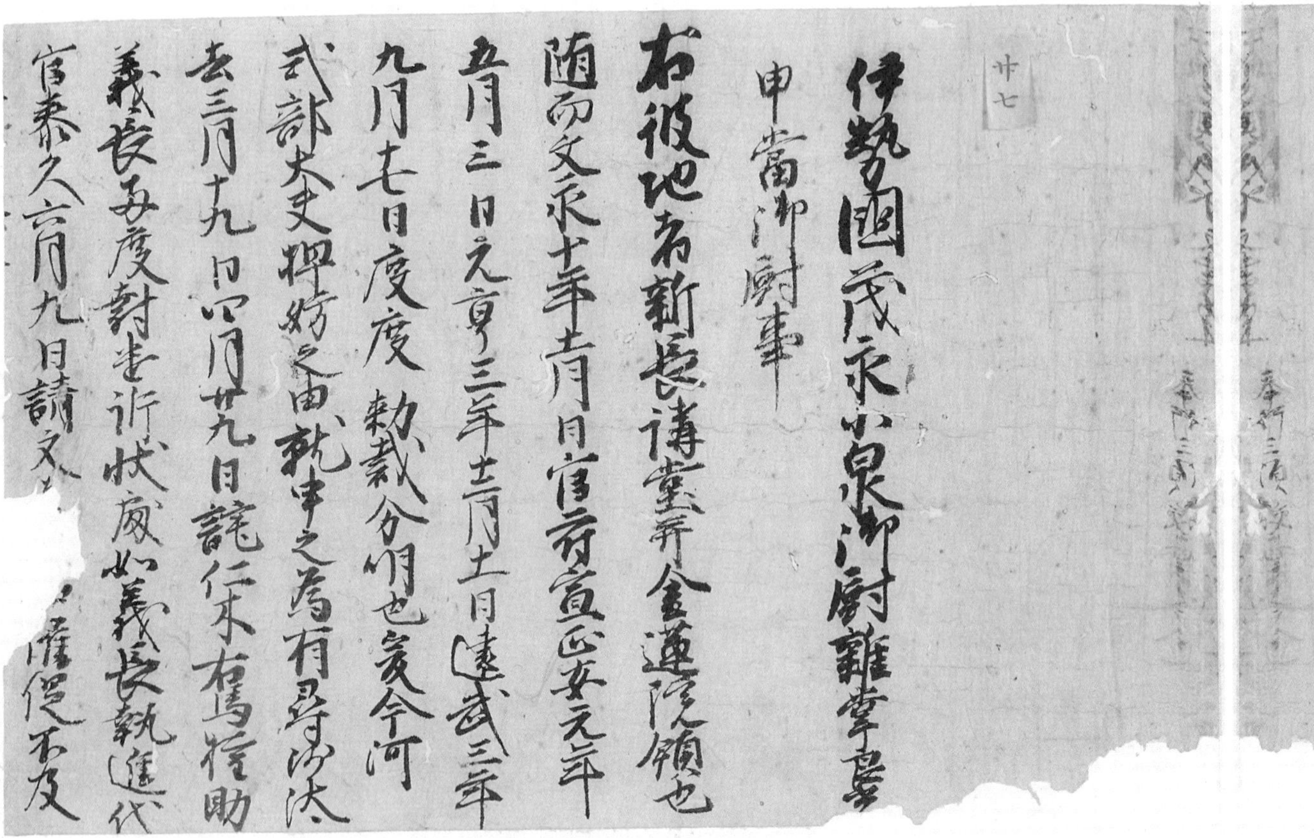
廿七

伊勢国茂永小泉御厨雑掌申
申當御厨事
右彼地為新長講堂并金蓮院領也
随而文永十年十二月日官符宣正安元年
五月三日元亨三年十二月十一日建武三年
九月廿七日度々 勅裁分明也爰今河
式部大夫押妨之由就申之為有其沙汰
去三月十九日四月廿九日誂仁木右馬権助
義長両度封進訴状處如義長執進代
官泰久六月九日請文者…権僧正不及

29.5×45.0

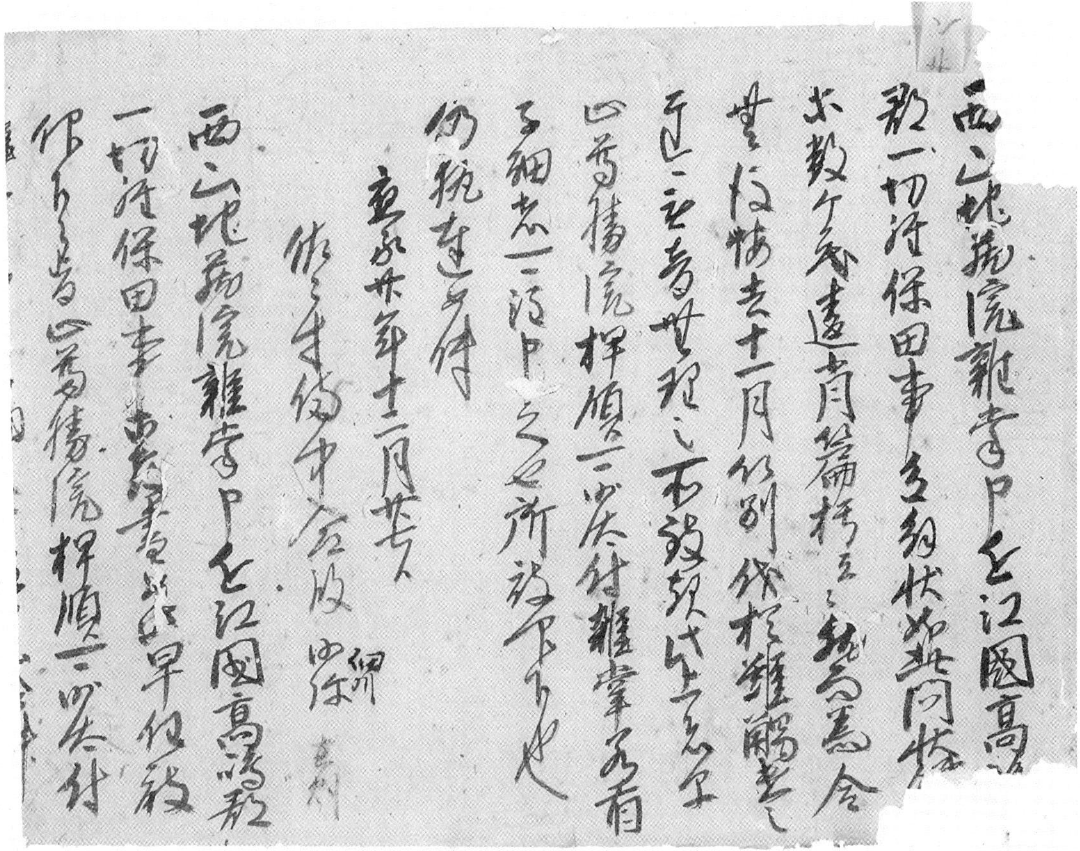

29.2×39.0

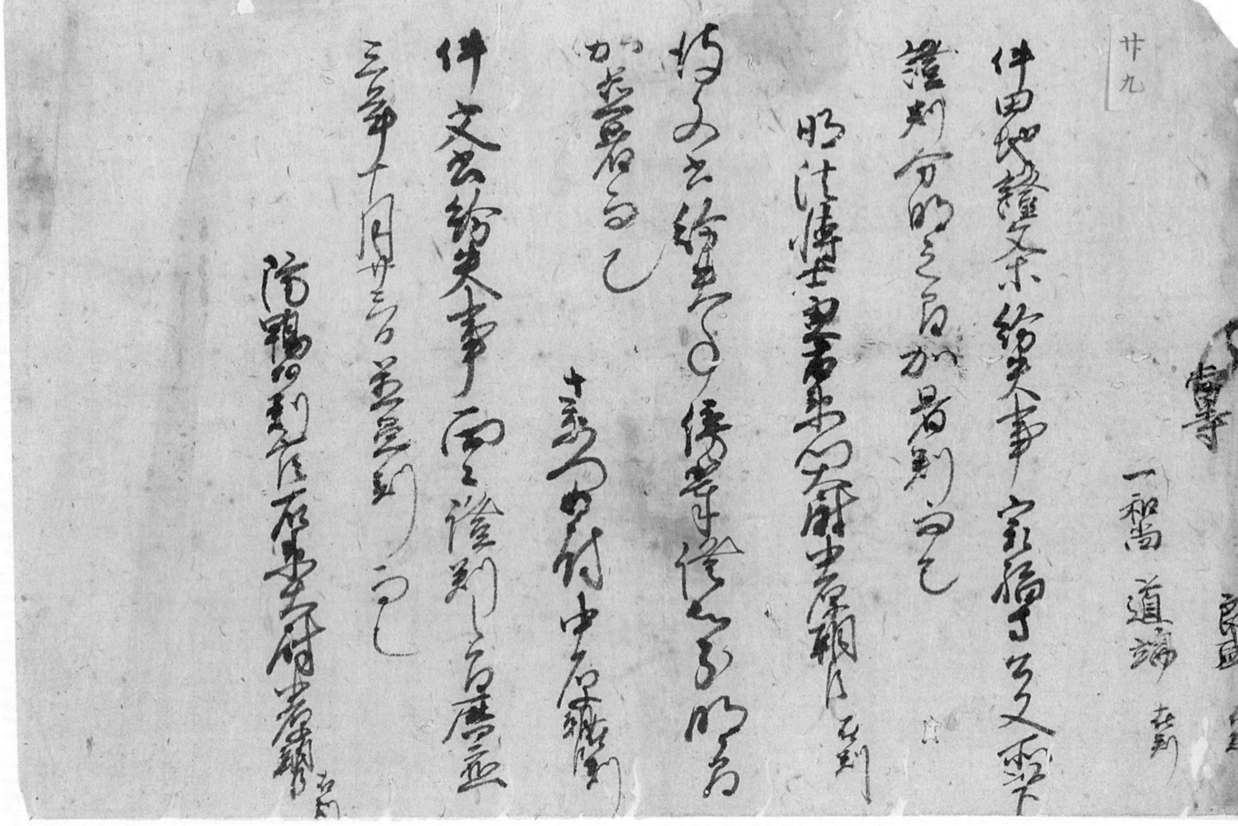

3―29 円寛等連署紛失状案

29.7×45.5

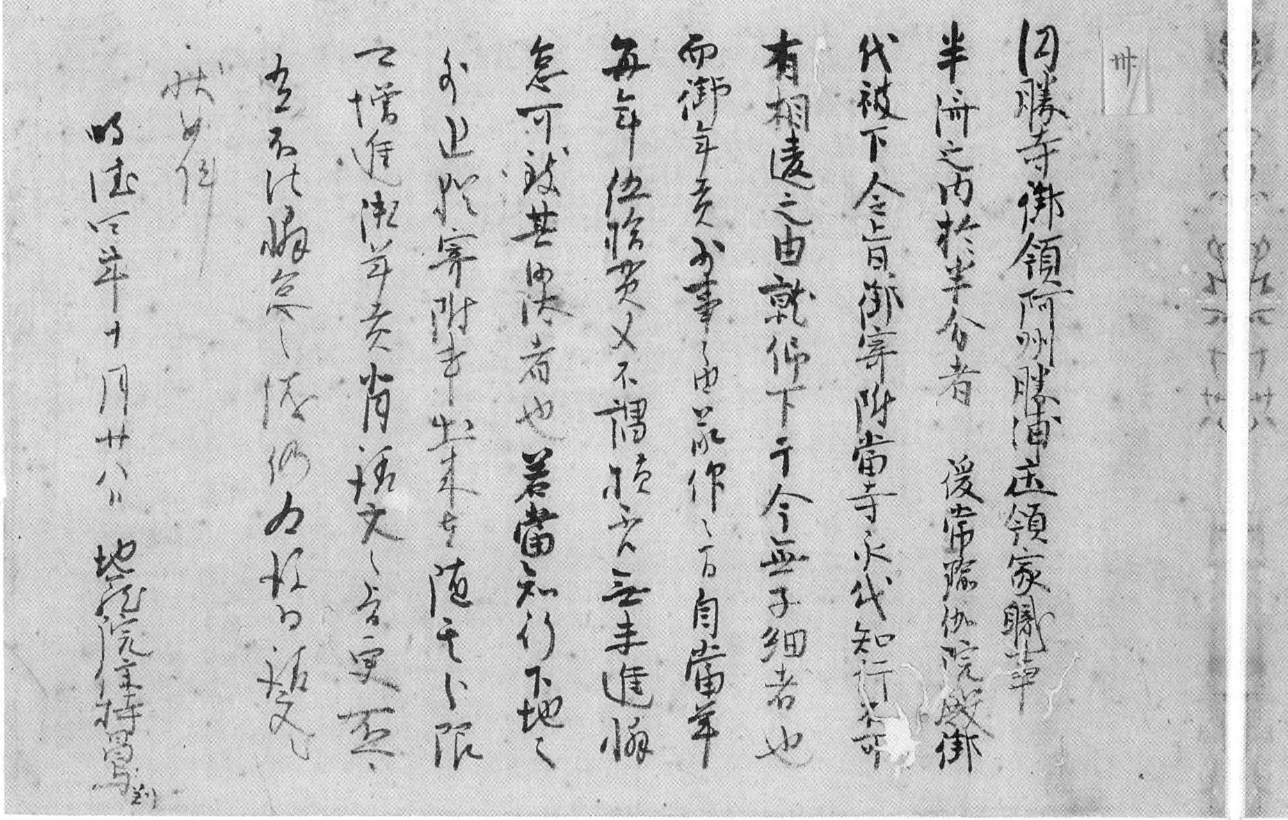
卅

円勝寺御領阿州勝浦庄領家職半
済之内於半分者　後常瑞伽院殿御
代被下令旨、御寄附当寺永代知行不可
有相違之由、就仰下于今無子細者也
而御年貢分事、々由申候之、自当年
毎年伍拾貫文不謂損亡、無未進所
急可被進候者也、若当知行不地之
於此御寄附者、土本寺随而可限
可渡進、御年貢相残文之旨、更不
可有他妨候、仍為後日請文状
如件
明徳四年十一月廿八日　地蔵院住持周(判)

29.6×45.0

某書状

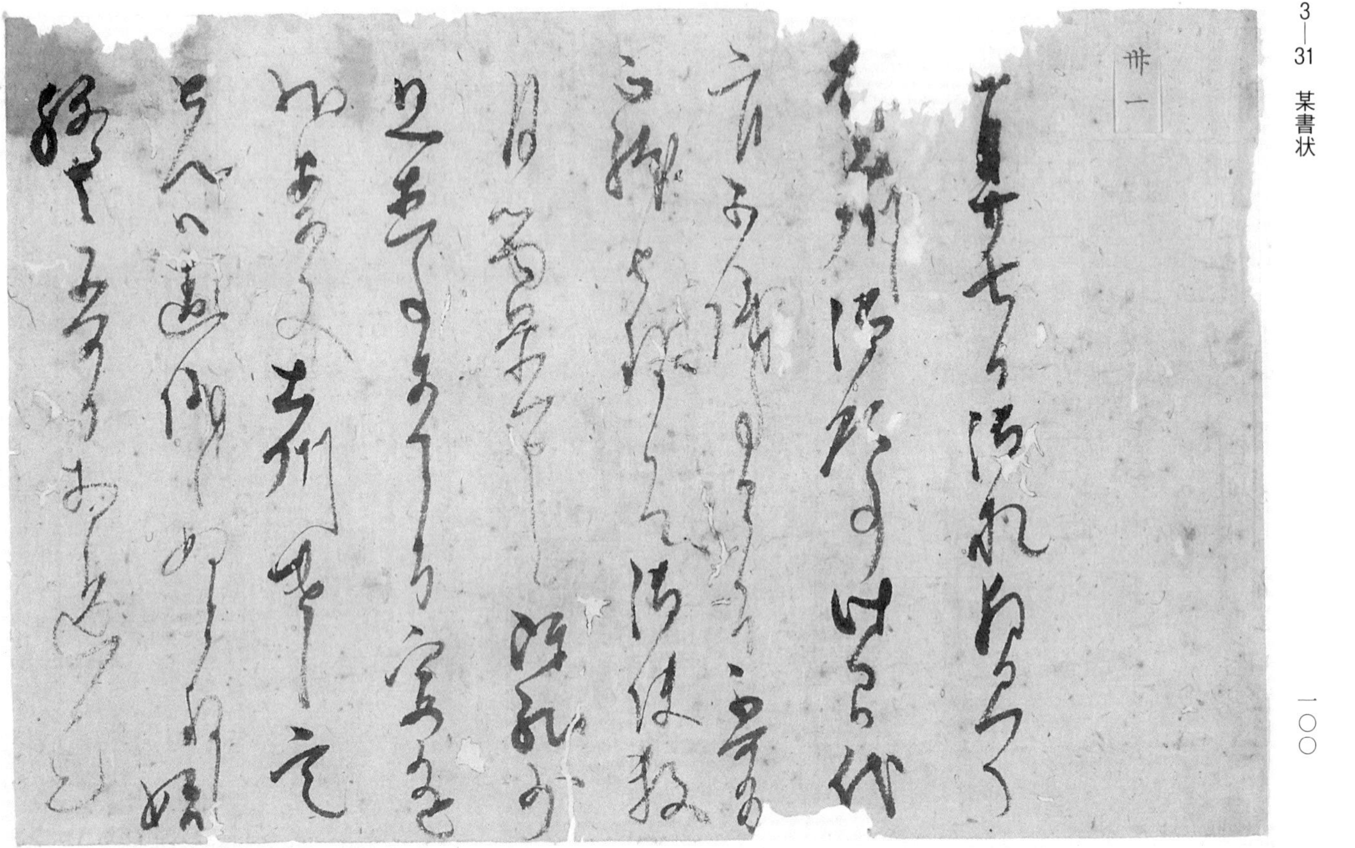
卅一

29.6×46.3

3—32 最福寺衆徒契約状

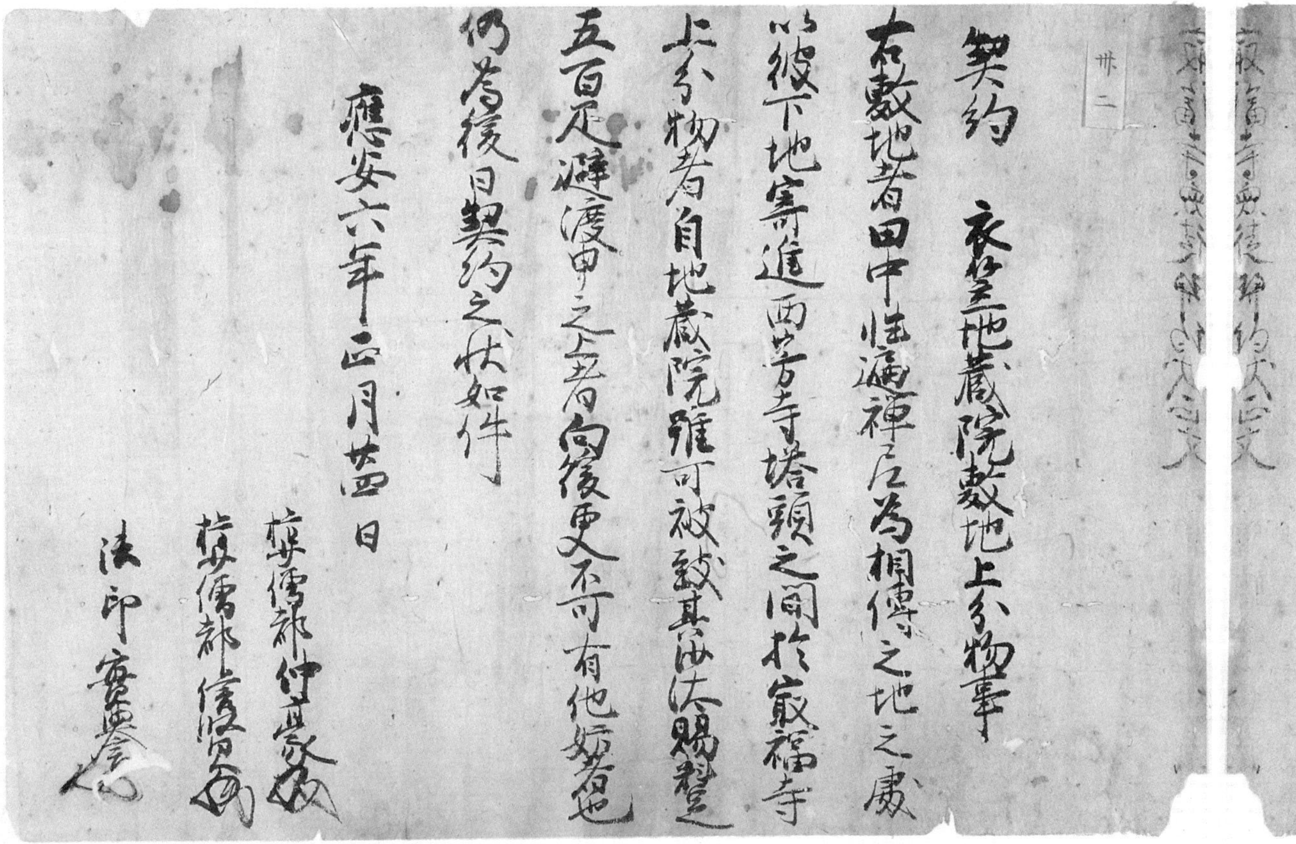
卅二

契約　衣笠地蔵院敷地上分物事

右敷地者田中性瀰禅尼為相傳之地之處

以彼下地寄進西芳寺塔頭之間於最福寺

上分物者自地蔵院雖可被致其沙汰賜料足

五百疋避渡申之上者向後更不可有他妨者也

仍為後日契約之状如件

應安六年正月廿四日

権律師仲[illegible]（花押）

権律師信[illegible]（花押）

法印寛[illegible]（花押）

29.6×44.3

3—33　葉室長宗寄進状

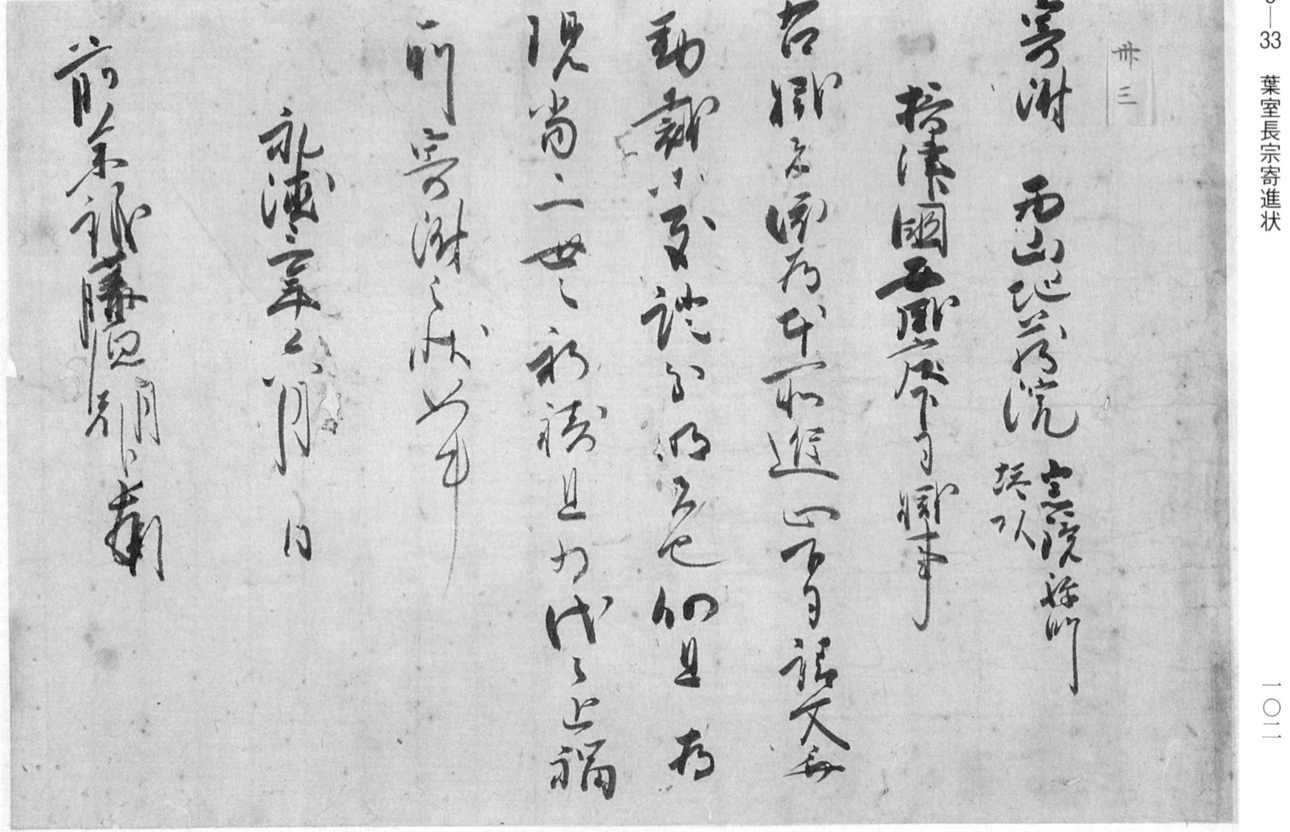

寄附　西山地蔵院
所寄附之状如件
前参議藤原朝臣

29.6×44.9

3—34 室町幕府管領斯波義将奉書案

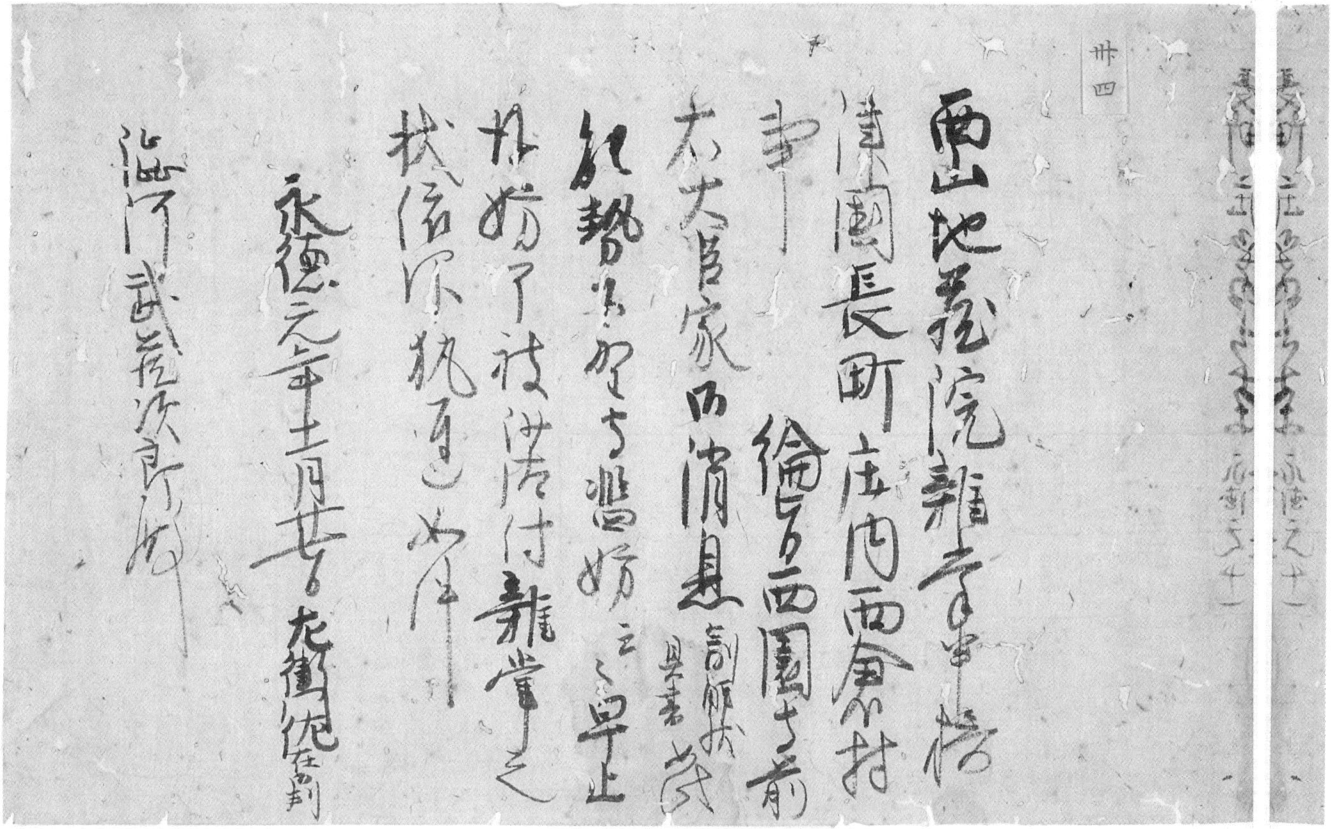
冊四

西山地蔵院雑掌申、摂
津国長町庄内西倉村
事、
綸旨・西園寺前
太政大臣家御消息〈副状等〉具書如此、
紀勢寺濫妨云々、早止
彼妨、可被沙汰付雑掌之
状、依仰執達如件、

永徳元年十二月廿七日　左衛門佐（在判）

澁河武蔵次郎殿

29.6×46.4

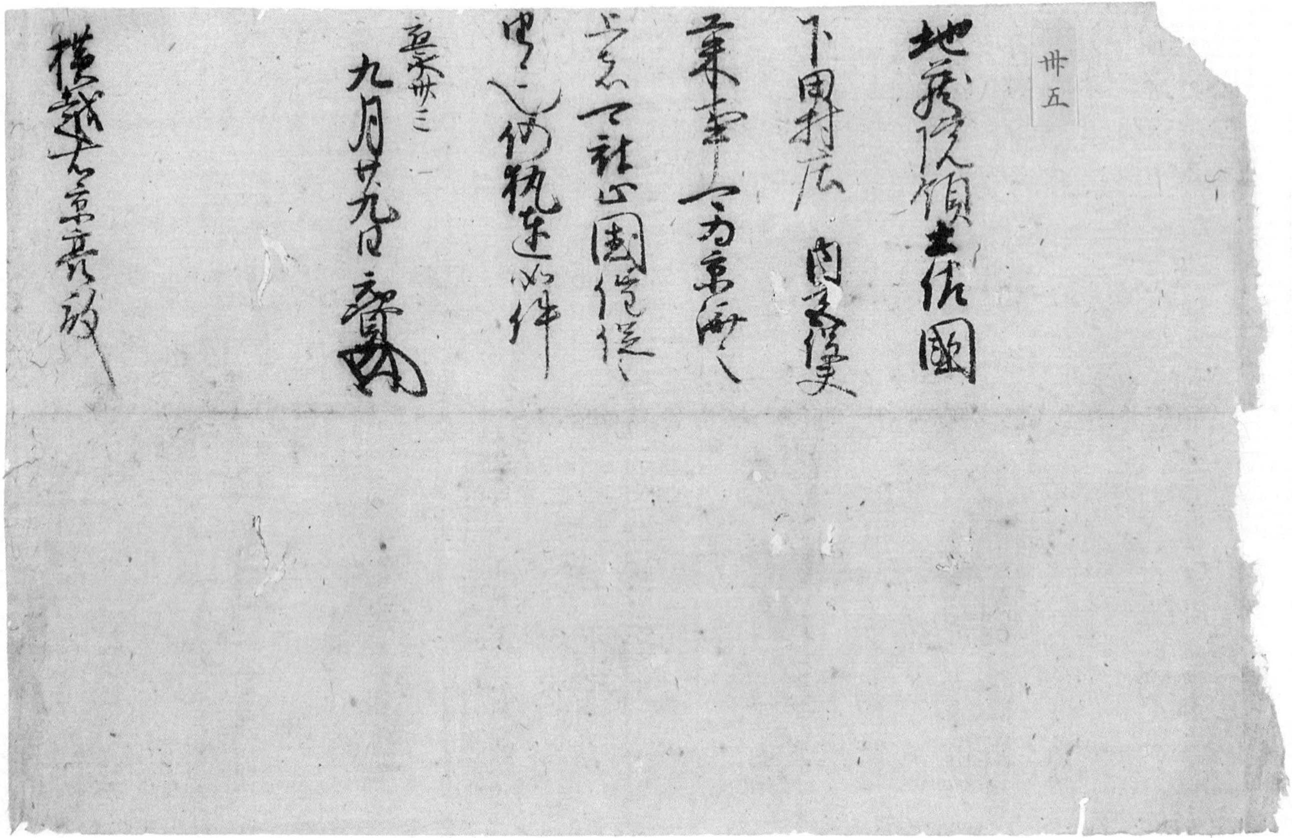
卅五
九月廿九日

29.5×47.0

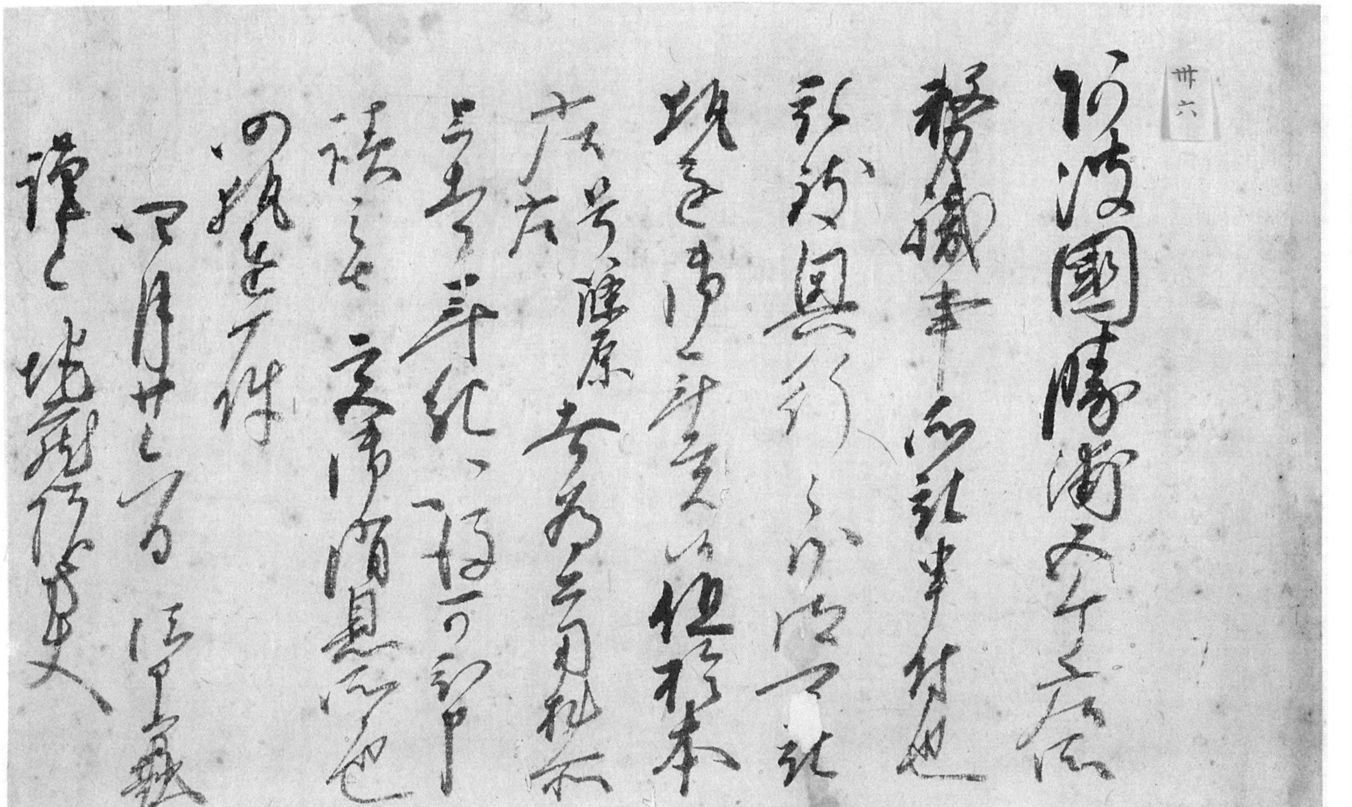

29.6×49.6

3—37 藤原数信寄進状

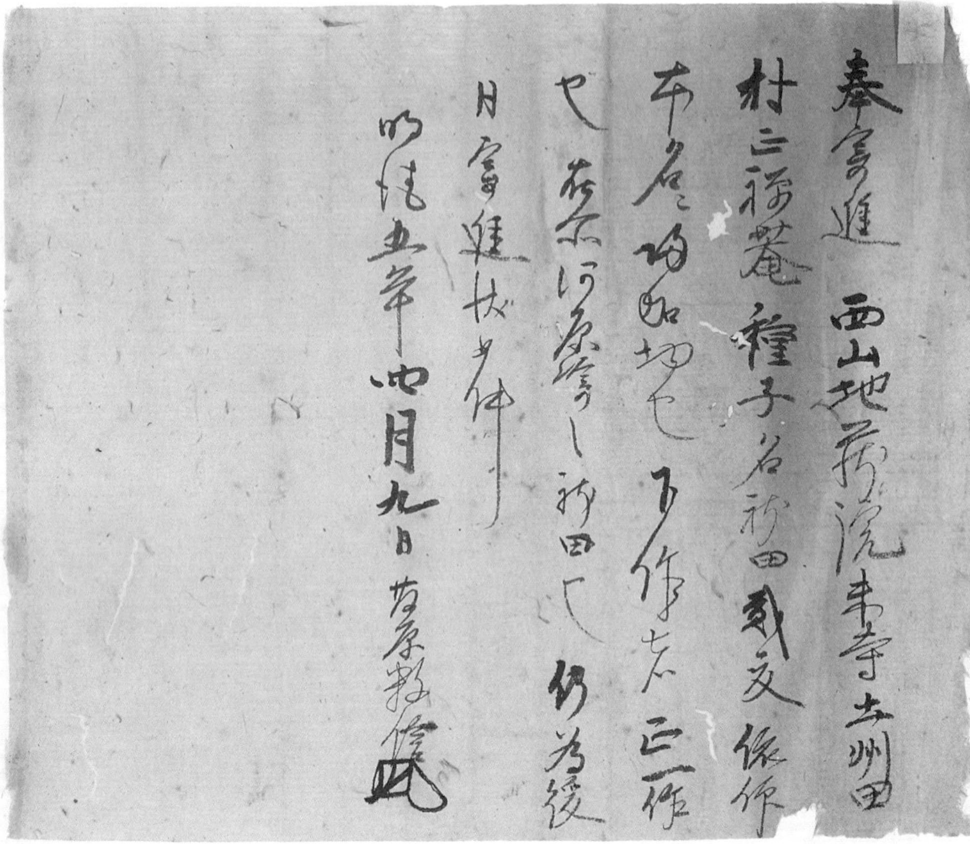

29.7×36.0

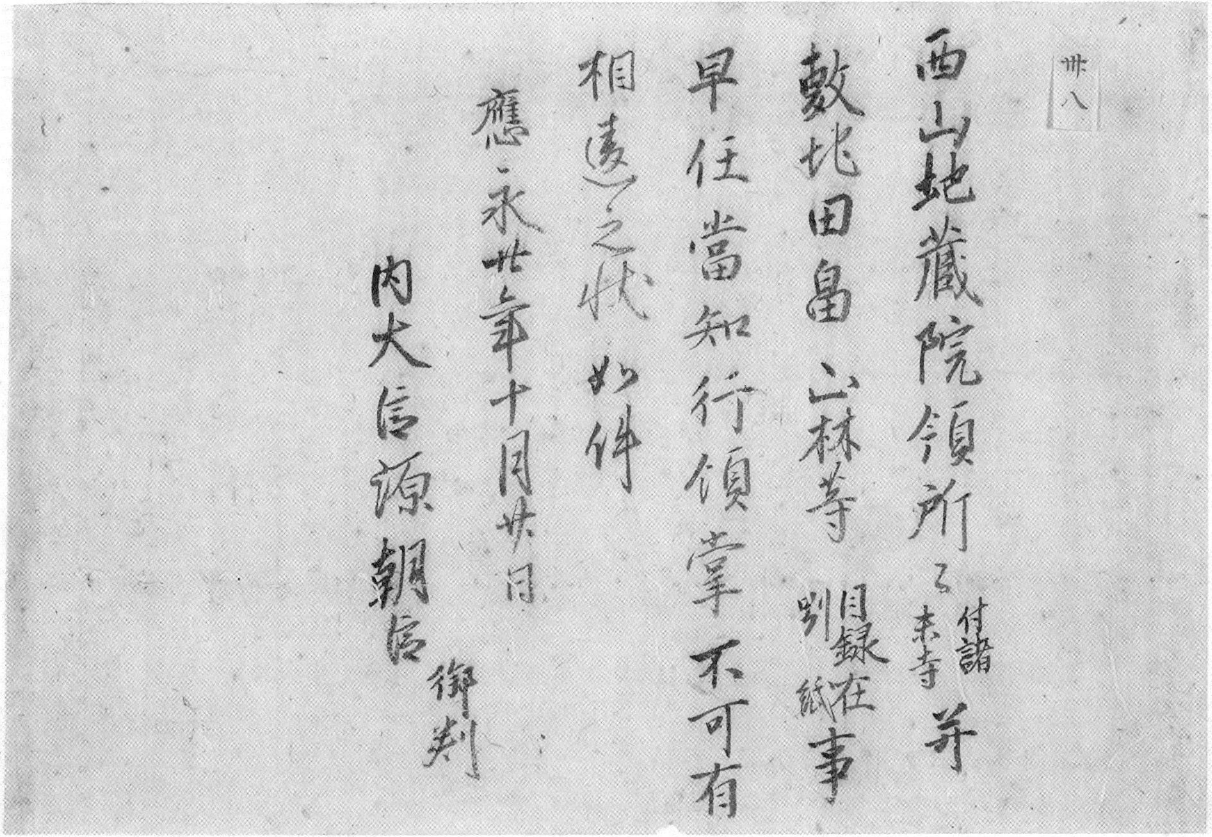

冊八

西山地蔵院領所々末寺付諸并
敷地田畠山林等目録在別紙事
早任当知行領掌不可有
相違之状如件
応永廿年十月廿六日
内大臣源朝臣 御判

29.6×44.3

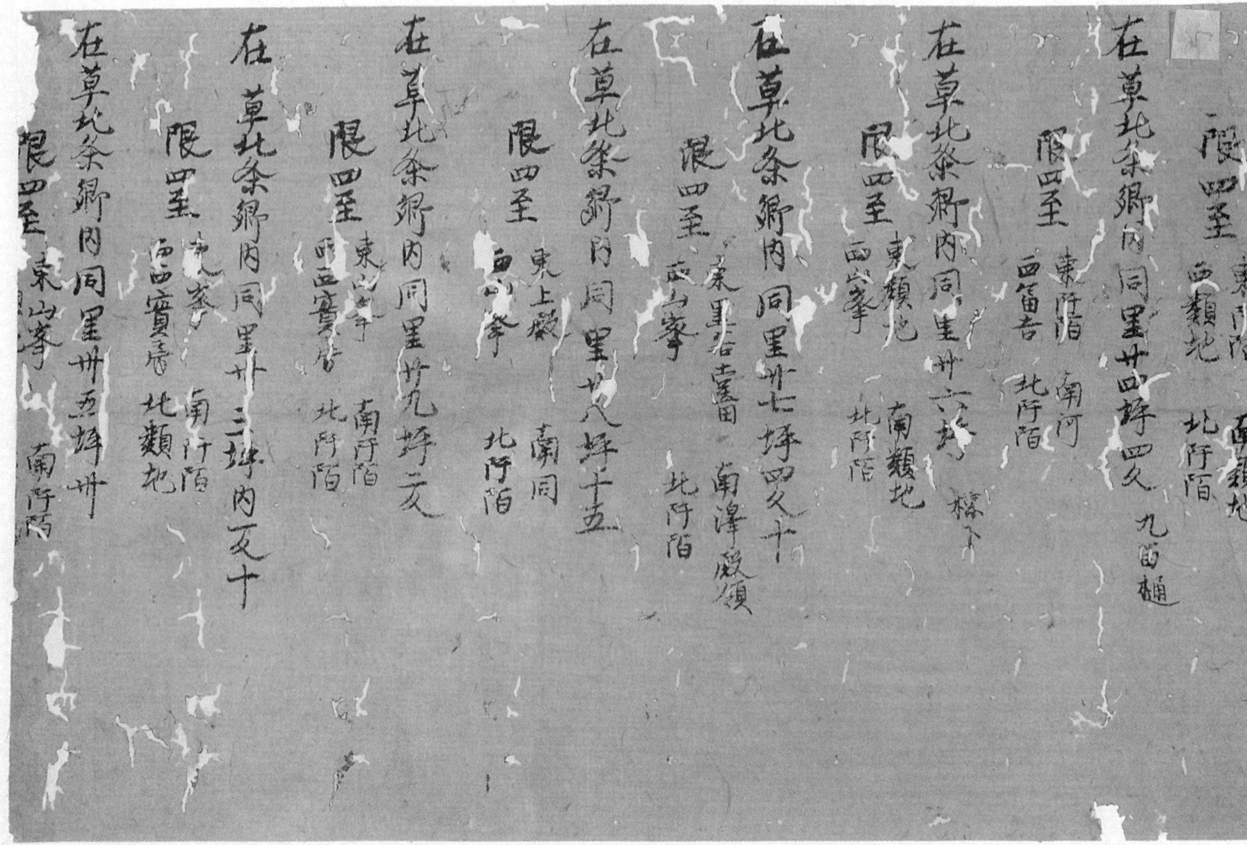
限四至 東阡陌 南類地 西類地 北阡陌
在草北条郷内同里廿四坪四反 九畝樋
限四至 東阡陌 南河 西畝苗 北阡陌
在草北条郷内同里卅六坪 樗木
限四至 東類地 南類地 西山峯 北阡陌
在草北条郷内同里廿七坪四反十
限四至 東里古墾田 南津殿領 西山峯 北阡陌
在草北条郷内同里廿八坪十五
限四至 東上殿 南同 西山峯 北阡陌
在草北条郷内同里廿九坪二反
限四至 東山峯 南阡陌 西孟寶寺 北阡陌
在草北条郷内同里卅三坪内反十
限四至 東山峯 南阡陌 西孟寶寺 北類地
在草北条郷内同里卅五坪卅
限四至 東山峯 南阡陌

29.6×45.6

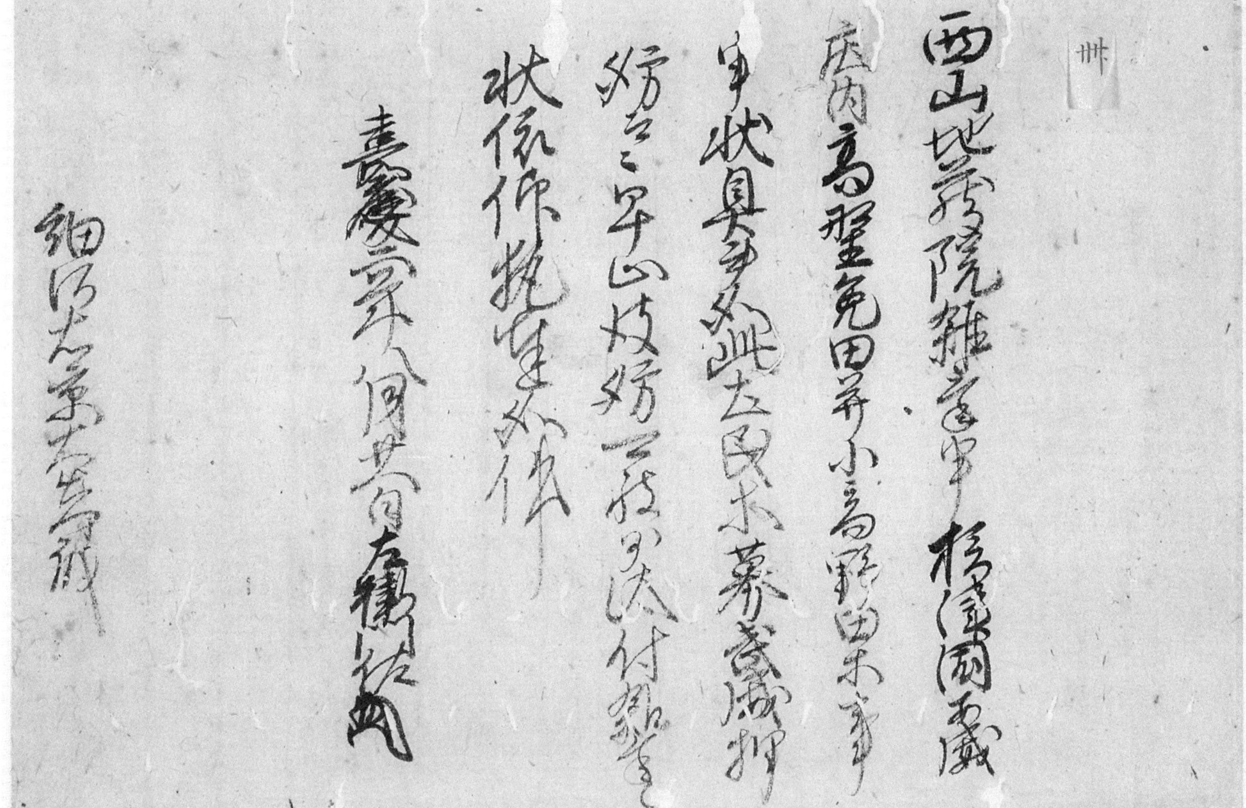

卅

西山地蔵院雑掌申山城国西岡
庄内高聖免田并小高野出木等事
申状具書如此、太田木幕武蔵押
妨云々、早止彼妨、可被沙汰付雑掌
状、依仰執達如件
嘉慶二年八月廿六日　左衛門佐（花押）
細河右京大夫殿

29.6×45.3

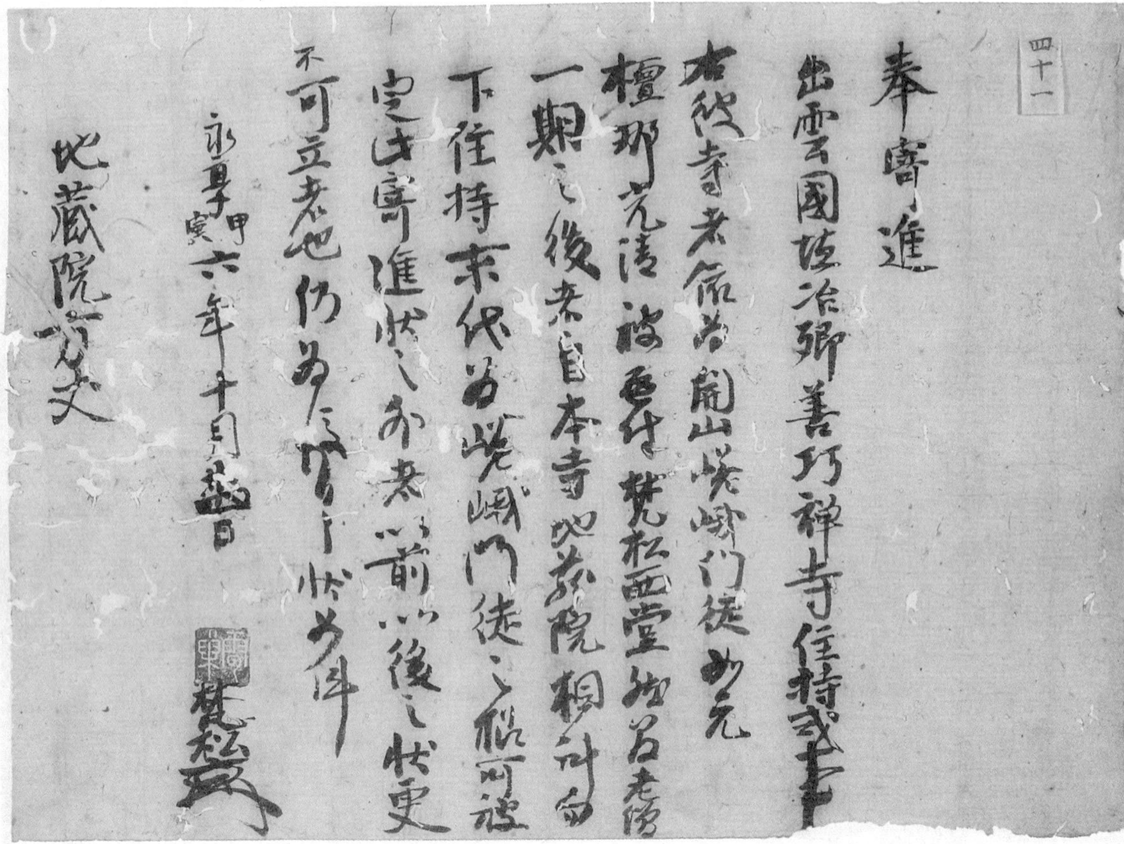

四十一

奉寄進
出雲国塩冶郷善巧禅寺住持職事
右彼寺者依為開山嵯峨門徒妙元
檀那光清被遷住 梵松西堂雖為居住
一期之後者自本寺地蔵院相計而
下住持末代為嵯峨門徒之儀可被
定、此寄進状之外者、以前以後之状更
不可立者也、仍為後證状如件
永享甲寅六年十月 日 梵松（花押）
地蔵院方丈

31.2×43.5

3—42　西山地蔵院什物目録

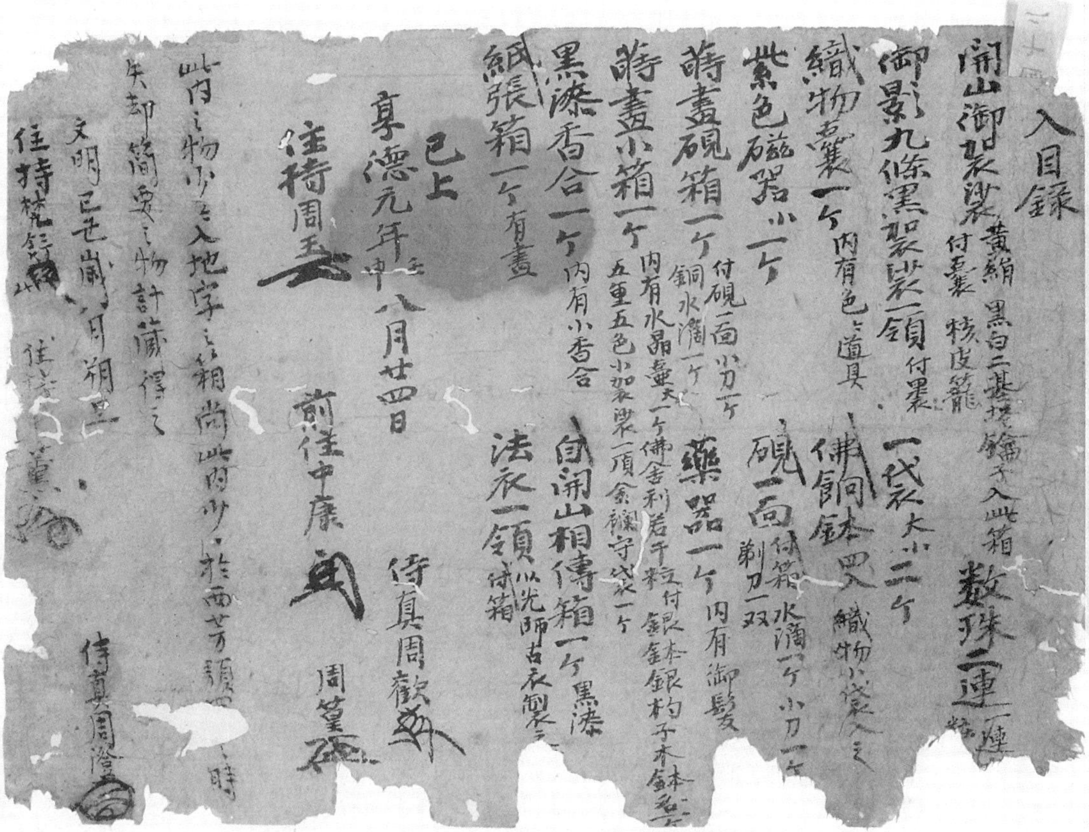

入目録
開山御袈裟　黄絹　黒白二甚挂絡子入此箱　数珠二連
御影九條黒袈裟一領　付裹　一衣大小二ケ
織物嚢一ケ　内有色々道具　佛餉鉢四入　織物小袋入之
紫色磁器小一ケ　硯一面　付箱　水滴一ケ　小刀一ケ　剃刀一双
蒔絵硯箱一ケ　付硯一面　小刀一ケ　銅水滴一ケ　薬器一ケ　内有御髪
蒔絵小箱一ケ　内有水晶壺大一ケ　佛舎利若干粒　付銀鉢　本銀杓子
五重五色小加袈裟一頂　金襴守袋一ケ
黒漆香合一ケ　内有小香合　自開山相伝箱一ケ　黒漆　以光師古衣製之
紙張箱一ケ　有画　法衣一領　付箱
已上
享徳元年壬申八月廿四日
住持周玉（花押）
前住中康（花押）
侍真周歓（花押）
周篁（花押）
此内之物少々入地字之箱　尚此内少々於西芳寺頭　時
失却　簡要之物計蔵得之
文明己亥歳　月朔旦
住持梵□（花押）
侍真周□（花押）

26.6×37.2

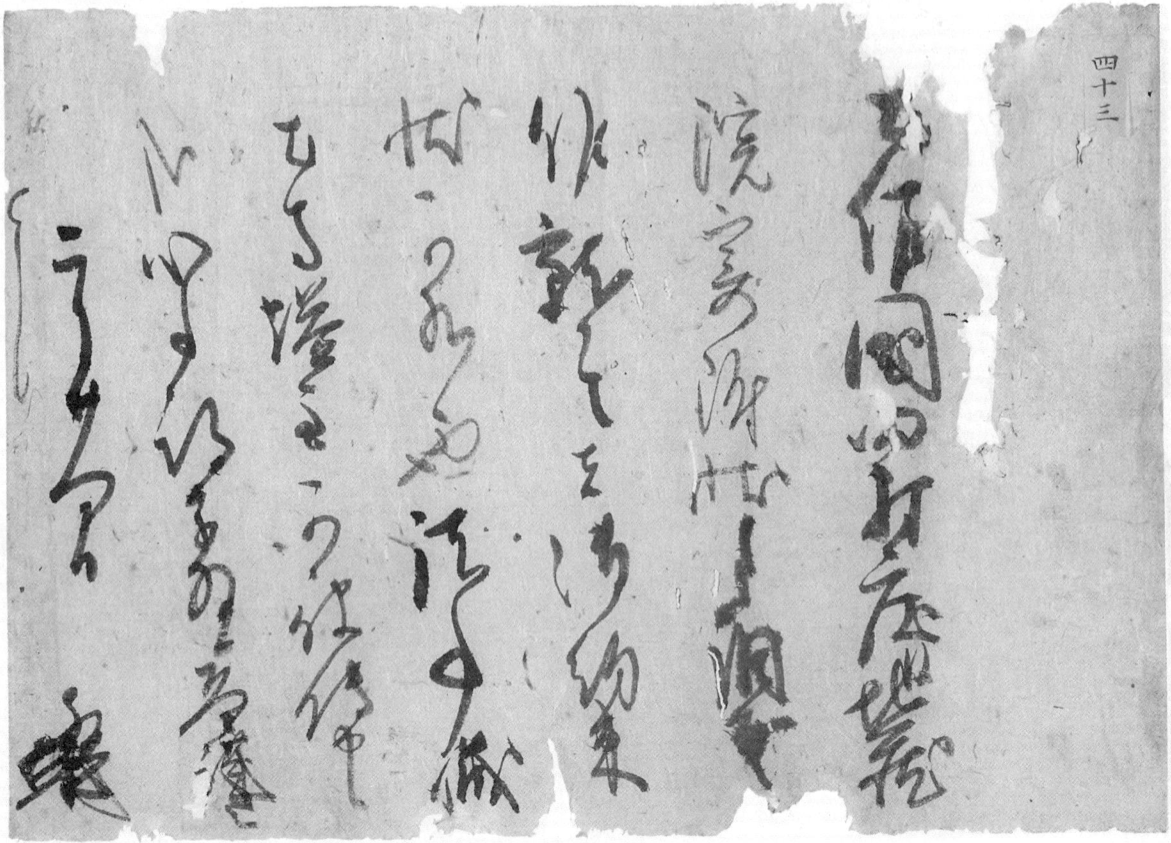
四十三

29.6×42.7

3—44　天台座主尊順法親王令旨

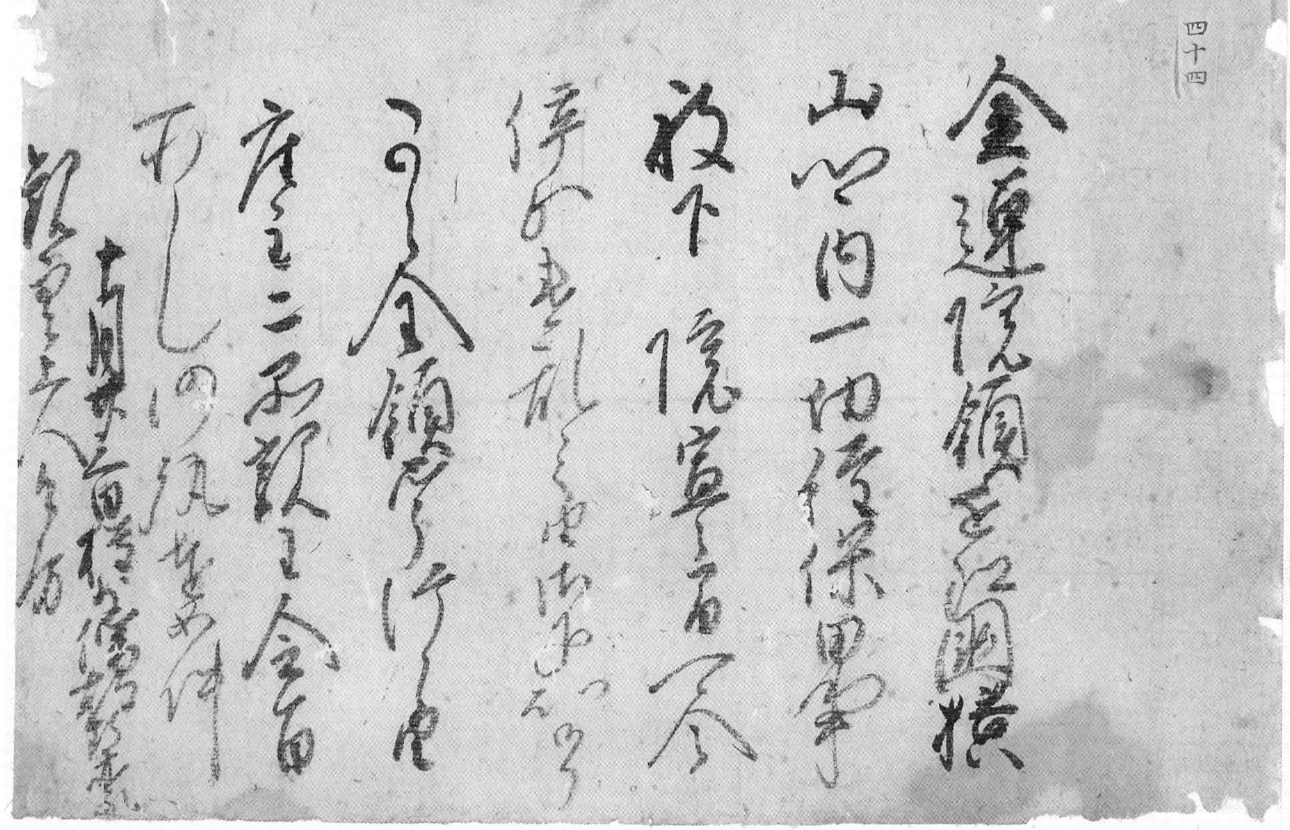
四十四

金蓮院領上江州横
山内一切経保田事
被下　院宣了、
[illegible]
可令金蓮院領[illegible]之由
座主二品親王令旨
所候也、仍執達如件
[illegible]

31.4×49.3

3—45 室町幕府引付頭人二階堂時綱奉書

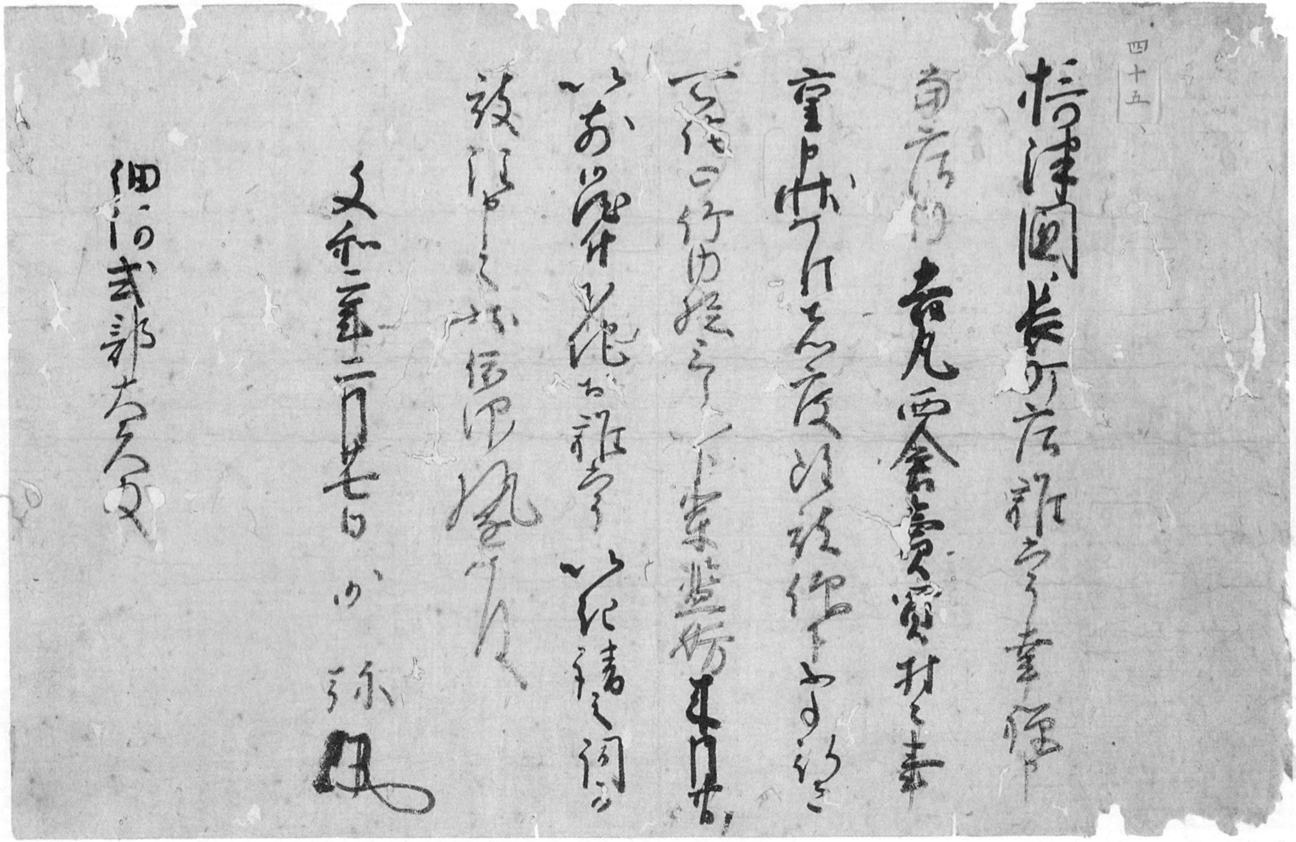

31.4×49.9

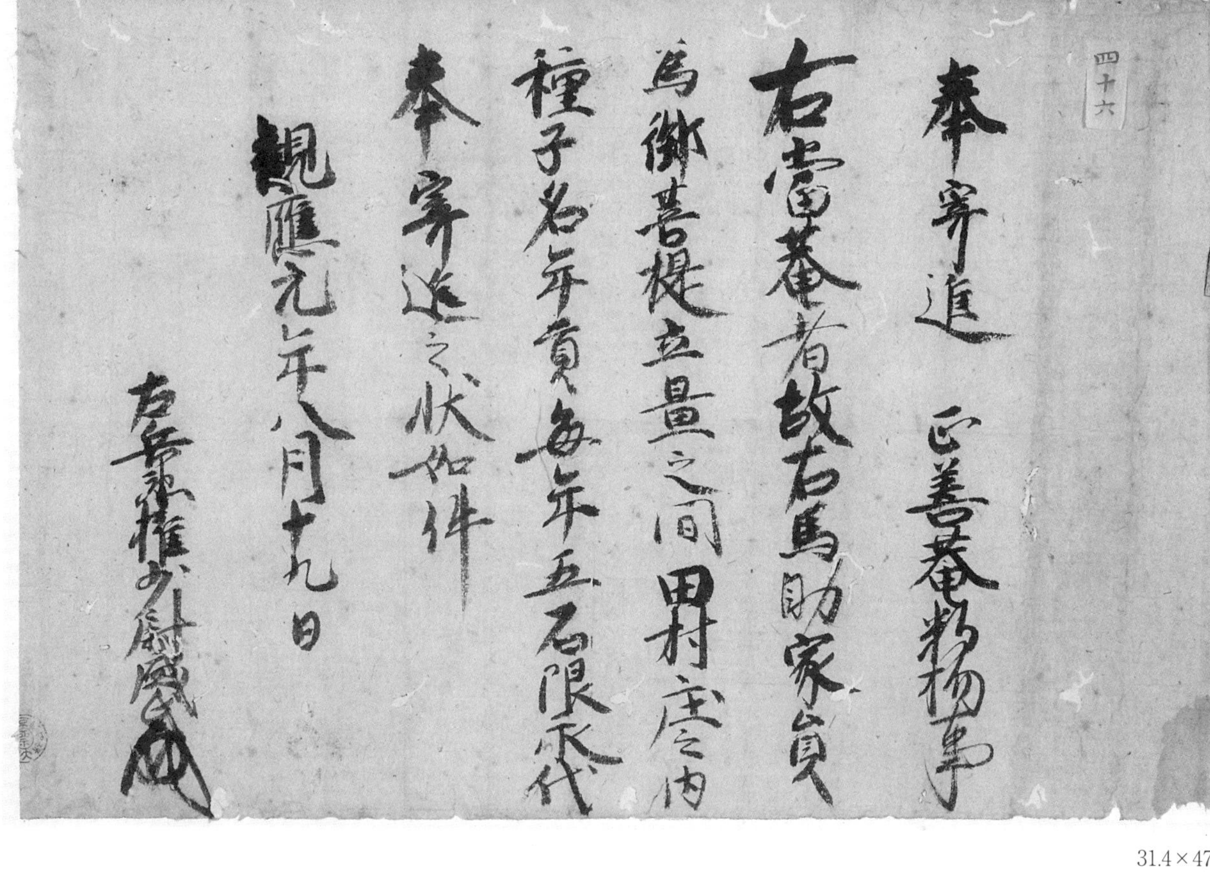
四十六

奉寄進　正善庵料所事

右當庵者故右馬助家員

為御菩提立置之間田村庄之内

種子名年貢毎年五石限永代

奉寄進之状如件

観應元年八月十九日

左兵衛権少尉盛氏（花押）

31.4×47.1

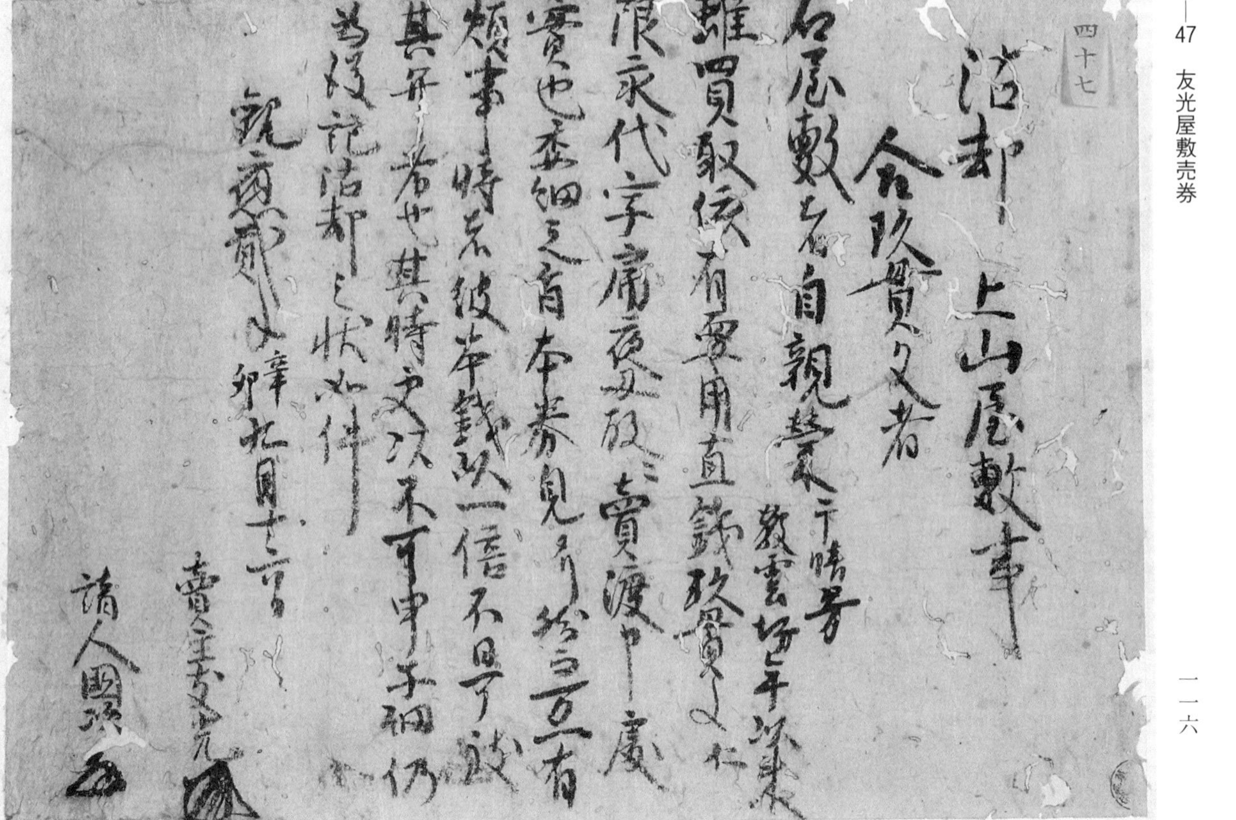
四十七

沽却　上山屋敷事
合玖貫文者
右屋敷者右自親類下晴芳
教雲坊之手次来
雖買取候有要用直銭玖貫文仁
限永代宇庸源五郎殿ニ売渡申処
実也委細之旨本券見タリ然ニ万一有
煩事時者彼本銭以一倍不日可致
其弁者也其時更以不可申子細仍
為後証沽却之状如件
元亀弐年辛卯九月十一日
売人［ ］友光（花押）
請人国次（略押）

29.6×42.0

一

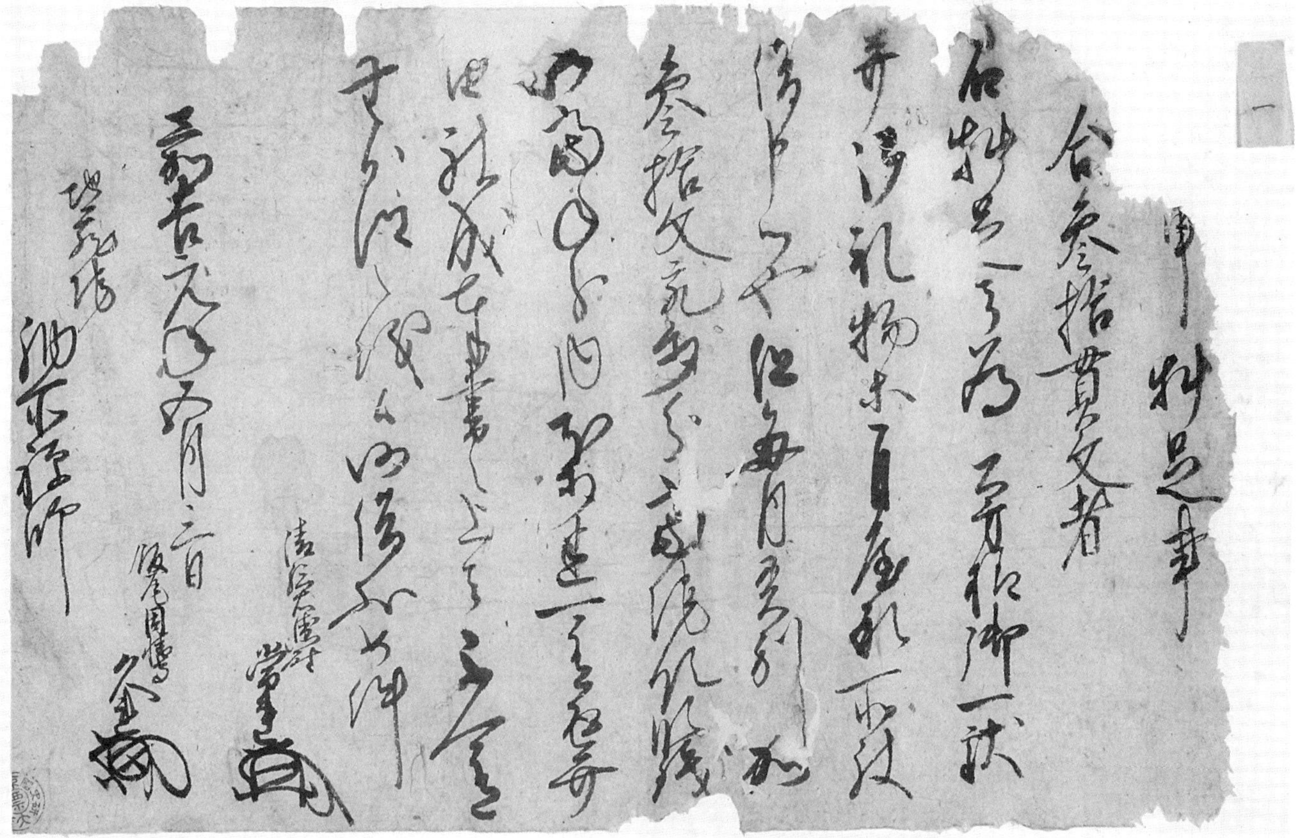

25.6×39.3

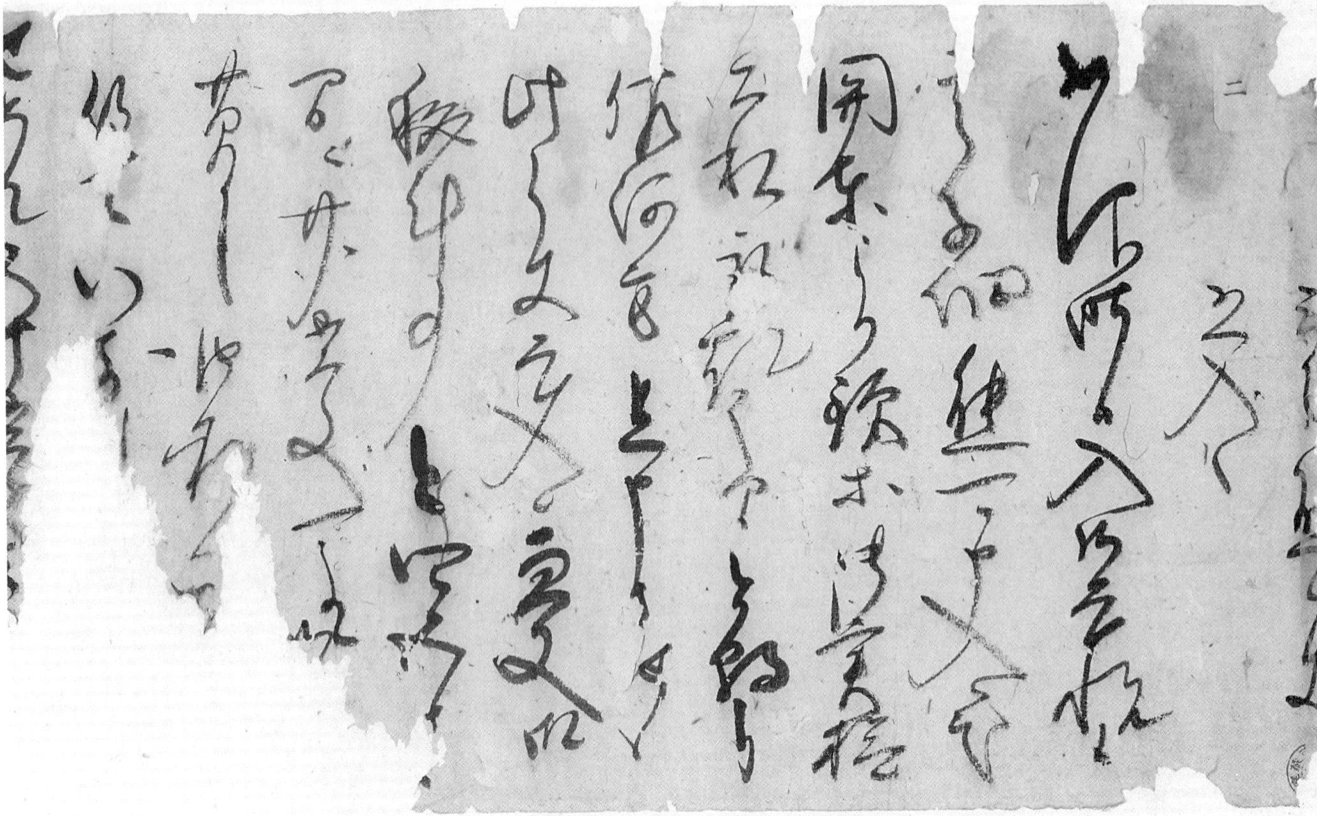

4—2 飯尾久連書状

25.6×42.3

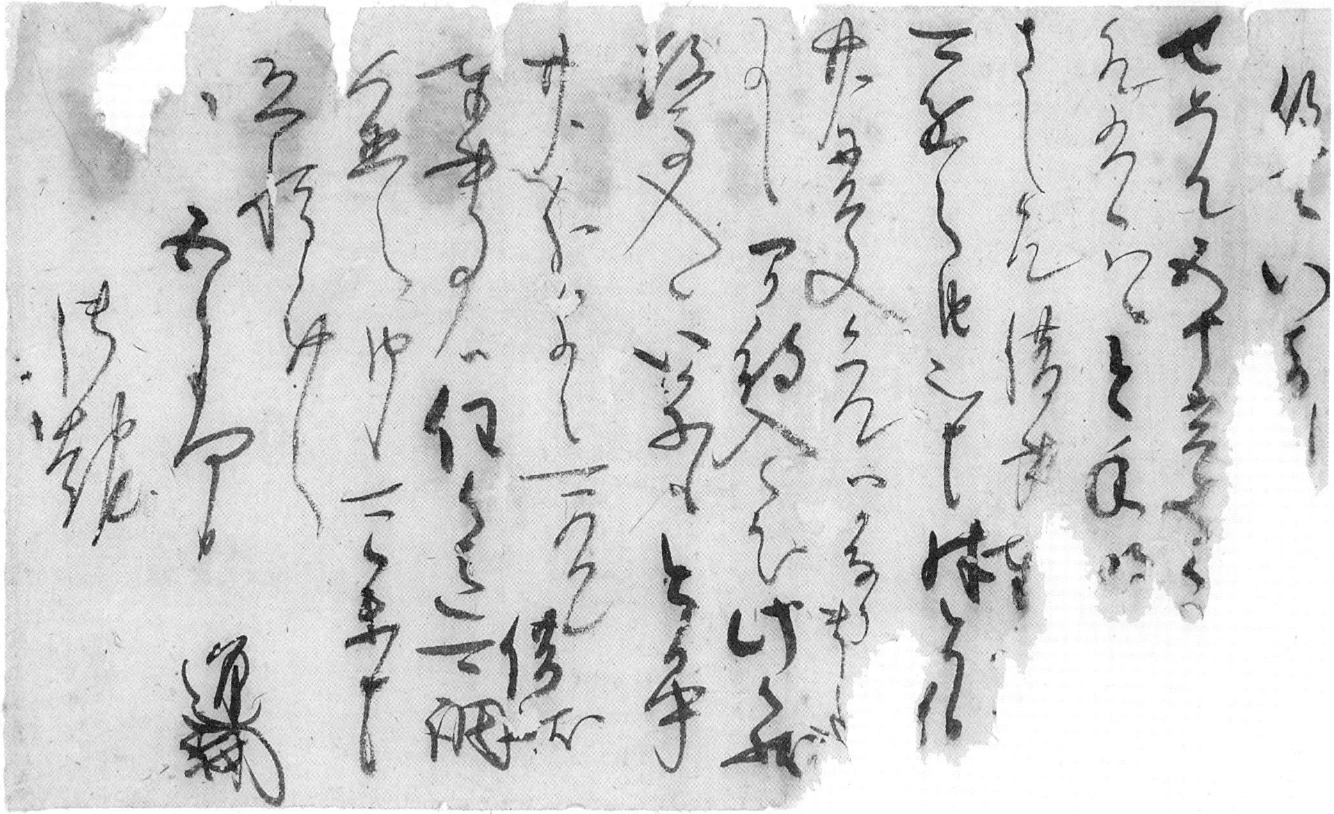

25.6×41.0

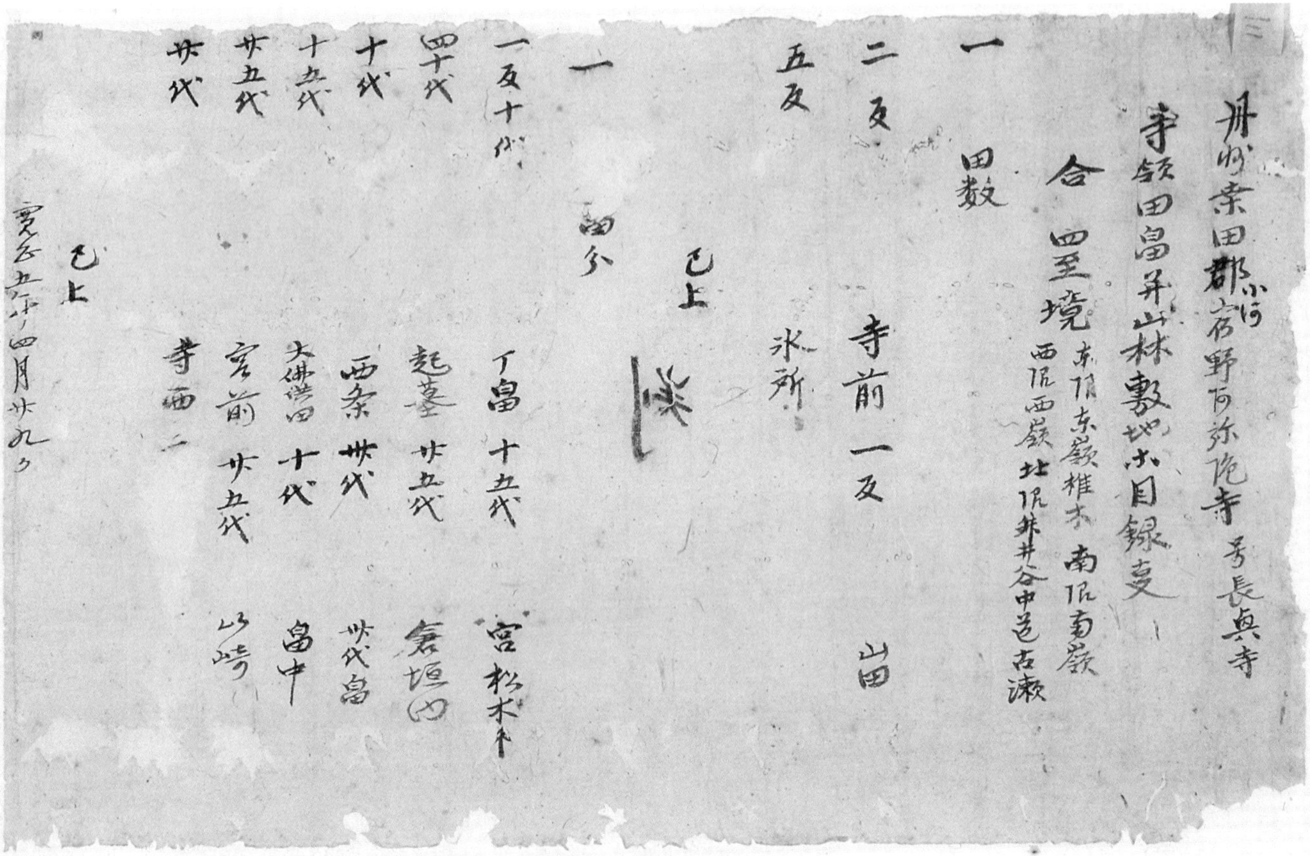

丹州桑田郡小川宿野阿弥陀寺 号長典寺
寺領田畠并山林数坪付目録事
合四至境 東限東嶺椎木 南限南嶺
西限西嶺 北限并井谷中芝古瀬
一 田数
二反 寺前一反 山田
五反 氷所
已上
一 畠分
一反十代 丁畠 十五代 宮松木本
四十代 起墓 廿五代 倉垣内
十代 西条 卅代 卅代畠
十五代 大仏供田 十代 畠中
廿五代 宮前 廿五代 山崎
卅代 寺西 二
已上
寛正五年四月廿九日

25.6×41.6

25.0×37.0

4—5　波多野秀忠書状

25.6×41.1

4—6　有岡堅有書状

六

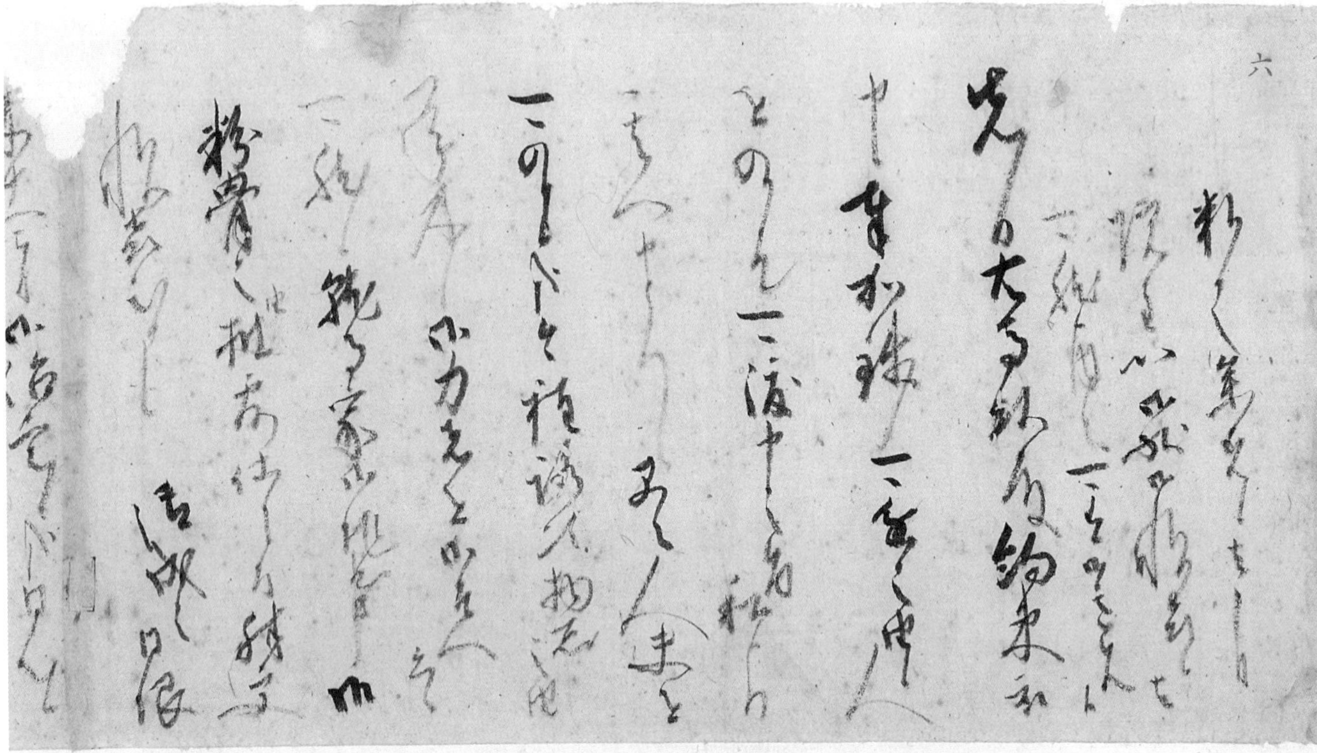

25.6×45.5

25.6×45.5

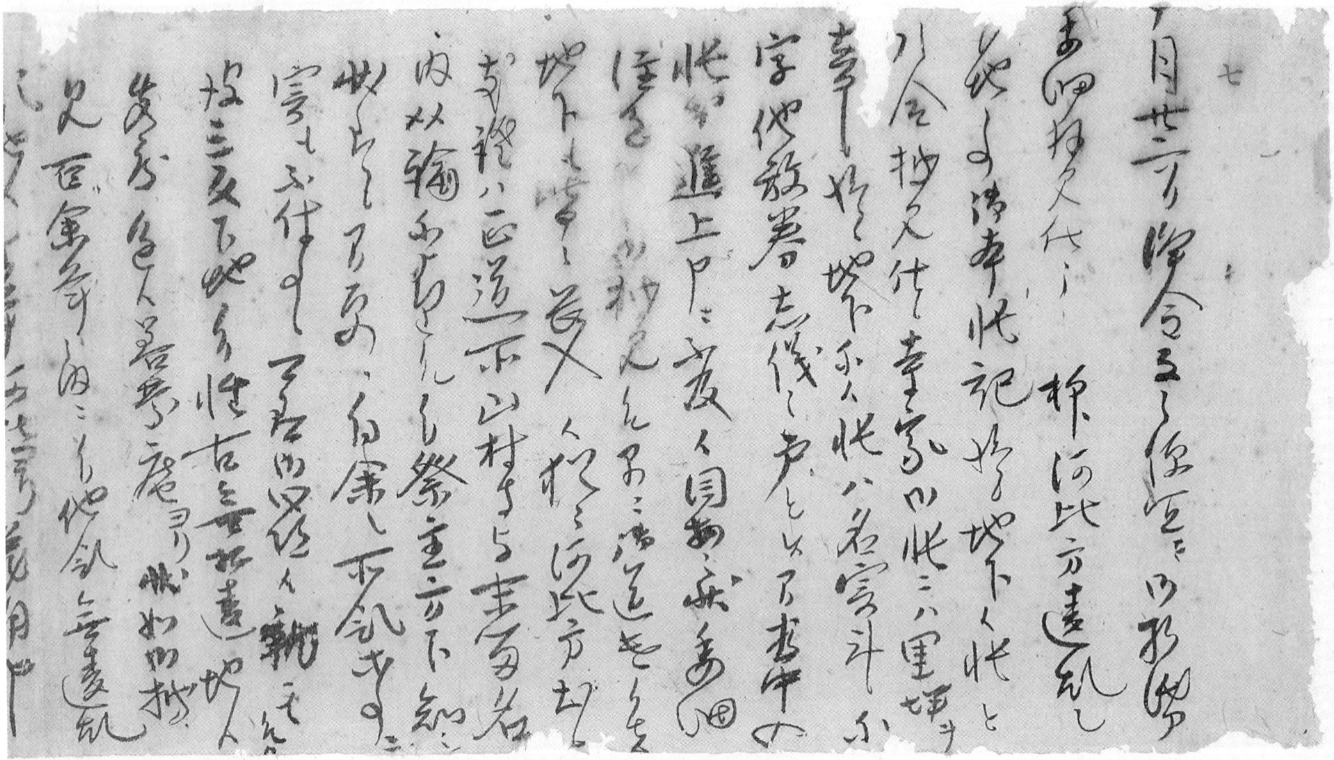

4—7 長布施保秀等連署書状

25.6×45.8

25.6×46.0

4—8 丹下盛賢書状

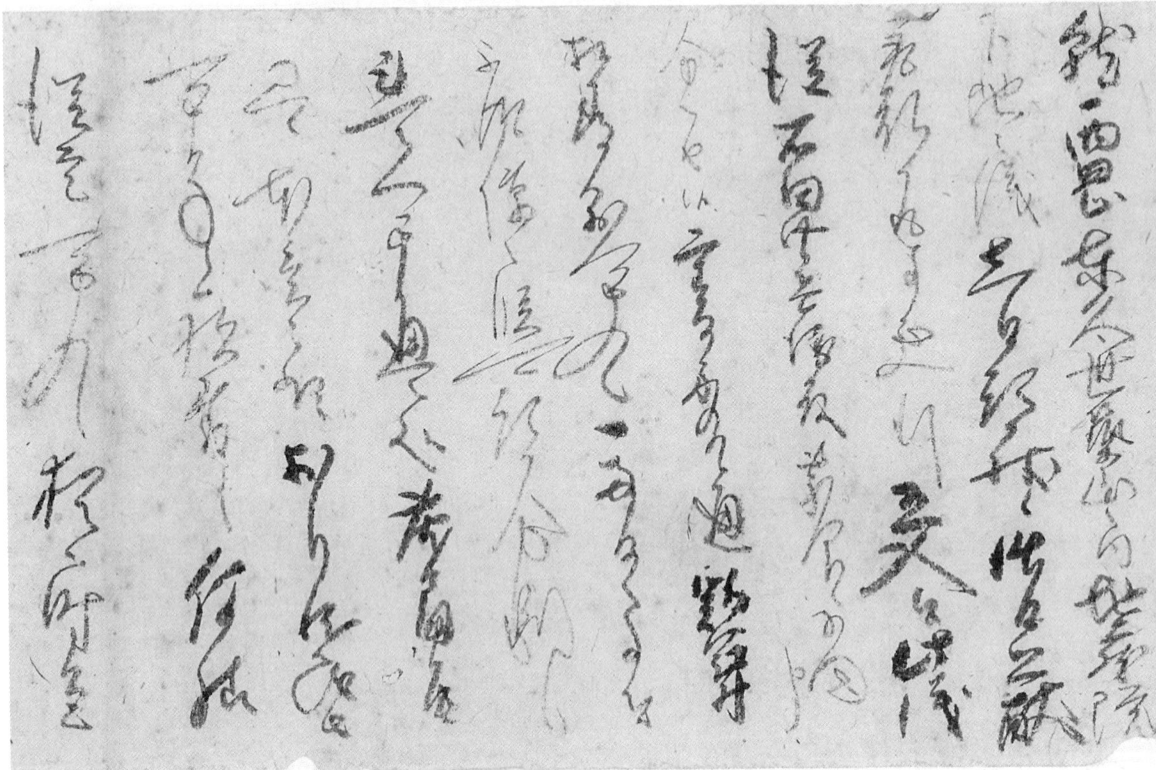
八

25.6×44.2

25.6×42.3

25.6×44.2

4—9　近江国余呉荘内丹生・菅並両村支証目録

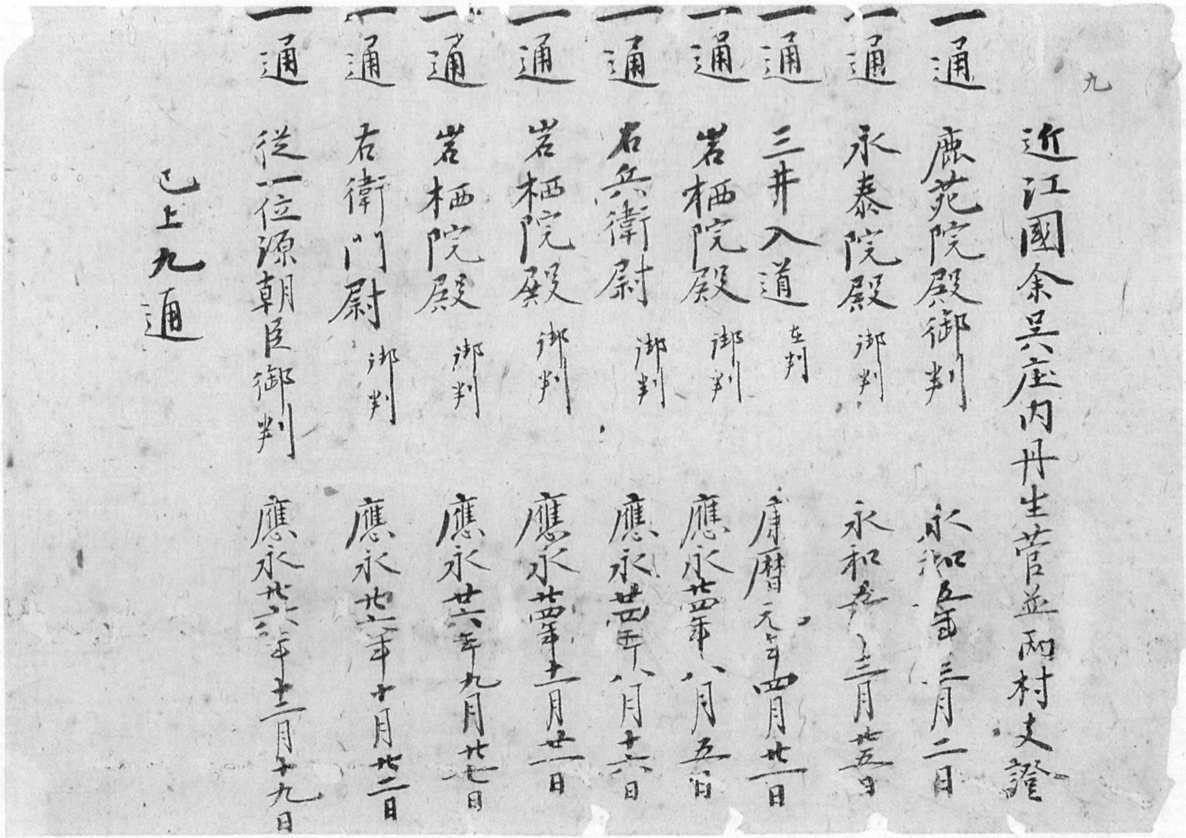

九

近江國余呉庄内丹生菅並両村支證

一通　鹿苑院殿御判　永和五年三月二日

一通　永泰院殿御判　永和五年三月廿五日

一通　三井入道　在判　康暦元年四月廿一日

一通　岩栖院殿御判　應永廿四年八月五日

一通　右兵衛尉御判　應永廿四年八月十六日

一通　岩栖院殿御判　應永廿四年十二月廿一日

一通　岩栖院殿御判　應永廿六年九月廿七日

一通　右衛門尉御判　應永廿七年十月廿二日

一通　従一位源朝臣御判　應永廿六年十二月十九日

已上九通

25.6×37.4

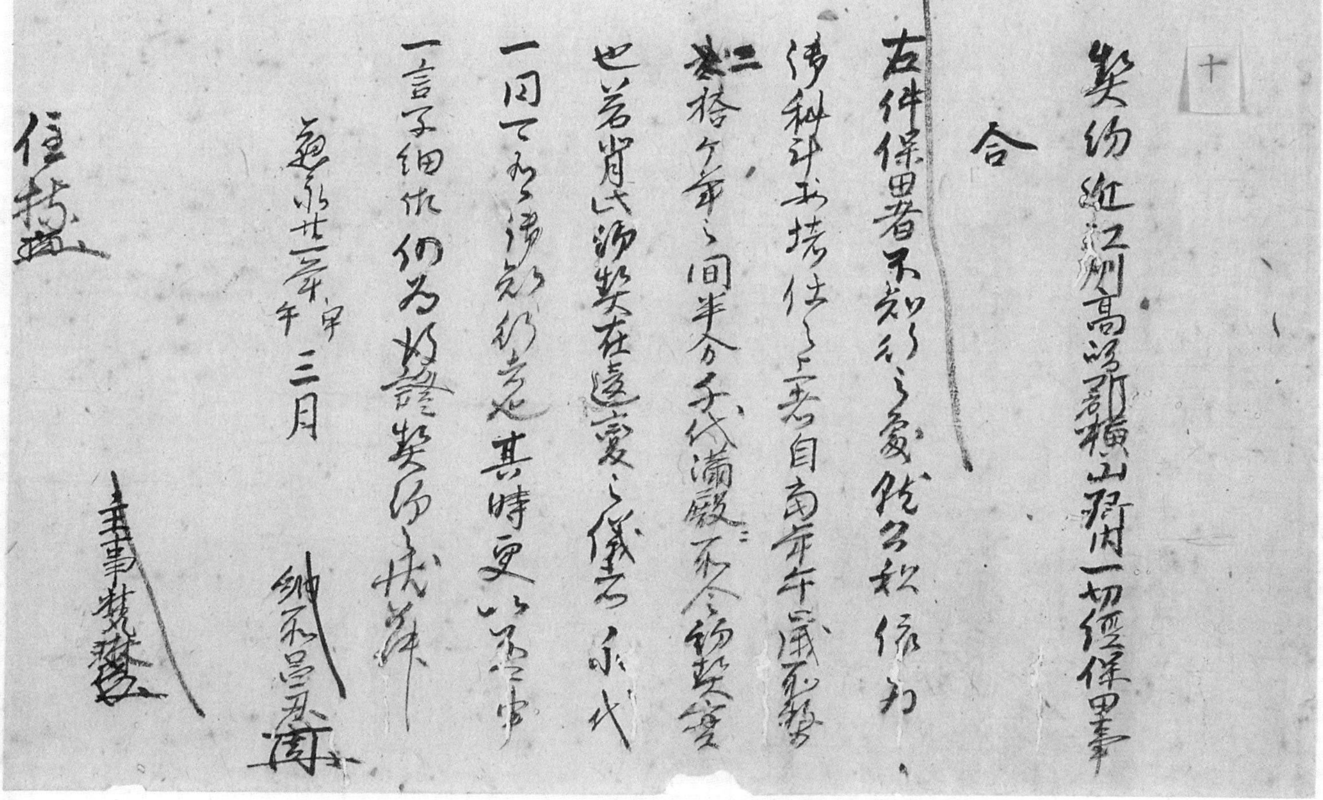
十

契約 近江州高嶋郡横山村内一切経保田事

合

右件保田者、不知行之處、能阿弥依為

修理料、於境住之上者、自甲午歳至癸

巳拾ヶ年之間、半分千代満殿ニ所令契約

也、若背此契約、在違変之儀者、永代

一円可為修理料者也、其時更以不可申

一言子細候、仍為後證契約状如件、

應永廿一年甲午三月

納所昌承（花押）

主事梵璘（花押）

住持（花押）

25.6×43.0

4―11　土岐持頼書状

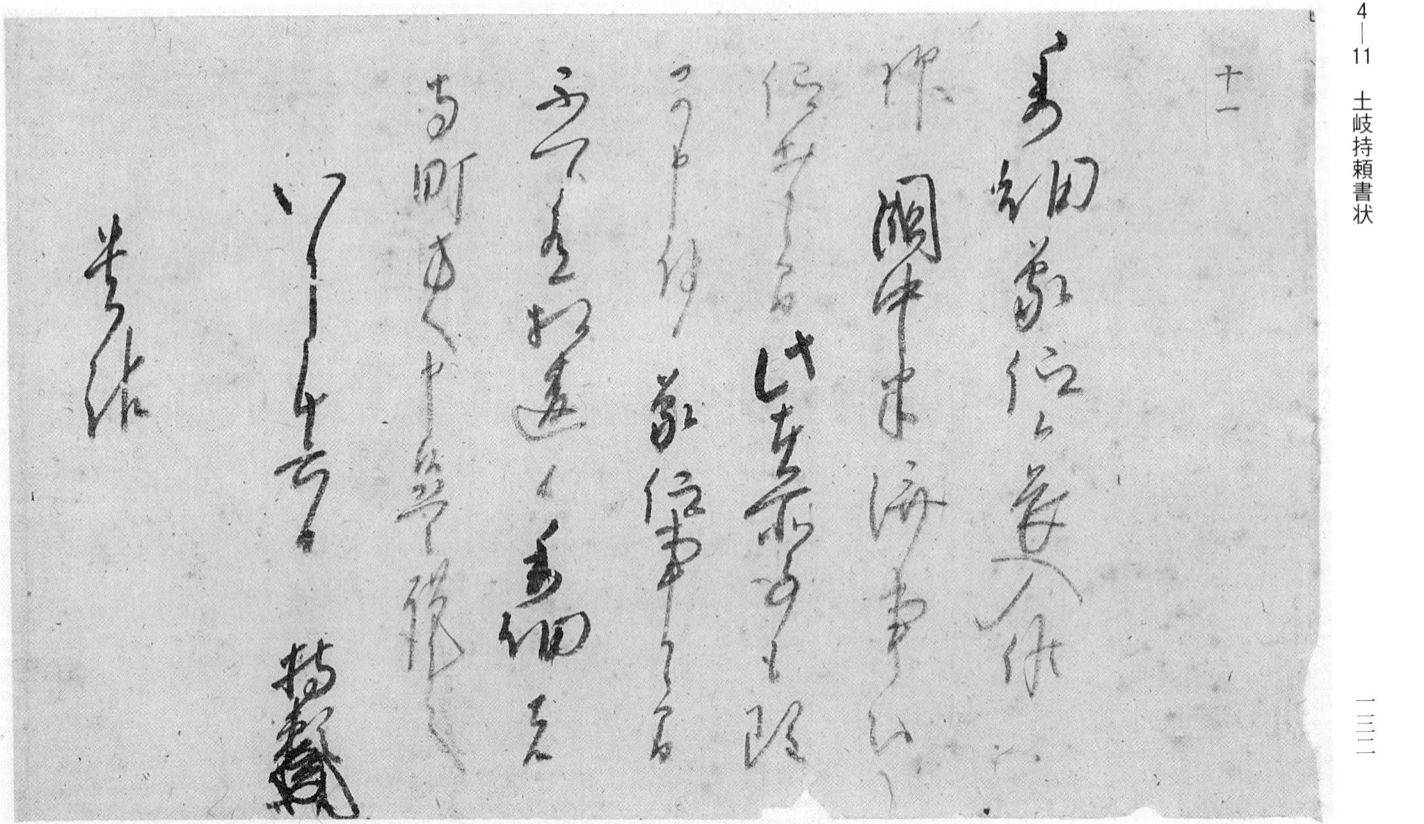
十一

25.6×42.7

4—12 野田泰忠書状

25.5×42.9

4—13 四宮宗能書下

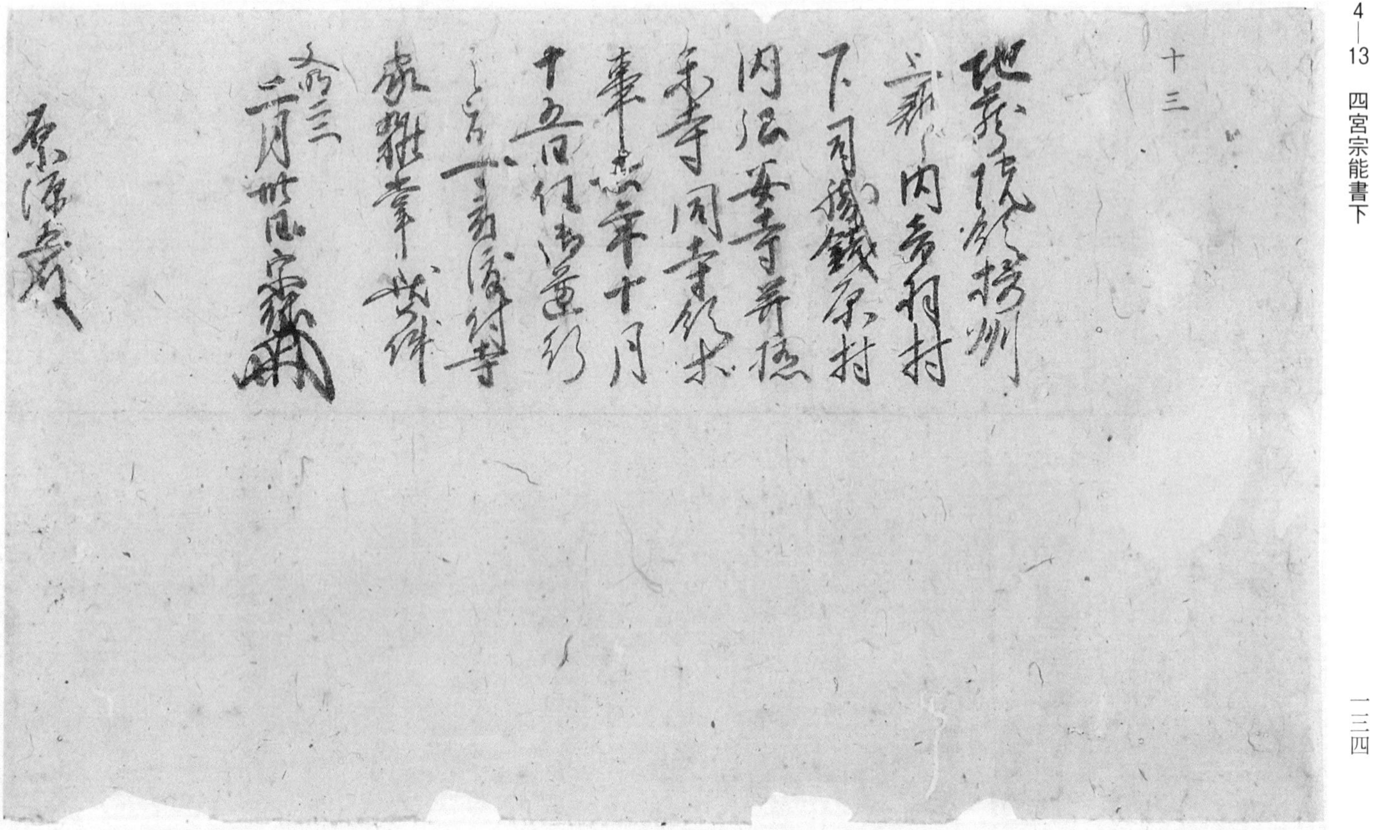

25.6×42.2

十四

就地頭職領家両方下地中分沙汰所望之
子細別当若松論之事、去年七月十日安堵
上田村内也、就中去月廿日寺家
令理運之処、下知也、然間下付
後於上田村内ニ一円寺家
地頭職之年貢以下沙汰之由
儀致沙汰之処、別当若又以来路
下申条、仍任下地中分之旨
事大法之状、被沙汰付寺家候
可被付也、仍状如件
嘉吉三年六月廿一日　持益　判
入交肥前殿

25.6×44.2

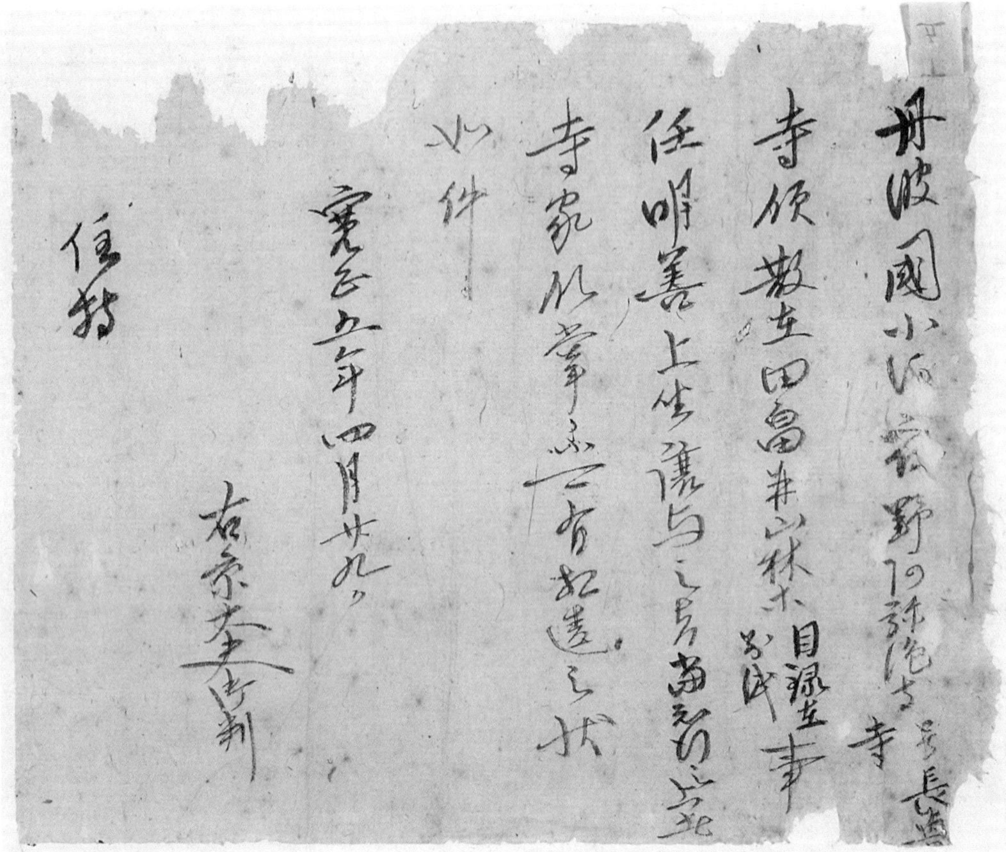
丹波國小河[illegible]野[illegible]浄土寺 号長[illegible]寺

寺領散在田畠并山林等目録在別紙事

任明善上人譲与之旨、当知行之上者

寺家所[illegible]不可有相違之状

如件

寛正五年四月廿九日

右京大夫 判

[illegible]

25.5×31.6

4—16 四宮長能書下案

25.6×44.2

十七

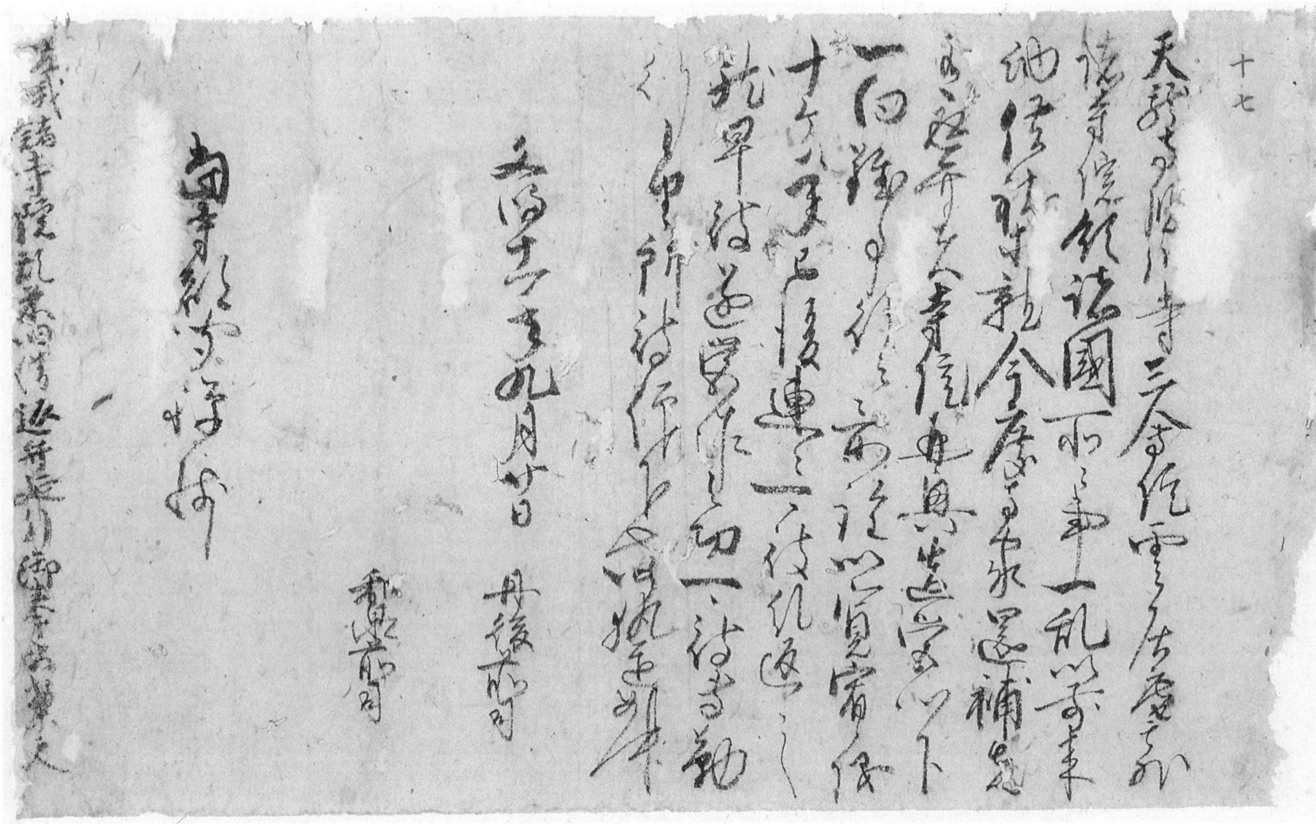

25.6×43.6

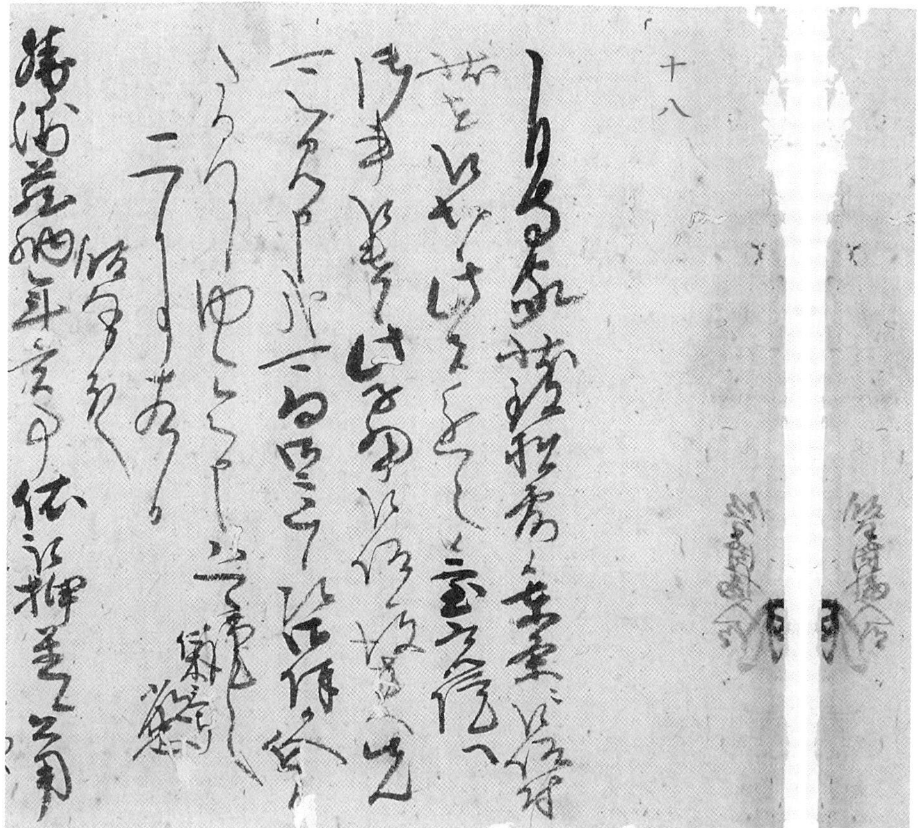

25.6×45.7

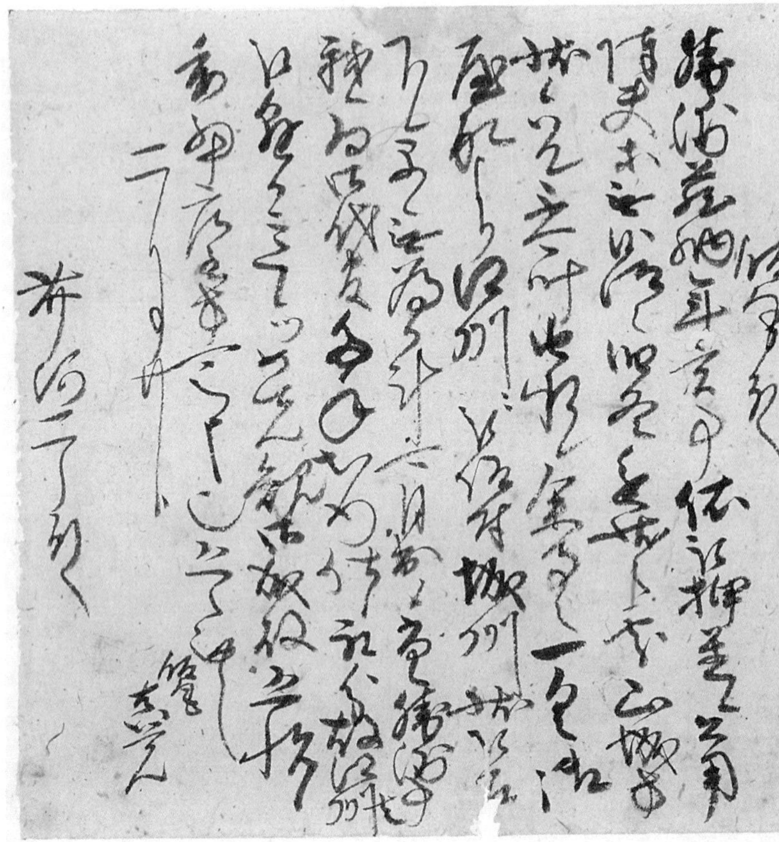

4—18(2) 飯尾真覚書状案

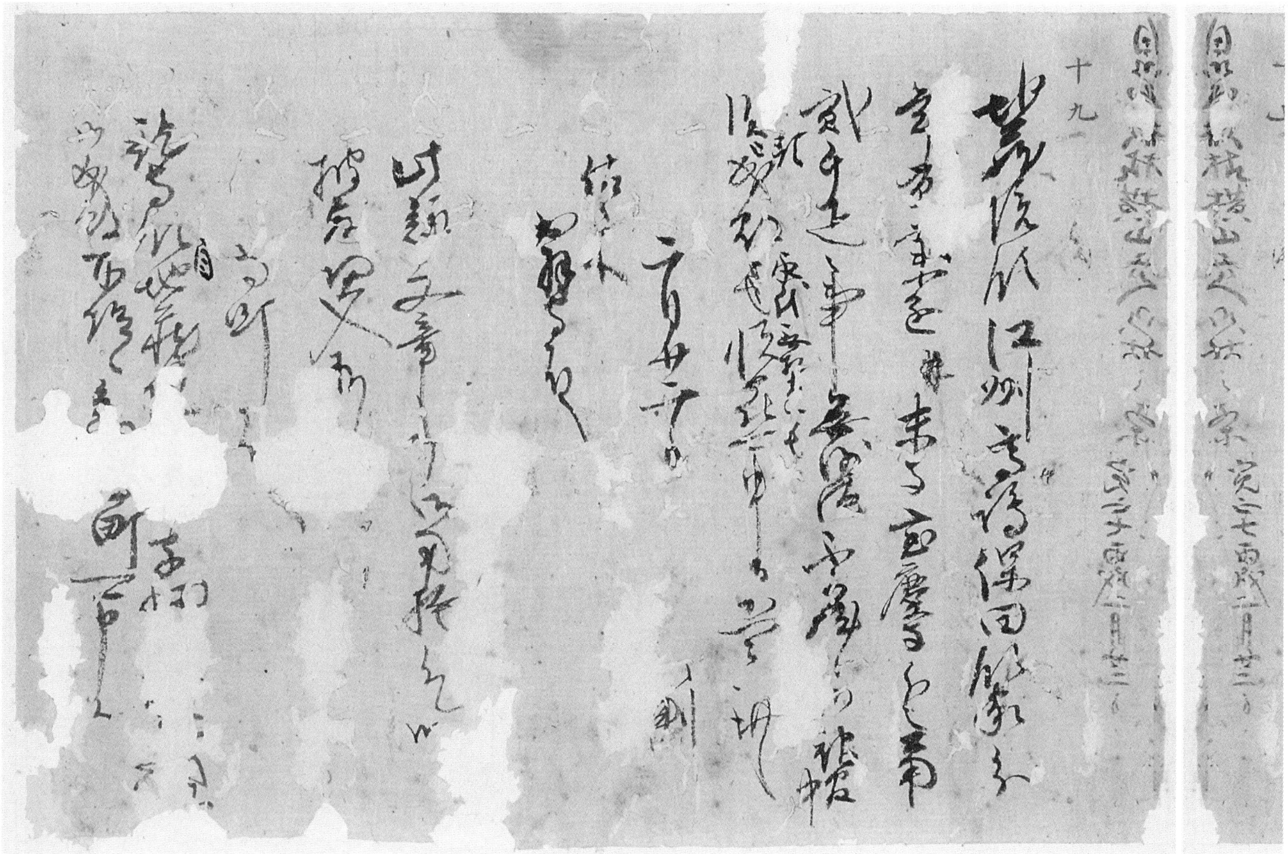

25.7×36.8

4—20 丹波国守護代内藤元貞書下

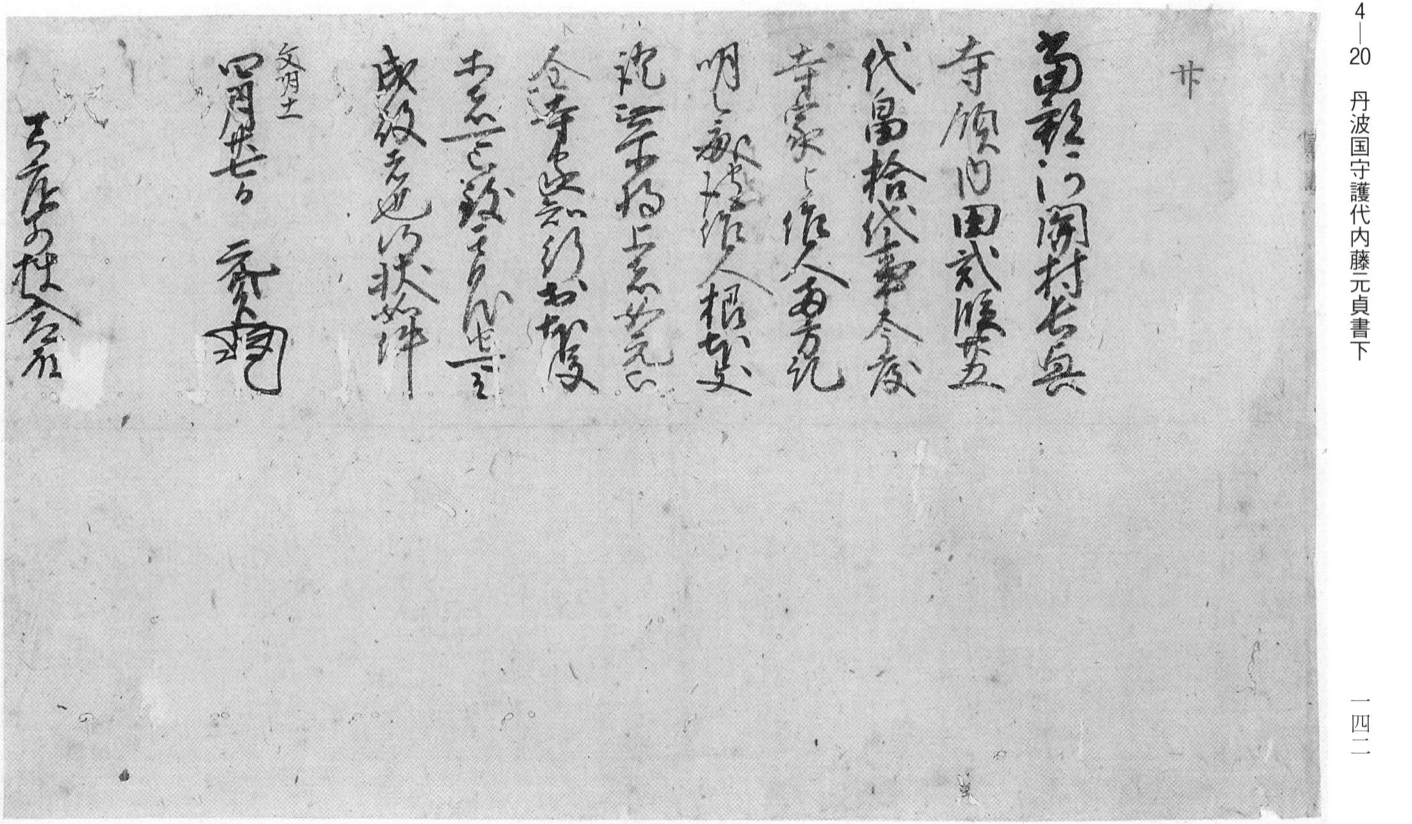

25.7×42.9

42　摂津国守護代薬師寺元長書下

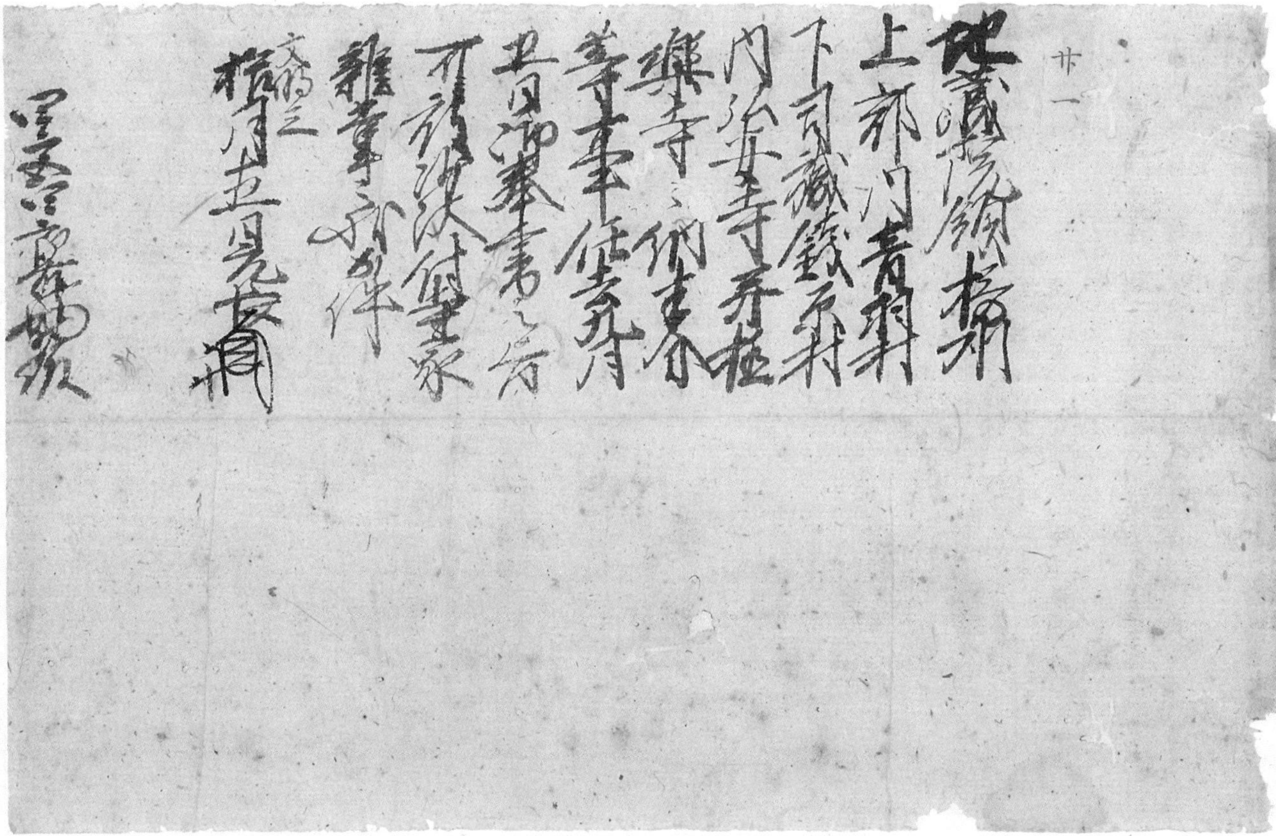

25.6×40.9

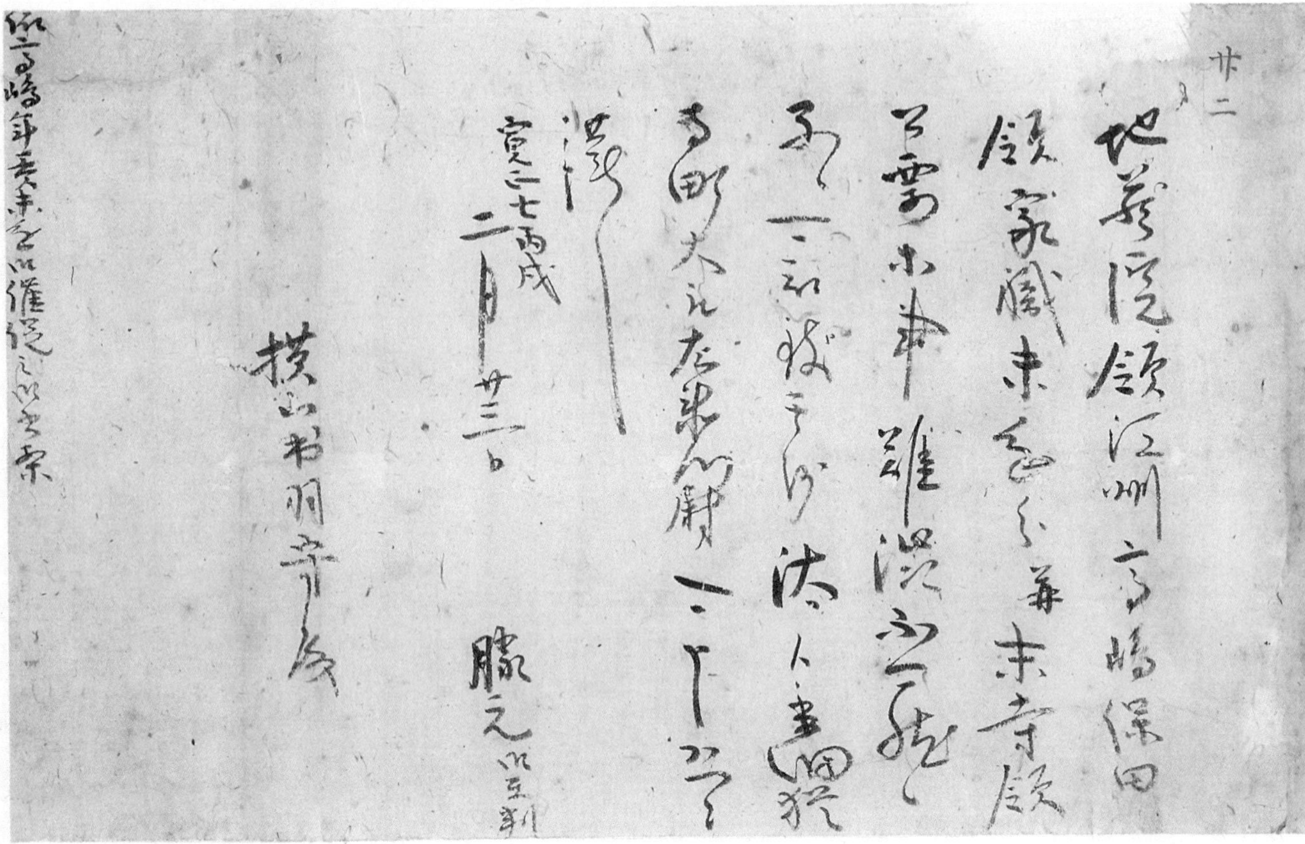

25.6×41.5

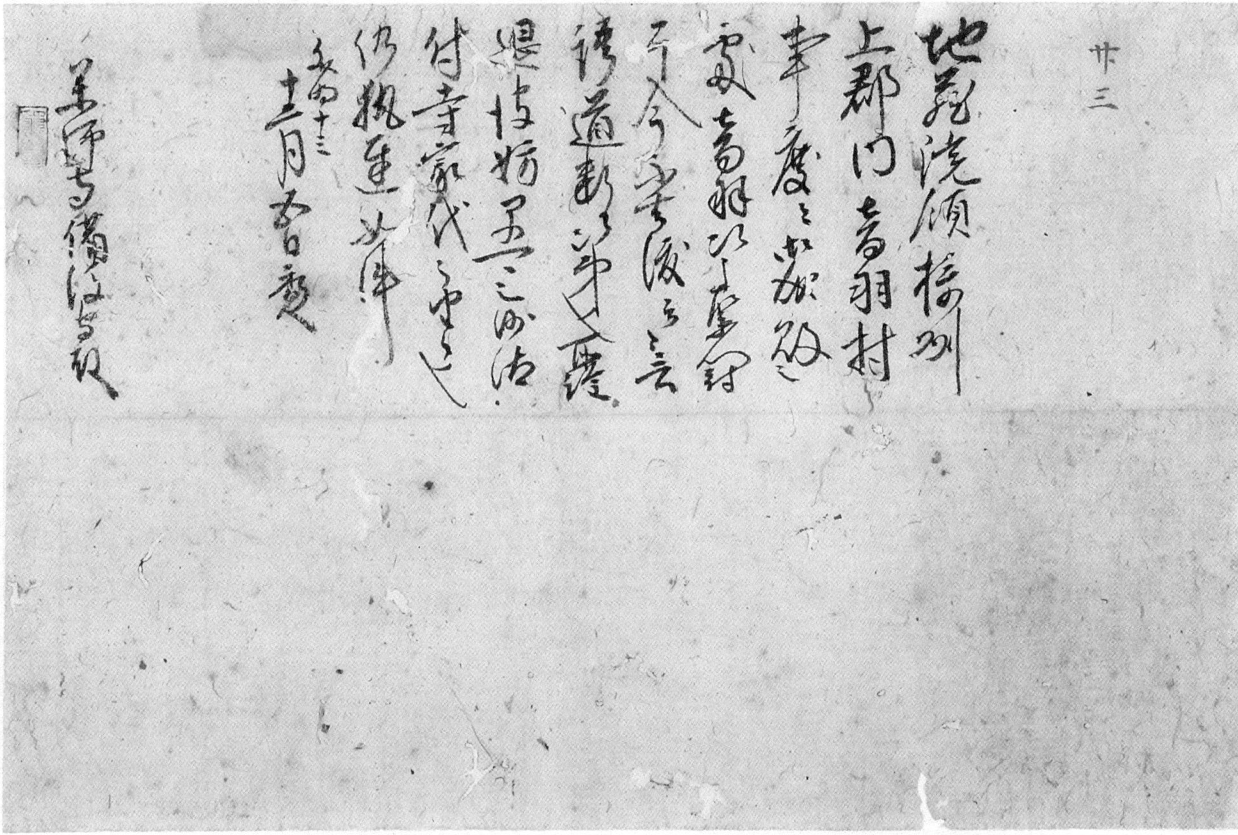
廿三

25.6×39.8

定泉坊瑄演折紙銭請取状案

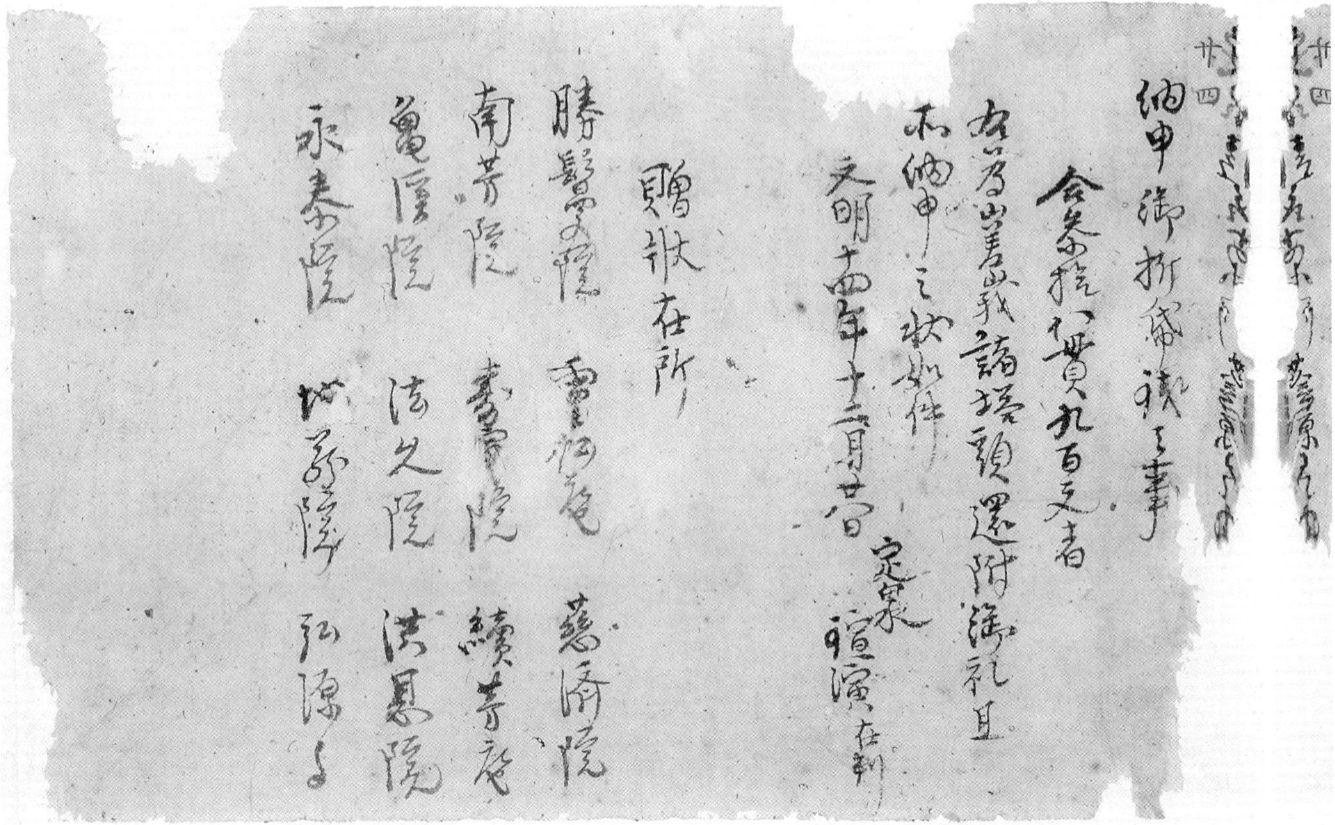

25.6×40.2

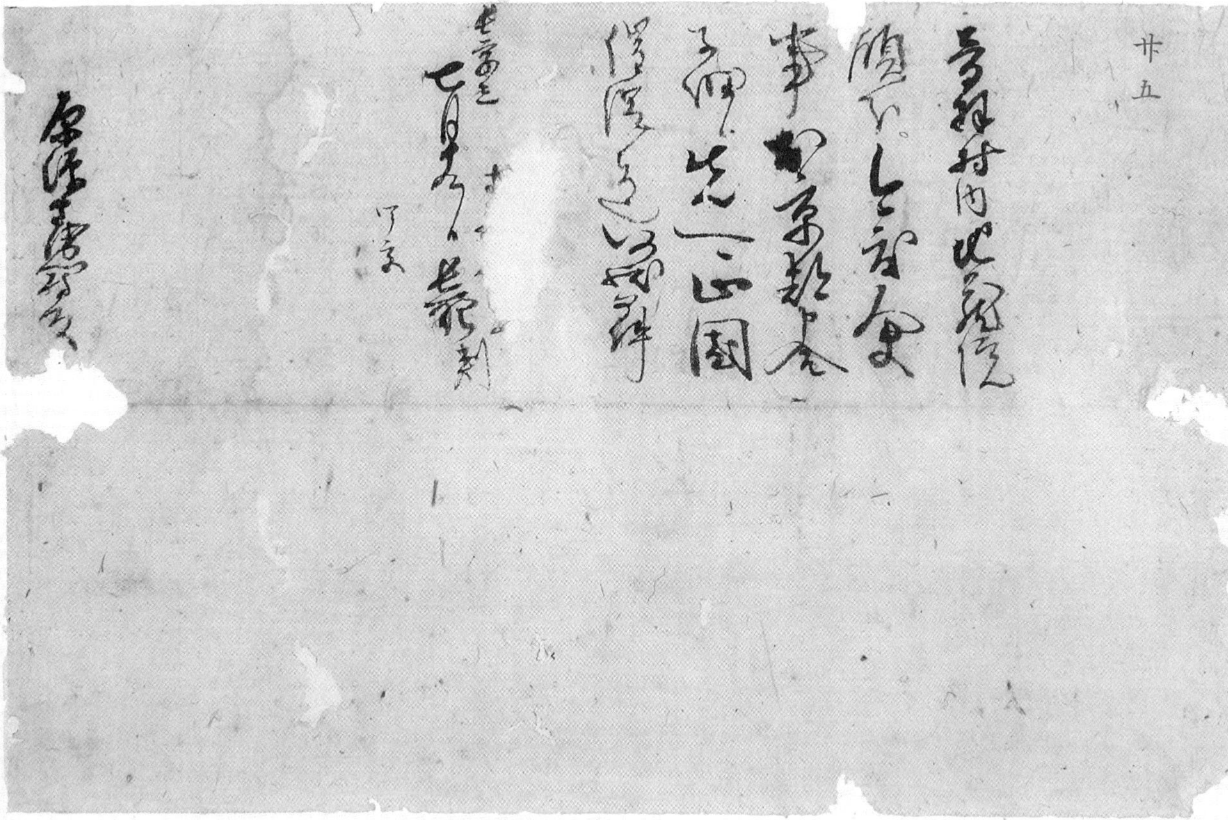

25.6×42.5

赤沢季政田地売券

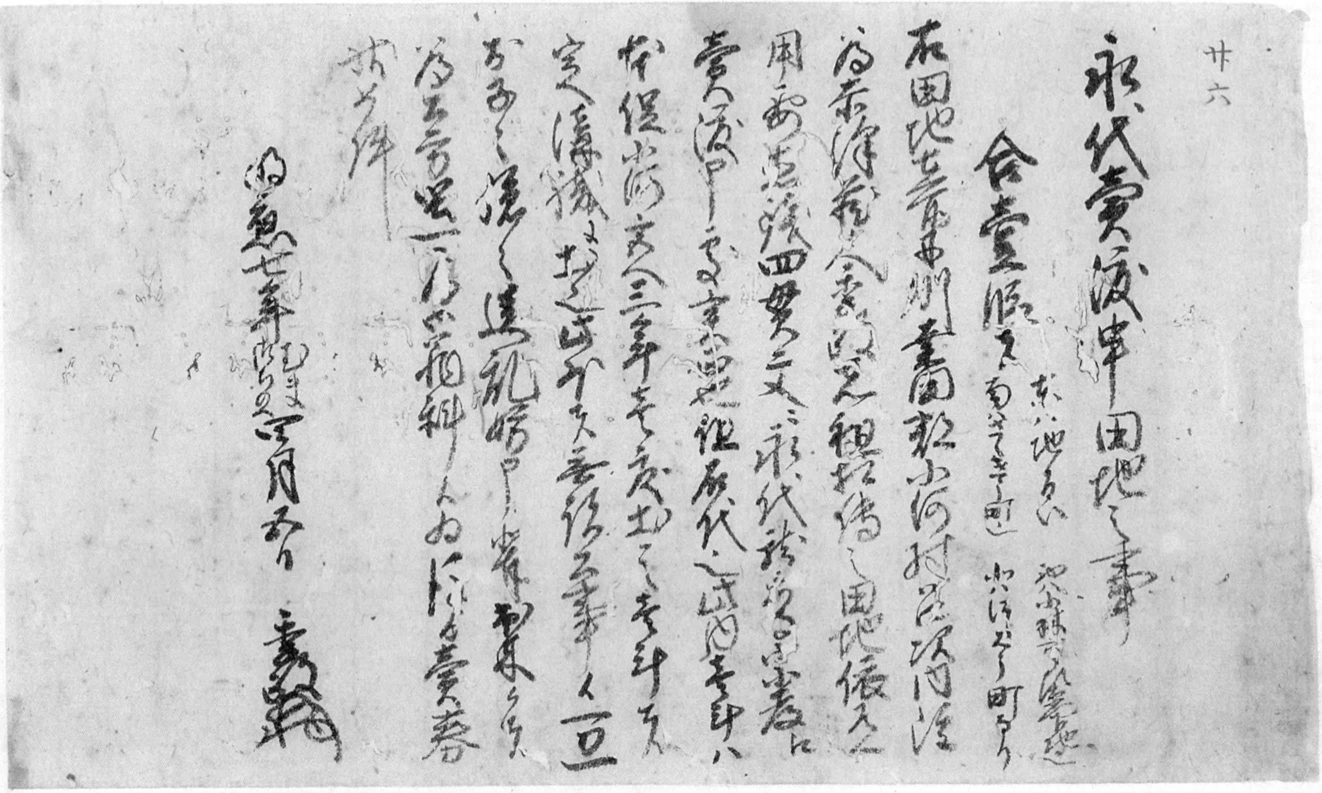

25.5×44.1

廿七

25.5×43.6

4—28 氏盛書状

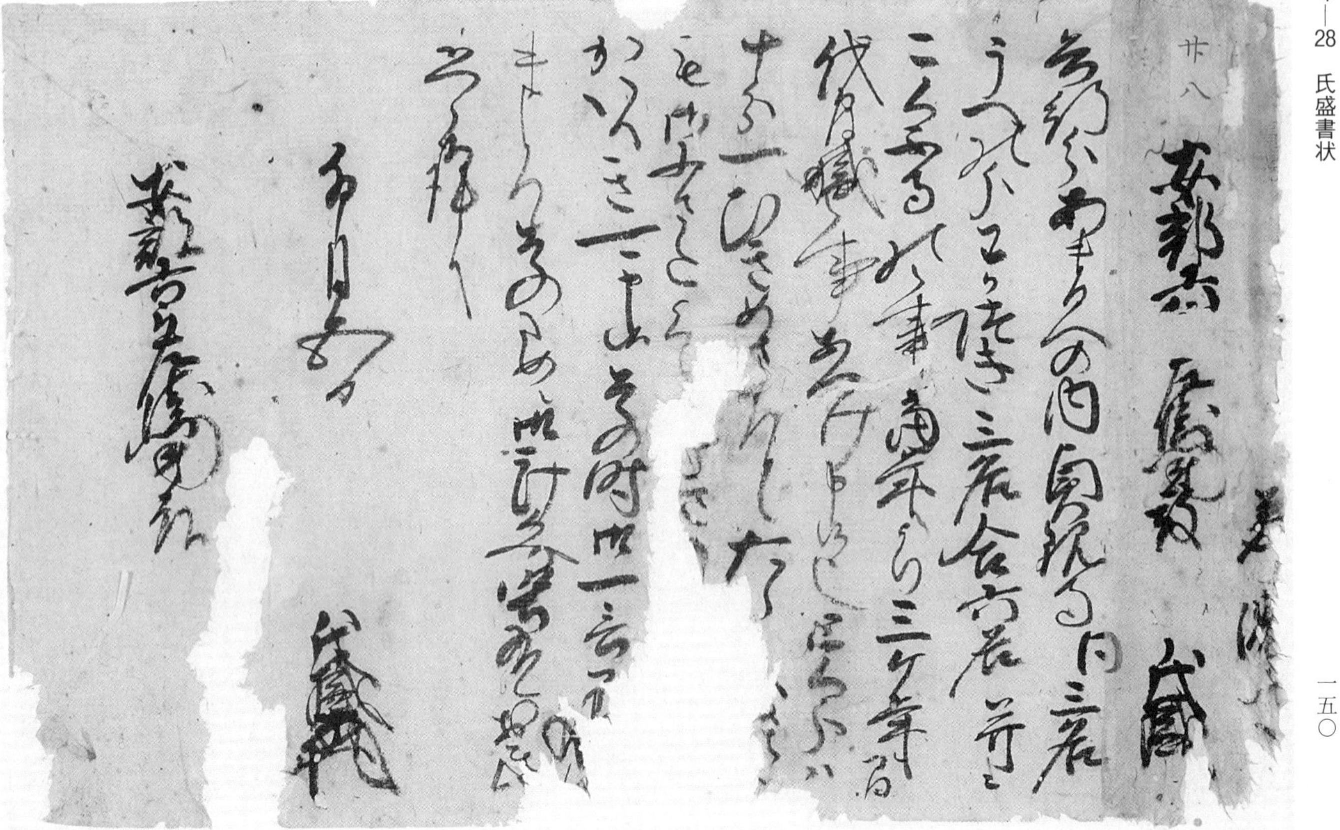

24.0×38.5

一衣笠山地蔵院　開山夢窓国師　第二代
碧潭和尚　関東北條子息　第三代笑山和尚
細川清氏舎弟　管領頼之公養子

一西ノ岡衣笠山ハ古ノ歌人衣笠内大臣之旧
跡也貞治六年管領細川武蔵守頼之公
買得被成則於此所地蔵院建立同
十月四日衣笠山ヲ開キ同五日大工始同
六日地蔵院ト御名付被成

一此地蔵院ハ　光厳院　光明院　後光厳
院御三代勅願寺ニ被遊候則　後円融院ノ
綸旨今ニ地蔵院ニ御座候

一明徳三年壬申三月二日管領頼之公
御逝去被成則地蔵院ニ葬申候
公方鹿苑院義満公并大名高家
不残葬送被成此子細頼之公祠
堂記ニ見ヘ申候

一細川頼之公四十二歳之御時寿像ヲ作

24.3×193.0

一 細川頼之公四十二歳之御時寿像ヲ御
造リ地蔵院ニ安置ニ成サル寿像ノ右ノ方ニ
天童ノ像アリシハ頼之公御存生ノ時
夢中ニ天童来テ扇ヲ開キ歌ヲ唱テ舞
玉フ歌ニ云 百伊志登百伊志加里登移毛
伊志仁加衛須加衛須毛百伊志記加那
此歌ノ中ニ百ノ字三ツアリ三百年ノ意也
此歌ヲ数返くりかへし歌ハ幾百年
共数ヲ志らん此瑞相ハ後頼之公御子孫細川御家
累代長久ヲ告ル也 此事実細ハ延徳三年
辛亥三月二日頼之公百年忌ノ御時
御判 阿波太守細川右京大夫久之公
仏事御執行ニ成サル時京都ヨリ建仁
寺ノ天隠和尚并駿河清見寺ノ
住持祖渓和尚トテ両人ノ僧ヲ
阿波 御呼下シ成サル法事ノ
陞座拈香ノ中ニ具ニ見ヘタリ 御右頼之公ノ
寿像并天童像 現在 御地蔵院ニ御座候

尊像并天童像 現在 地蔵院ニ在之
一至徳四年三月廿一日細川右馬助
頼秀公地蔵院ハ法衣ゝ寄進状
今ニ在之
一管領頼之公御存生ゝ時狗ト鷲トヲ
此ぬ也故尊像ゝ前ニ狗ト鷲トヲ
造リ置ト也或時鷲失ハ却仍ゝ故細川
右京大夫久之公御自筆ニ白鷲ゝ繪ヲ
寄進也地蔵院ハ御寄進也則策彦
和尚ハ讃ヲ此所望ゝ也其讃ノ中ニ見ヘト也
一應仁丁亥山名一乱ゝ時地蔵院炎上
仕ゝ也細川家此代ゝ御墓所故細川
家ヨリ早速再興也此時策彦和尚
頼之 鷲ノ讃ニ見ヘト也
一七月十九日細川兵部大輔藤孝公於
地蔵院和漢會
秋風モ庭ノ訓ノ一葉哉　藤孝公
深有[illegible]

秋風モ庭ノ訓ノ一葉哉　藤孝公
梧涼無暑残　探甫様西堂　此慈照院住持
乍晴弓様月
入山近シクル日ノ影　三甫
江ノ波モ深シト見エベシ湊舟　藤孝公

一 当院ニ御座候細川幽斎ノ系図 細川
丹後守殿御無心ニ付先代ノ住持出
写進之候
一 先年細川丹後守殿当院ハ御来臨
之節寺大破ノ様子并頼之公尊像
天童ノ尊像（容）異ニ御（拝）被遊
右地蔵院古来如此御座候寺領
[redacted]無之年々手薄ク相続仕リ当
院次第ニ衰微及修理延引ニ付及
大破頼之公尊像雨露ヲ防申様無
御座候もはや時節相待申候得共
不及是非折ニ御座候 右是非共来春ハ
為精ニ修理頼之公尊像風雨ヲ防申

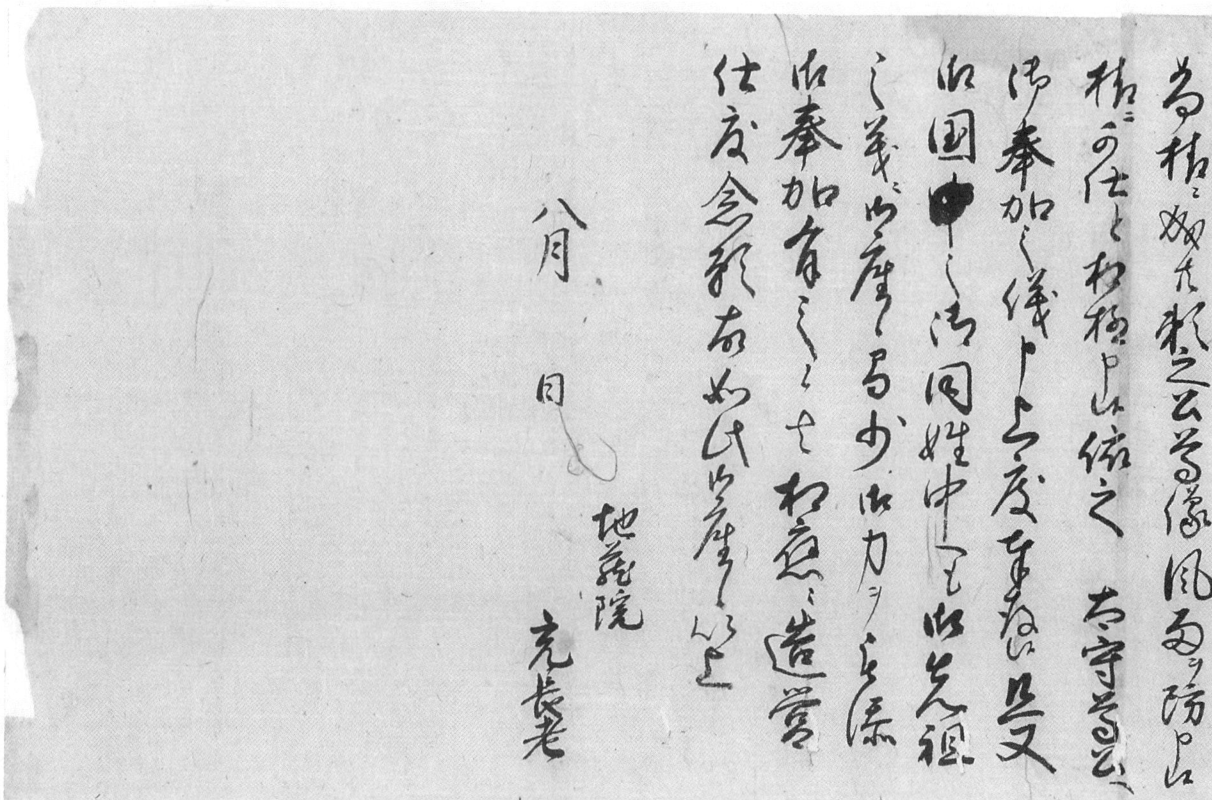
為精ニ如在彩之云〻蒙像風而ニ防ゟ此
精ニ而仕と相積ゟ此候之　右守蒙云〻
御奉加之儀ゟ上度存候　及又
御国中之御同姓中ゟも此先祖
之義ニ御座候間少御力ヲ上添
御奉加有之候て相応之造営
仕度念願存如此御座候以上
八月　日
地蔵院
光長老

某書状

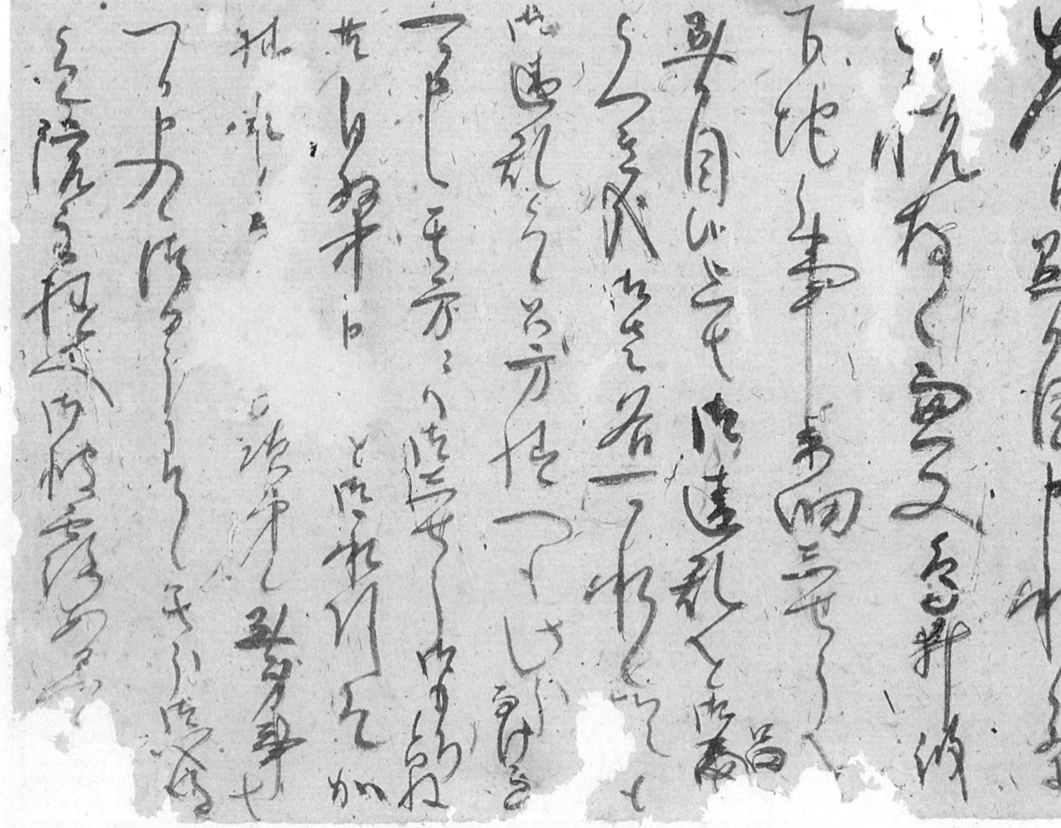

25.6×36.7

4—3 渋谷之弘等連署書状

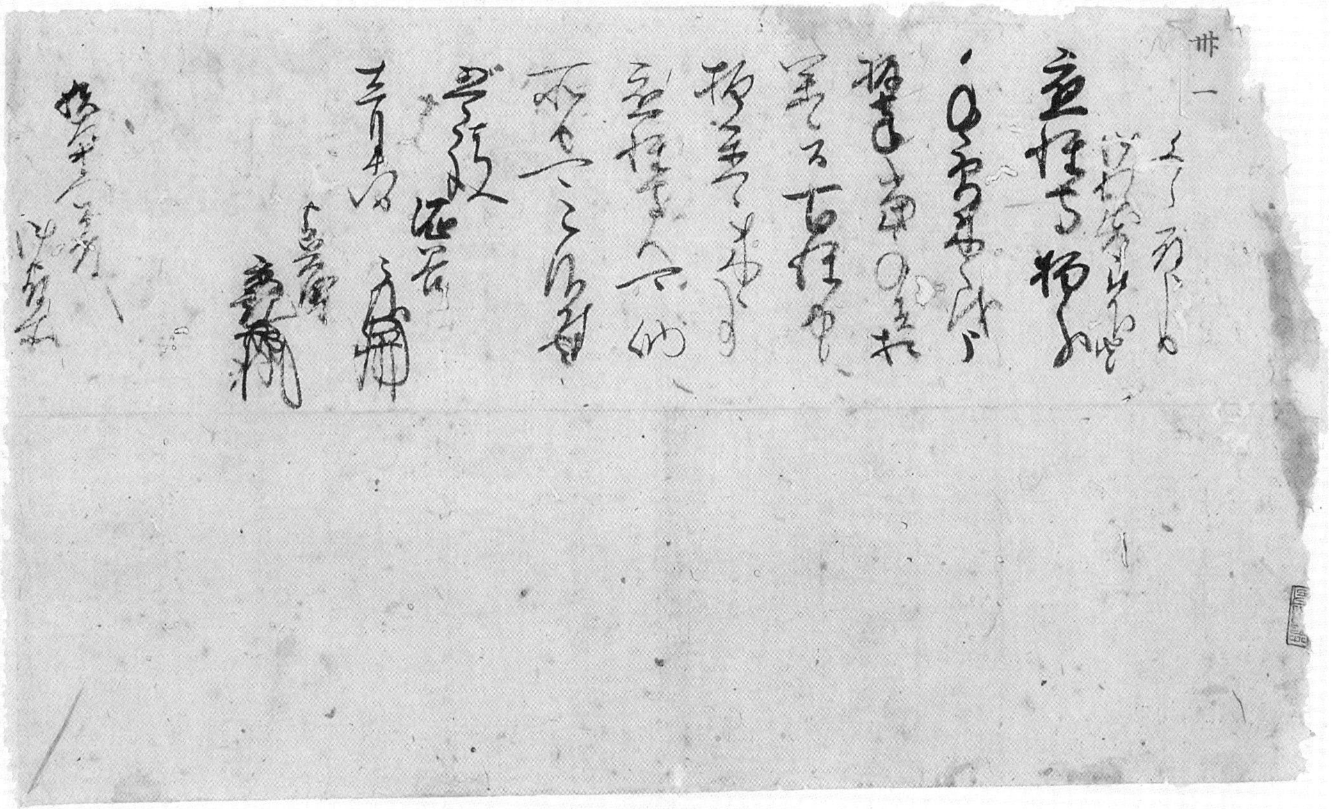

24.7×42.6

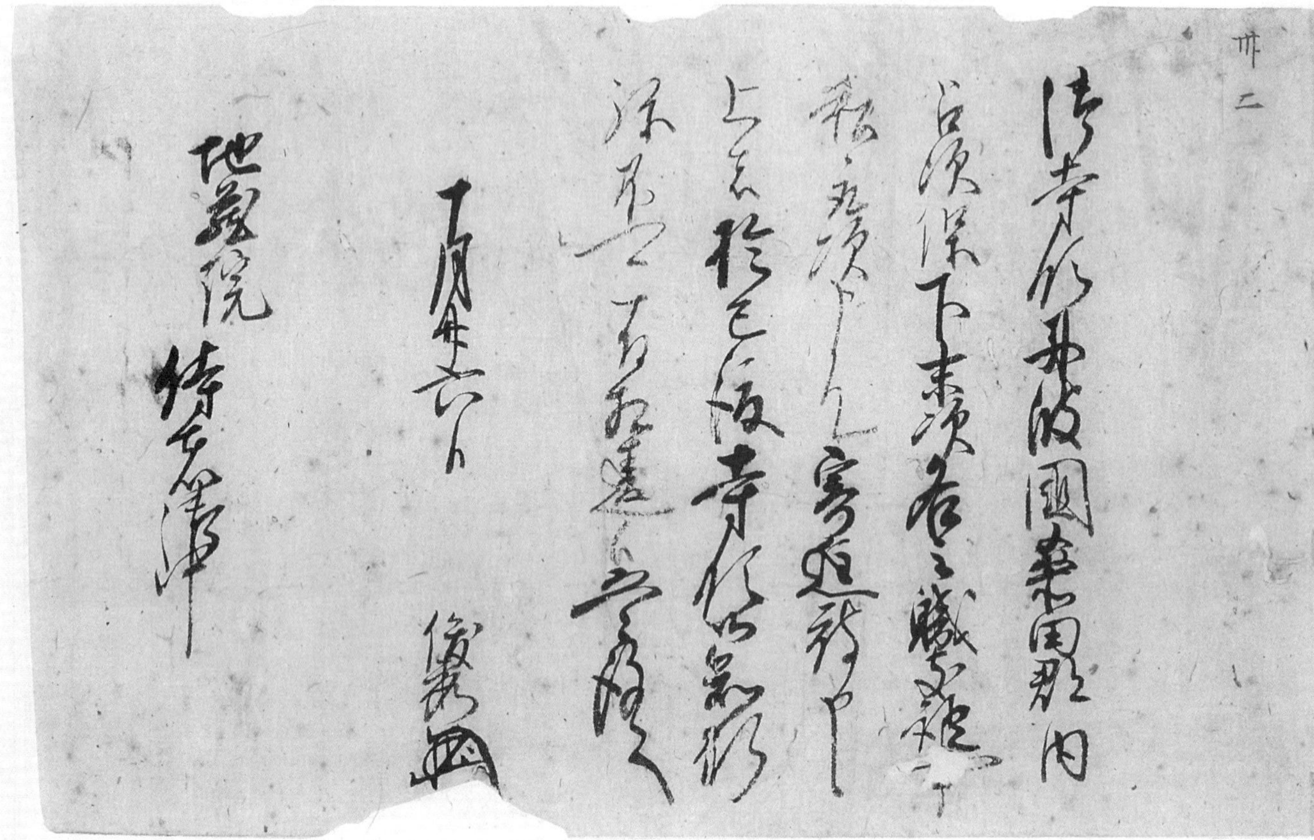

25.6×41.2

卅三

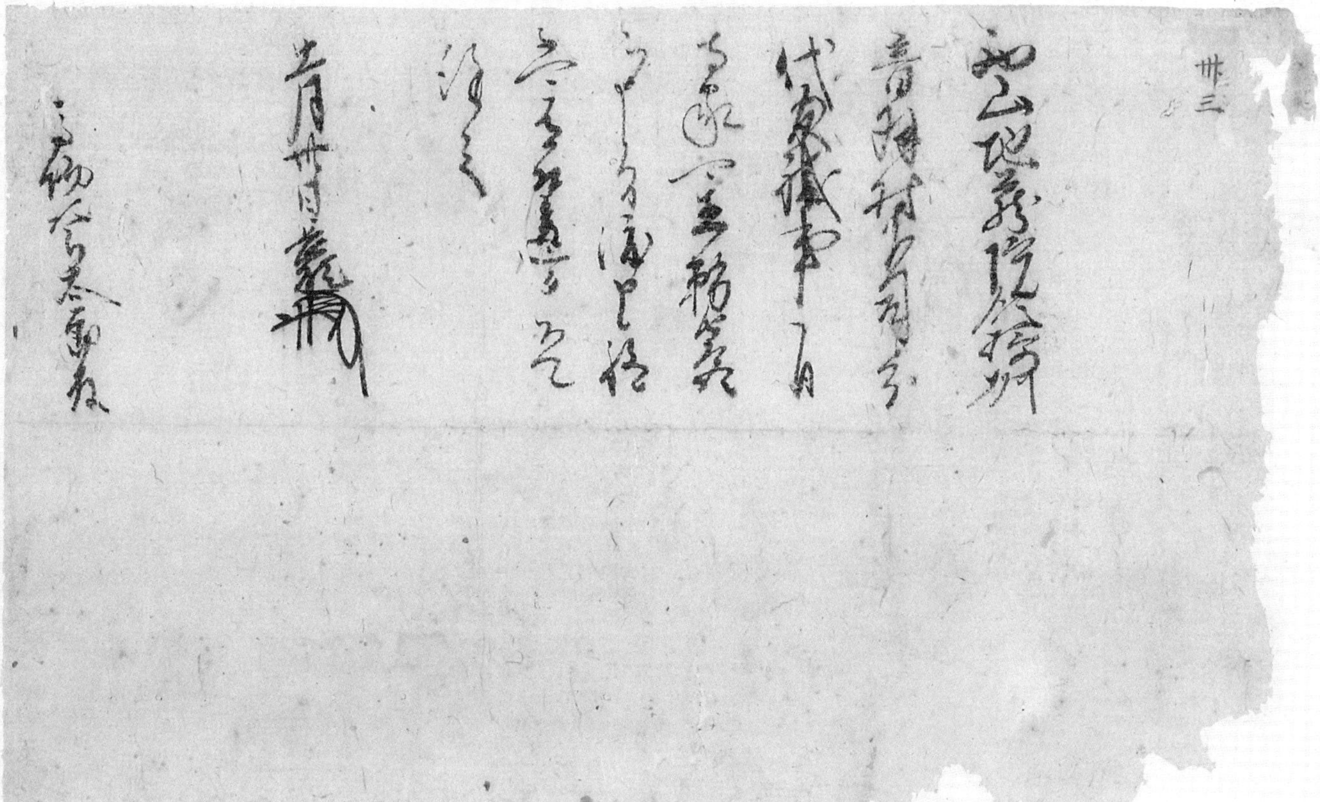

25.5×42.5

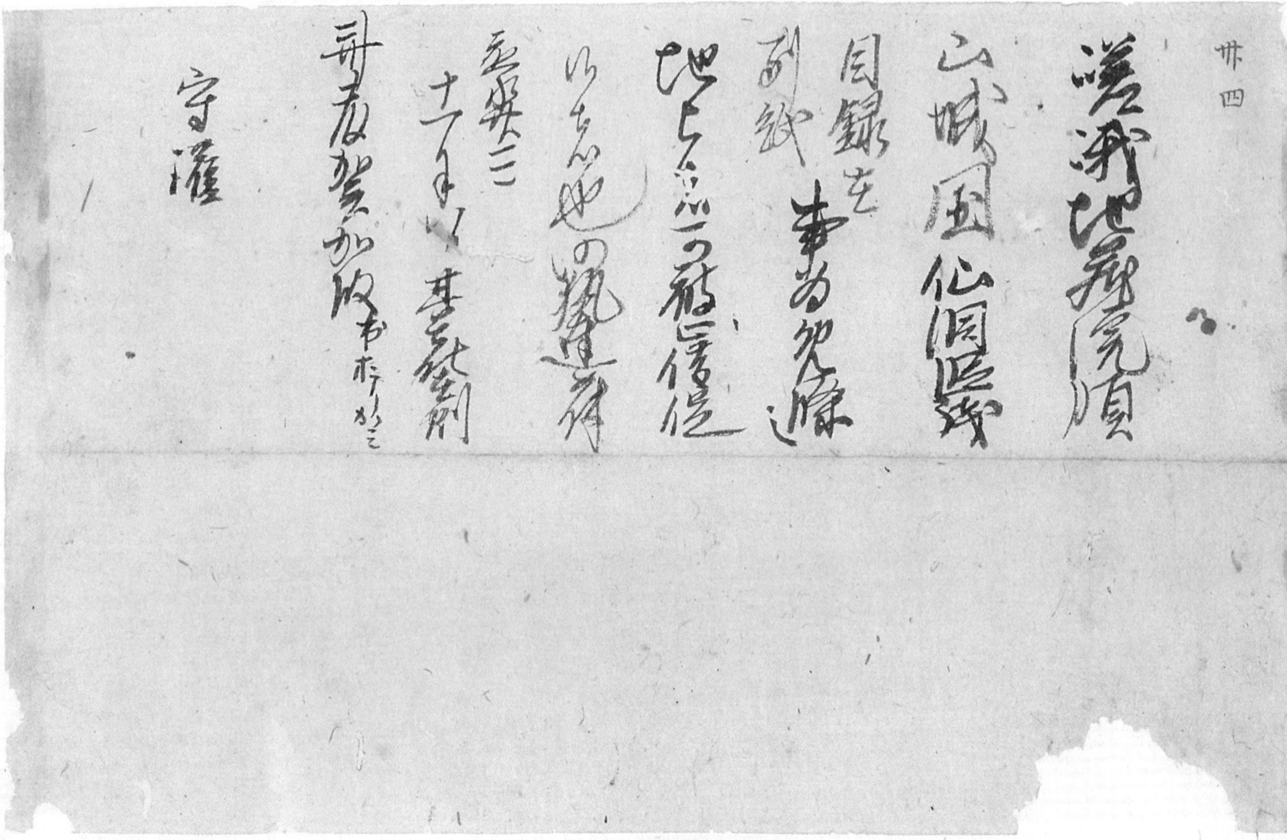

25.6×41.8

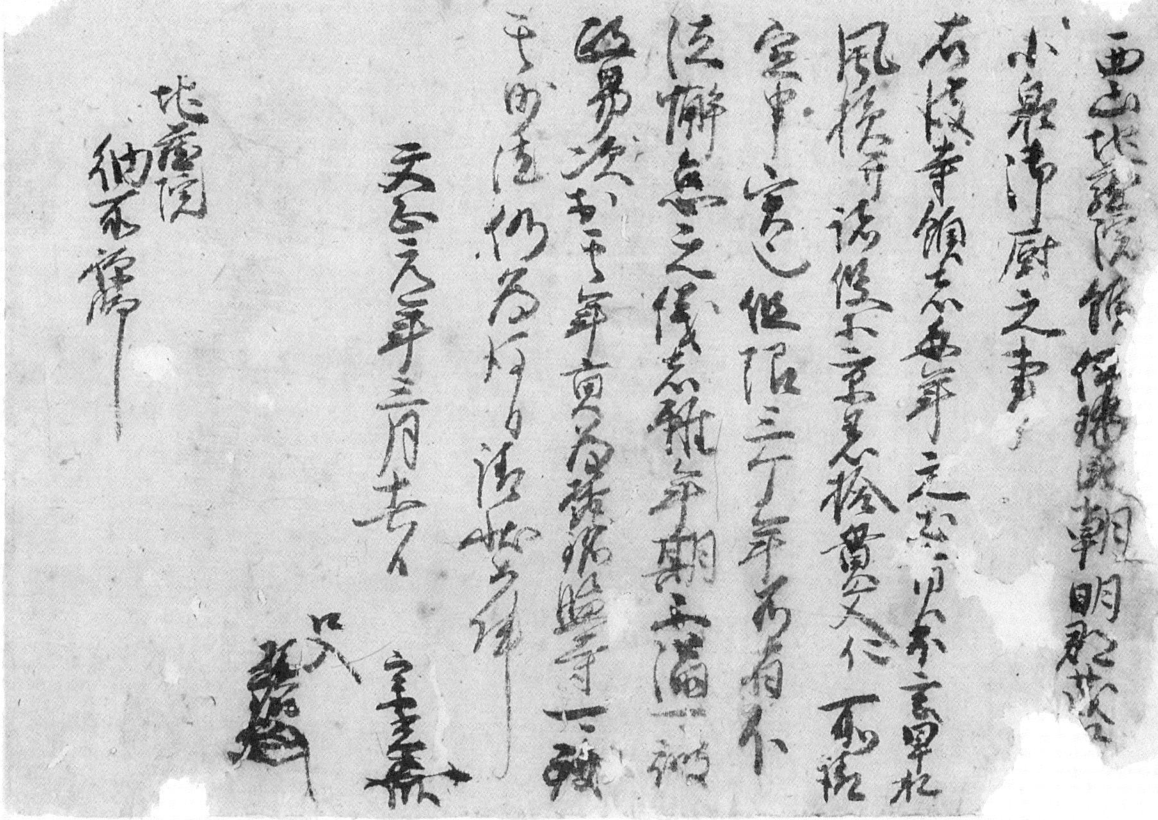

25.6×40.4

4—36 秦相季寄進状案

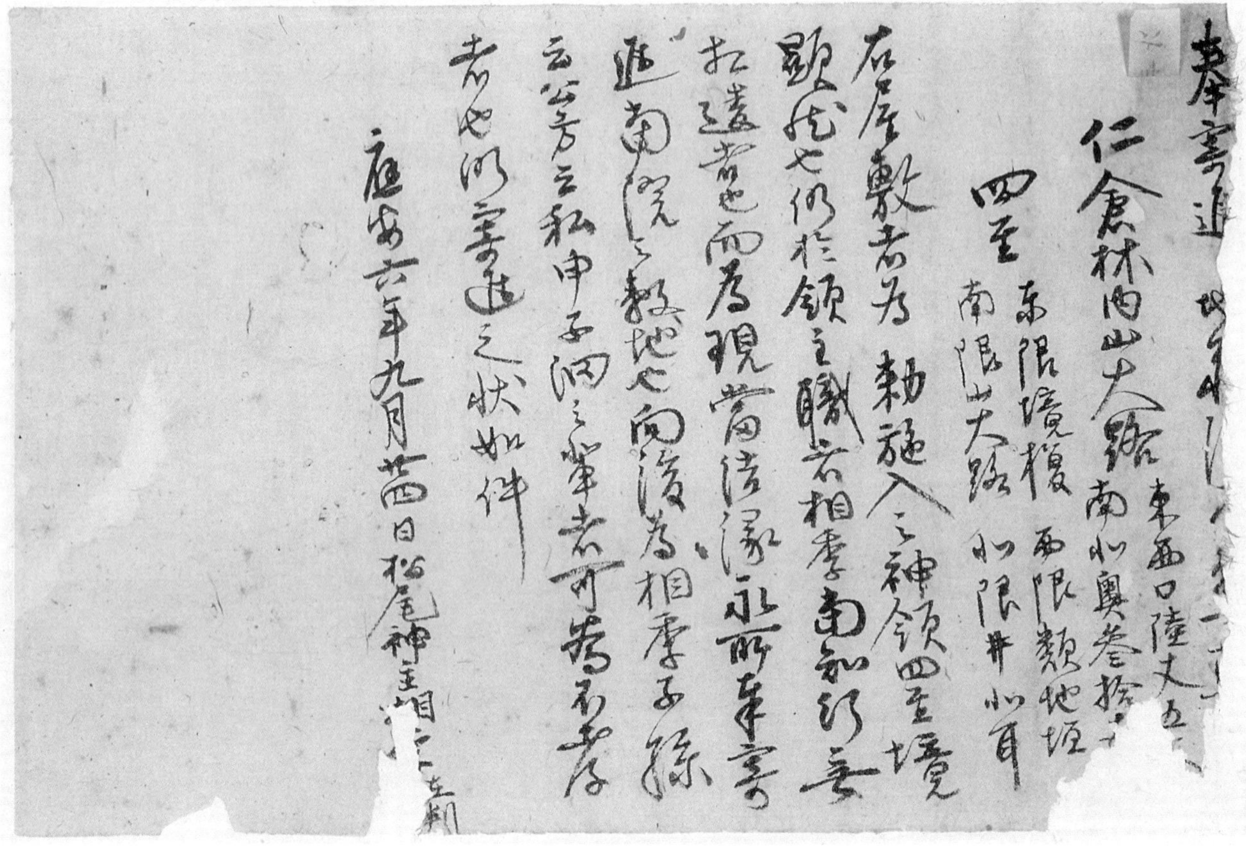

25.7×39.3

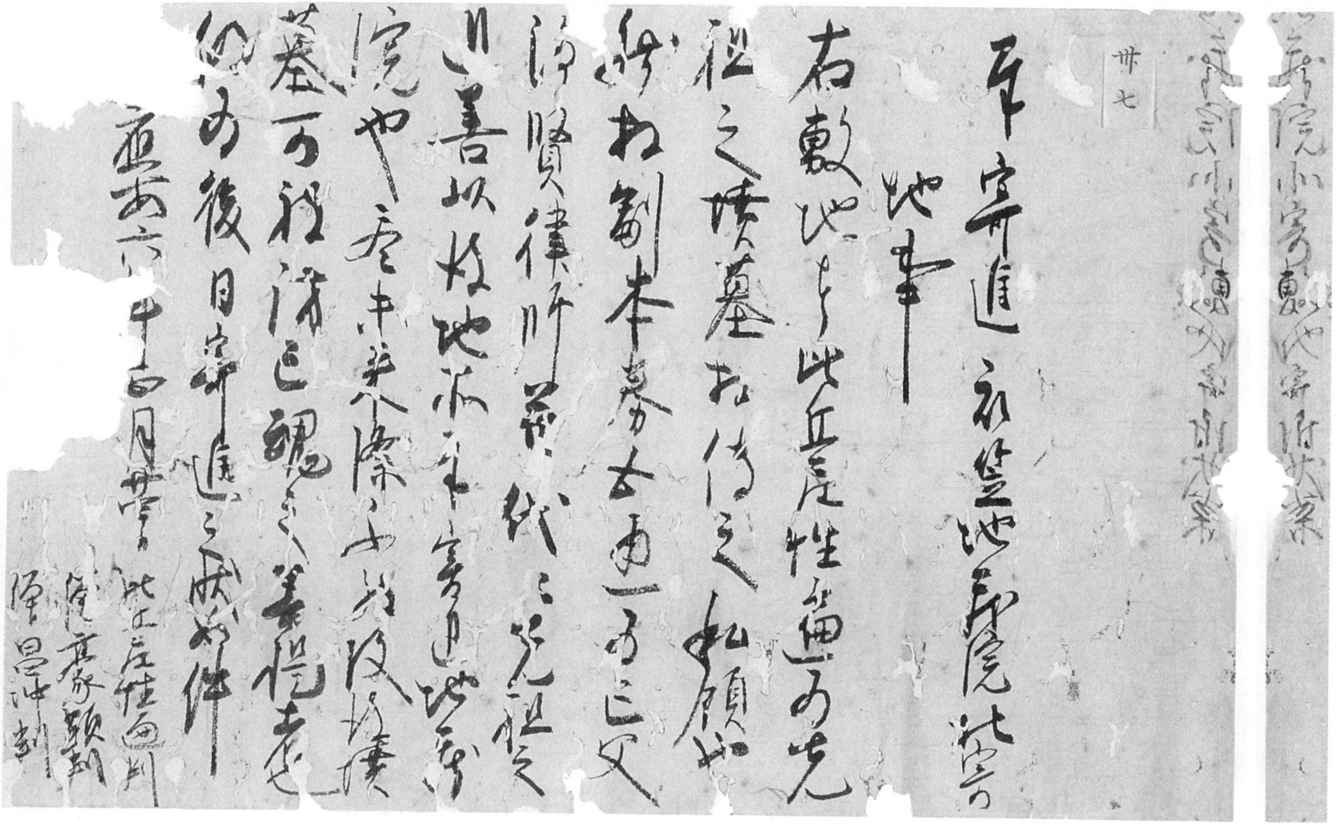

25.7×40.3

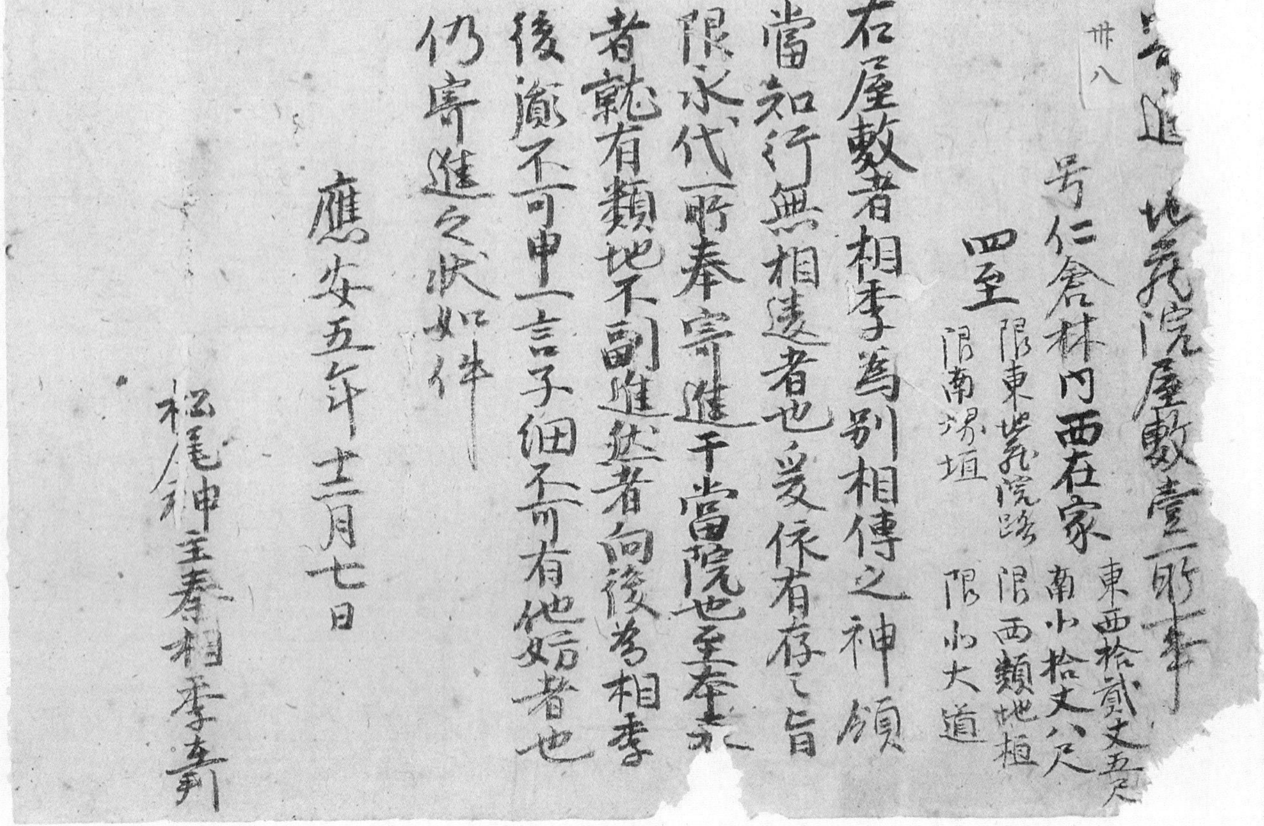
卅八

寄進　地蔵院屋敷壹所事

号仁倉林内西在家　東西拾貳丈五尺
南北拾丈八尺

四至　限東地蔵院路　限西類地垣
限南堺垣　限北大道

右屋敷者相季爲別相傳之神領
當知行無相違者也爰依有存旨
限永代所奉寄進于當院也至本券
者就有類地不副進然者向後爲相季
後濫不可申一言子細不可有他妨者也
仍寄進之状如件

應安五年十二月七日

松尾神主秦相季在判

25.7×39.8

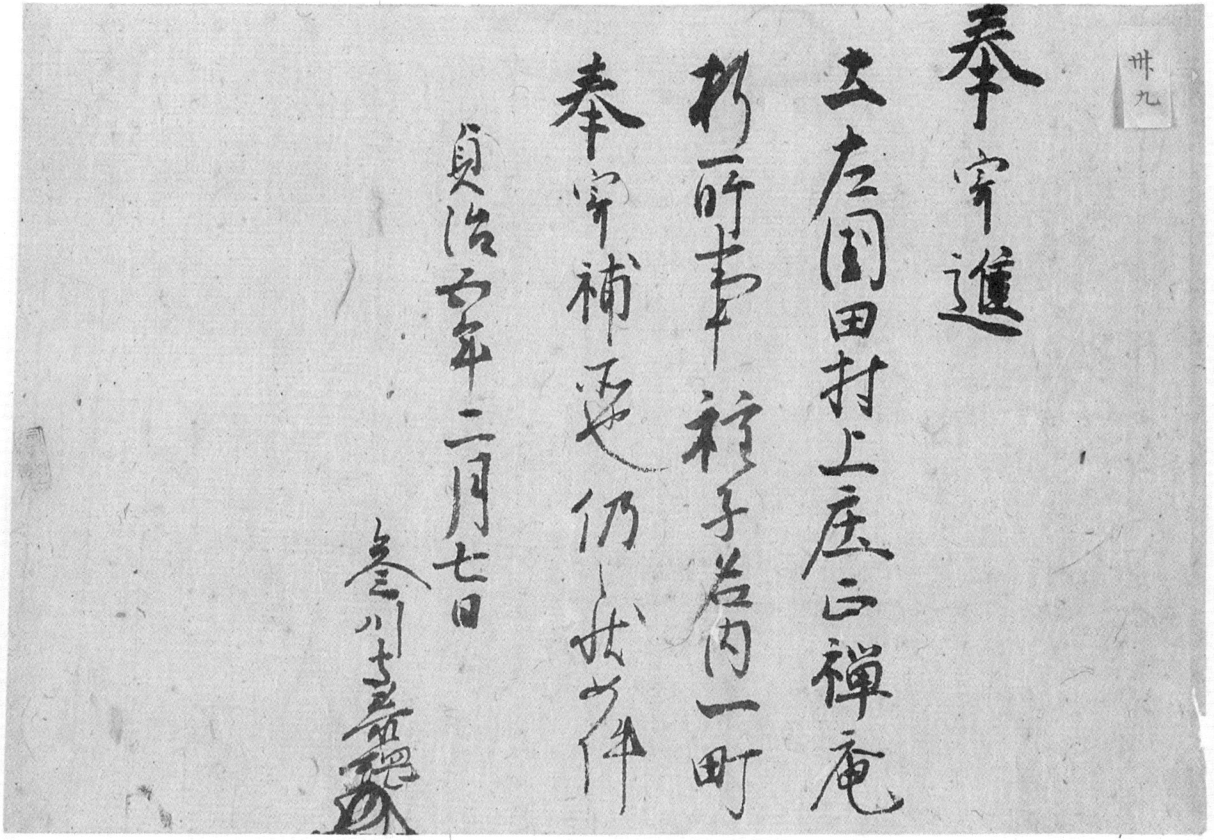
卅九

奉寄進
土左国田村上庄□禅庵
於所帯稲子若内一町
奉寄補處也仍状如件
貞治六年十二月七日
□川□□□（花押）

25.6×38.3

栄賢屋敷売券

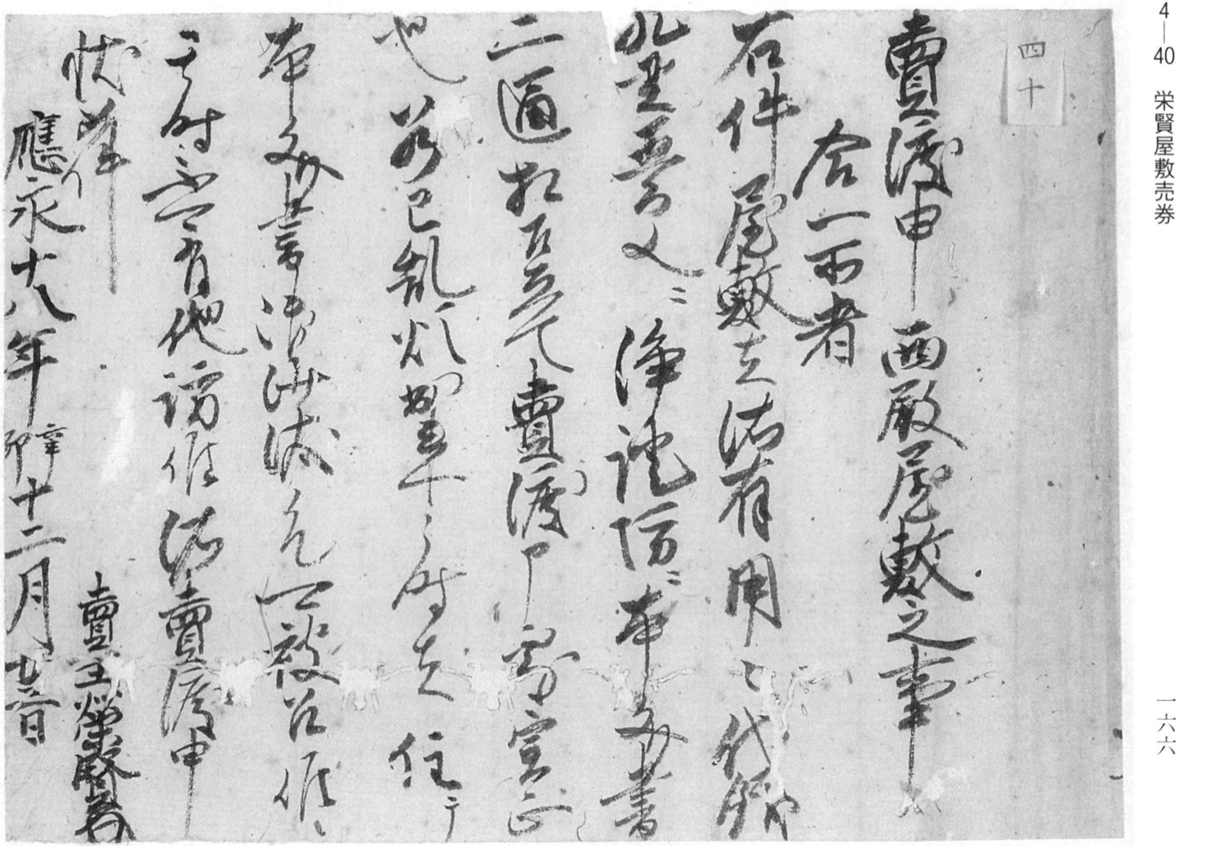
四十

賣渡申 西殿屋敷之事
合一所者
右件屋敷者依有用ニ代銭
壱貫五百文ニ浄光坊ニ本券書
二通相副テ賣渡申所実正
也 若此屋敷ニ付テ違乱煩出来候ハヽ
本文書ニ任テ沙汰可被召候 仍
子孫ニ於テも他ノ違乱仍為後日賣渡申
状如件
應永十八年辛卯十二月廿日 賣主栄賢（花押）

25.6×35.6

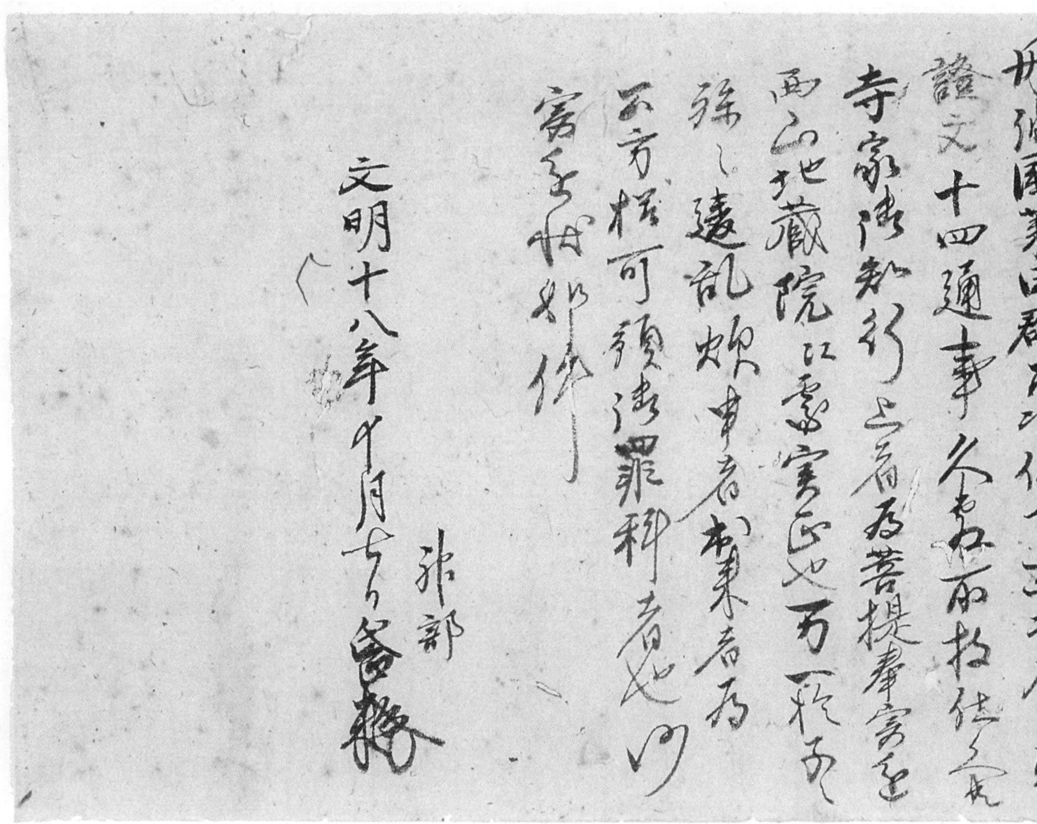
四十一

奉寄進

丹波國桑田郡吕次保下之次名重職

證文十四通事、合右而於徒々之儀

寺家法師勢行上者、為菩提奉寄進

西山地蔵院江、實正也、万一於子

孫々違乱煩申者、雖末孫者為

公方様可預御罪科者也、仍

寄進状如件

文明十八年十月廿七日　弥部（花押）

25.3×42.0

4—42 秀親書状

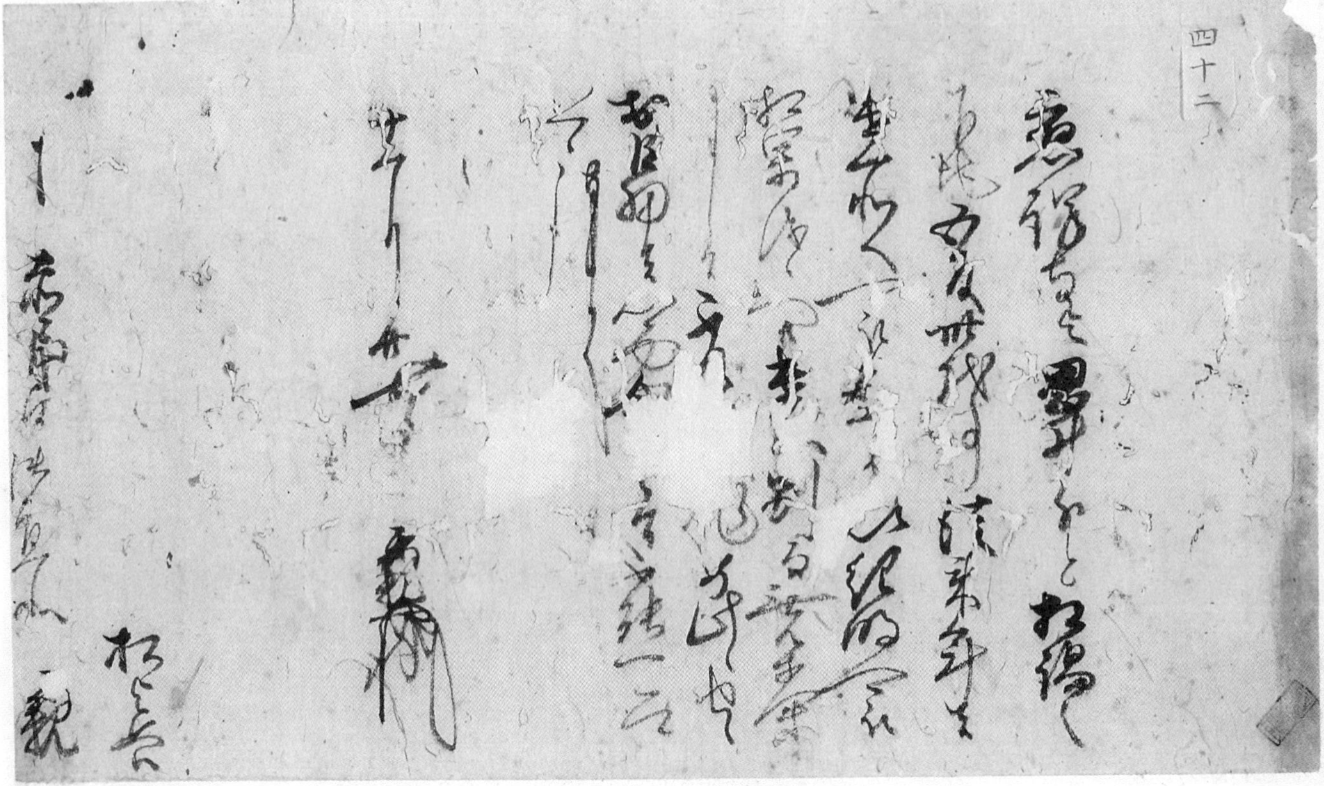

23.9×40.8

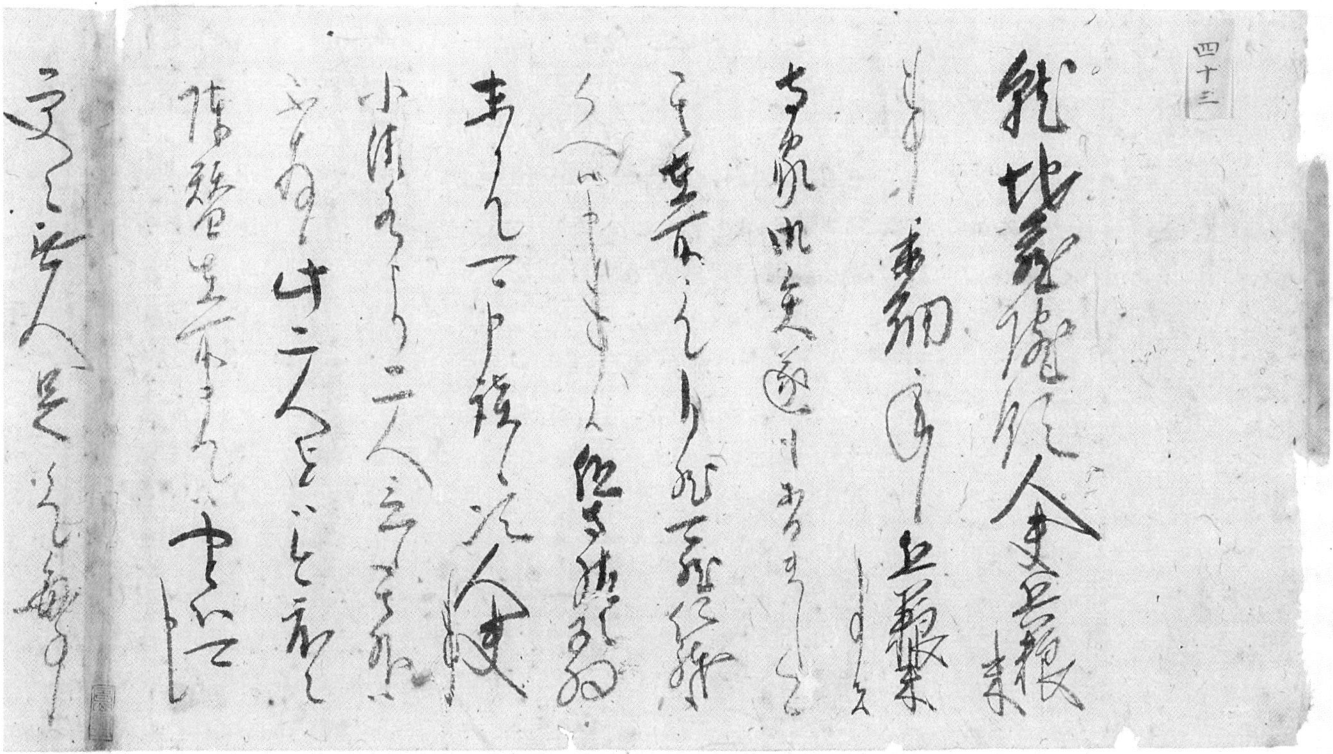

25.4×44.2

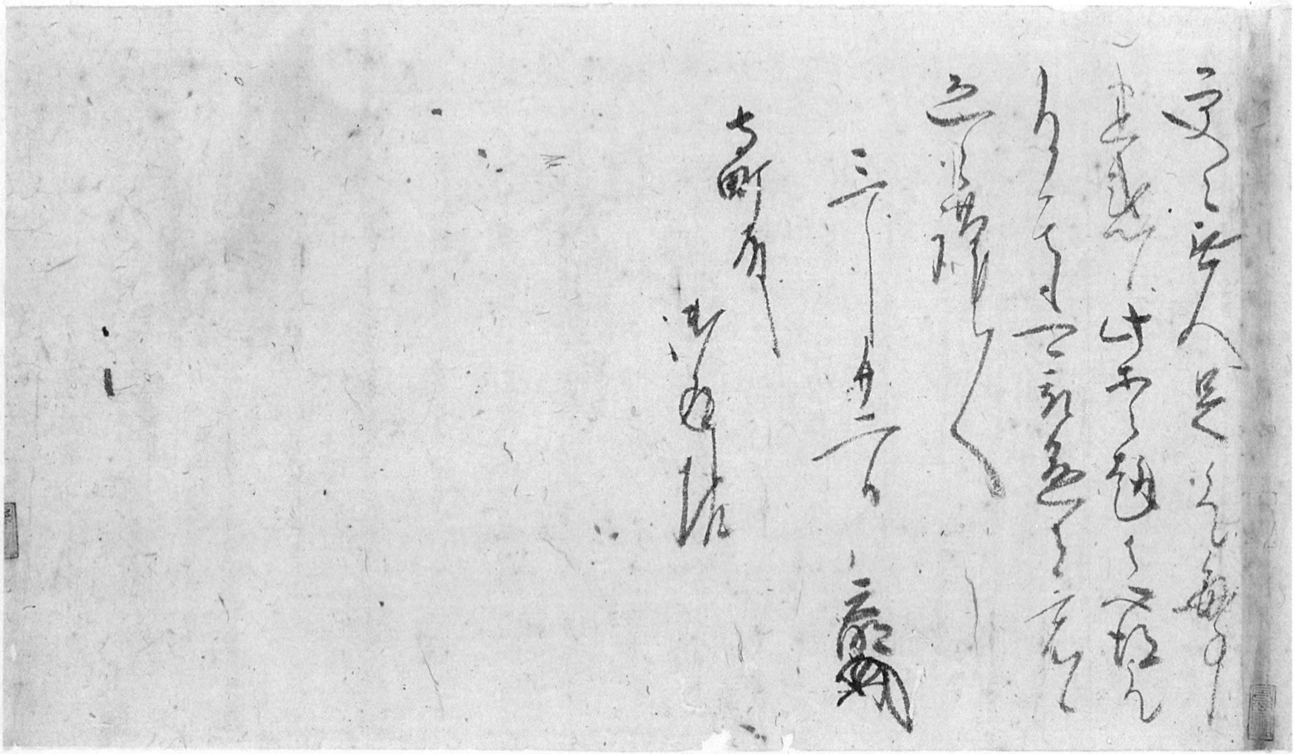

25.4×44.8

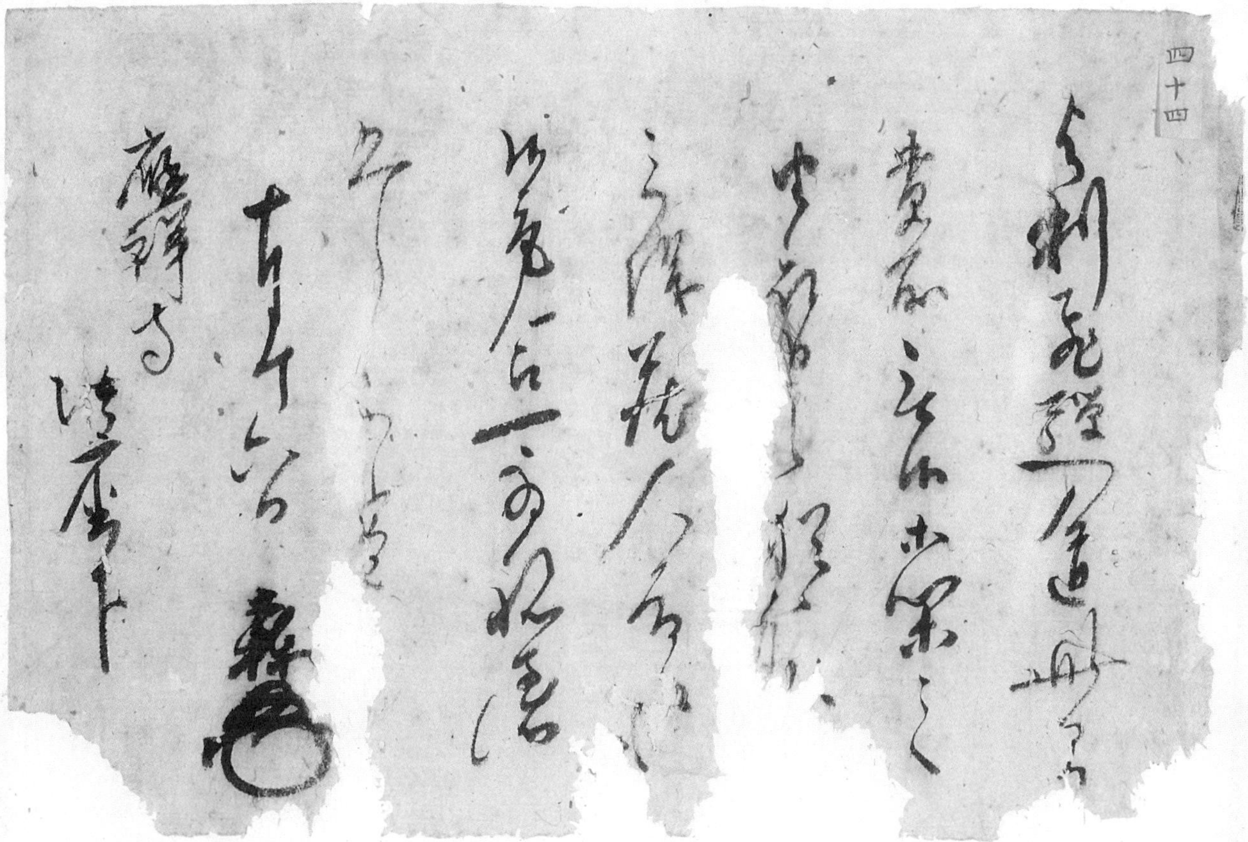
四十四

25.6×39.4

5—1 室町幕府管領細川満元奉書案

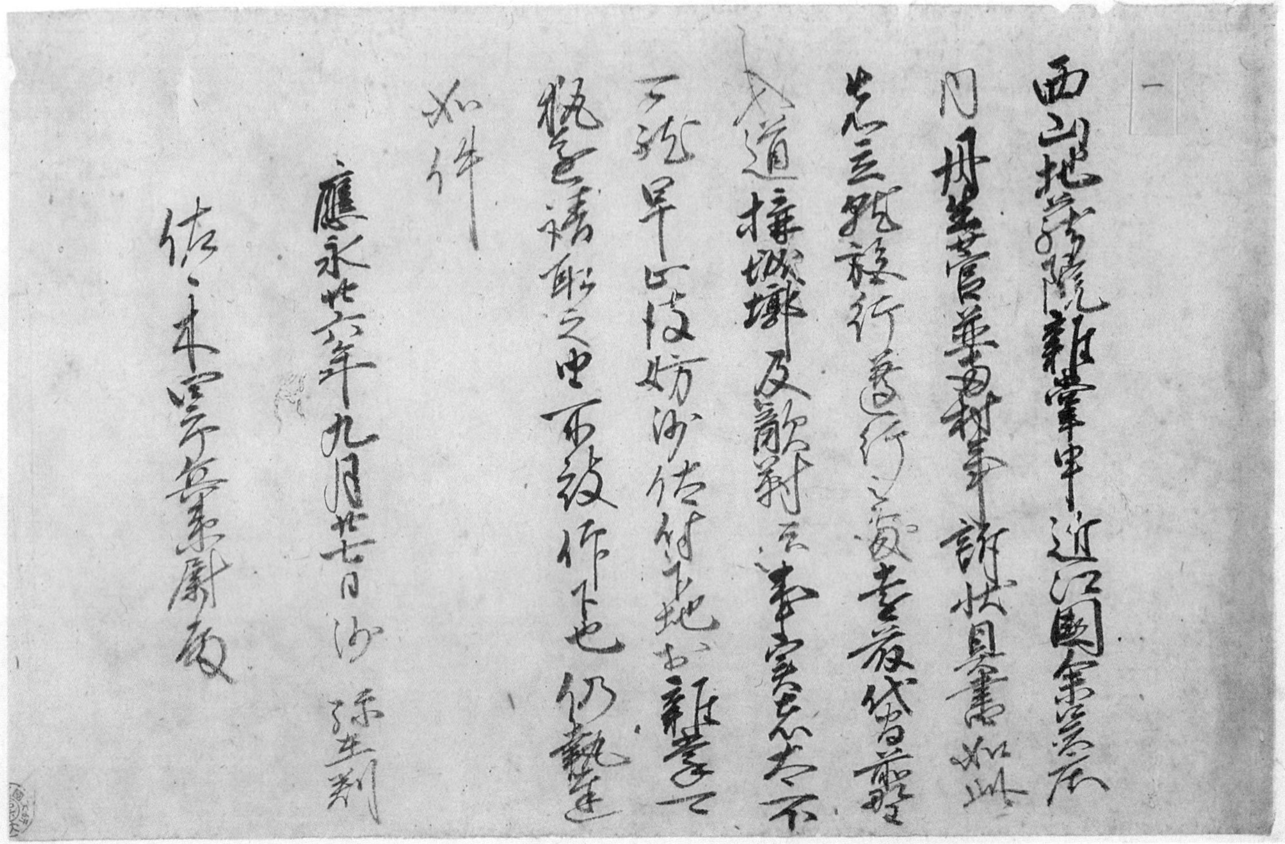
如件
応永廿六年九月廿七日 沙弥 判

28.0×44.2

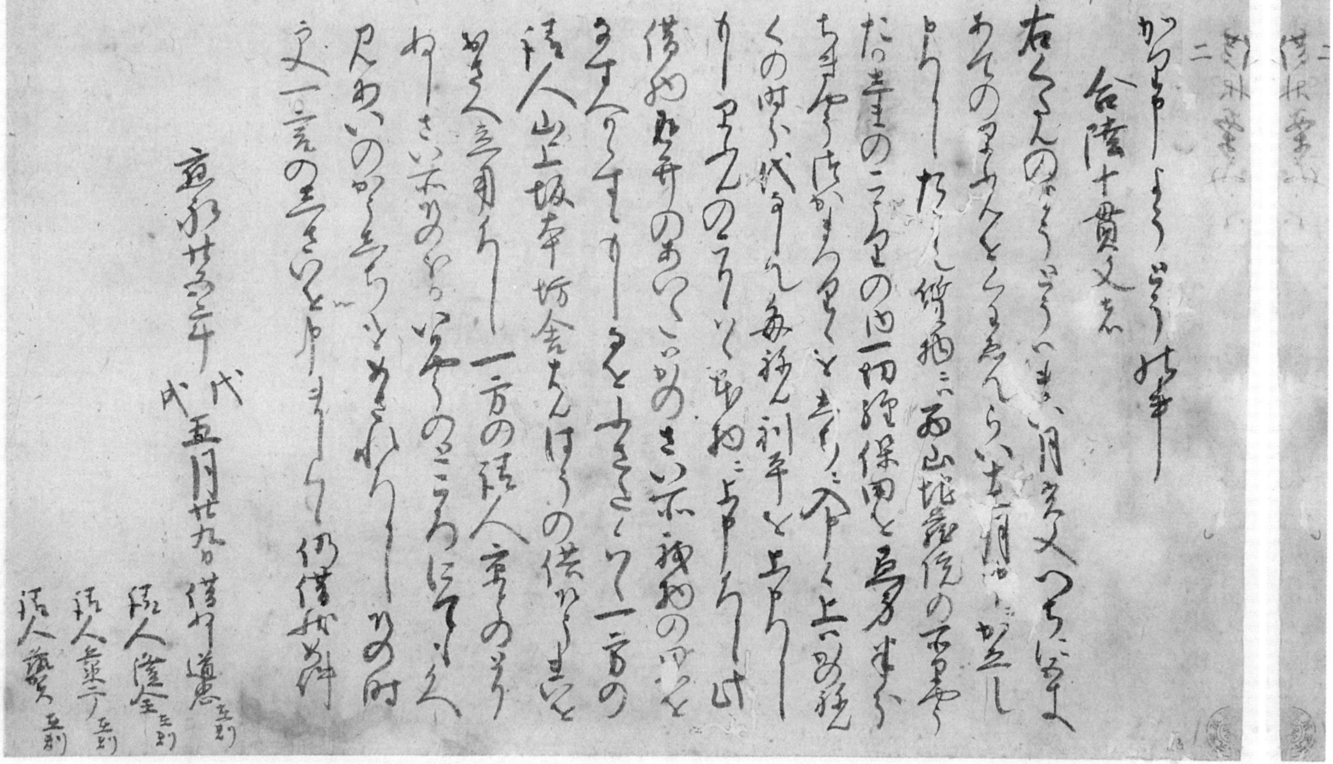
合銭十貫文事
借用道悦
請人隆全
請人兵衛二郎

28.0×46.7

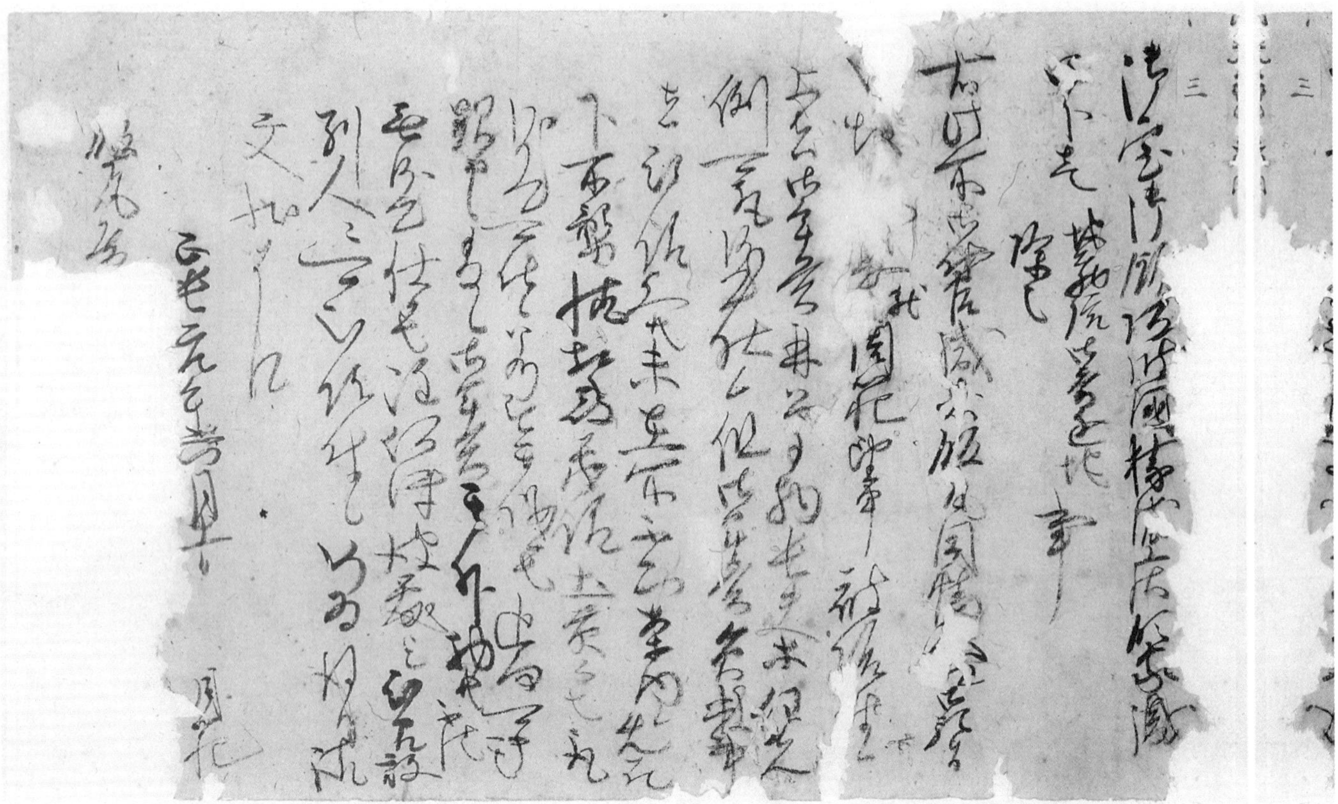

28.0×45.3

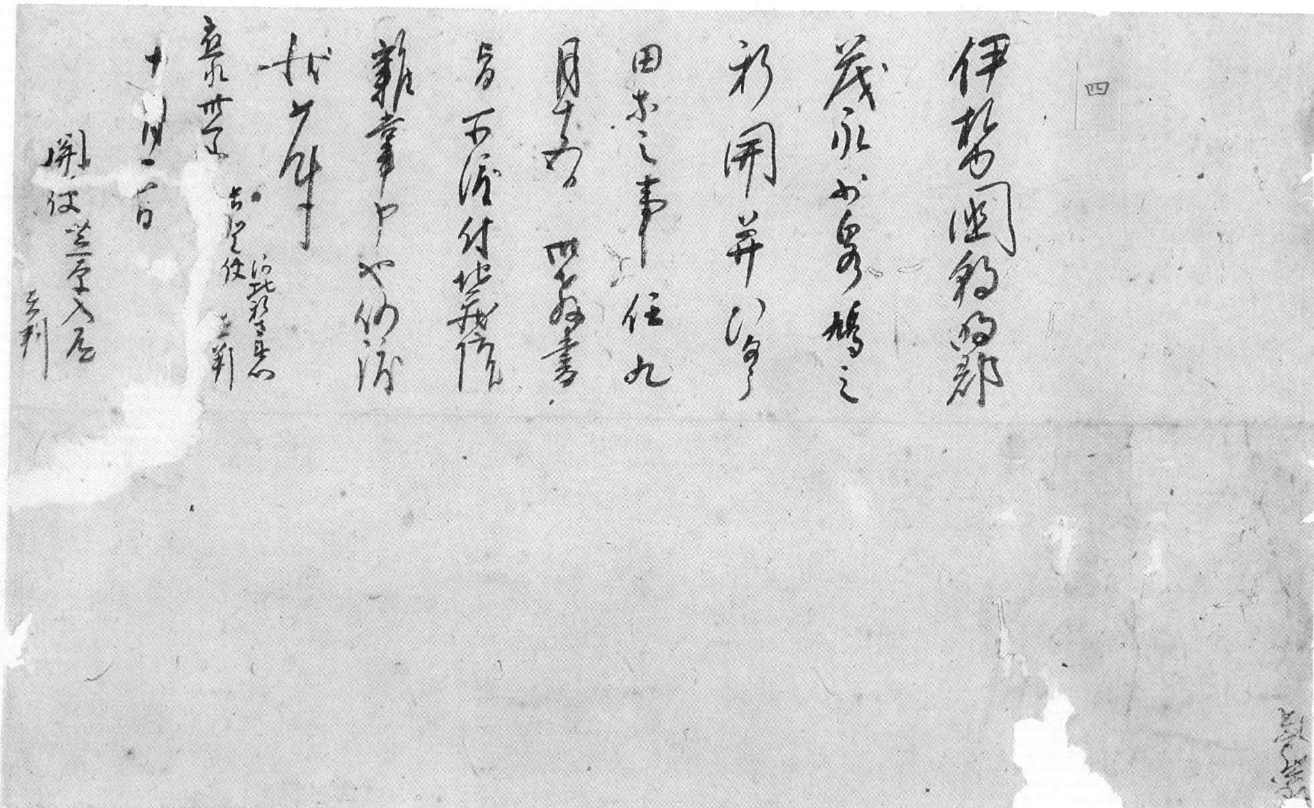

28.1×46.9

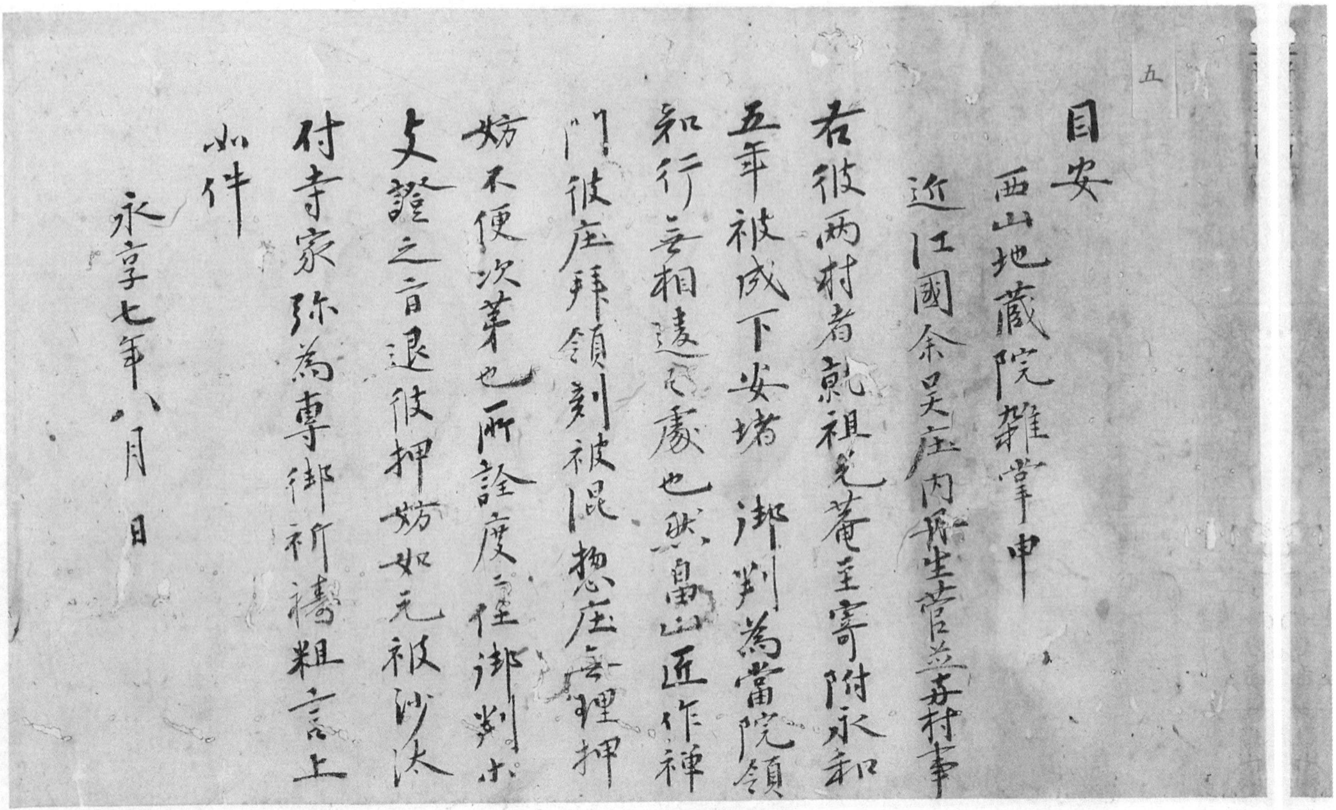

五

目安
西山地藏院雜掌申
近江國余呉庄内丹生菅並両村事
右彼両村者就祖先菴主寄附永和
五年被成下安堵御判爲當院領
知行無相違之處也然當山近作禅
門彼庄拝領刻被混惣庄無理押
妨不便次第也所詮度々任御判并
文證之旨退彼押妨如元被沙汰
付寺家弥爲専御祈禱粗言上
如件
永享七年八月　日

28.0×45.8

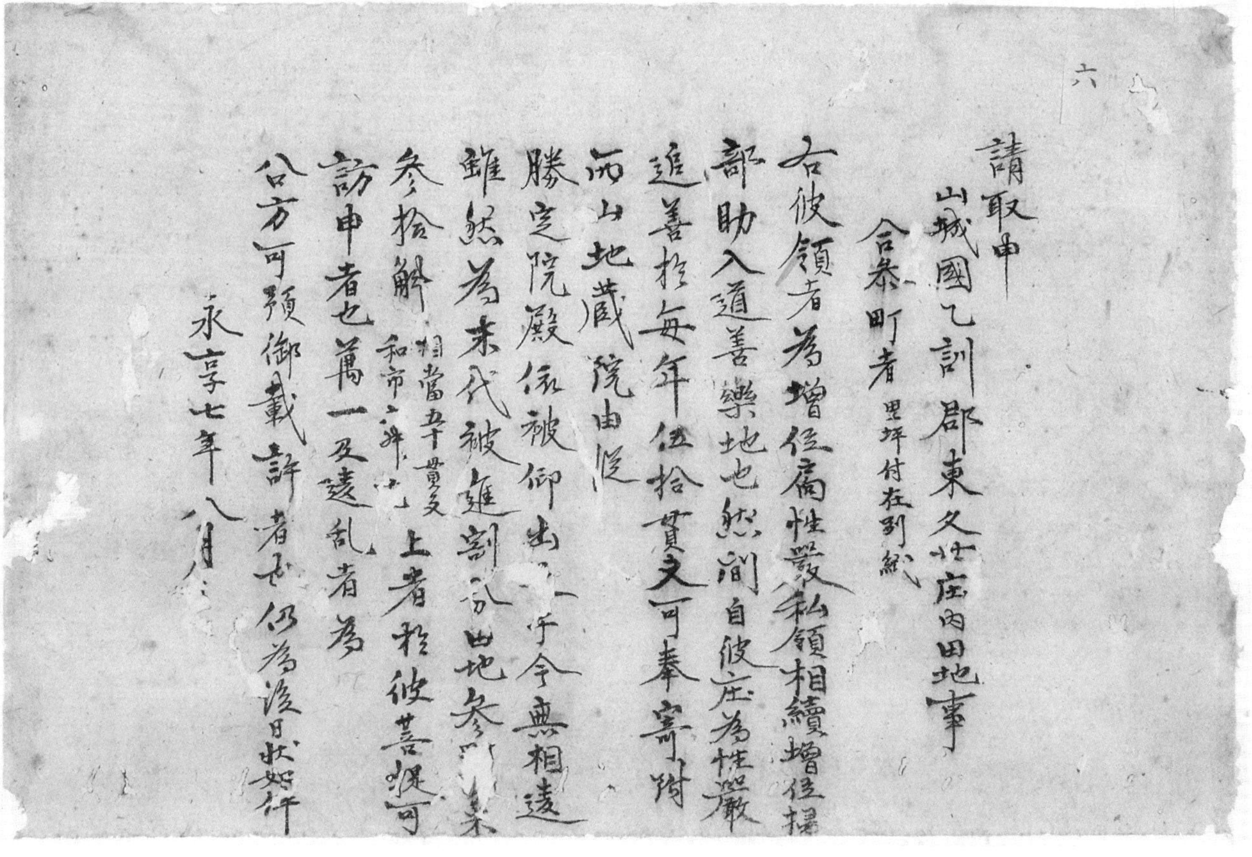

六

請取申
山城國乙訓郡東久世庄内田地事
合参町者 里坪付在別紙
右彼領者為増位扁性嚴私領相續増位掃
部助入道善樂地也、然間自彼庄為性嚴
進善、於毎年伍拾貫文可奉寄附
西山地蔵院由候、
勝定院殿依被御出一行、于今無相違
雖然為末代被進割分田地参町米
参拾解 相當五十貫文 和市六斗〻〻 上者、於彼菩提可
訪申者也、萬一及違乱者、為
公方可預御裁許者也、仍為後日状如件
永享七年八月八[illegible]

28.0×42.8

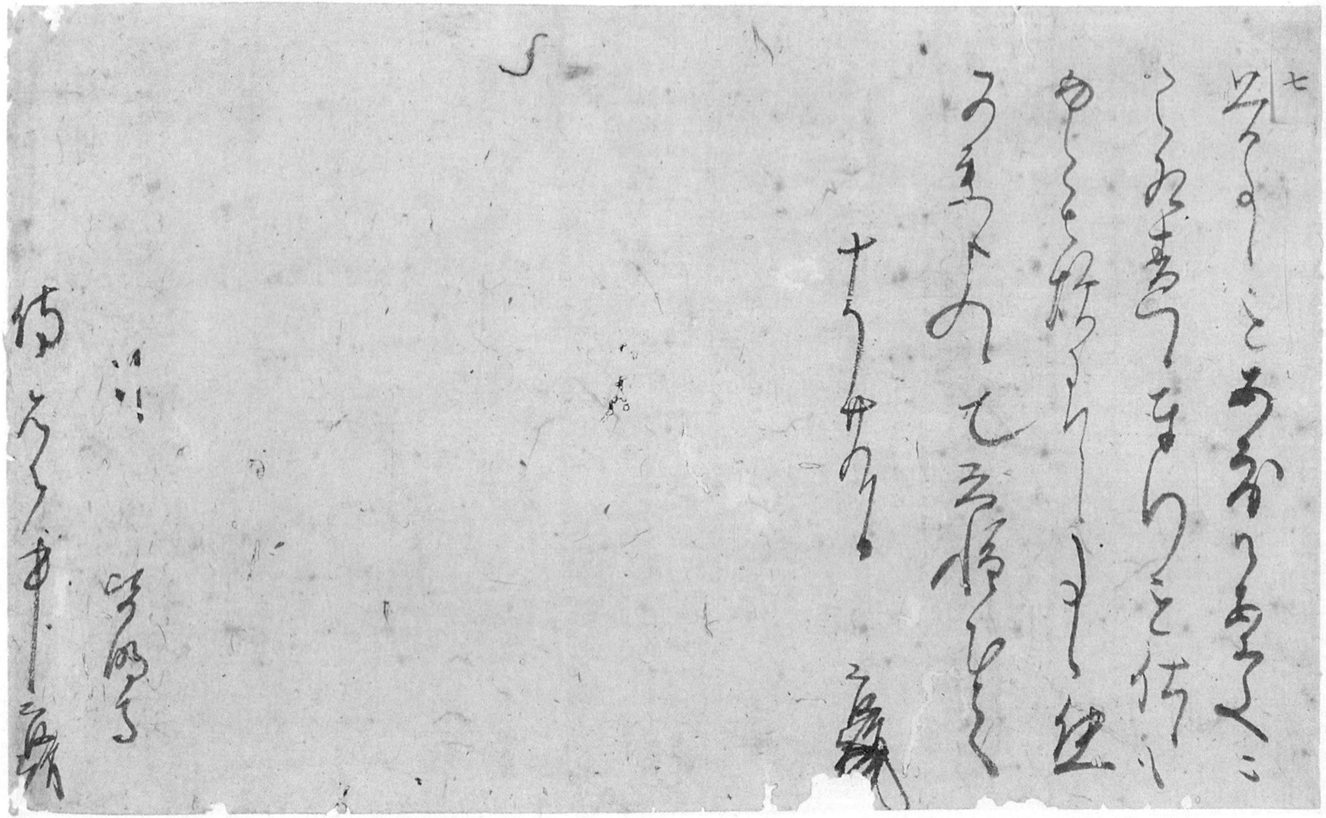

27.6×46.5

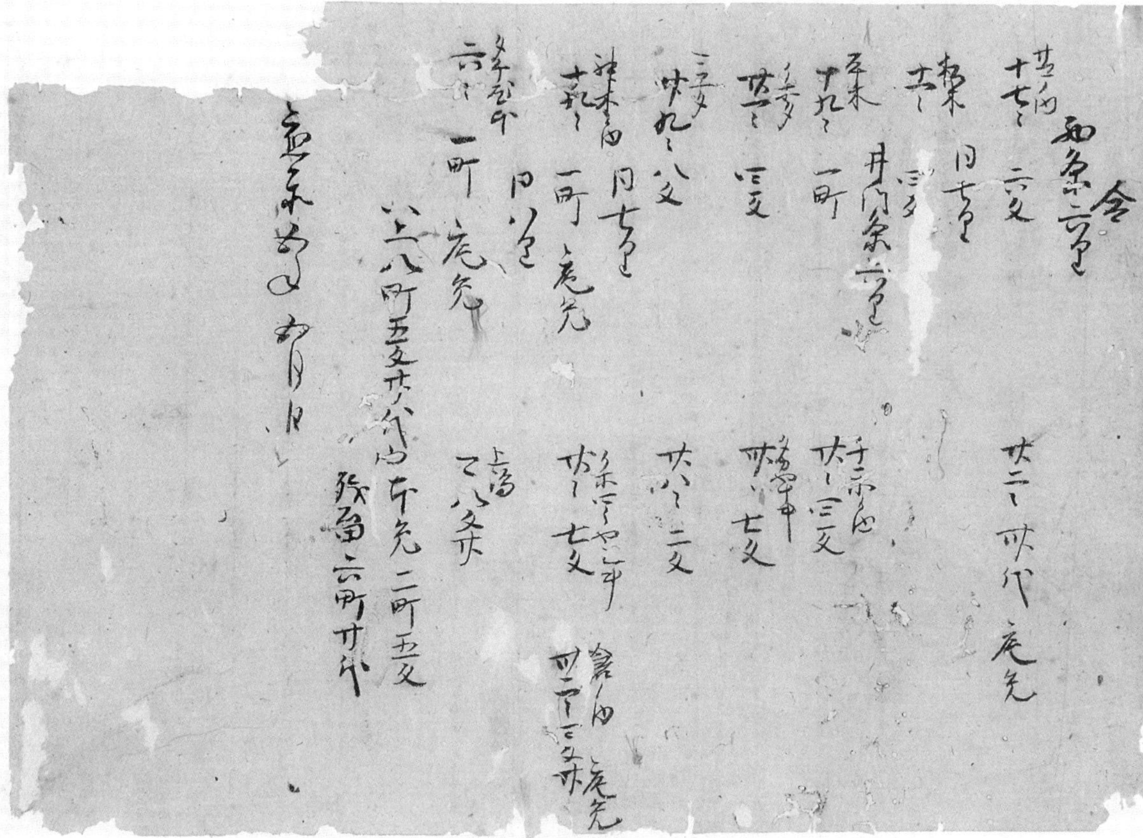
田村上庄種子名八町五反半代坪付

27.5×43.2

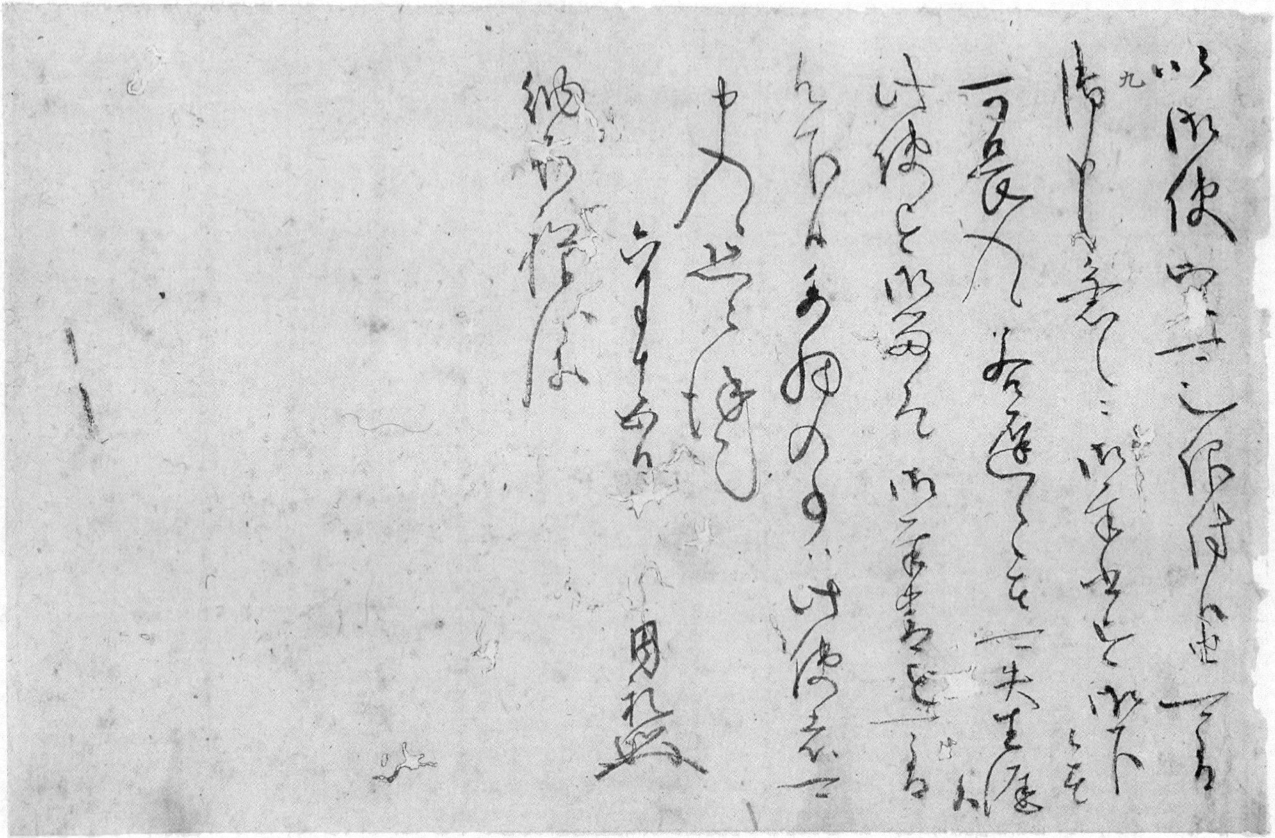

5—9 周礼書状

27.5×43.3

51 栖雲庵雑掌申状案

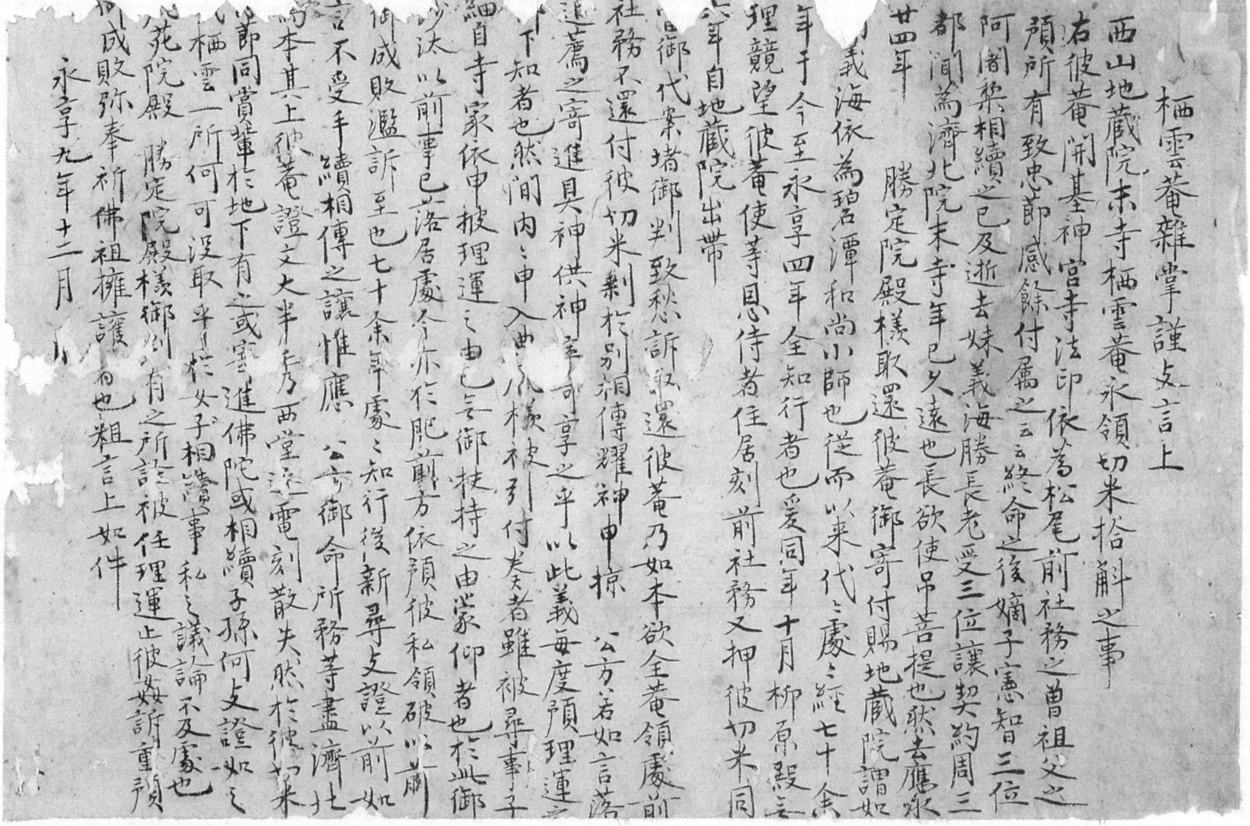

栖雲菴雜掌謹支言上
西山地蔵院末寺栖雲菴永領切米拾斛之事
右彼菴開基神宮寺法印依為松尾前社務之曽祖父之
預所有致忠節感餘付属之云々　終命之後嫡子寔智三位
阿闍梨相續之已及逝去妹義海勝長老受三位讓契約周三
都聞為濟北院末寺年已久遠也長欲使吊菩提也然去應永
廿四年　勝定院殿様取還彼菴御寄付賜地蔵院謂如
[illegible]義海依為碧潭和尚小師也従而以来代々處々經七十余
年于今至永享四年全知行者也爰同年十月柳原殿[illegible]
理競望彼菴使等恩侍者住居刻前社務又押彼切米同
[illegible]年自地蔵院出帯
[illegible]御代案堵御判致愁訴取還彼菴乃如本欲全菴領處前
社務不還付彼切米剰於別相傳羅神申掠　公方若如言落
進薦之寄進貝神供神至可享之乎以此義毎度預理運之
下知者也然間内々申入由之様被仰付奏者雖被尋事子
細自寺家依申披理運之由已后御扶持之由蒙仰者也於此御
沙汰以前事已落居處今亦於肥前方依預彼私領破以前
御成敗濫訴至也七十余年處々知行後々新尋支證以前如
言不受手續相傳之譲惟應　公方御命所務等盡濟北
爲本其上彼菴證文大半乃西堂之電刻散失然於彼切米
之節同賞輩於地下有之或寔進佛陀或相續子孫何支證如之
以栖雲一所何可没取乎於女子相續事私之議論不及處也
[illegible]苑院殿　勝定院殿様御判有之所詮被任理運止彼姦訴重預
御成敗弥奉祈佛祖擁護者也粗言上如件
永享九年十二月　日

28.1×43.4

十一

栖雲庵雑掌謹言上

西山地蔵院末寺栖雲庵永領切米拾斛之事
右此切米者彼庵開基三位法印為松尾先社務之曾祖父之領所寄
忠節之勲功感餘從丹波國雀部庄中付属之依為別相傳也及逝去
妹義海勝長老受三位譲契約周三都聞為謫北院末寺年已久
遠也長歎使昇菩提也　鹿苑院殿様御下知在之於此二代於彼切
米遂不及違乱同門徒秀西堂住院時不聞有其沙汰然去應永廿
四年　勝定院殿様取還彼庵御寄付賜地蔵院謂如何義海依為
碧潭和尚小子也從而以来至永享四年全知行如前茲同年十月柳原
殿無理競望彼庵使等恩侍者住屋刻先社務又押彼切米同六年
自地蔵院致愁訴取還彼庵乃如本歎全庵領處先社務不還付彼
米結句於　公方曰女子相續無謂無一紙文證已不經代々七十餘年耳
預其時賞輩三四人相續于今無相違何文證如此栖雲庵一處何
可没収哉是即背先祖之命濫訴至不孝仁也女子相續之私訟
破代々御判豈無罪過哉其上比丘尼五山長老也豈其言可立乎
又七十餘年處々知行後新尋文證是又姦曲至也於其文證未者
不知秀西堂遂遷庵時随身哉唯地蔵院應　公方御命不受手續
譲状繁未盡謫北為本况永享二年
當御代被下安堵御判此上者私輕　公方破前知行寧可不歎哉若
如言三位一期給恩於社家必有三位請文雖及度々被召出證文
未来敢出對何於無文證用又知行哉用近哉於理不疑之處也
一神供缺除社役不勤云此皆耀神申掠　公方者也史彼在處之神供云
者六月一月之事也此者自六十名名主營之更不拘本處年貢者也
當社務不申處掠申條明次社役事彼在處者先社務代々号別
相傳上盡不當社領有何社役哉栖雲唯以取領所得分於公事
本辨公私近年前住松西堂住院時号使者出料足取米三斛進退
鮎鮨捏飯此上者那如本致公私之披露依松西堂定置也是皆不拘
切米者也所全被仕理運預御成敗弥為致御祈禱粗言上如件

永享七年十一月　日

28.1×46.1

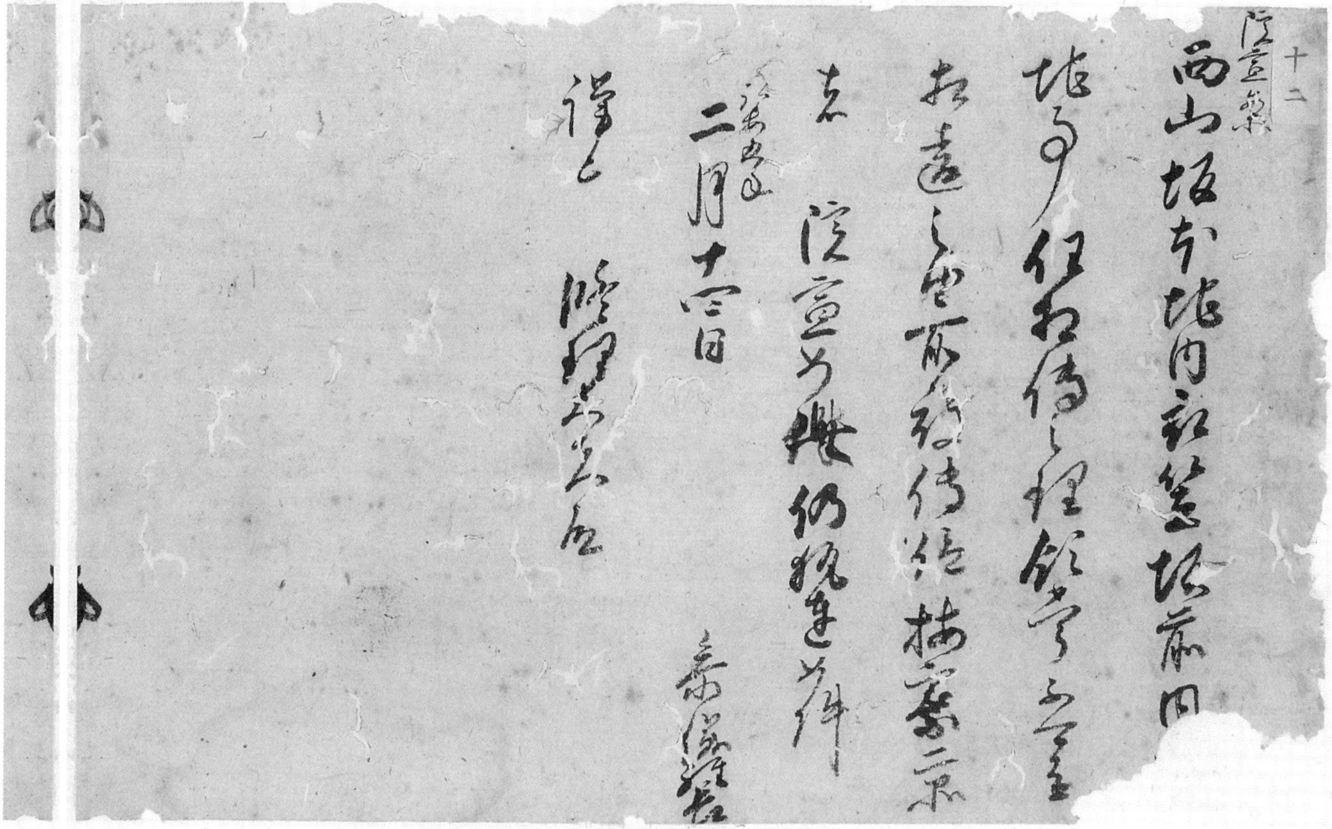

28.2×44.6

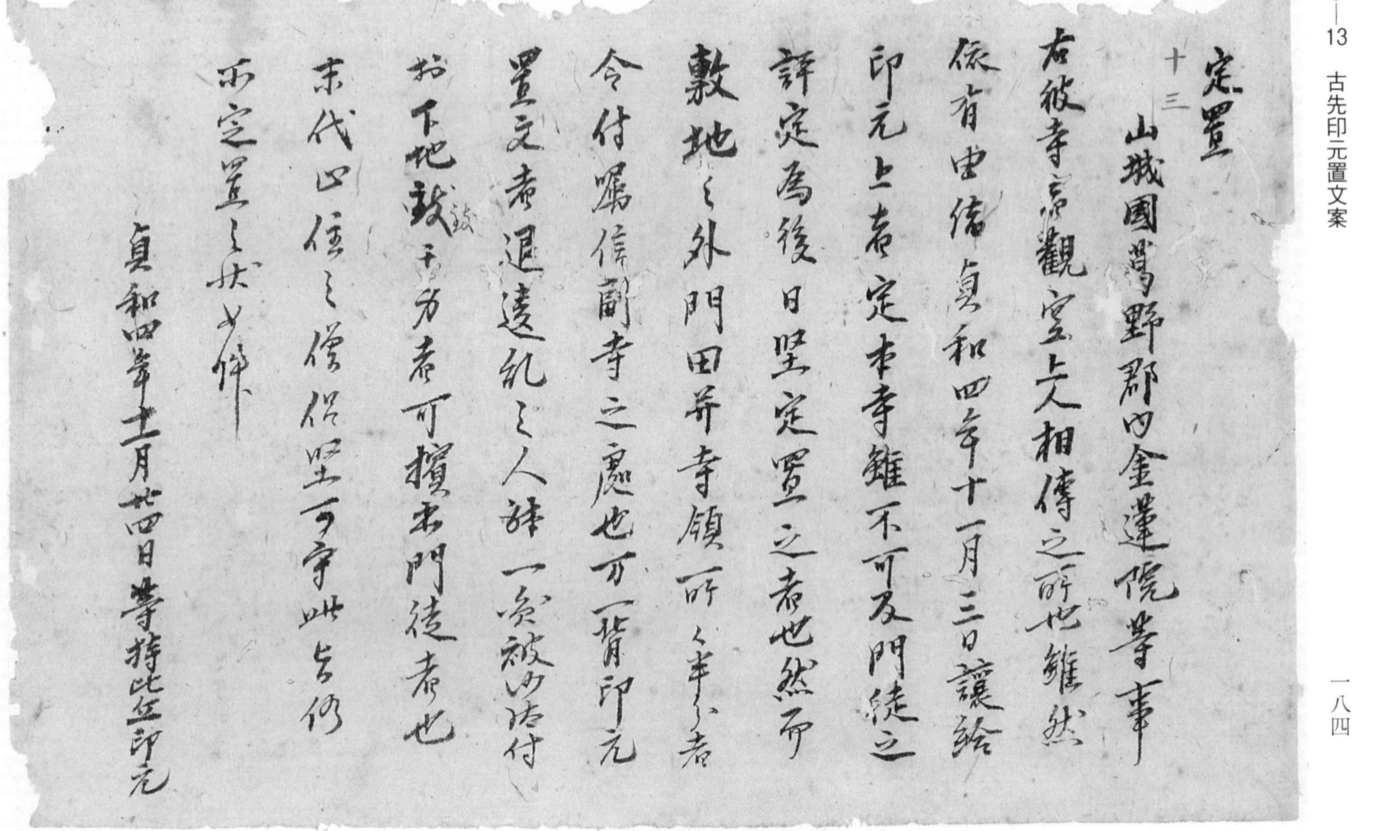

定置
十三
山城國葛野郡内金蓮院等事
右彼寺者観空上人相傳之所也雖然
依有由緒貞和四年十一月三日讓給
印元上者定本寺雖不可及門徒之
評定為後日堅定置之者也然而
敷地之外門田并寺領所々半分者
令付属信蔵寺之處也万一背印元
置文者違遠乱之人雖一旦被沙汰付
於下地鼓（鈸）千万者可擯出門徒者也
末代以信之僧侶堅可守此旨仍
所定置之状如件
貞和四年十二月廿四日　等持比丘印元

28.2×45.0

十四

[illegible]申

山城國葛野郡内金蓮院等事

右彼寺者觀空上人相傳之所也、雖然
有由緒、貞和四年十一月三日讓給畢、
仍新古之寺領等、至彼方分者悉
於半分者、云下地云土貢、觀空
上人方別相傳知行、限未來際、更
有相違者也、末代當寺已住
僧侶等、存違此契約者、可
擯出門徒者也、仍龜鏡之状
如件、

貞和四年十一月三日　等持比丘印元

28.2×46.5

5—15　某書状

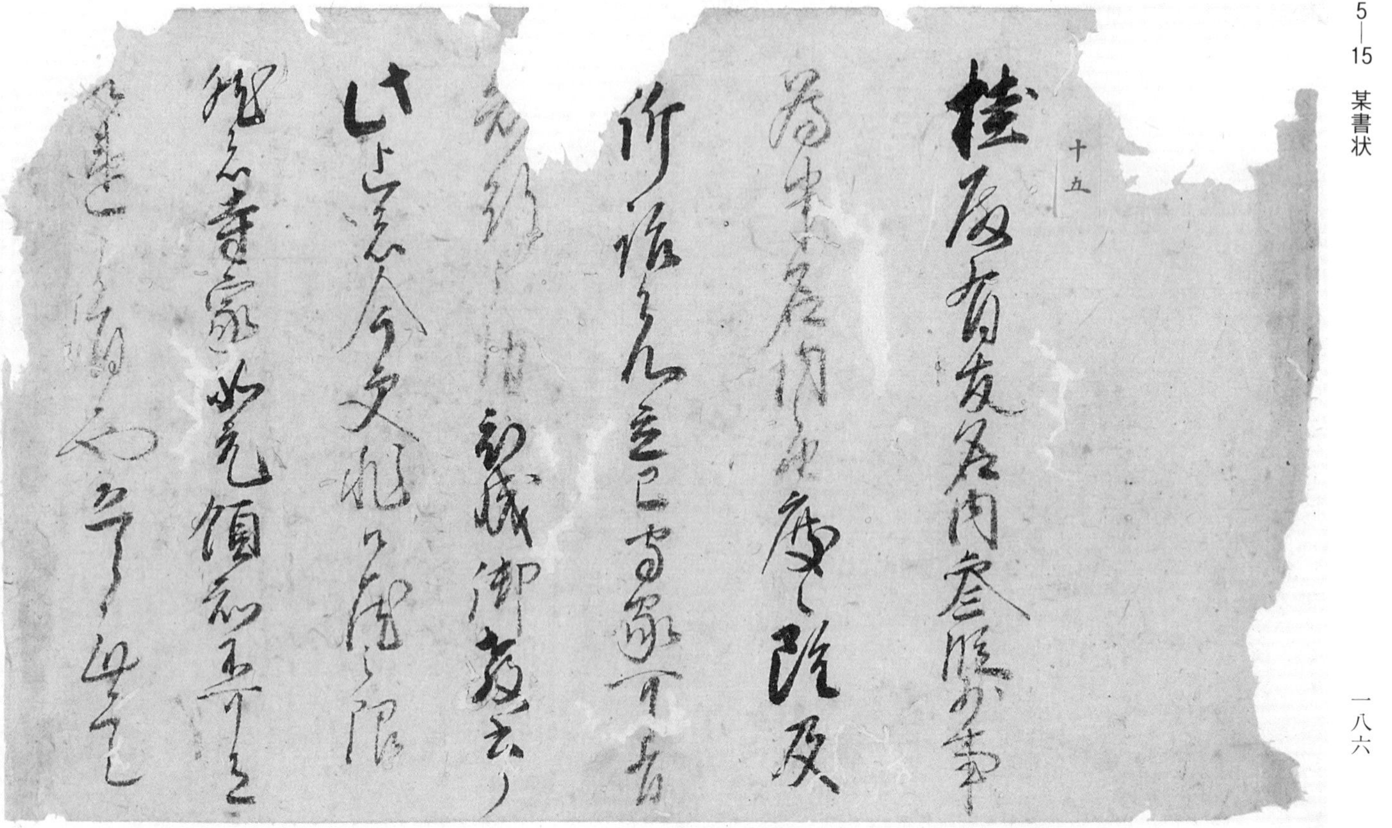

28.0×46.8

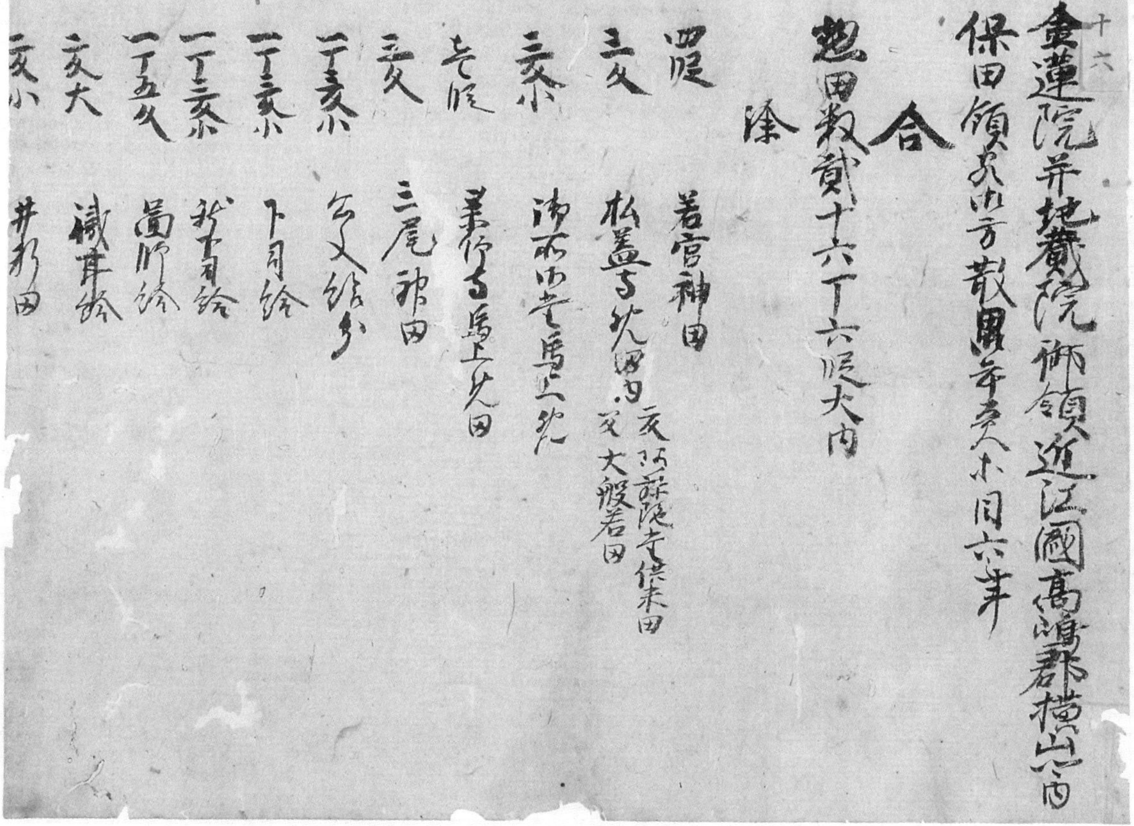
十六
金蓮院并地蔵院所領近江國高嶋郡横山内
保田領家方散田并東八木目六丼
合
惣田数貳十六丁六段大内
除
四段　若宮神田
三反　松蓋寺敷地内　一反阿弥陀寺供米田
　　　　　　　　　　二反大般若田
三反小　池南西堂馬上免
壱段　善行寺馬上免田
三反　三尾神田
一丁一反小　公文給分
一丁一反小　下司給
一丁一反小　新市司給
一丁五反　図師給
一反大　識事給
一反小　井料田

28.2×39.1

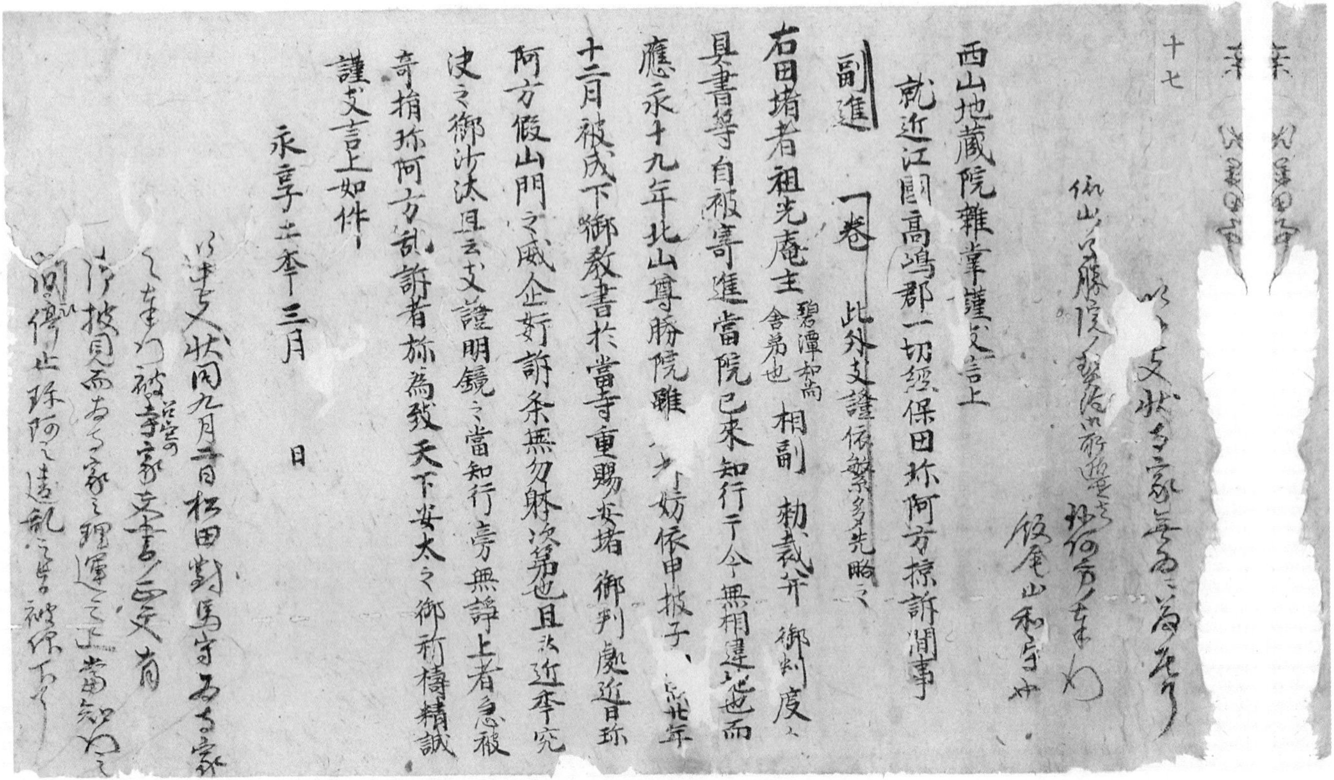

十七

西山地蔵院雑掌謹支言上

就近江国高嶋郡一切経保田称阿方掠訴間事

副進

一巻 此外支証依繁多先略之

右田堵者祖光庵主 碧潭和尚舎弟也 相副 勅裁并 御判度々

具書等自被寄進当院已来知行于今無相違也而

應永十九年北山尊勝院雑[illegible]坊依申披子細、[illegible]

十二月被成下御教書於当寺重賜安堵 御判處近日称

阿方假山門之威企奸訴条無勿躰次第也且去近年究

决之御沙汰且云支証明鏡之当知行旁無謂上者急被

奇捐称阿方乱訴者称為致天下安太之御祈祷精誠

謹支言上如件

永享十一年三月 日

28.2×46.6

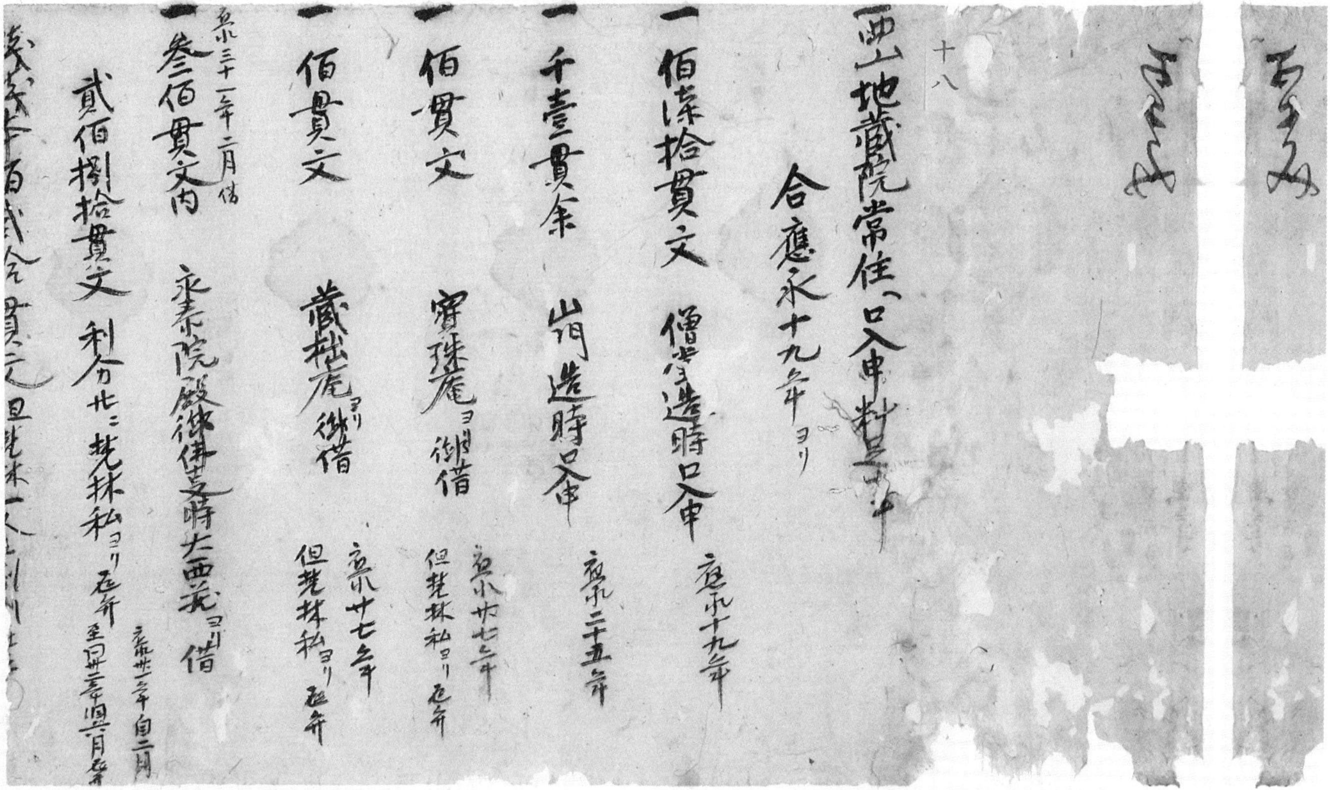
十八

西山地蔵院常住ヘ口入申料足事

合 応永十九年ヨリ

一 佰漆拾貫文 僧堂造時口入申 応永十九年

一 千壱貫余 山門造時口入申 応永二十五年

一 佰貫文 宝珠庵ヨリ御借 応永廿七年 但堯林私ヨリ在弁

一 佰貫文 蔵松庵ヨリ御借 応永廿七年 但堯林私ヨリ在弁

一 応永三十一年二月借 参佰貫文内 永泰院殿御佛事時大西荘ヨリ借

弐佰捌拾貫文 利分ニ 堯林私ヨリ在弁 応永卅一年自二月至同卅二年四月在弁

28.0×44.4

5—19 室町幕府管領細川満元奉書案

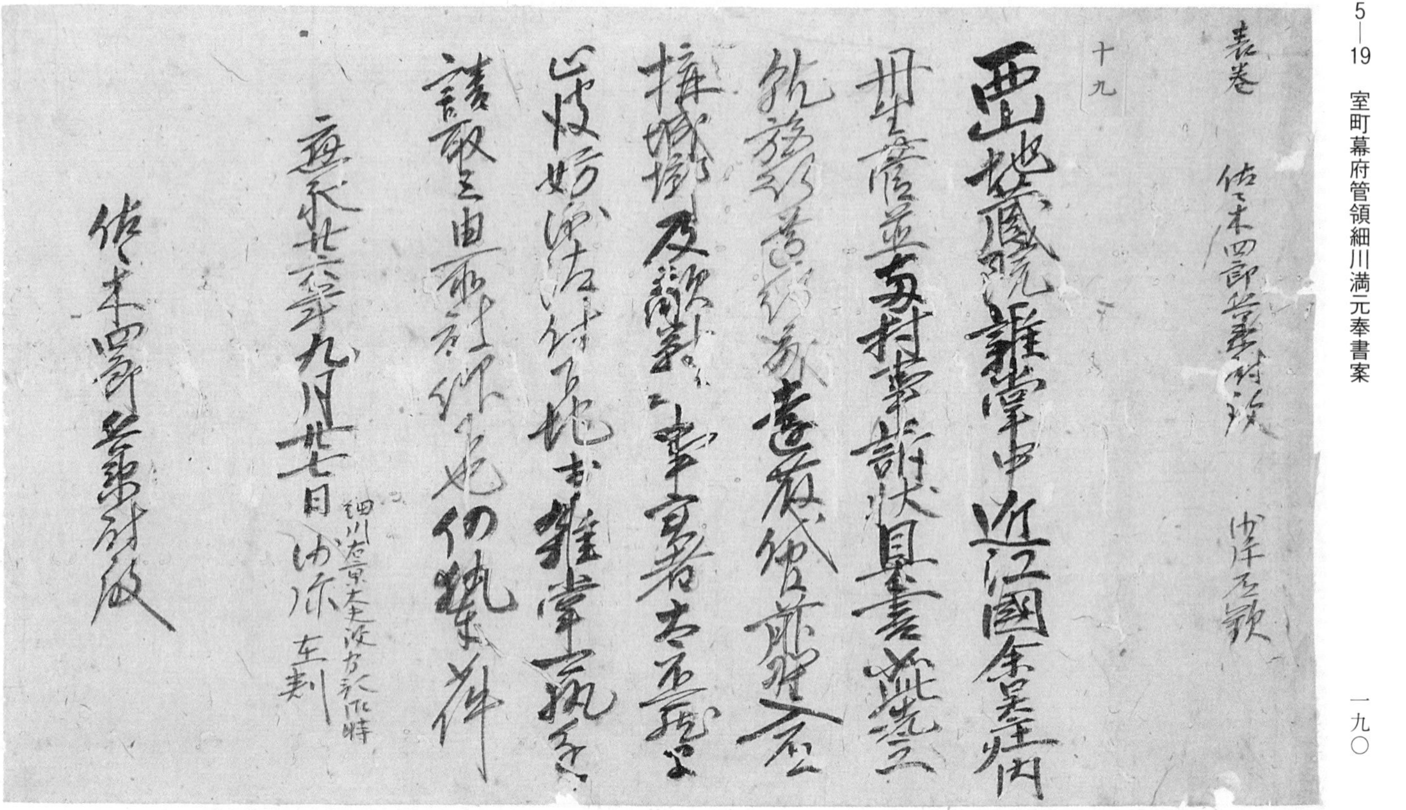

28.2×47.6

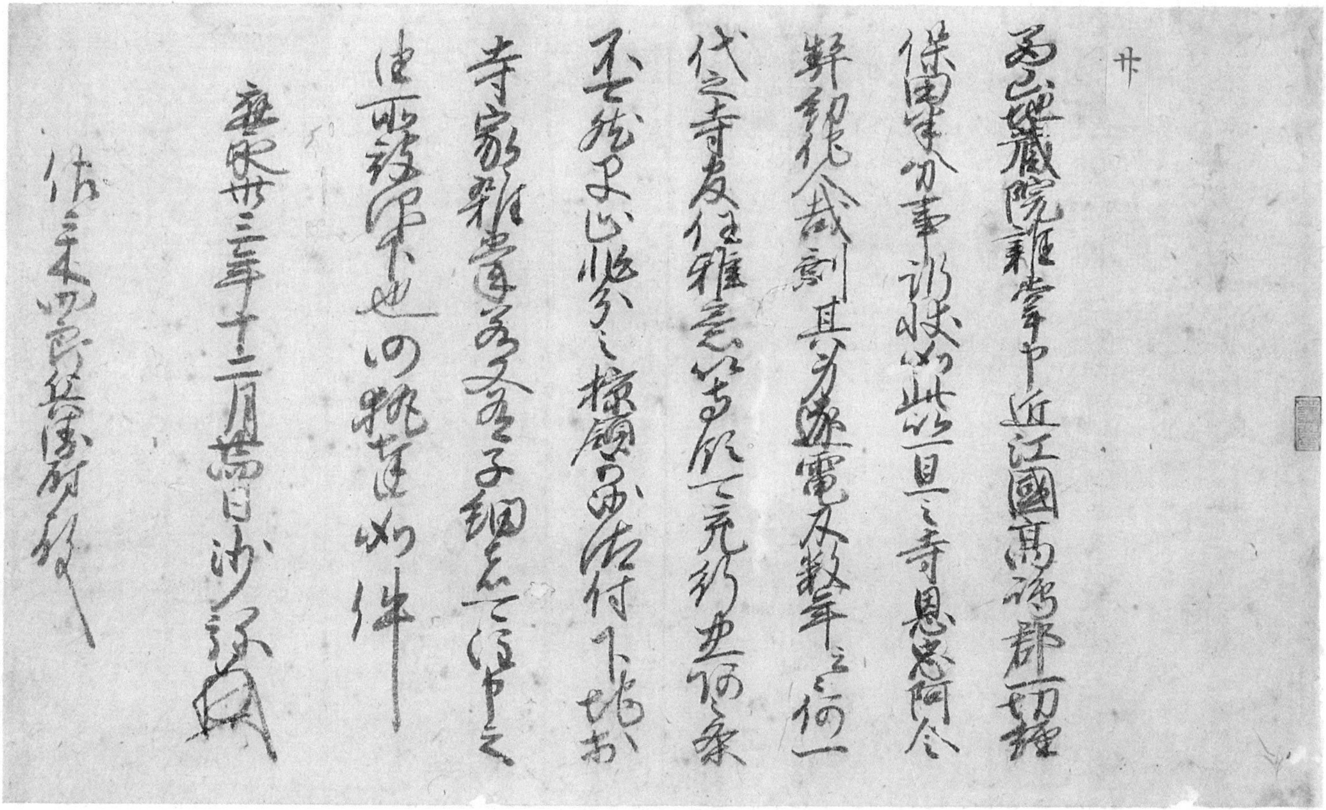
廿

為延蔵院雑掌申近江國高嶋郡庄一切経
保田半分事、訴状如此、旦寺恩忠阿令
野部後公裁判、其方雖寄電及数年云々、何一
代之寺支證雖帯以宛所下充行也、向後
不允、殊不足以帯、驗之處、付下地於
寺家雑掌、遂支証子細之由、可沙汰之
由、所被仰下也、仍執達如件
應永卅三年十二月廿日　沙弥（花押）
佐々木田中兵庫助殿

28.0×47.4

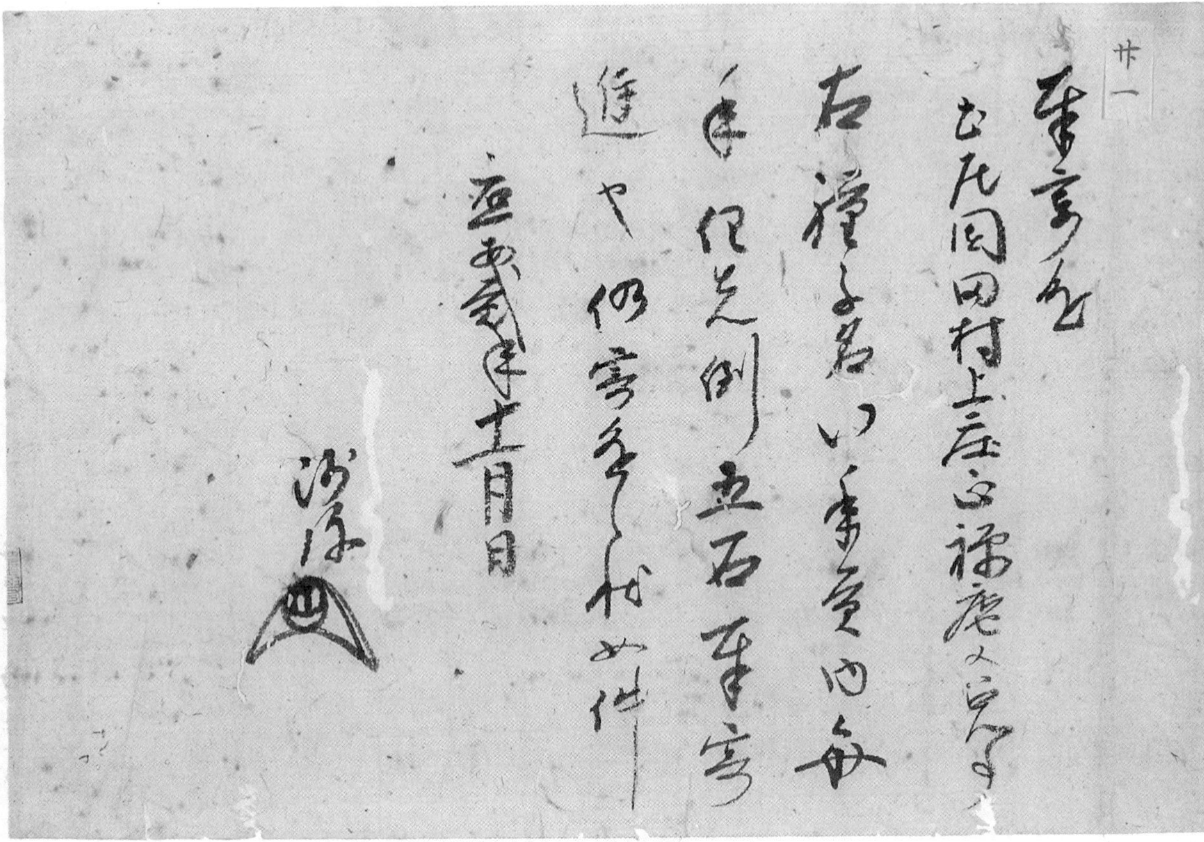
廿一

28.0×42.7

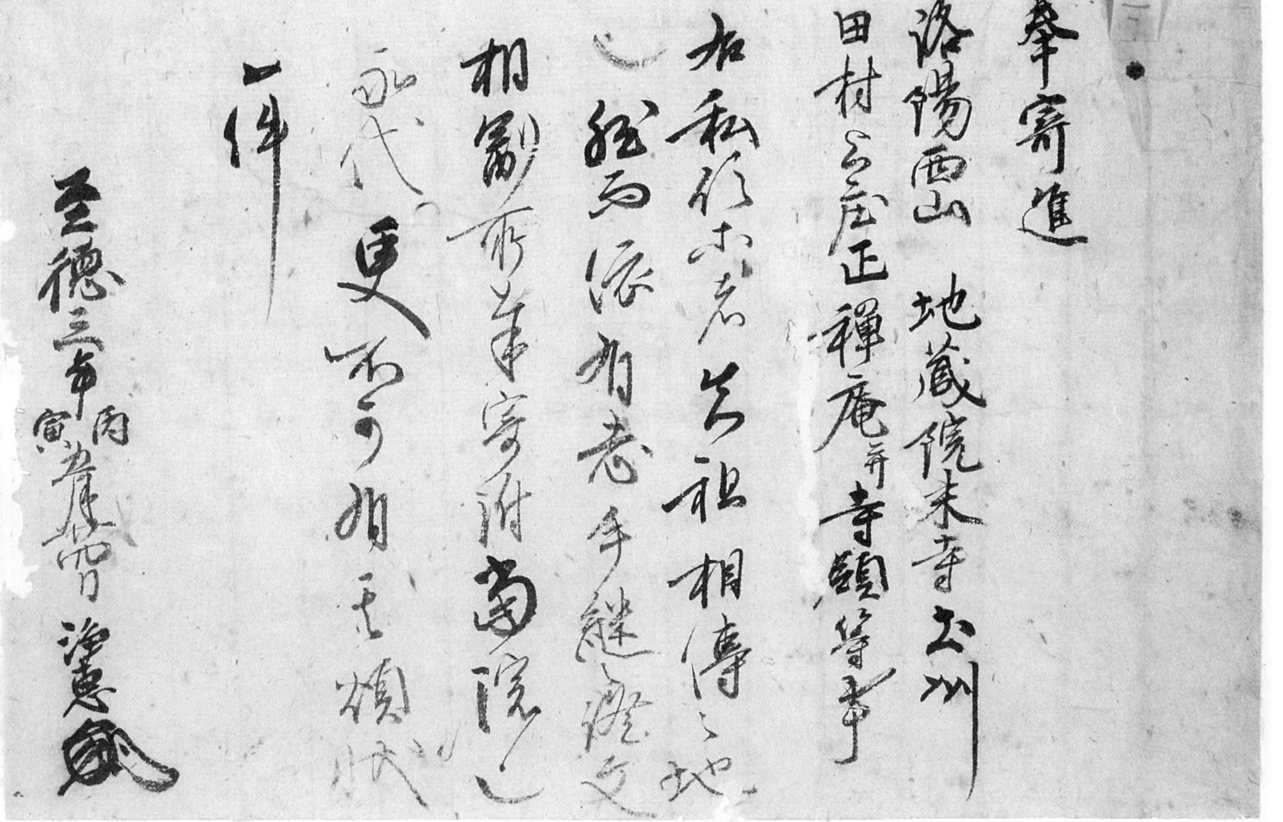
奉寄進
洛陽西山 地蔵院末寺太州
田村之庄正禅庵并寺領等事
右私領者 先祖相傳之地也
然為源有志手継證文
相副所令寄附当院之
永代更不可有違乱状
如件
至徳三年丙寅[illegible] 淨恵（花押）

28.2×43.8

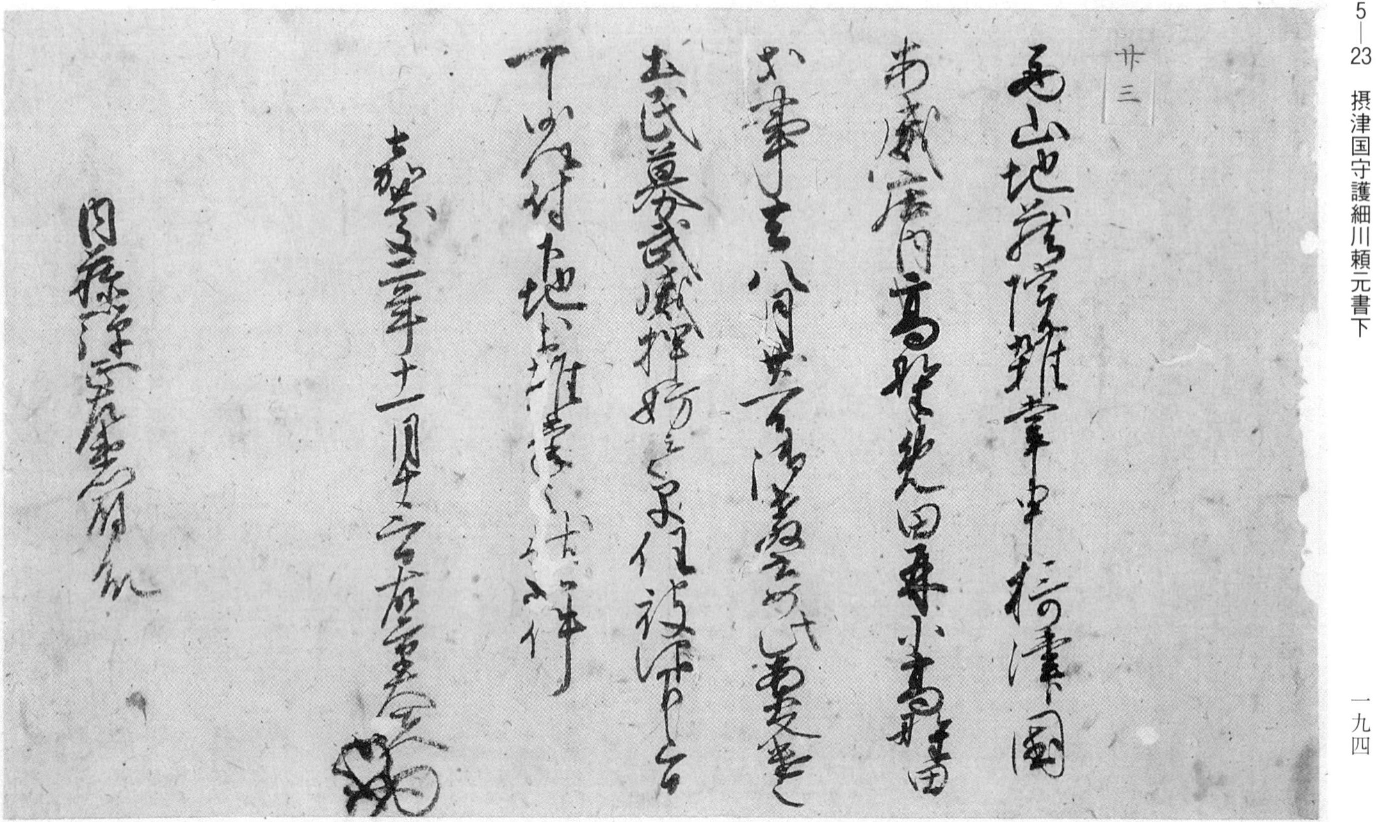

5—23　摂津国守護細川頼元書下

28.0×47.0

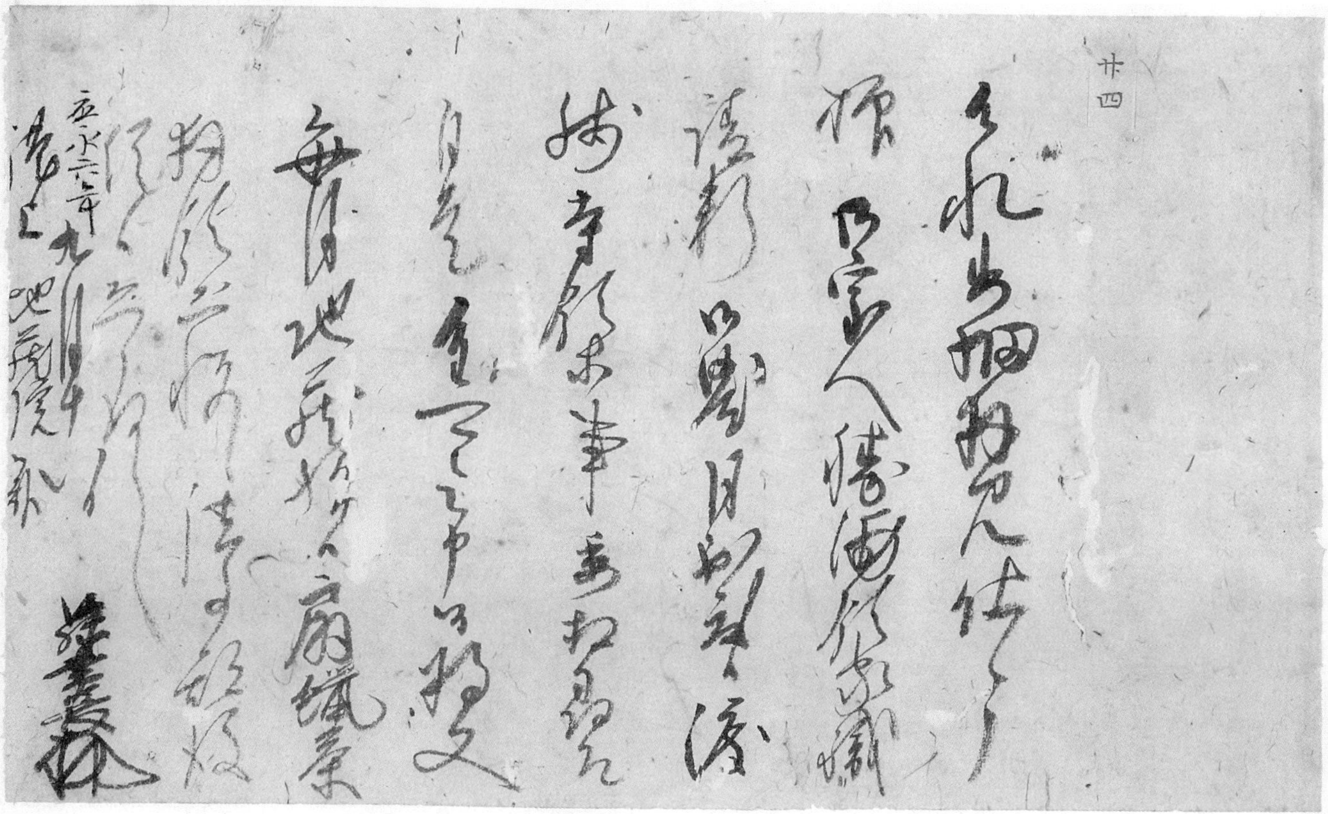
廿四

28.0×47.7

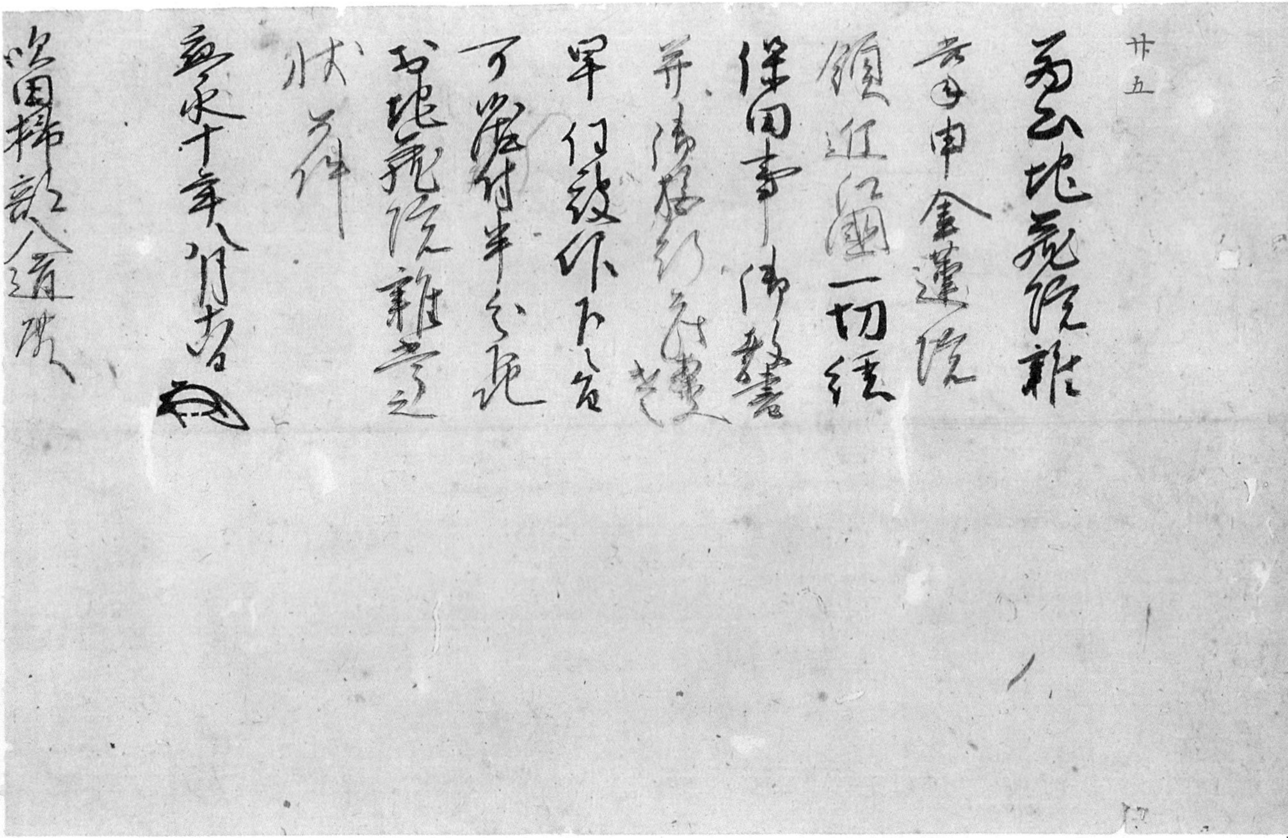
廿五
当地蔵院雑
掌申金蓮院
領近江国一切経
保田事、御教書
并御□行之旨
早任被仰下之旨
可渡付半分地
於地蔵院雑掌之
状如件
応永十年八月廿日（花押）
□田掃部入道殿

28.0×45.6

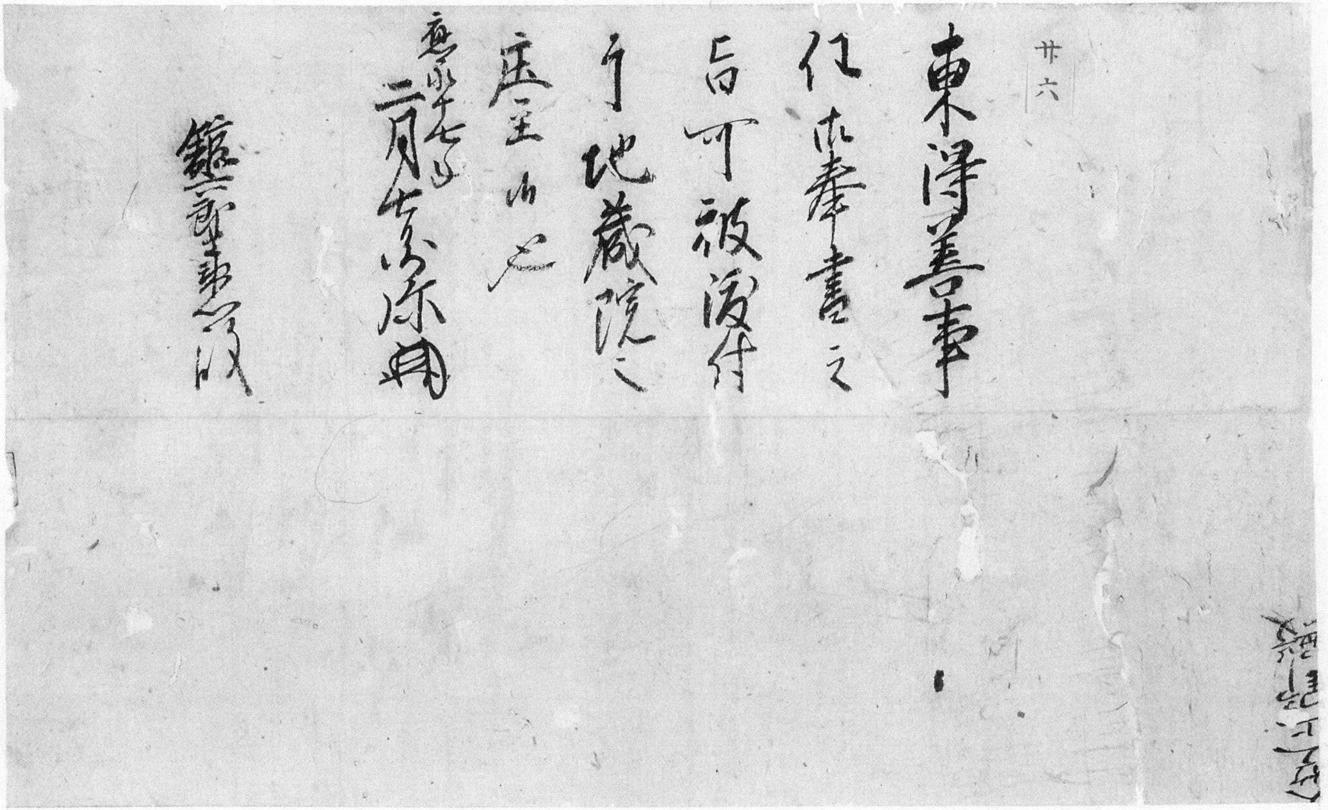

廿六

東浄善事
任御奉書之
旨可被渡付
于地蔵院之
状如件
応永十七年
二月七日　沙弥（花押）
鎮西奉行殿

28.0×47.3

5—27　秦相遠本物返借用状

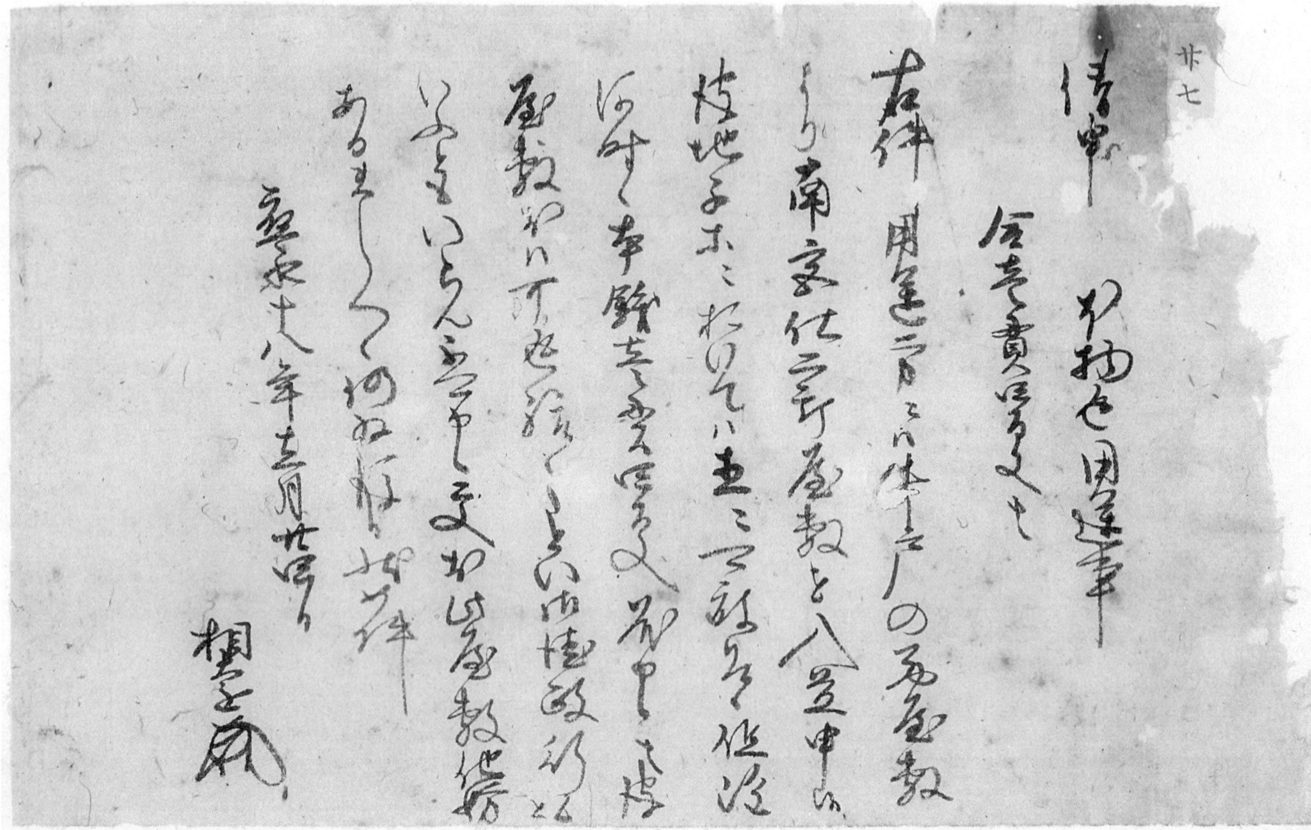

27.9×46.4

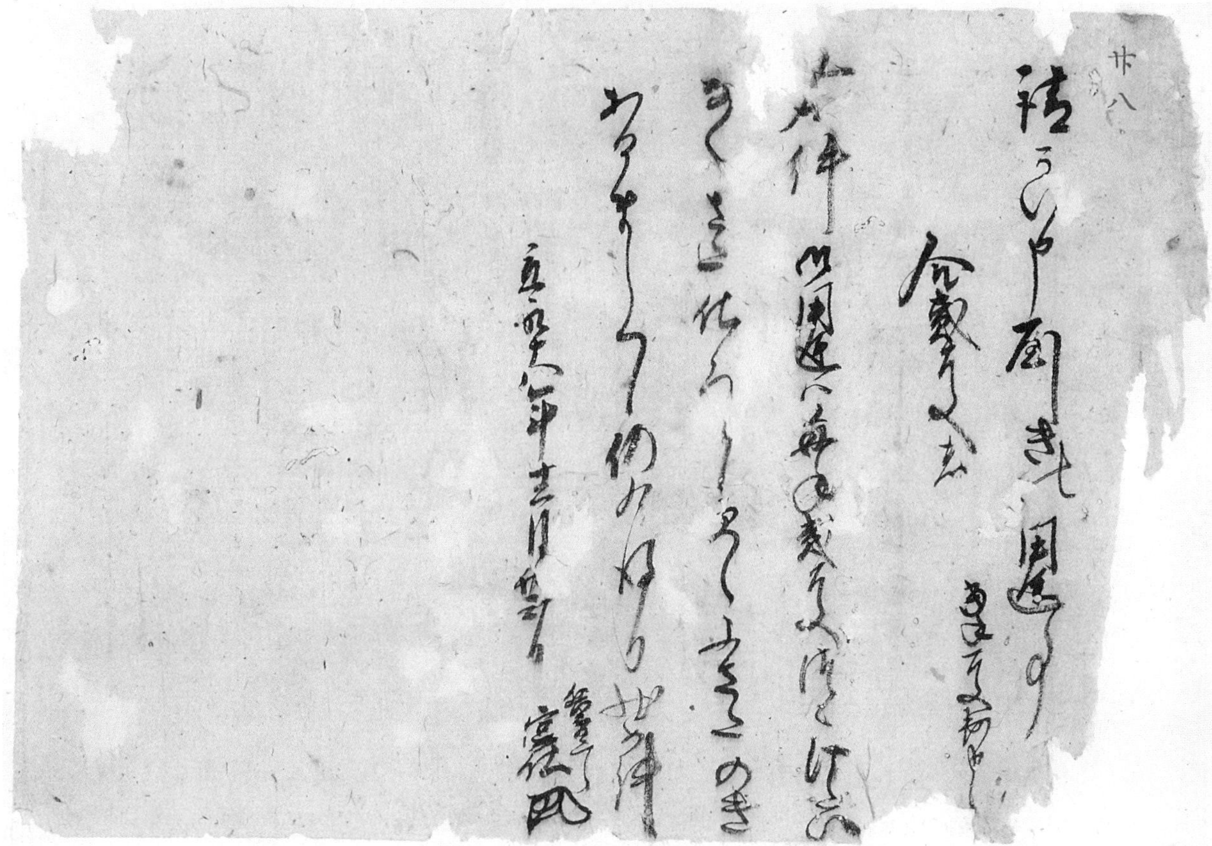

28.0×41.4

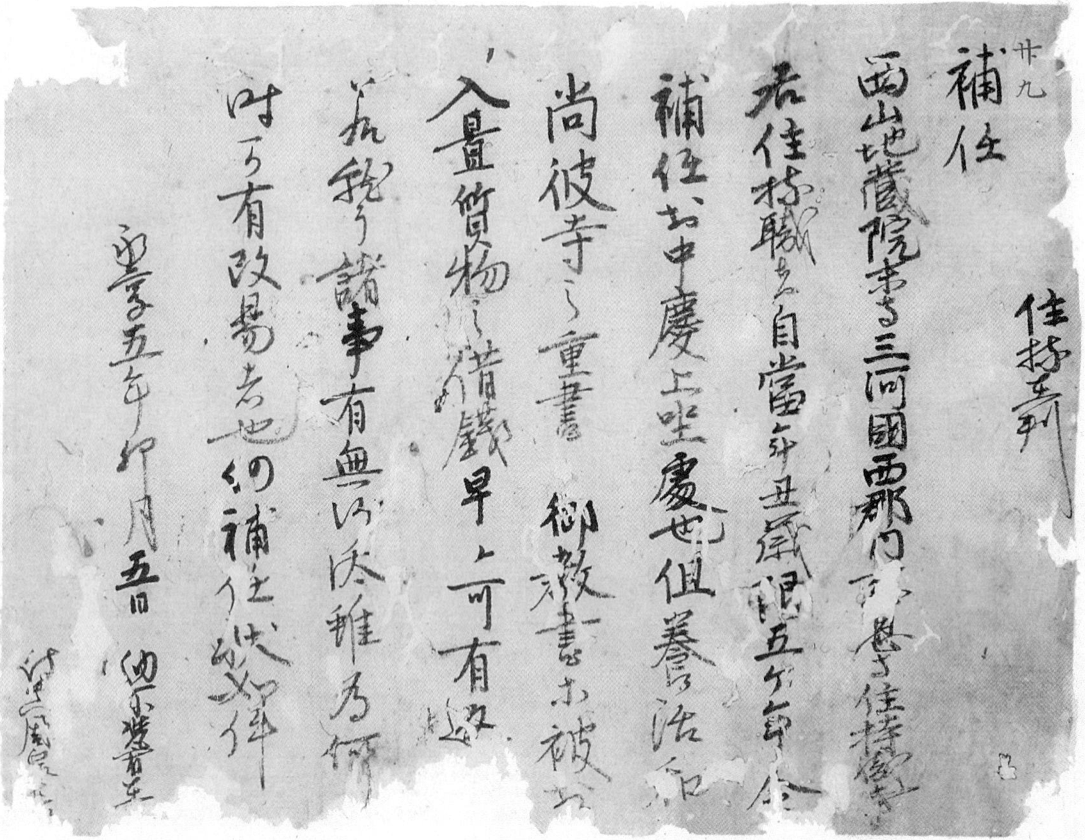

廿九
補任　住持[illegible]判
西山地蔵院末寺三河国西郡[illegible]寺住持職事
右住持職者、自当年丑歳限五ヶ年令
補任、於中慶上座処也、但[illegible]
尚彼寺之重書　御教書未被[illegible]
入置質物之借銭早上可有沙[illegible]
[illegible]、諸事有無以後雖為何
時可有改易者也、仍補任之状如件
[illegible]五年卯月五日

27.8×37.3

卅

元亨三年十二月八日日吉社頭三塔集會議曰

可早相觸地蔵院事

右山王權現者天地經緯之靈神衆生氣命之明祇
也出於本有性徳之境智現於遍應法界之冥合内
證利生之慈雲無所不覆外用和光之恵風無物
不扇者乎爰江州高嶋郡横山郷保田内十禪師
御燈田壹町者排賓前之蘭燈祈天下之安
者也延慶以来之神領及百餘年處近年被押領
之条無勿躰之次第也云神様云衆儀豈無恐怖哉
所詮且優神慮且任衆議不日可被避渡者也若猶
無承引者可訴申　公方焉之旨三塔群議如斯

27.9×45.3

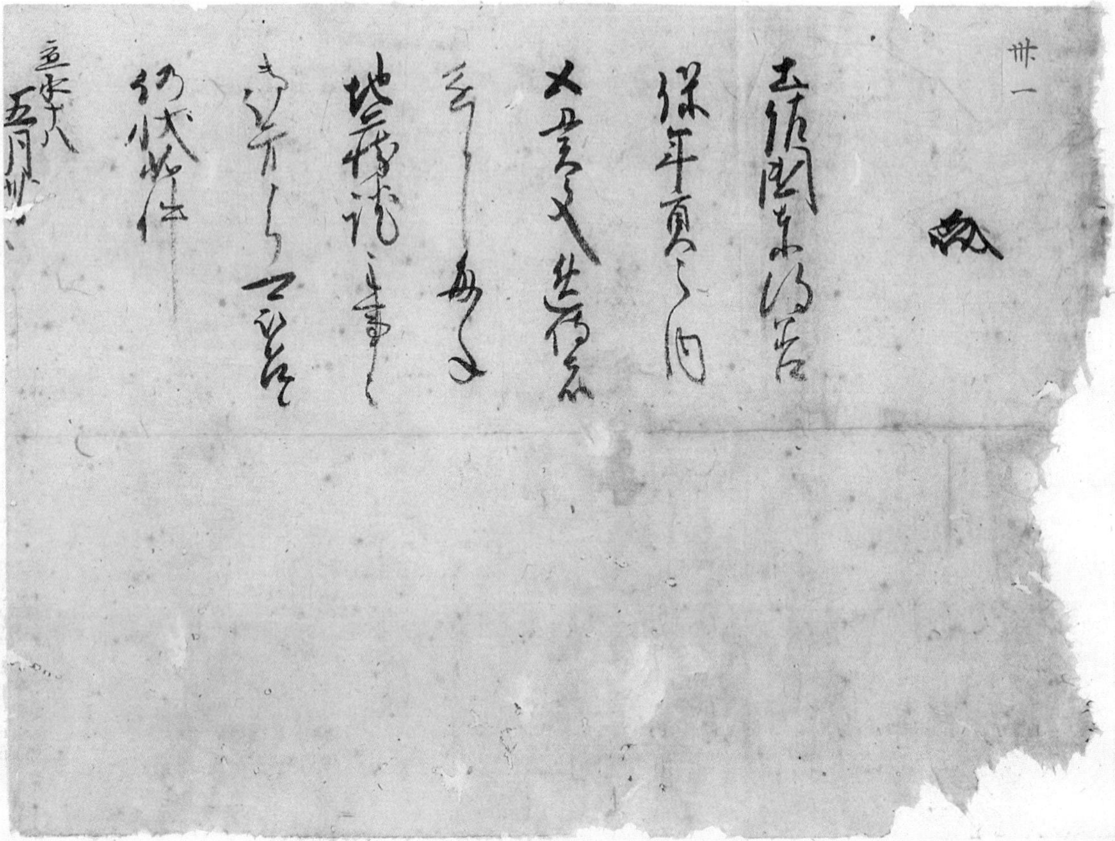

28.0×38.3

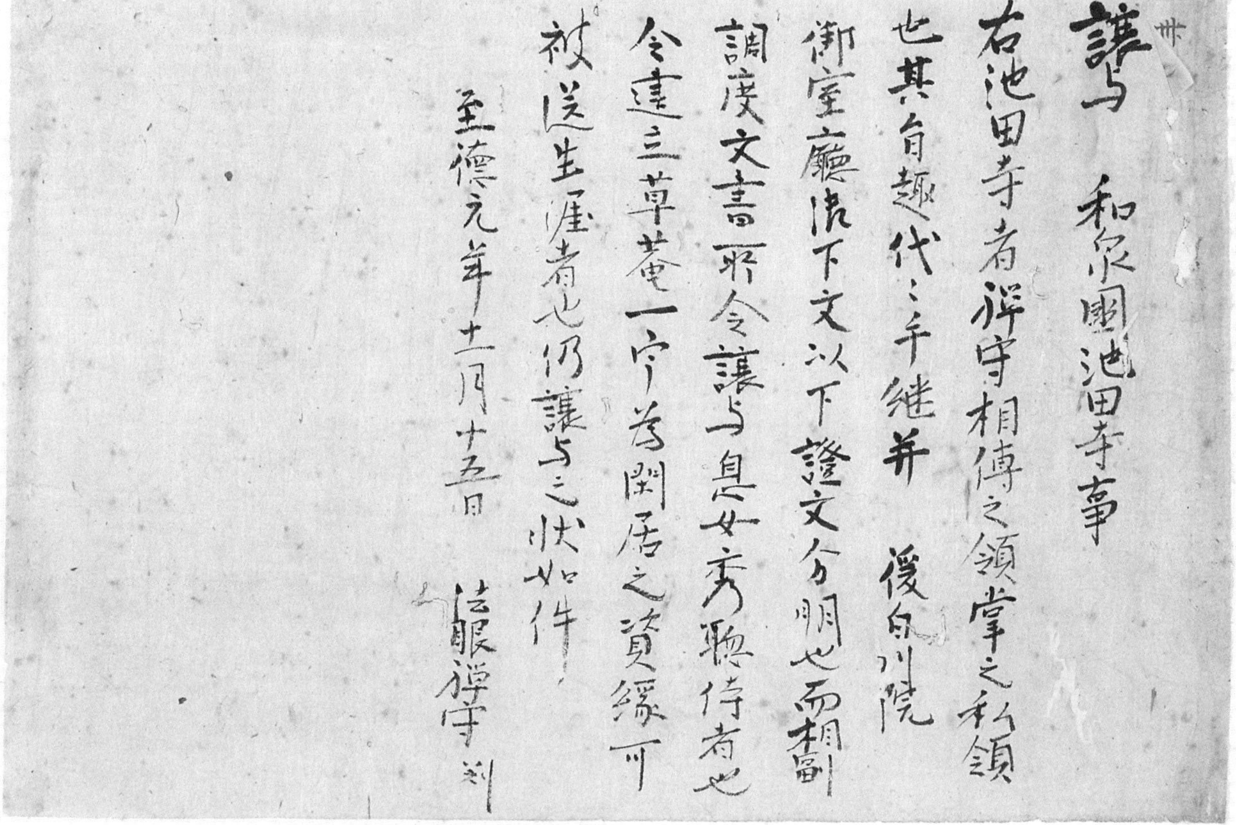

卅

譲与　和泉国池田寺事

右池田寺者禅守相傳之領掌之私領
也其自趣代々手継幷　後白河院
御室庁御下文以下證文分明也而相副
調度文書所令譲与息女秀聡侍者也
令建立草菴一宇為閑居之資縁可
被送生涯者也仍譲与之状如件

至徳元年十二月十五日　法眼禅守

28.0×42.6

5—33 室町幕府管領細川頼之奉書案

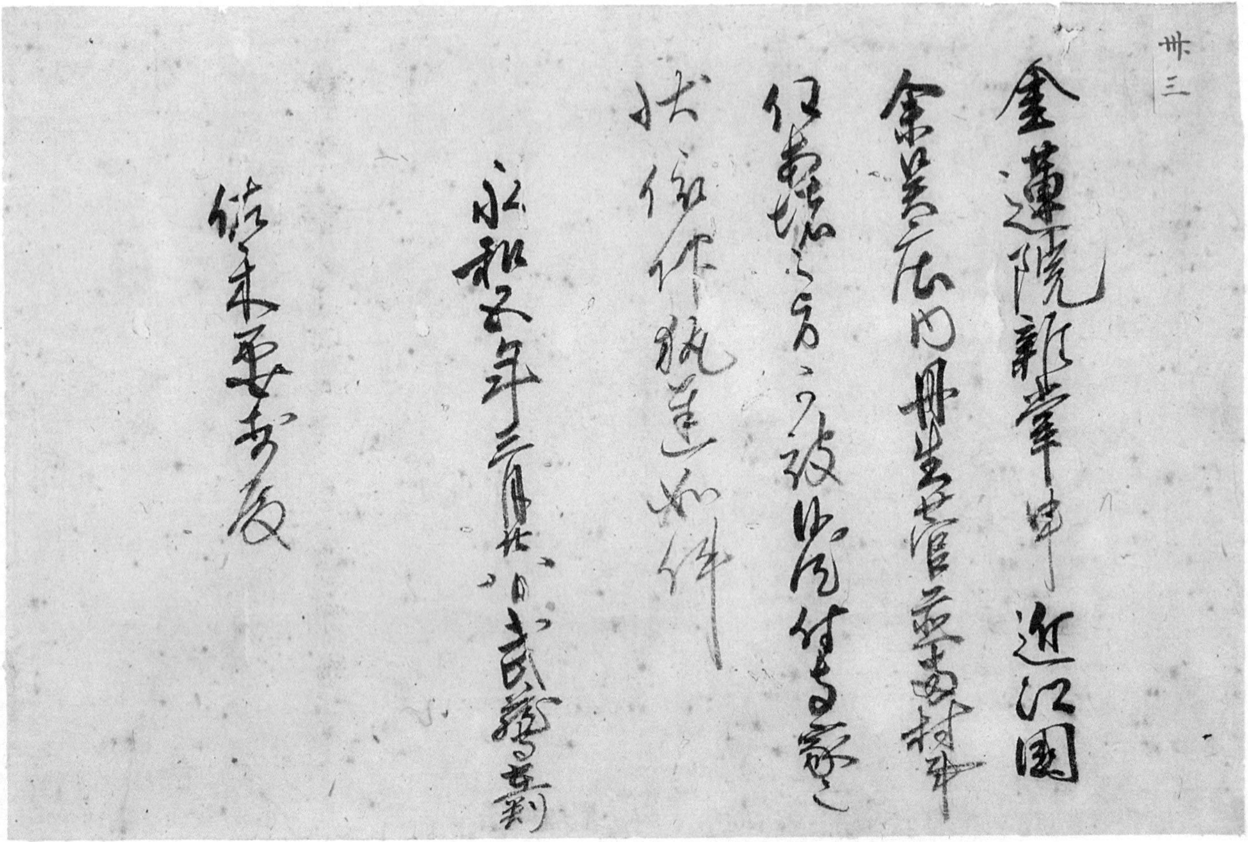

卅三

金蓮院雜掌申近江國
余呉庄内丹生・菅並両村事
任安堵之旨、可被沙汰付雜掌之
状、依仰執達如件
永和元年三月廿八日　武蔵守判
佐々木亀寿殿

28.0×42.9

53　西山地蔵院雑掌定勝目安案

卌四

目安
西山地蔵院雑掌定勝申当院領伊勢国
朝明郡茂永庄事
副進
　證文等　一巻
右茂永庄依有由緒、祖院元庵主寄附当院、
仍相伝明鏡而知行無相違之処、金蓮院代
代官契状等之旨、依称申毎度及違乱之
条、更以不得其意、所詮任大方殿御口入之旨、
停止無理之訴訟、被沙汰付寺家之雑掌者、
増致武運長久之御祈祷、仍粗目安言上如件、
　応永八年十二月　日

28.0×44.8

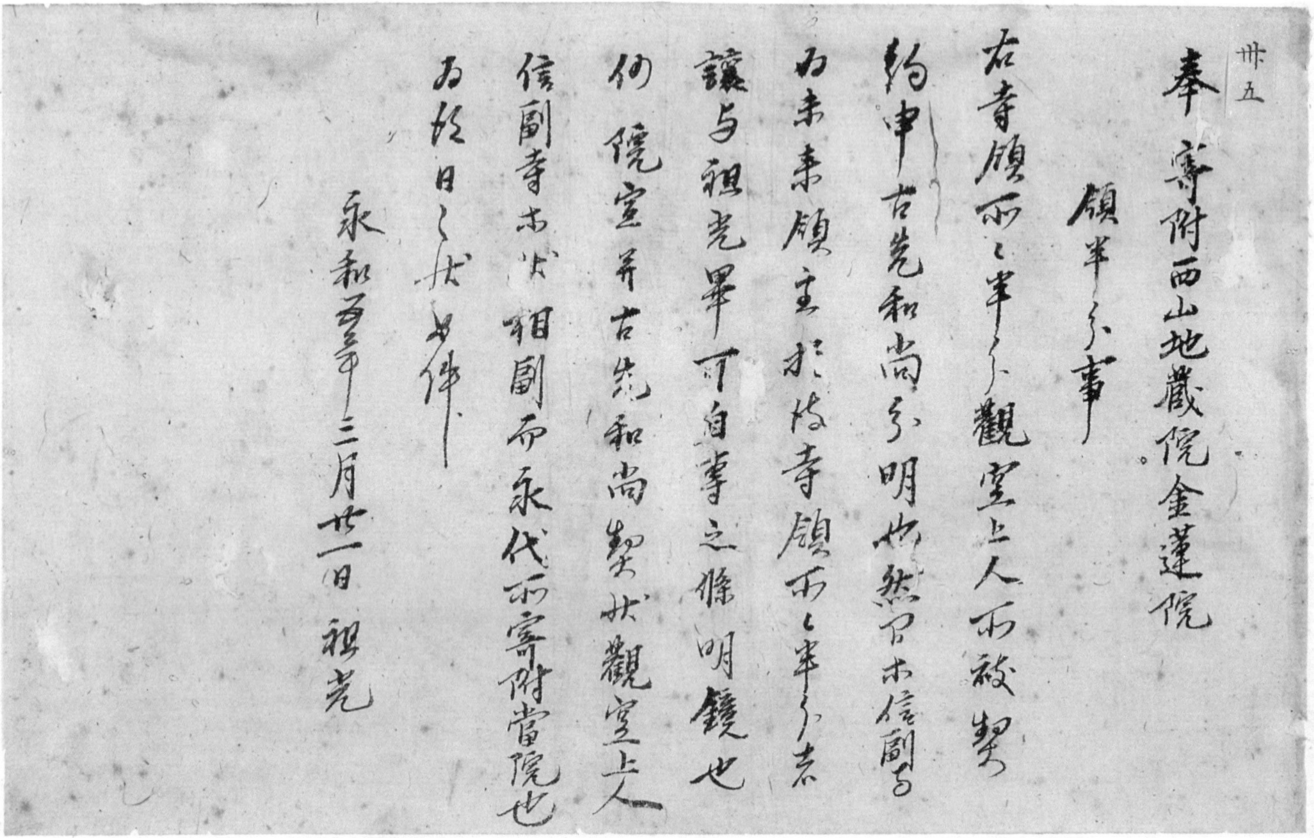
卌五
奉寄附西山地蔵院金蓮院
領半分事
右寺領所〻半分〻観空上人所被契
約申古先和尚分明也、然下等信副寺
為未来〻領主、於彼寺領所〻半分者
譲与祖光畢、可自筆之條明鏡也
仍観空并古先和尚契状、観空上人
信副寺等状、祖副寺永代所寄附当院也
為後日之状如件
永和五年三月廿一日　祖光

27.9×45.2

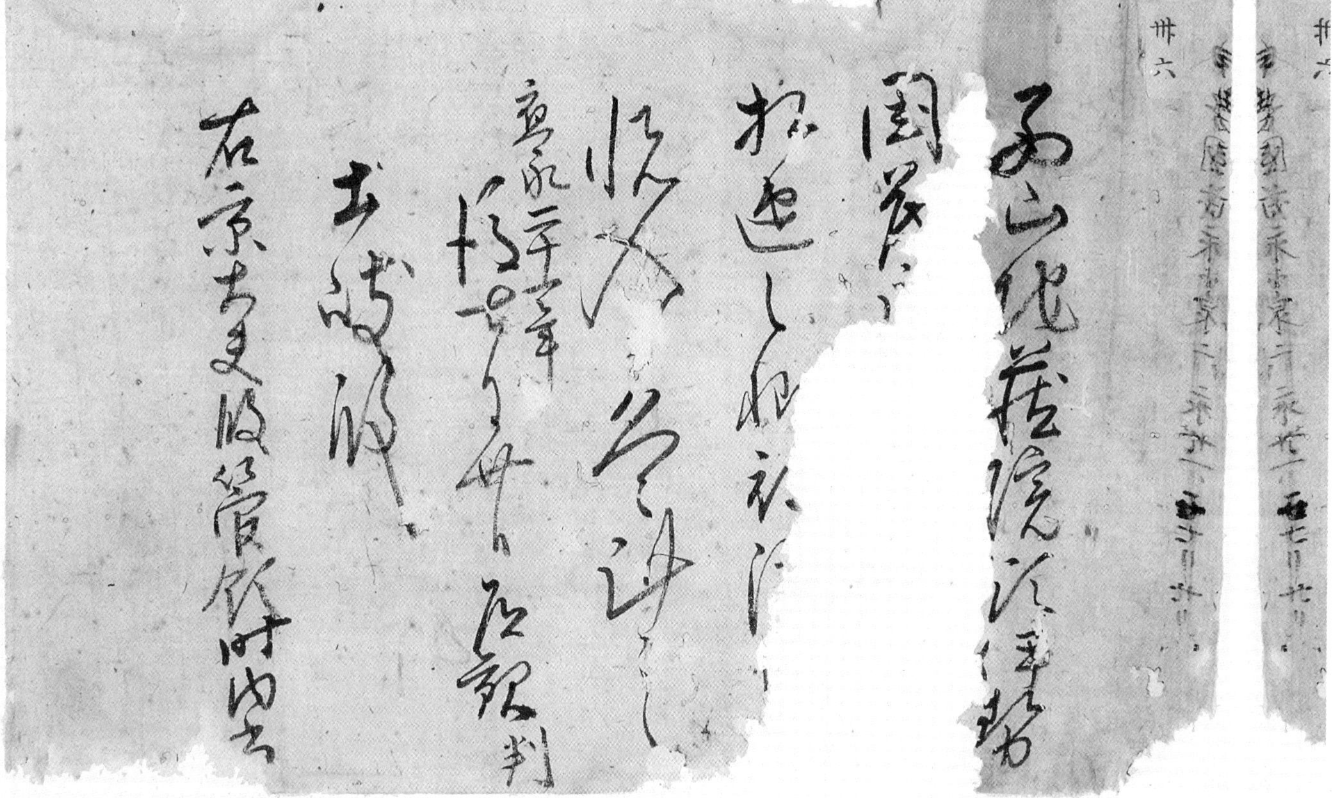
卅六

28.0×43.8

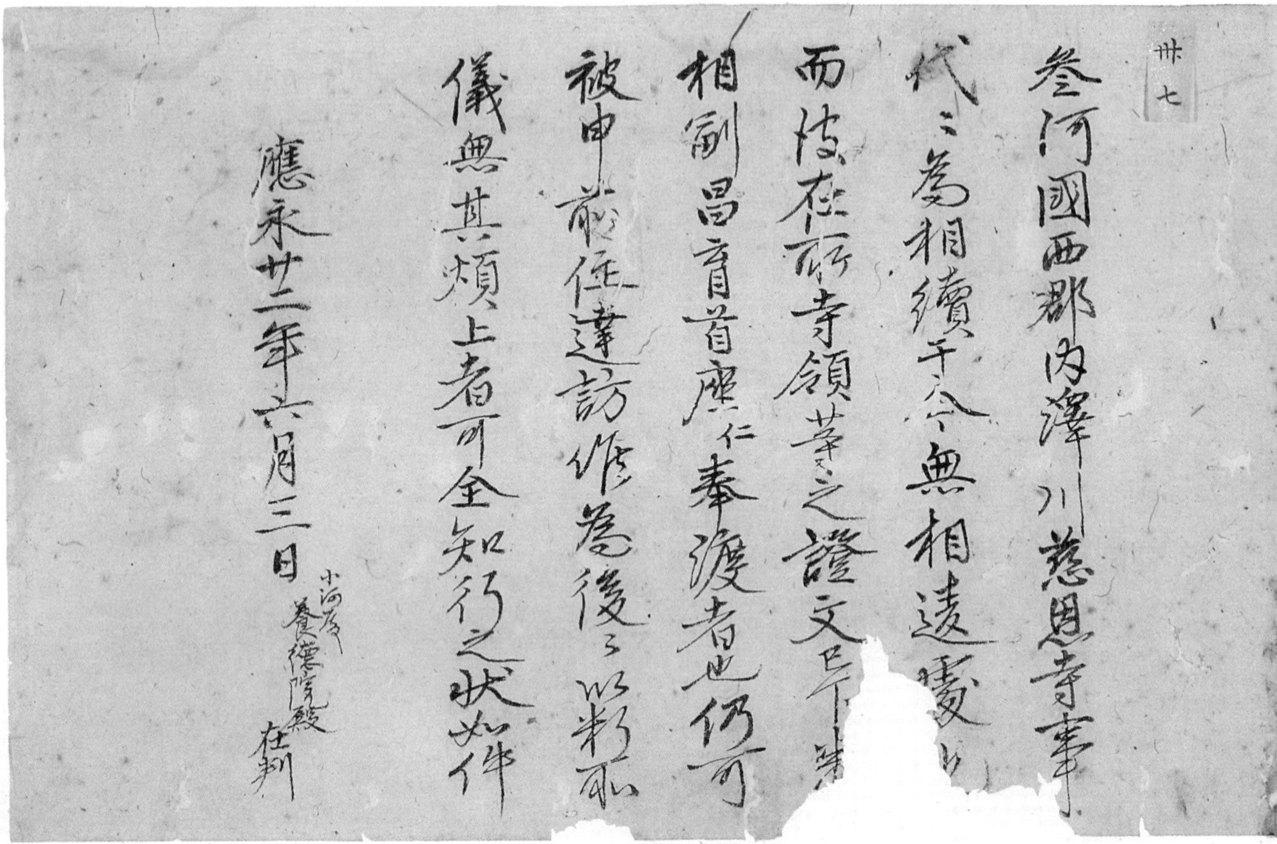
卌七

参河國西郡内澤刀慈恩寺事
代々為相續于今無相違處也
而依在所寺領等之證文已下等
相副昌首座仁奉渡者也仍可
被申前住達訪作為後々以新私
儀無其煩上者可全知行之状如件
應永廿二年六月三日
小河房
養徳院殿
在判

28.0×44.4

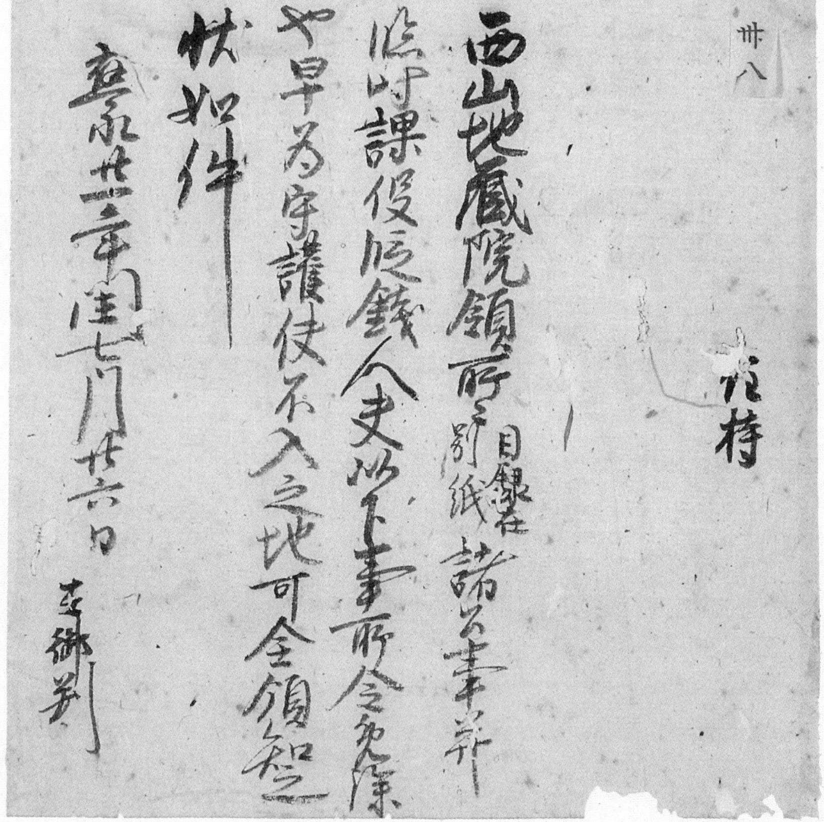

卅八

持

西山地蔵院領所々 目録在別紙 諸公事并
臨時課役段銭人夫以下事所令免除
也早為守護使不入之地可全領知之
状如件
応永廿二年閏七月廿六日
左衛判

28.0×28.3

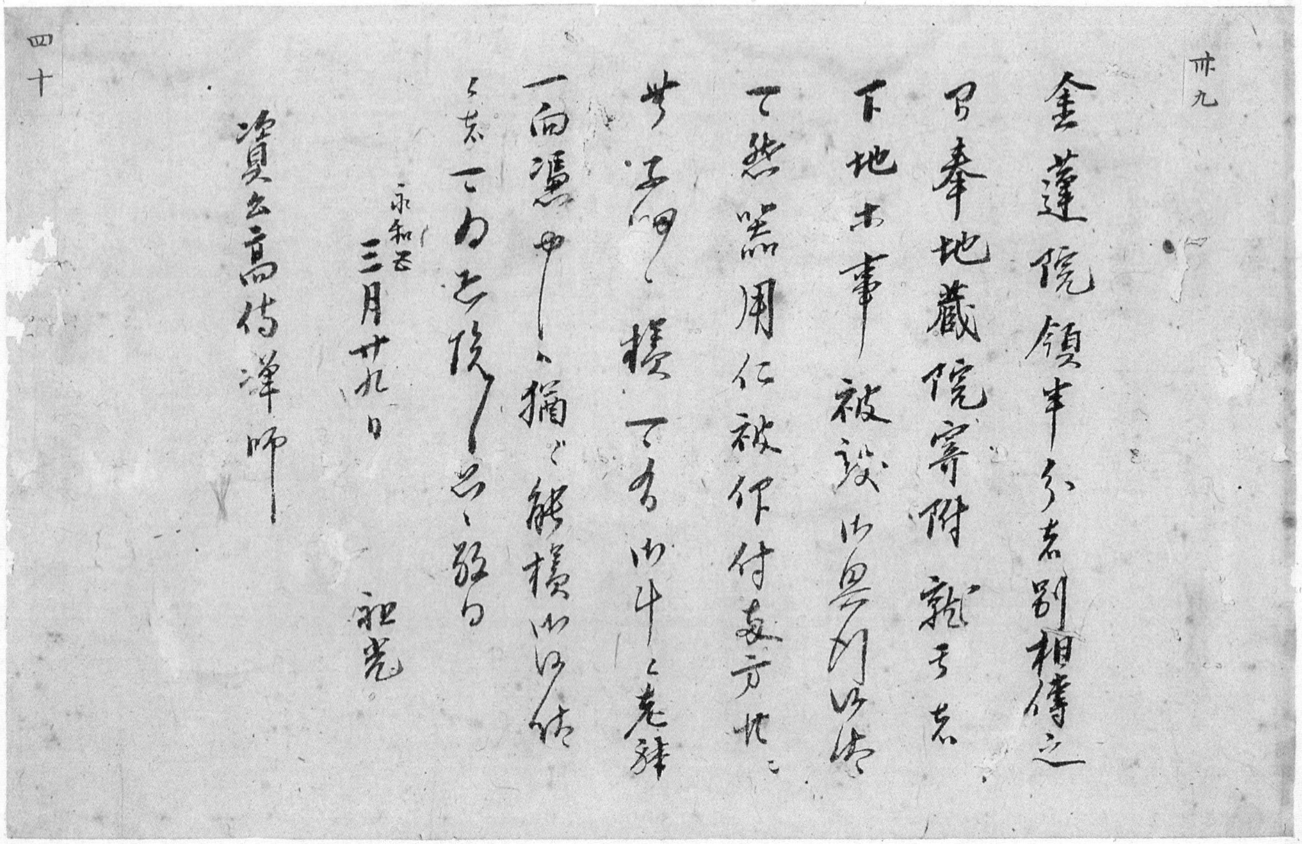
卅九

金蓮院領半分者別相傳之
間奉地蔵院寄附就其者
下地之事被致御無沙汰候
て然諸用仁被作付妄方状〻
無子細様ニて有御申候〻老拙
一向憑申候〻猶〻能様御沙汰候
〻恐〻可為本望候、恐〻謹言

永和五
三月廿九日　祖光

資岳高侍禅師

四十

28.0×45.0

四十一

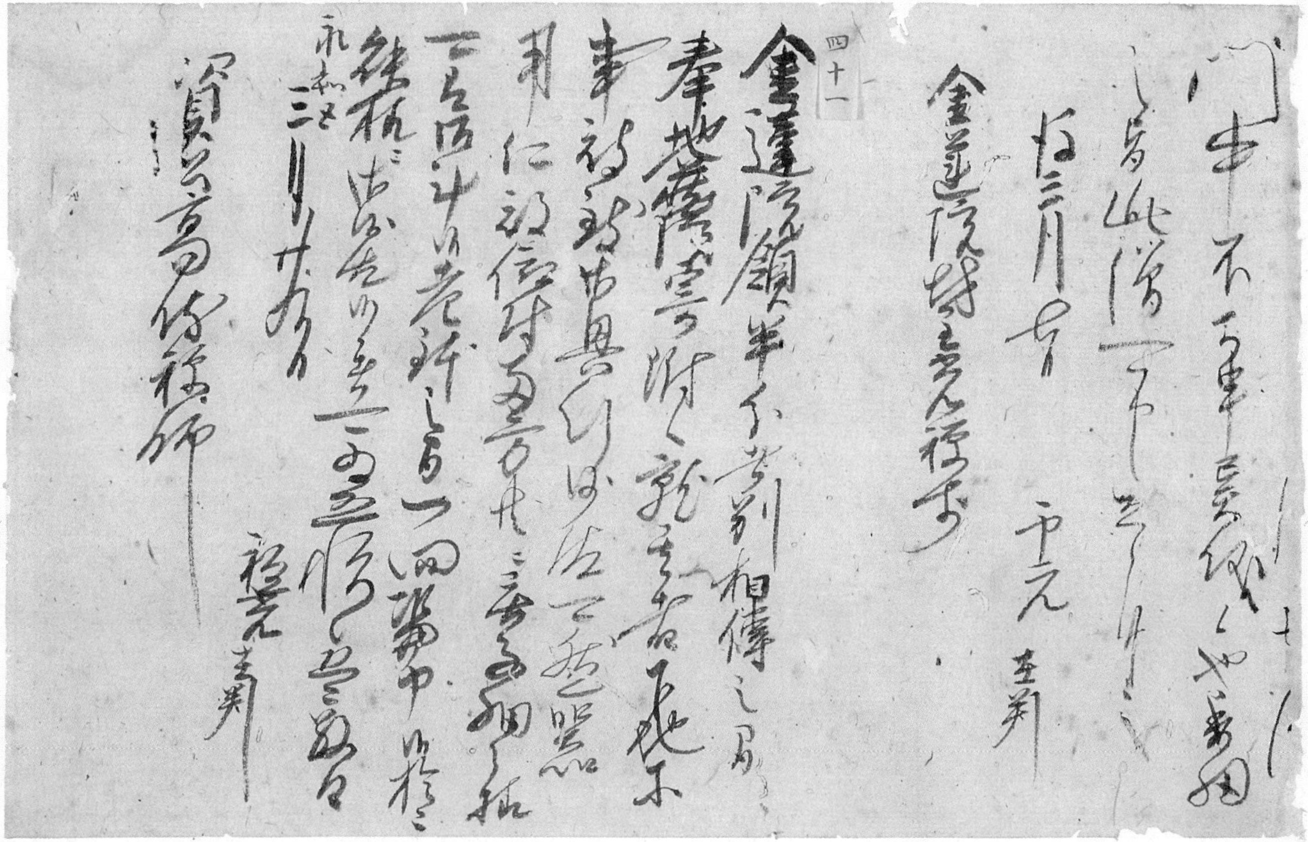

28.1 × 45.2

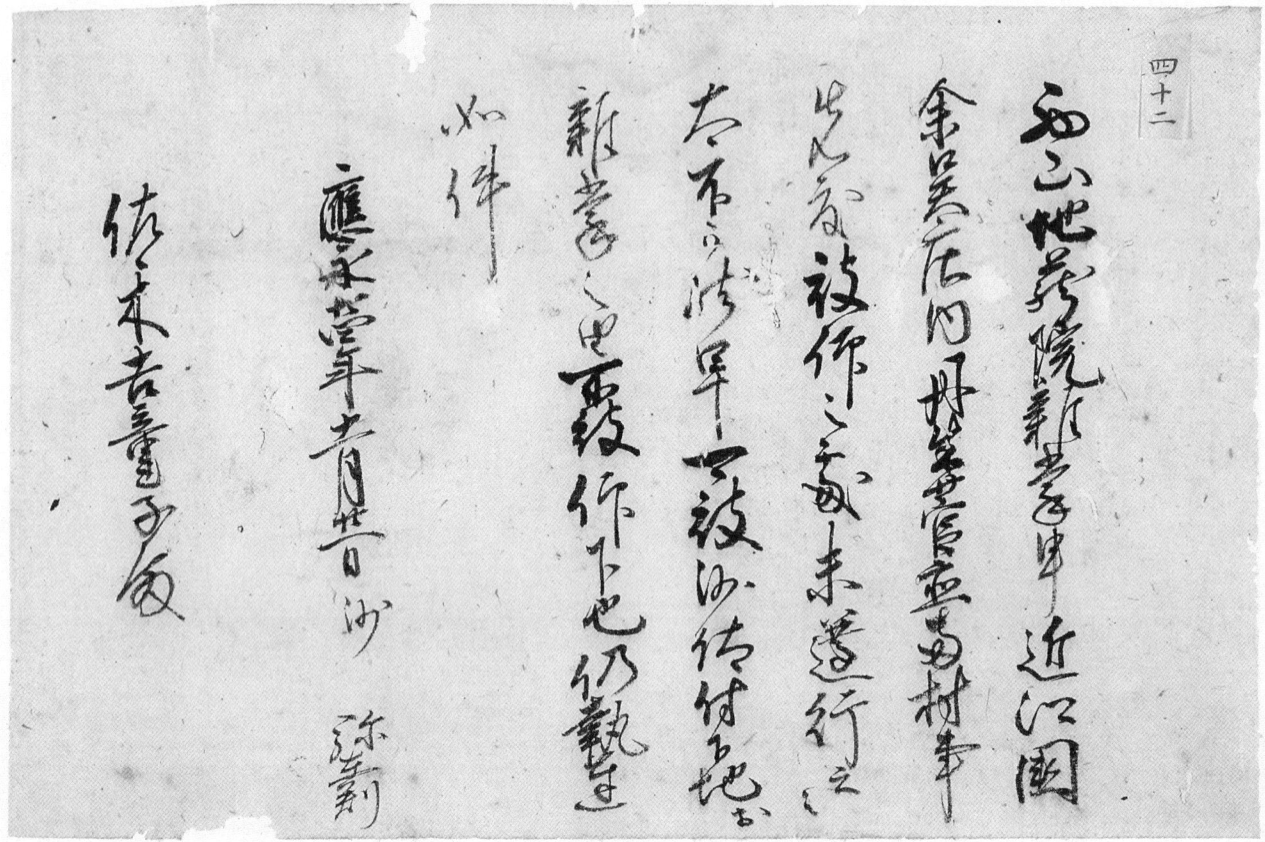
四十二

[illegible]地蔵院雑掌申近江国
金[illegible]門跡領豊浦村事
先度被仰之処、未遵行云々
太不可然、早可被沙汰付下地於
雑掌之由、重被仰下也、仍執達
如件
応永廿年十二月廿日　沙弥
佐々木吉童子殿

28.2×43.6

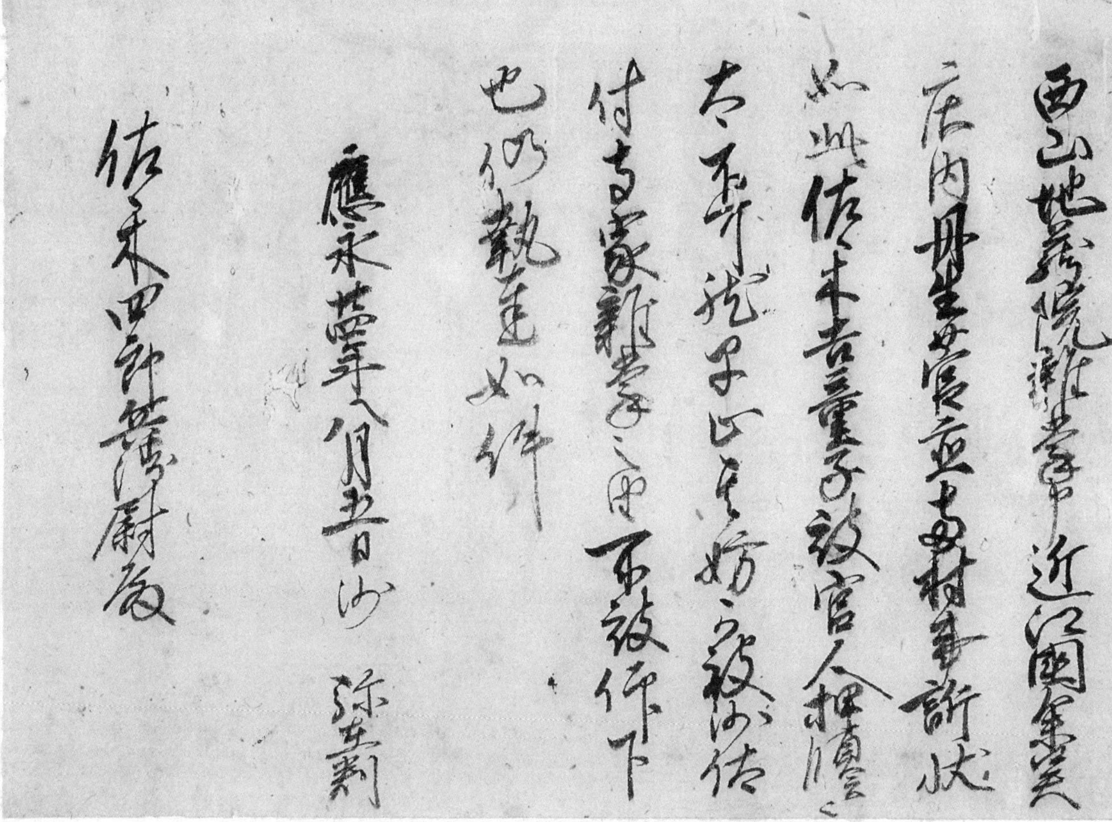
四十三

西山地蔵院雑掌申近江国[illegible]
庄内丹生谷長並上中村等事、訴状
如此、依木吉童子致官人押領云々
太不可然、早止彼妨、可被沙汰
付寺家雑掌之由、所被仰下
也、仍執達如件
應永廿年八月廿日　沙弥（判）
佐々木四郎兵衛尉殿

28.0×43.3

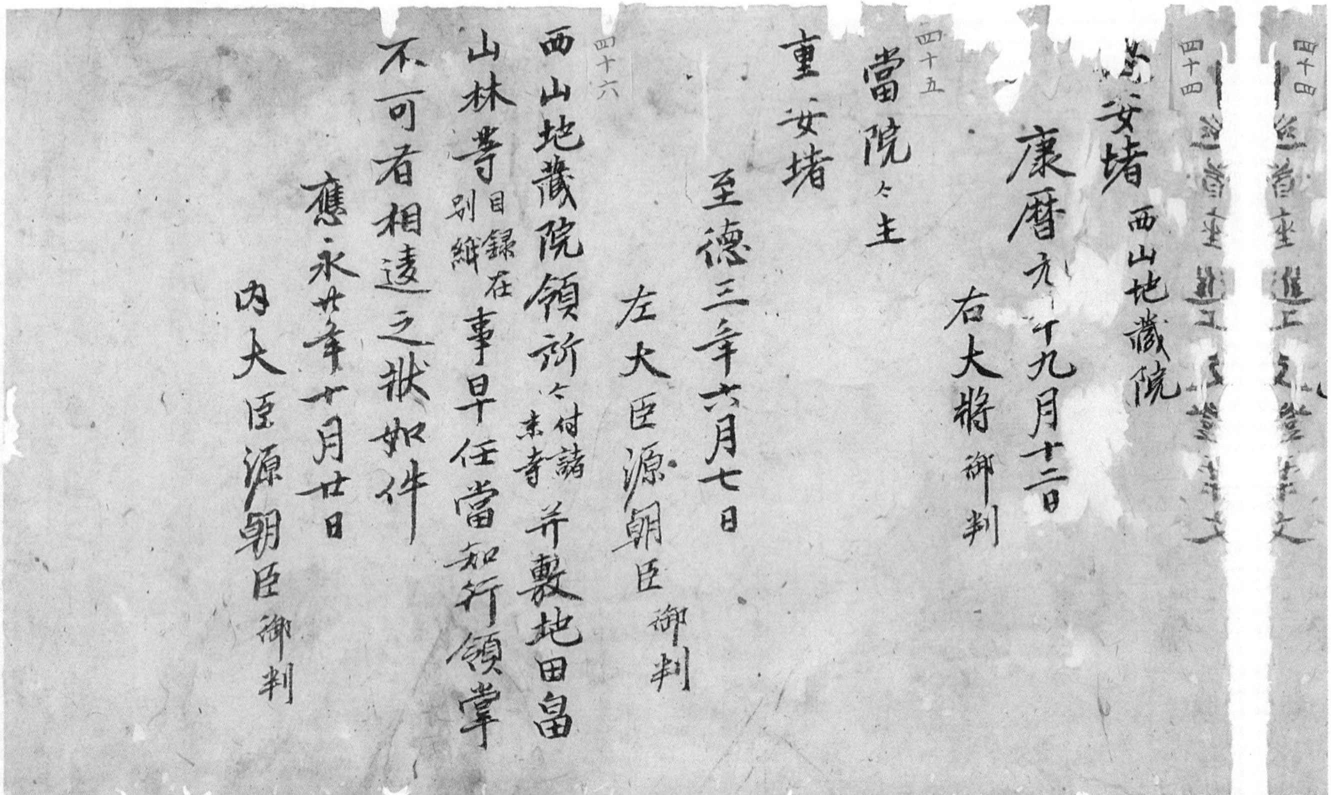

四十四

□安堵　西山地蔵院

康暦元十九月十二日

右大将御判

四十五

当院々主

重安堵

至徳三年六月七日

左大臣源朝臣　御判

四十六

西山地蔵院領所々付諸末寺并敷地田畠

山林等目録在別紙事、早任当知行領掌

不可有相違之状如件

応永廿年十月廿日

内大臣源朝臣　御判

28.2×44.8

洛陽西地蔵院末寺土佐国田村上庄正禅庵文書

28.0×28.0

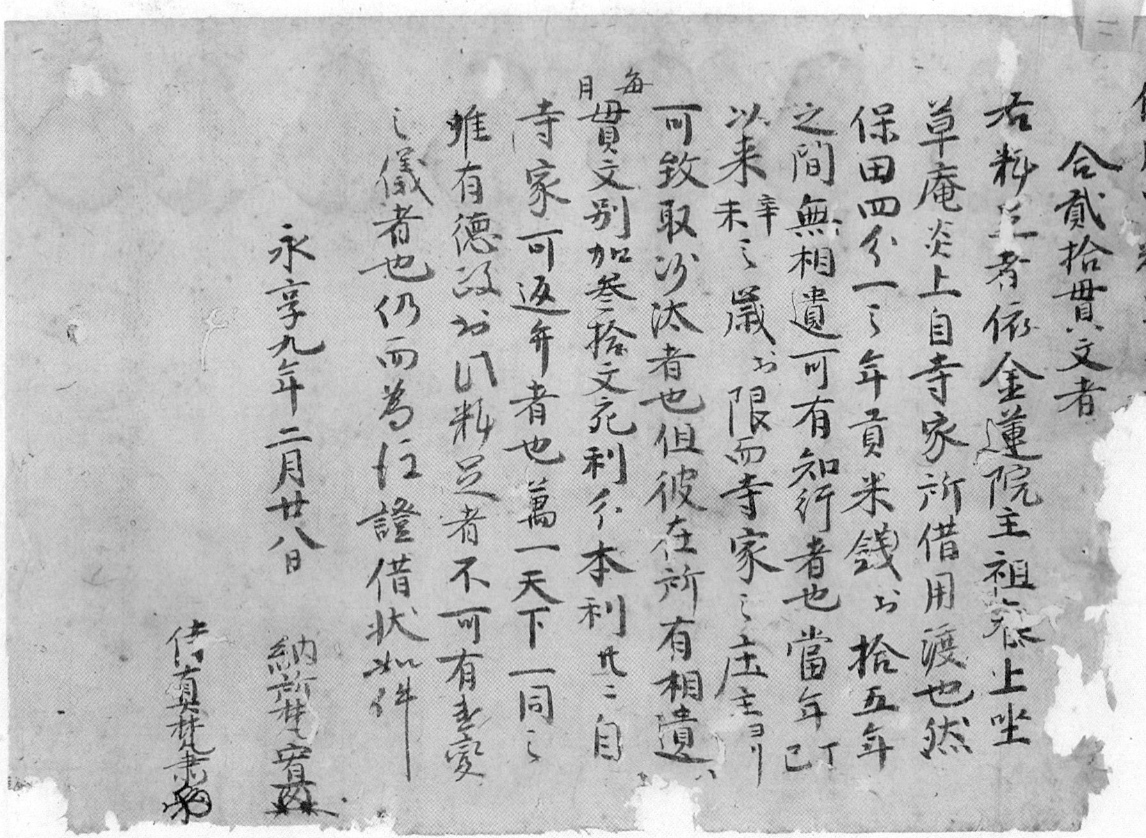

借用申料足之事
合貳拾貫文者
右料足者依金蓮院主祖宗上坐
草庵炎上自寺家所借用渡也然
保田四分一之年貢米錢お拾五年
之間無相違可有知行者也當年丁巳
以来辛未之歳お限而寺家之庄主ヨリ
可致取沙汰者也但彼在所有相違、
毎月貫文別加参拾文充利分本利共ニ自
寺家可返弁者也萬一天下一同之
雖有徳政お以料足者不可有違変
之儀者也仍而爲後證借状如件
永享九年十二月廿八日
納所梵宥
借主梵秉

27.5×40.8

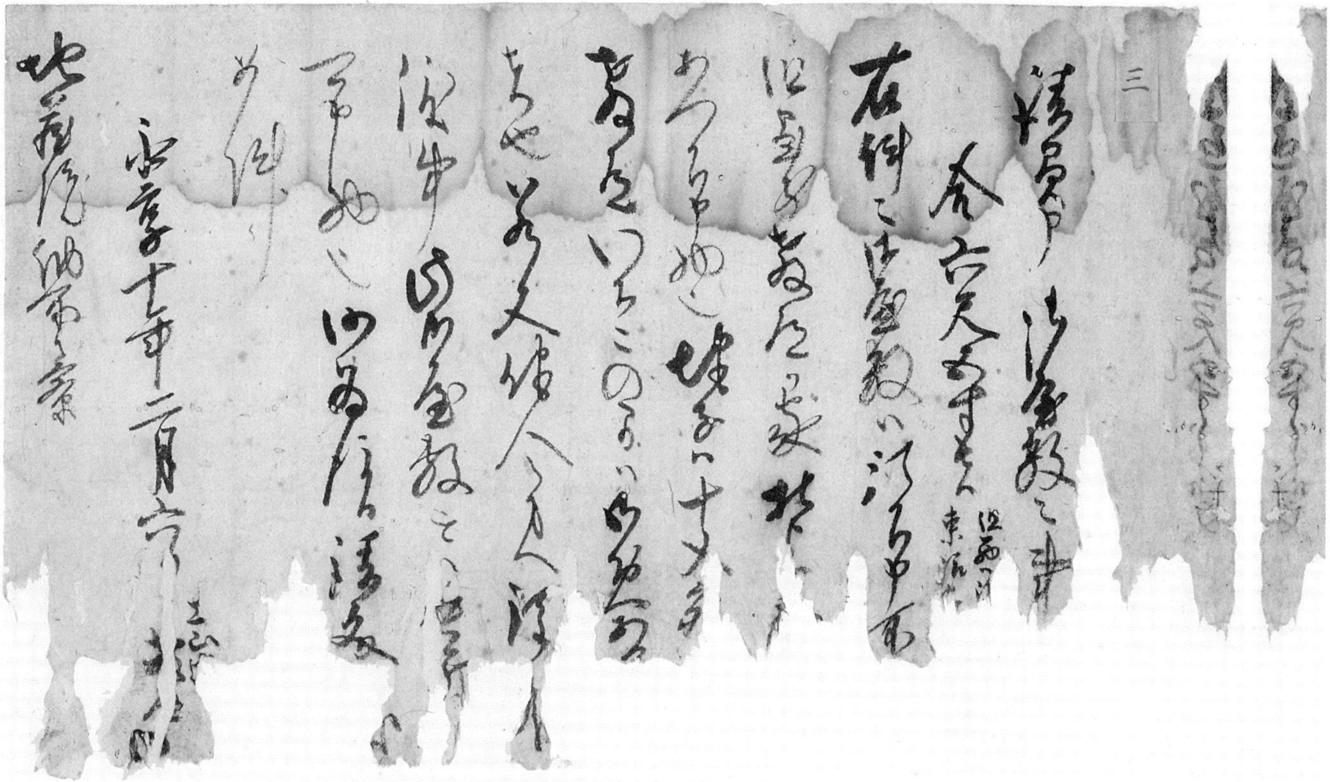
三

28.0×45.7

6—4 秋庭元明書状包紙

27.8×44.6

五

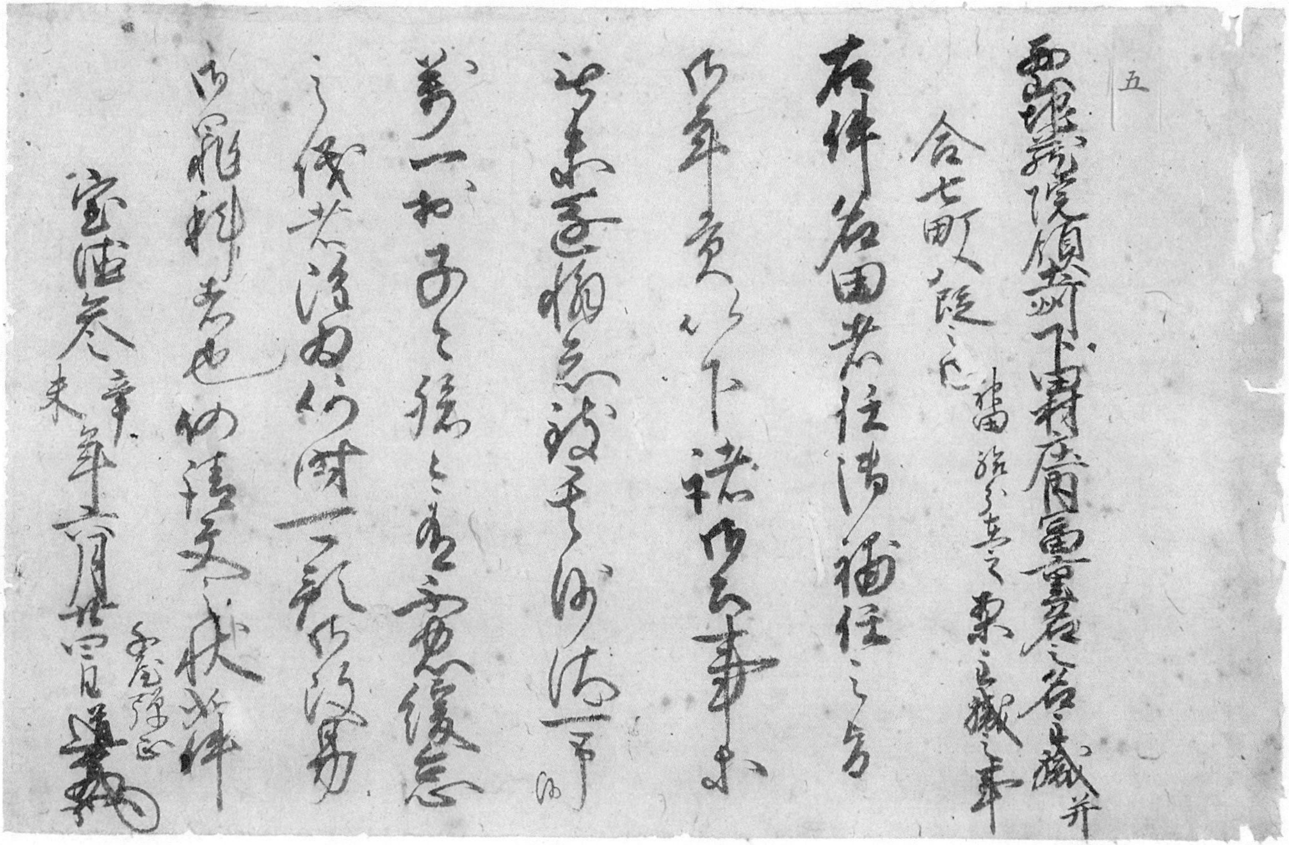

西蓮寺領甲州下曽祢庄内富安名之内在家并
合七町八段之事　横路之東[illegible]
右件名田者任先判之旨
為年貢以下諸公事等
[illegible]
若一わ子孫之中[illegible]
[illegible]
[illegible]
宝徳三年辛未十二月廿日　道義（花押）

27.7×44.0

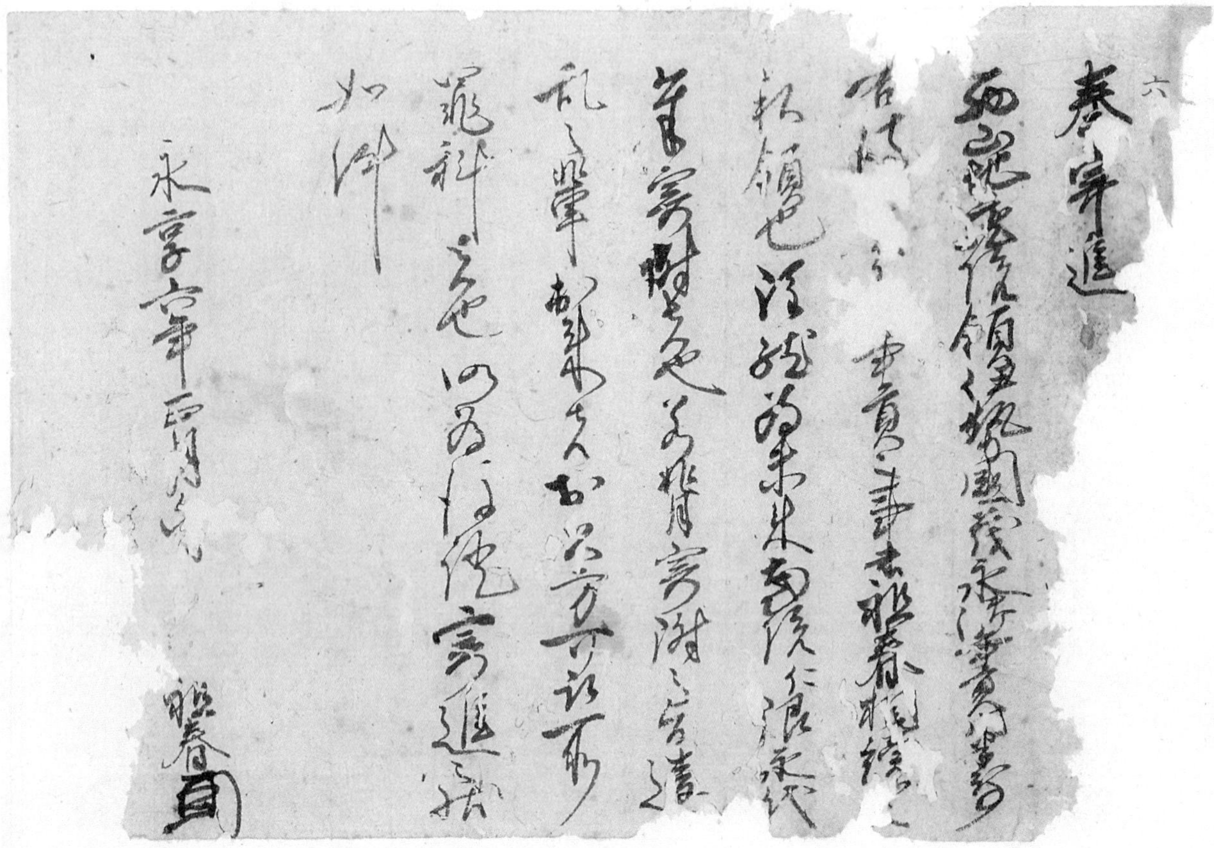

27.9×41.8

七

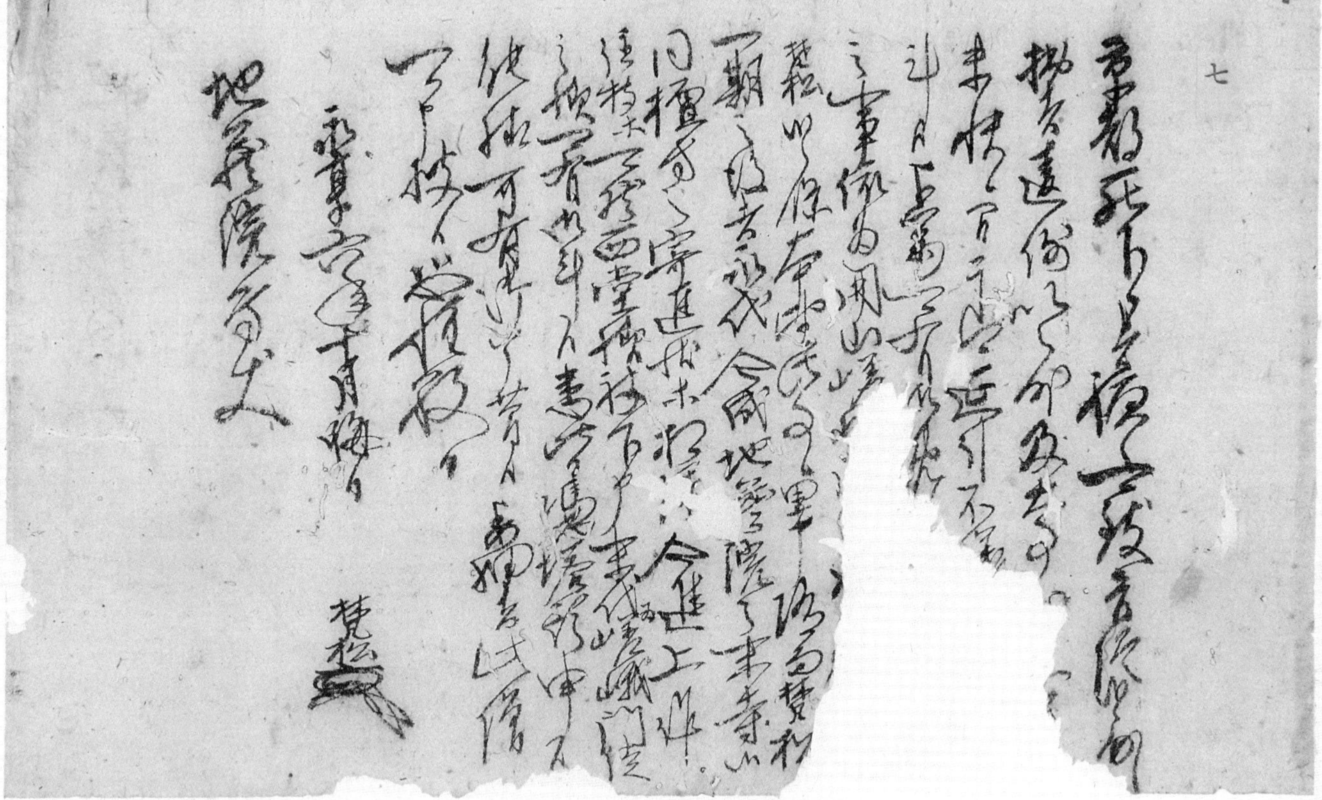

27.6×46.3

6—8 細川家奉行人連署借状

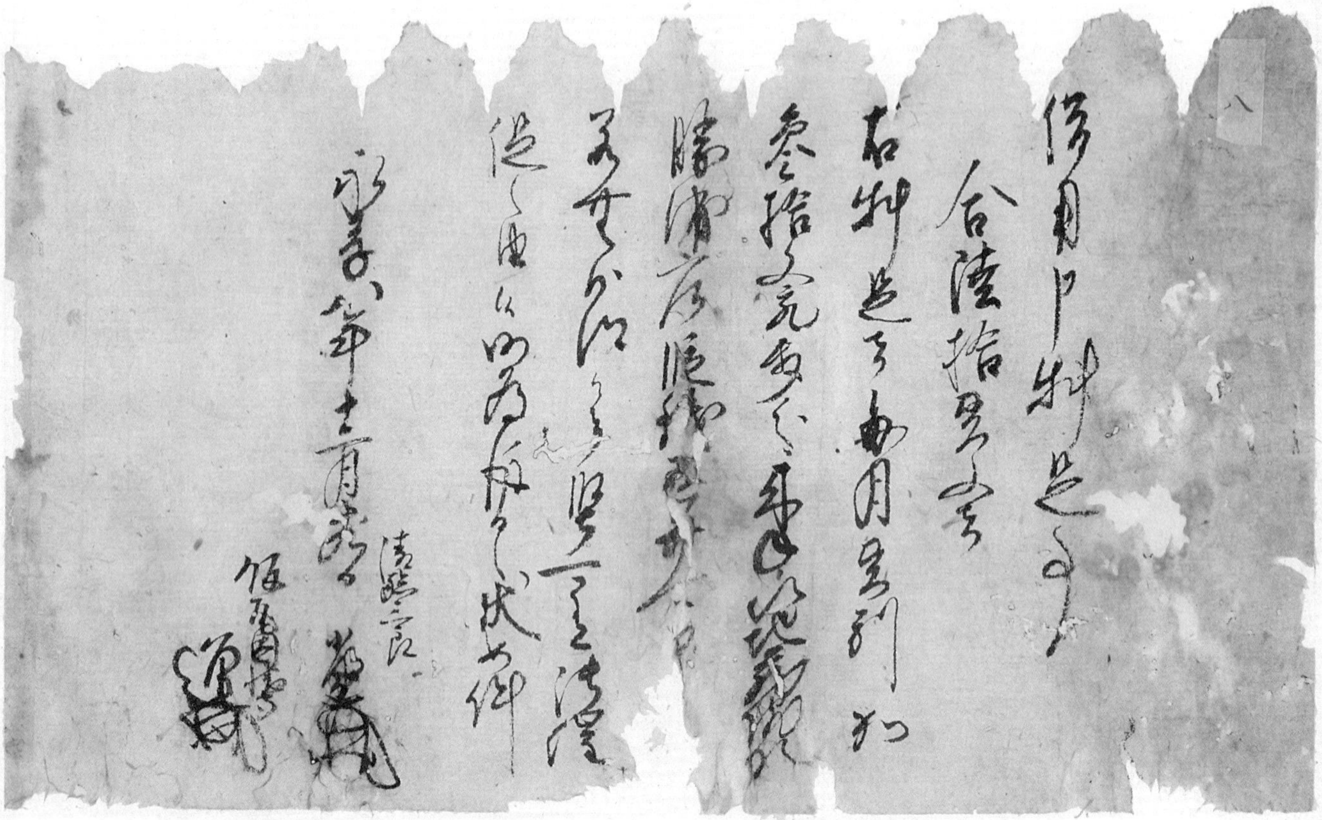

27.2×45.8

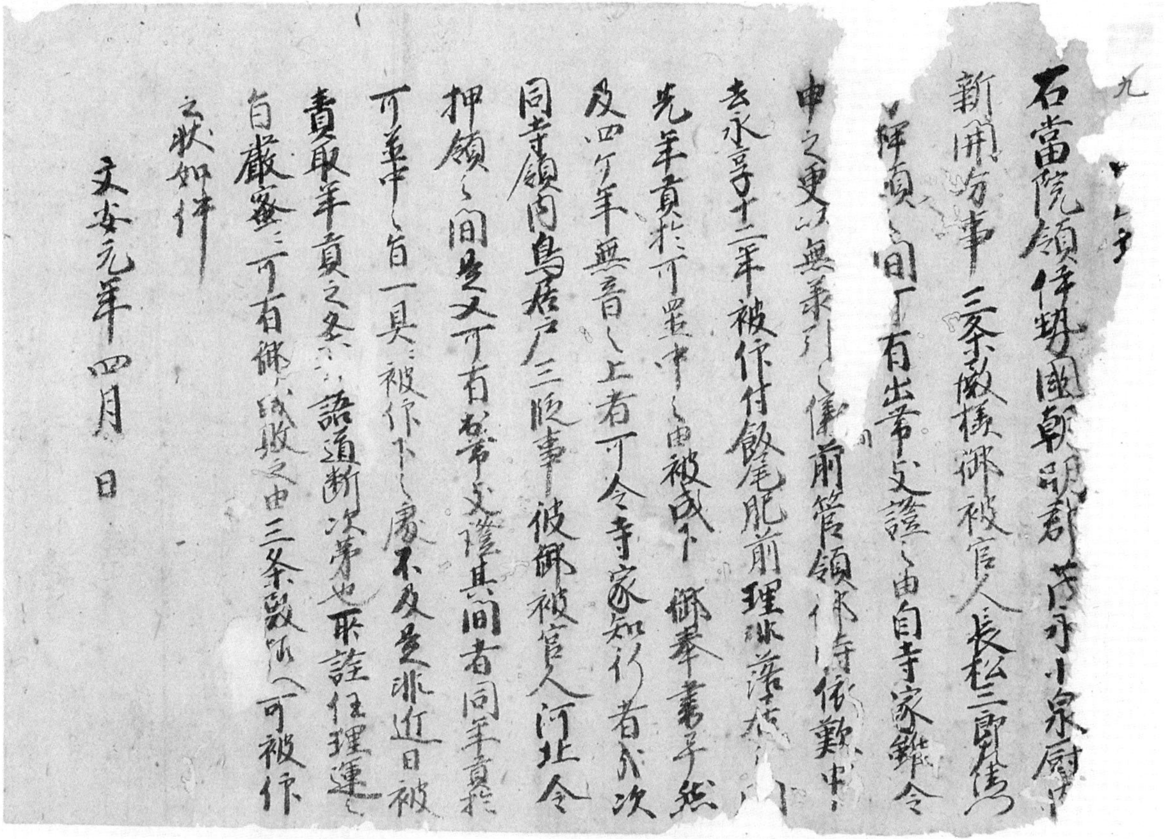

右當院領伊勢國朝明郡内小泉御厨

新開分事、三条殿様御被官人長松三郎佐

押領之間、可有出帯支證之由、自寺家雖令

申之、更以無其引之儀、前管領御寺依歎申、

去永享十二年被仰付飯尾肥前理非落居

先年貢於可置中之由被成下御奉書子然

及四ヶ年無音之上者、可令寺家知行者哉、次

同寺領内鳥居戸三段事、彼御被官人河北令

押領之間、同又可有出帯支證、其間者同年貢於

可置中之旨一具被仰下之處、不及是非、近日被

責取年貢之条、言語道断次第也、所詮任理運

有厳密之可有御成敗之由、三条殿へ可被仰

之状如件

文安元年四月　日

27.9×39.5

6—10　西山地蔵院仏殿造営奉加帳

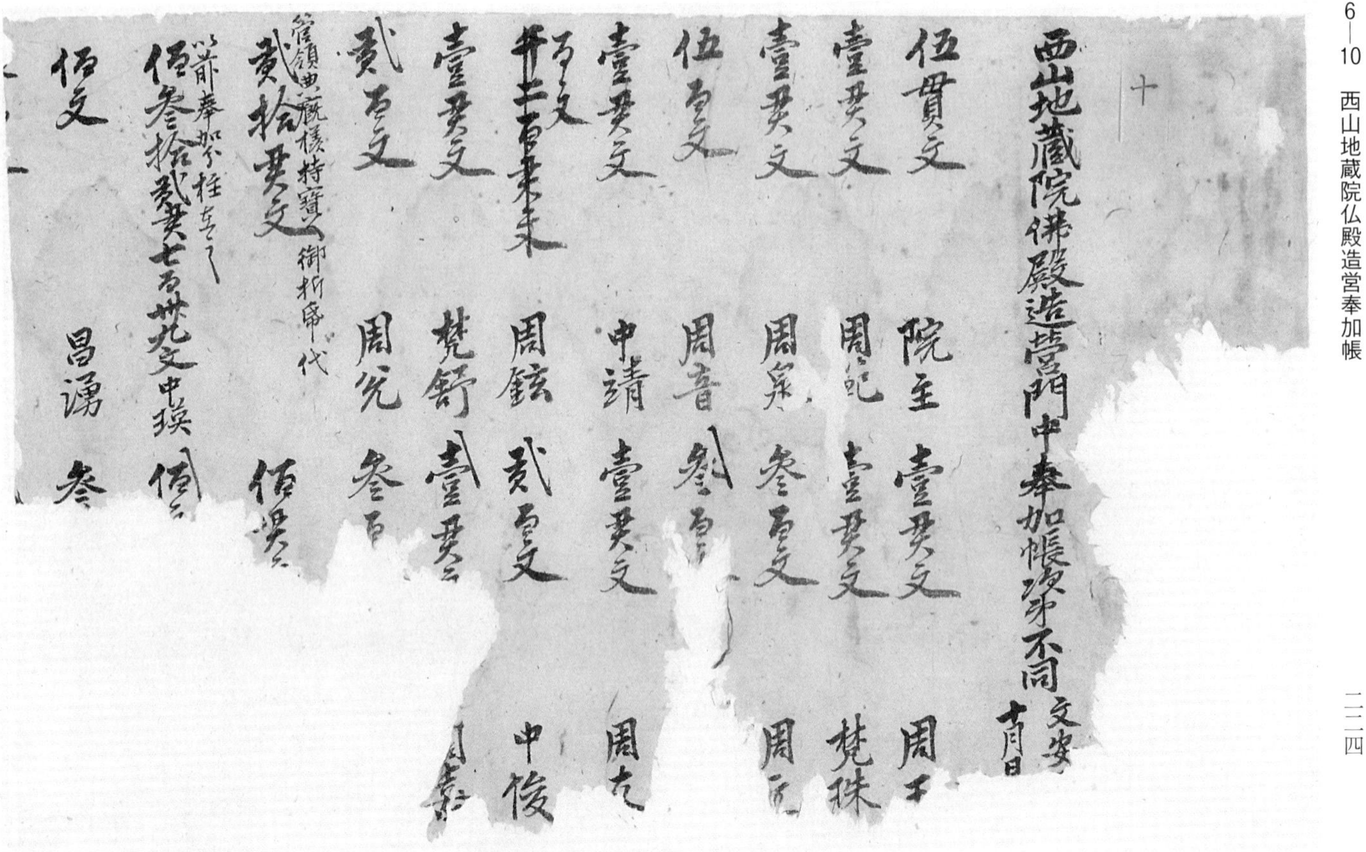
西山地蔵院佛殿造営門中奉加帳次第不同　文安　十月日
伍貫文　院主　壹貫文
壹貫文　梵珠
壹貫文　参百文
伍百文　周音　参百
壹貫文　中靖　壹貫文
百文
貳百文　周鉉　貳百文　中俊
壹貫文　梵舒　壹貫
貳百文　参百
管領御曲彔様持寶ゝ
貳拾貫文　御折帋代　伍貫
以上前奉加ゝ柱立ゝ
伍参拾貳貫七百卅九文
伍文　昌湧　参

27.5×44.6

十一

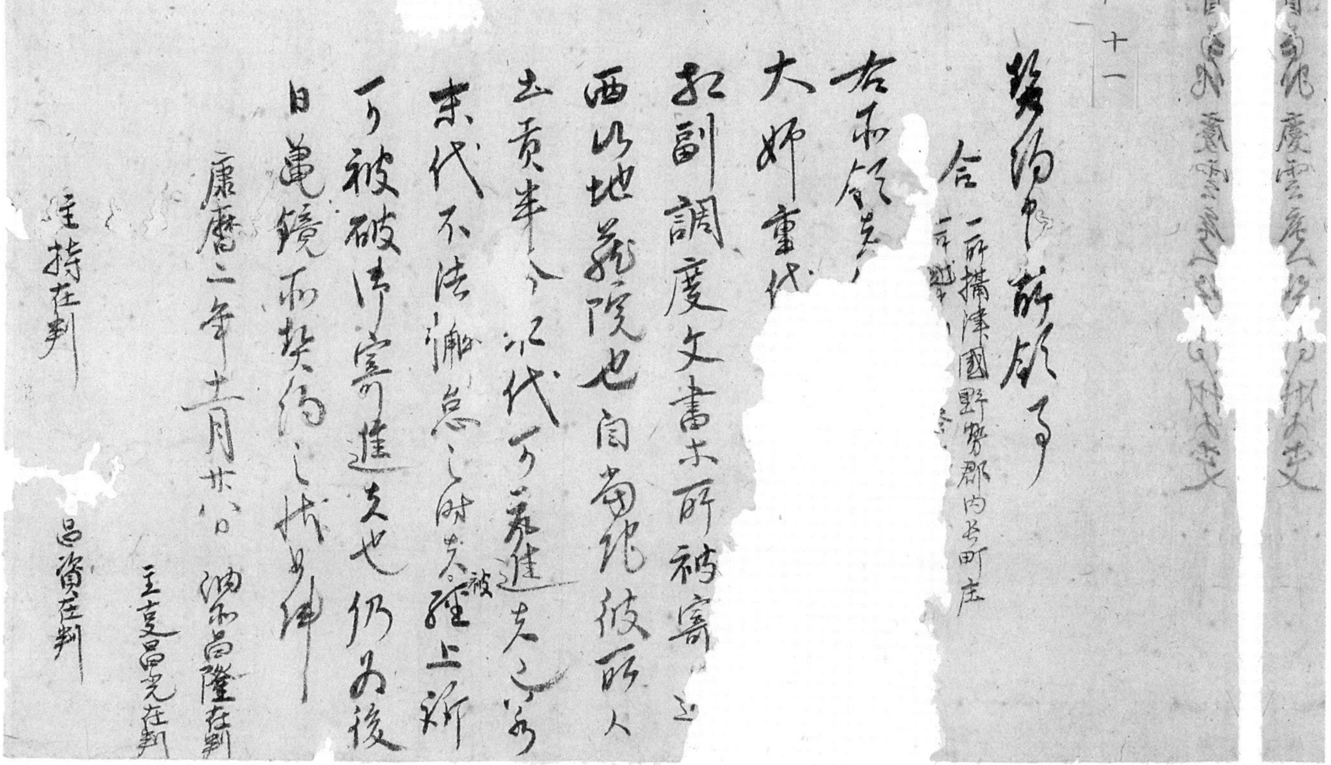
寄附申所領事
合一所 摂津国野勢郡内长町庄
右所領者、
大姉重代
相副調度文書本所被寄
西山地蔵院也、自南禅彼所人
土貢米分以代可被寄進者也、
末代不法懈怠之時者、被寄進上新
可被破所寄進者也、仍為後
日亀鏡所契約之状如件
康暦二年十二月廿八日　沙弥昌隆在判
主支昌光在判
昌資在判
主持在判

27.6×45.6

6—12 室町幕府管領斯波義将奉書案

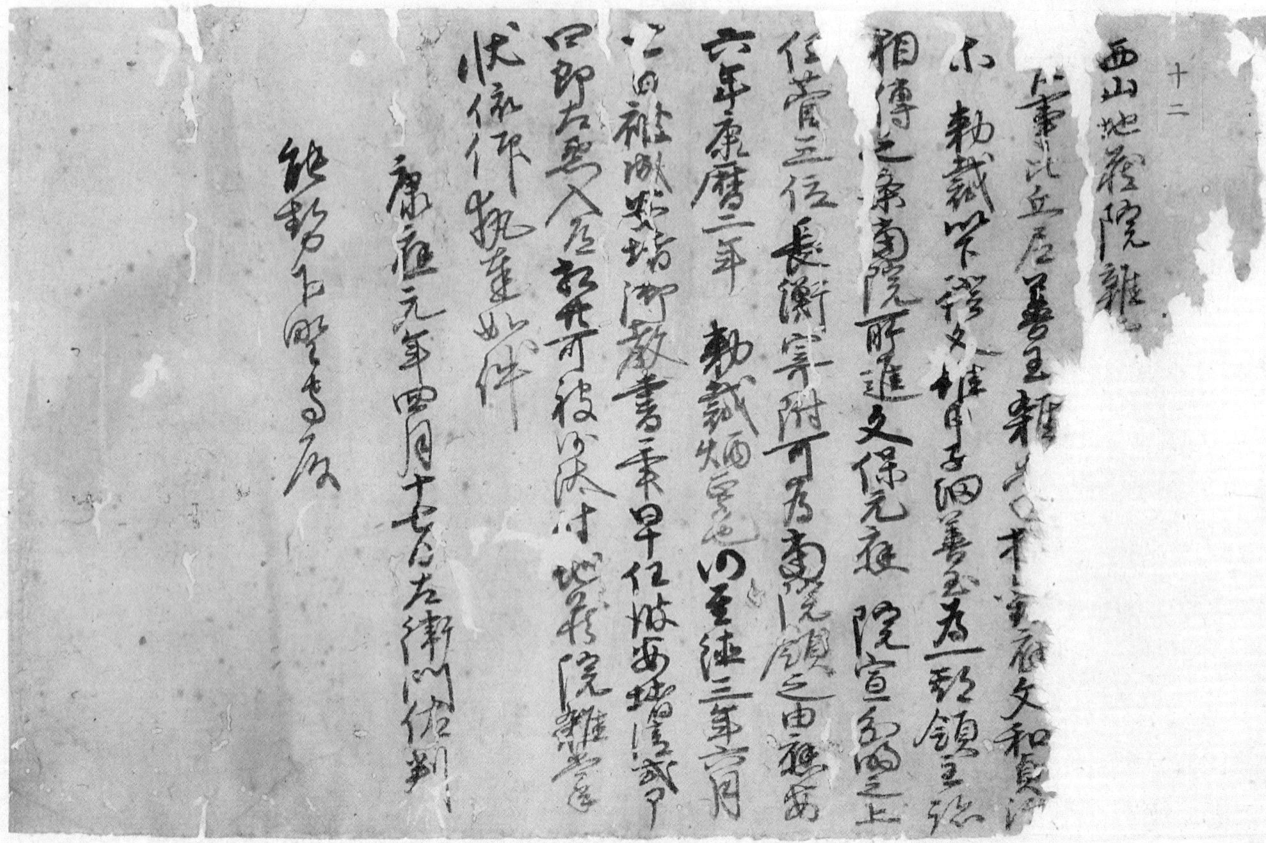

28.0×44.2

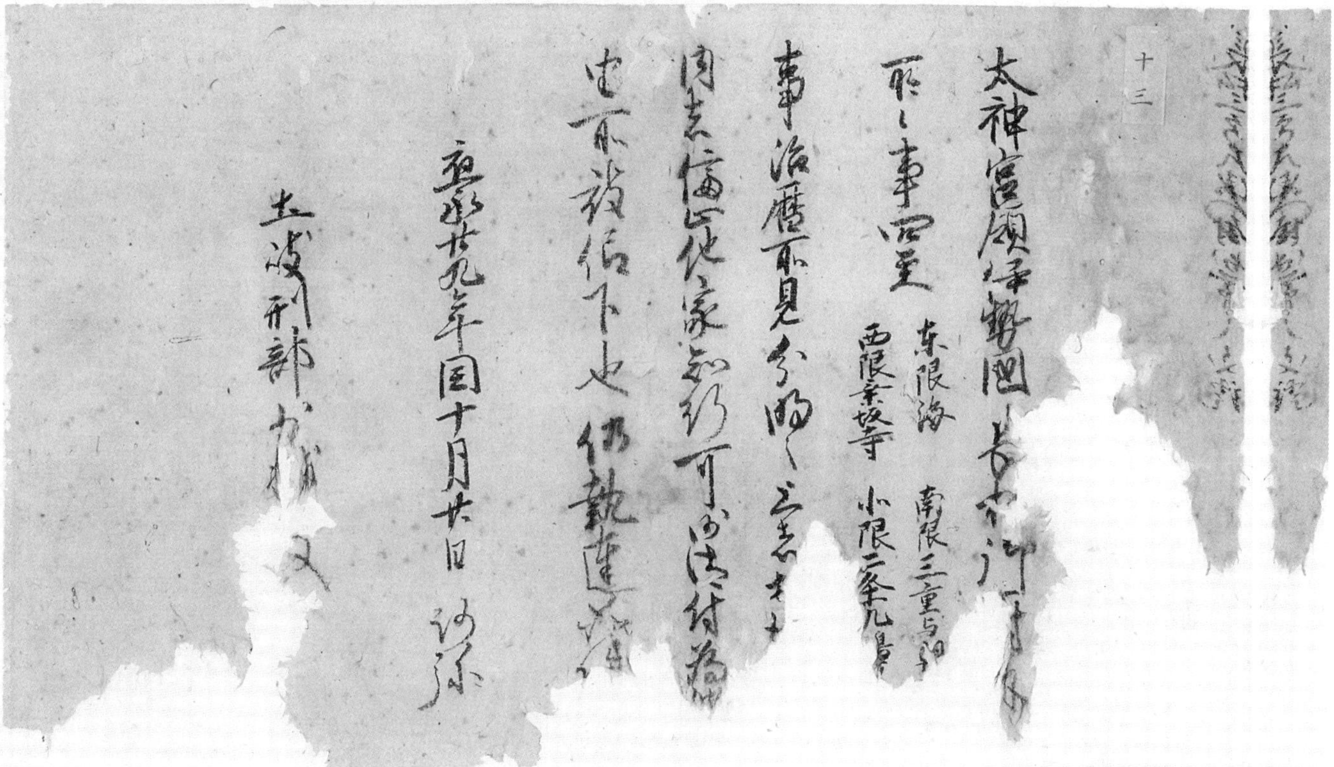
十三
太神宮領伊勢国[illegible]
四至 東限海 南限三重[illegible]
西限宗坂寺 北限二条九[illegible]
右件治暦下知見分明也[illegible]
因茲偏以他家知行可為[illegible]
[illegible]下知如件 仍執達如件
應永廿九年閏十月廿日 沙弥
土岐刑部少輔殿

27.9×46.8

石清水八幡宮俗別当紀兼能契約状案

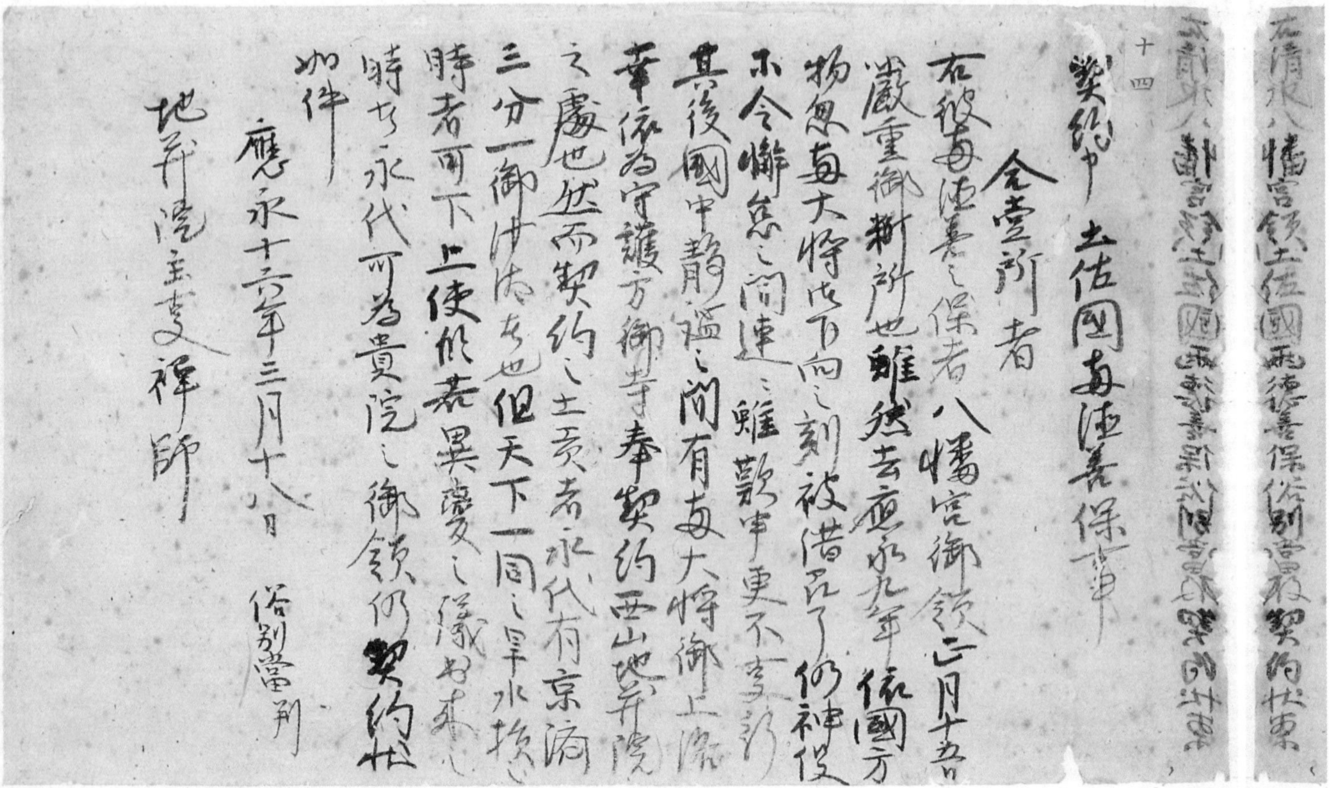

石清水八幡宮領土佐國西浦善保俗別当契約状案

十四

契約申 土佐國西浦善保事

合壹所者

右、彼西浦善保者、八幡宮御領二月十五日
厳重御料所也、雖然去応永九年依國方
物忩、西大將殿下向之刻被借召了、仍神役
不令懈怠之間、連々雖歎申、更不事行、
其後國中静謐之間、有西大將御上洛、
幸依為守護方御計、奉契約西山地蔵院
之處也、然而契約之土貢者、永代有京済
三分一御沙汰者也、但天下一同之旱水損
時者可下上使、能若異變之儀出来
時者、永代可為貴院之御領、仍契約状
如件、

応永十二年三月十八日　俗別當判

地蔵院主事禅師

27.5×44.3

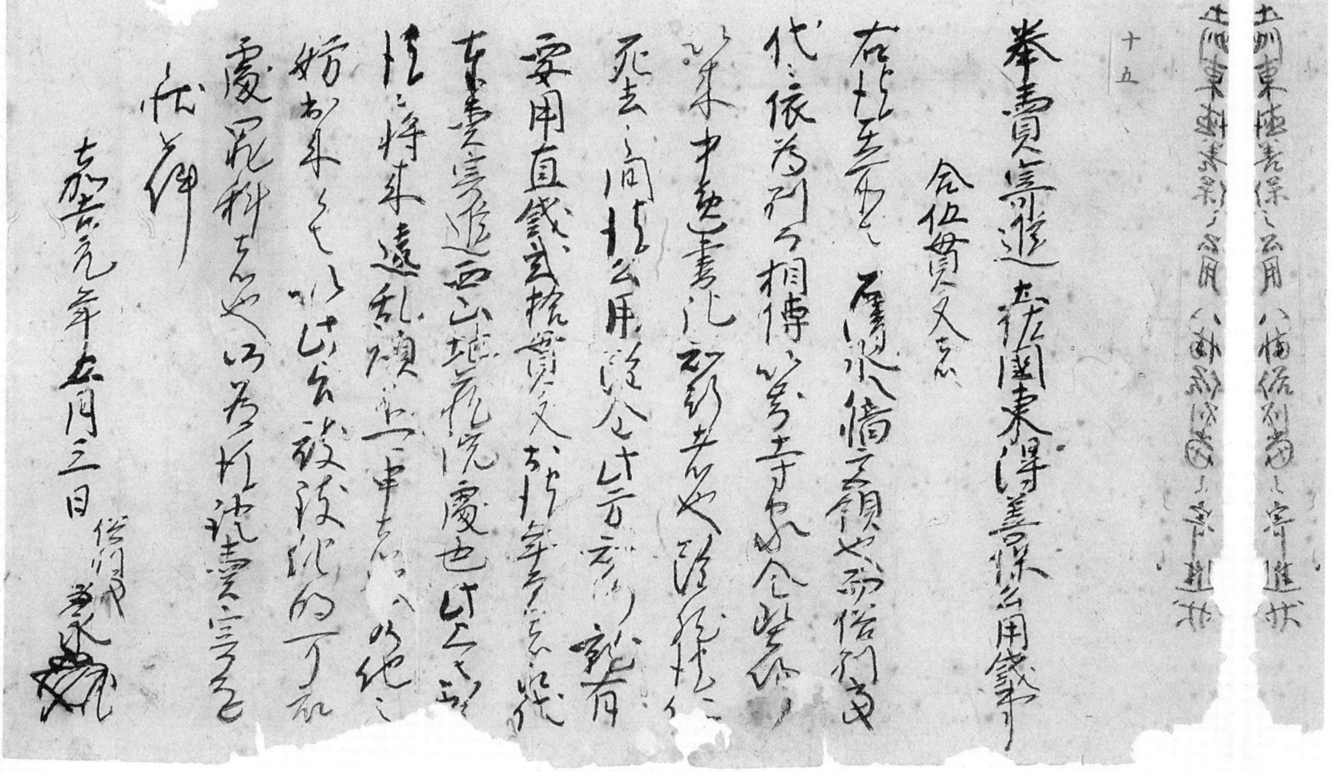

若州東郷善積保之公用八幡宮別当へ寄進状

十五

奉寄進 若狭国東郷善積保公用銭事

合伍拾貫文者

右於当保者、石清水八幡宮領也、而信州当

代依為別ニ相傳之寺家ニ令[illegible]、

[illegible]中絶之処、書記私領若也、諸給人

死去、向於公用、随分之沙汰之処ニ、就有

要用直銭弐拾貫文、相当去年分之公用

寄進之、以彼地為院家也、仍永代

於之将来違乱煩之輩出来者、於[illegible]絶之

[illegible]、以此旨致沙汰、仍的可[illegible]

處罪科者也、仍為後證寄進之状

如件

嘉吉元年六月三日　信州守

盛(花押)

27.8×45.1

6—16 宗用書状

27.8×46.0

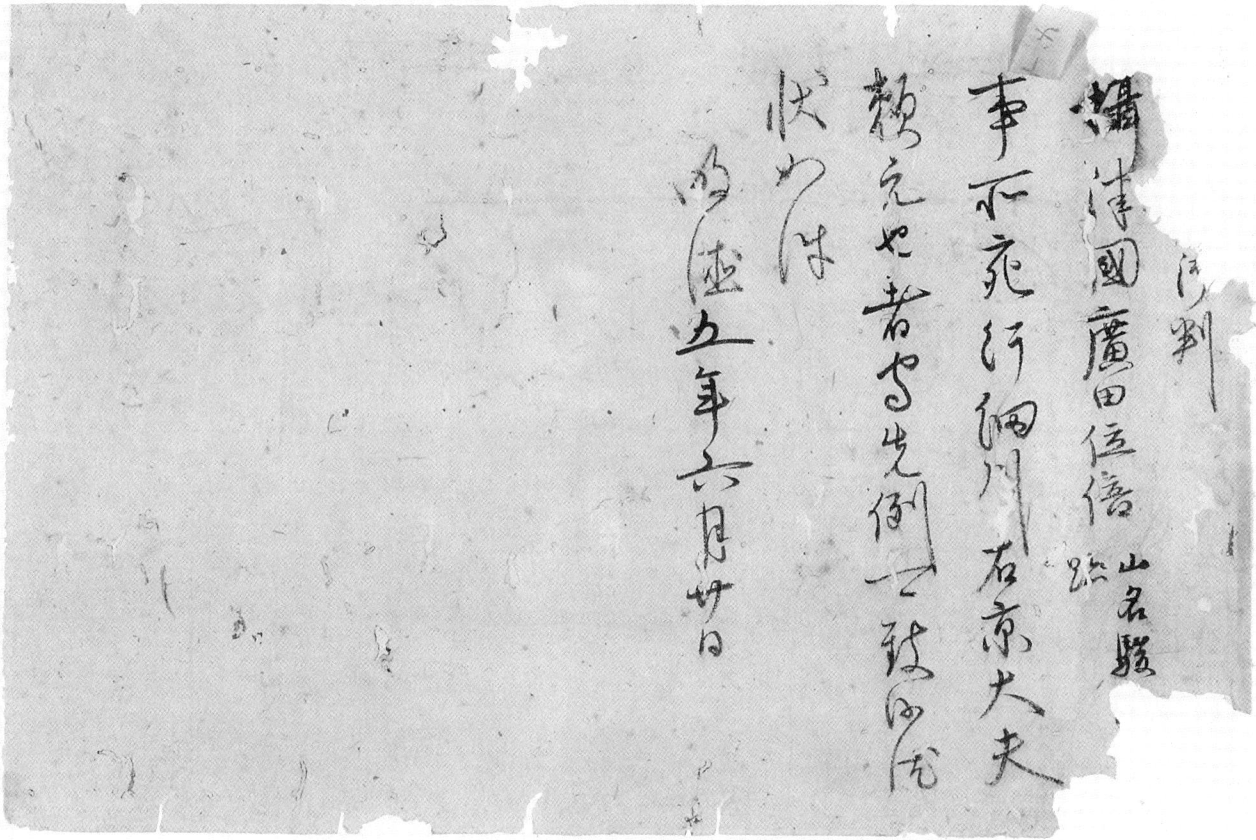
御判
攝津國廣田位倍跡　山名殿
事、不宛行細川右京大夫
類充也、者可任先例之致沙汰
状如件
明應五年六月廿日

27.8×43.0

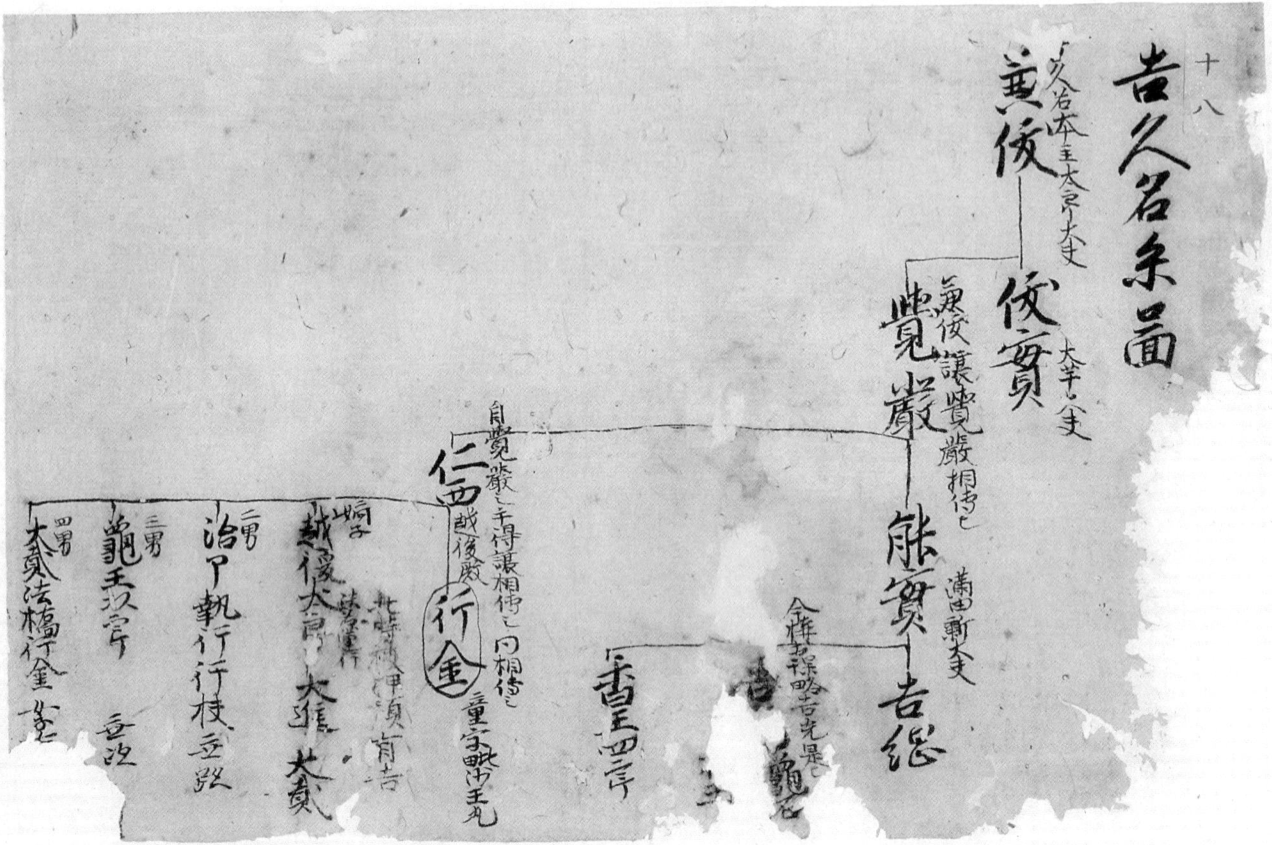

吉久名系図

十八

兼俊 吉久名本主太郎大夫

俊貞

覚厳 兼俊譲覚厳相伝之

能貞 満田新大夫

吉継

仁西 自覚厳之手得譲相伝之 越後殿

行金 同相伝之 童字黒法王丸

嫡子 越後太郎

二男 治部

三男 亀王次郎

四男 大貮法橋行金

27.8×43.8

6—1 恵慶書状案

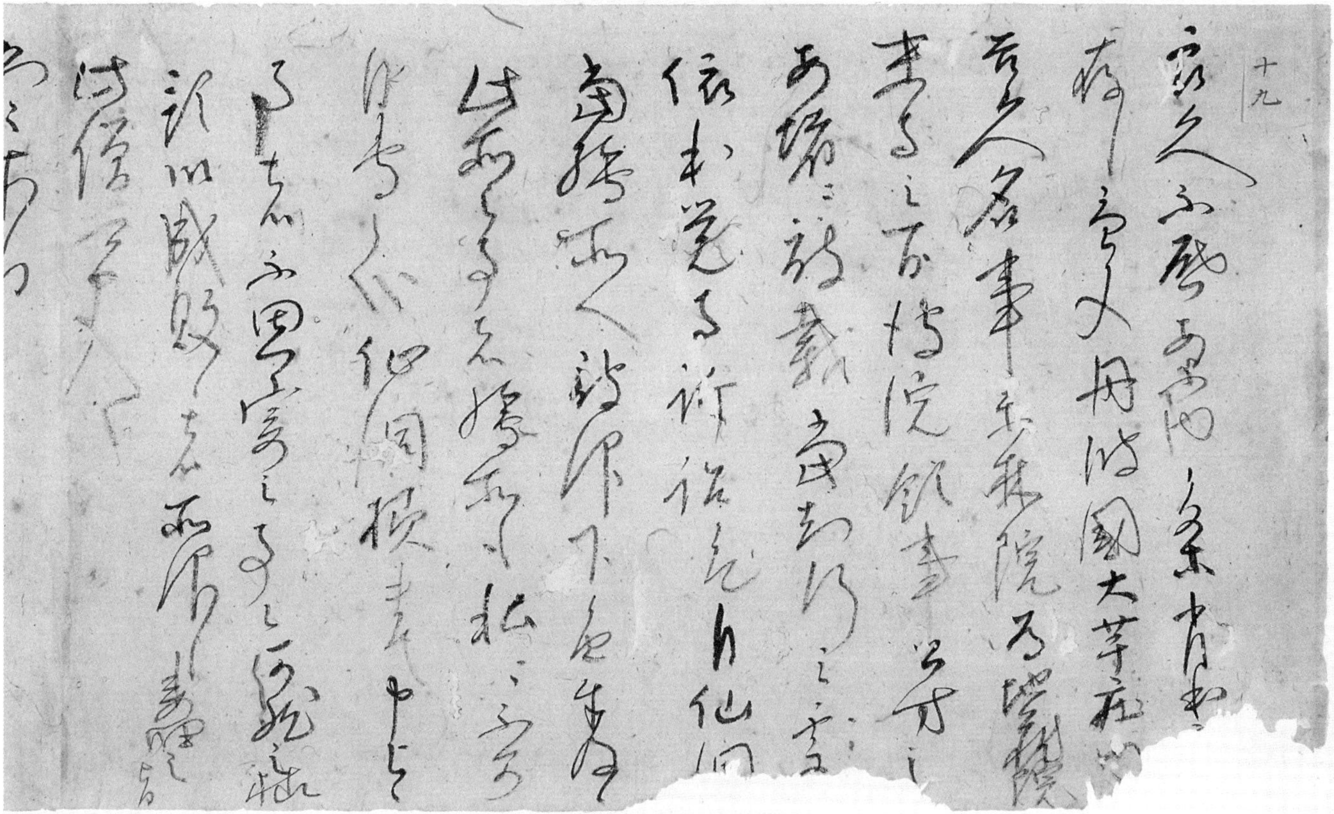

27.8×44.9

27.8×46.0

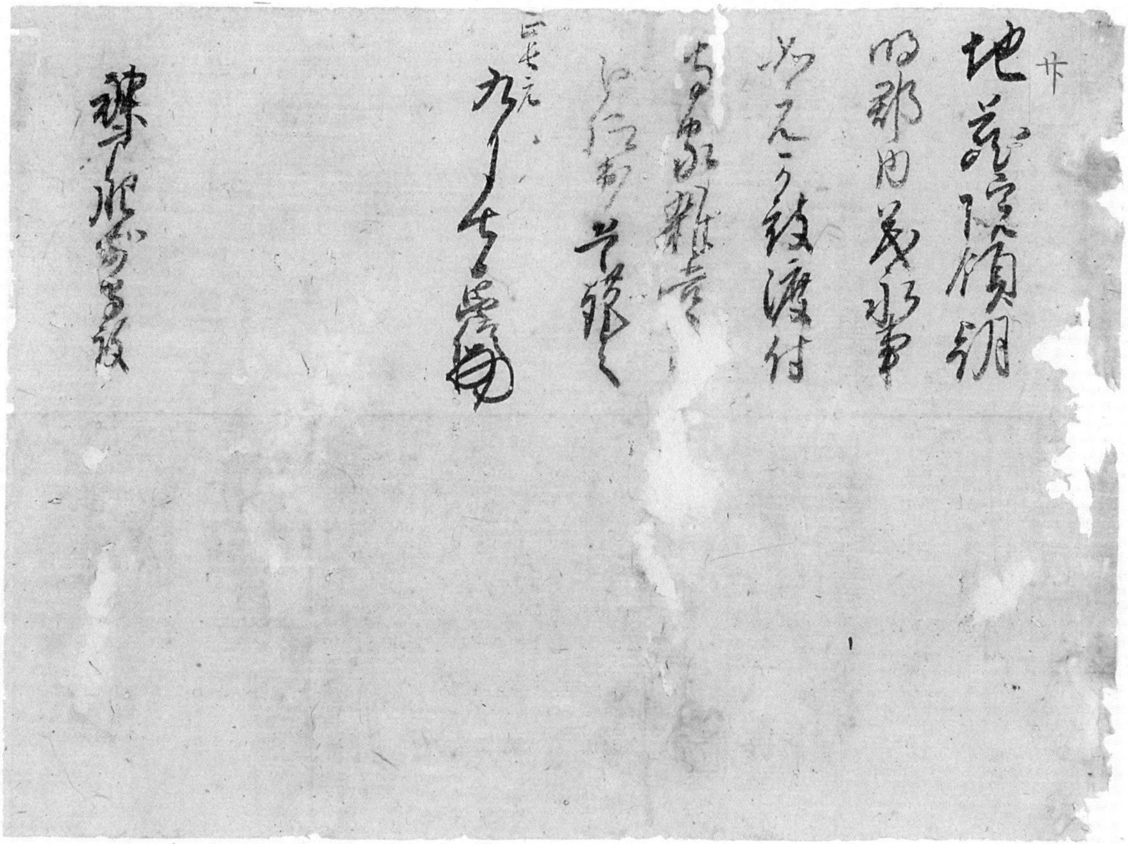
廿

27.8×38.3

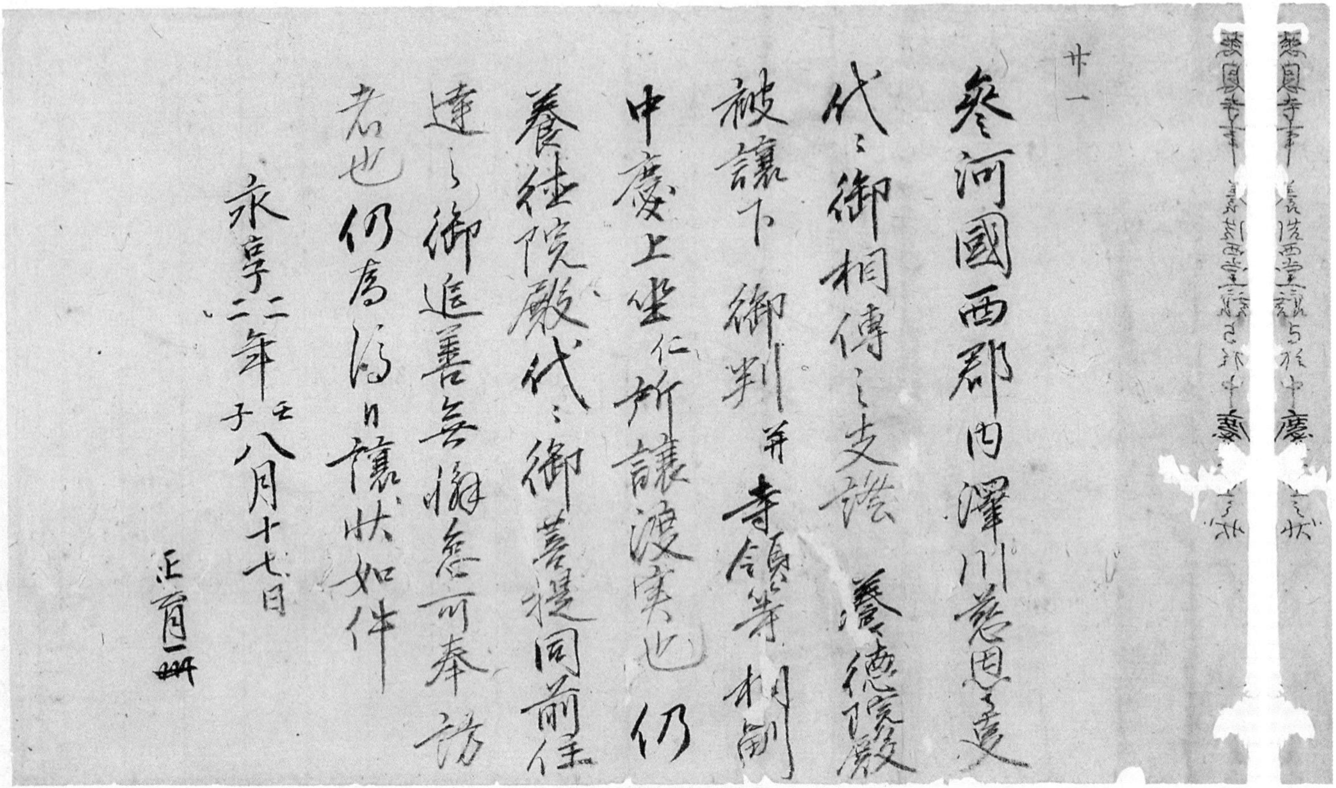

慈恩寺事　義院西堂譲与於中慶之状
慈恩寺事　義院西堂譲与於中慶之状

廿一

参河国西郡内沢川慈恩寺之事
代々御相伝之支證　養徳院殿
被譲下　御判幷寺領等相副
中慶上坐仁所譲渡実也　仍
養徳院殿代々御菩提同前仁
逹々御追善無懈怠可奉訪
者也　仍為後日譲状如件
永享二二年壬子八月十七日
正育（花押）

27.6×45.4

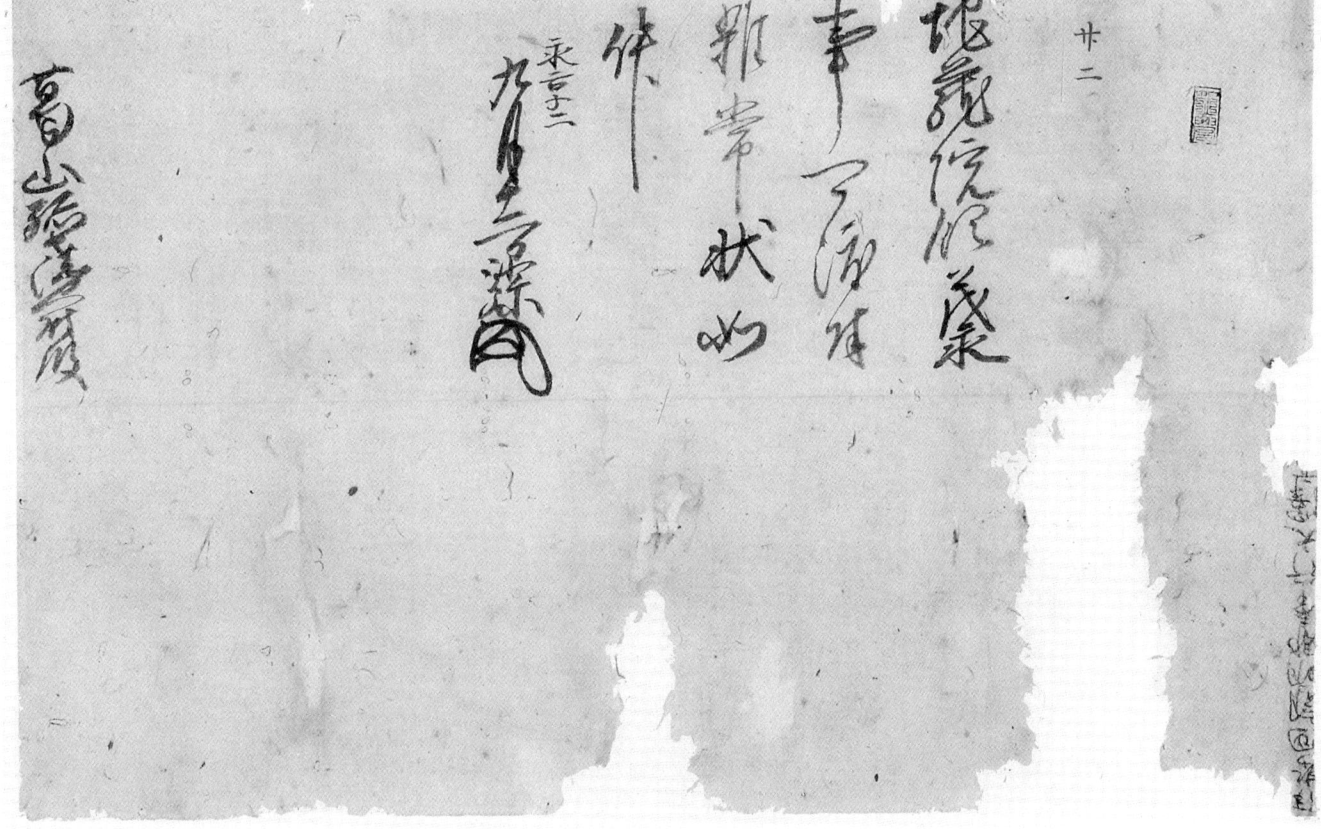

廿二
永享十二

27.8×45.0

祖春去渡状

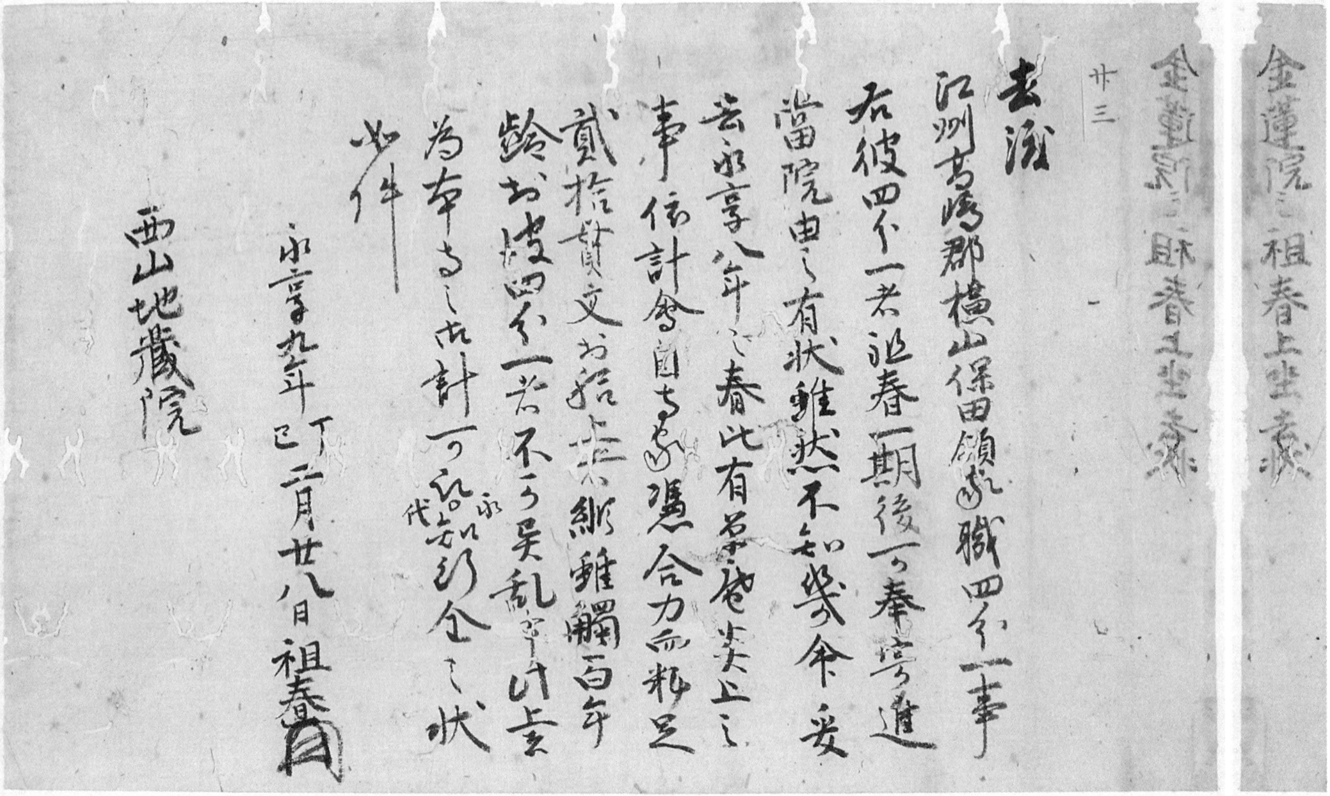

金蓮院之祖春上坐去状

廿三

去渡

江州高嶋郡横山保田領名職四分一事

右彼四分一者、祖春一期後可奉寄進

当院由、有状、雖然、不知幾余、爰

去永享八年之春、比有学庵実上之

事依計會自然無憑合力而料足

貳拾貫文於[illegible]雖経百年

給、於彼四分一者、不可有違乱、[illegible]

為本寺之[illegible]、永代[illegible]之状

如件

永享九年丁巳二月廿八日　祖春（花押）

西山地蔵院

27.8×44.0

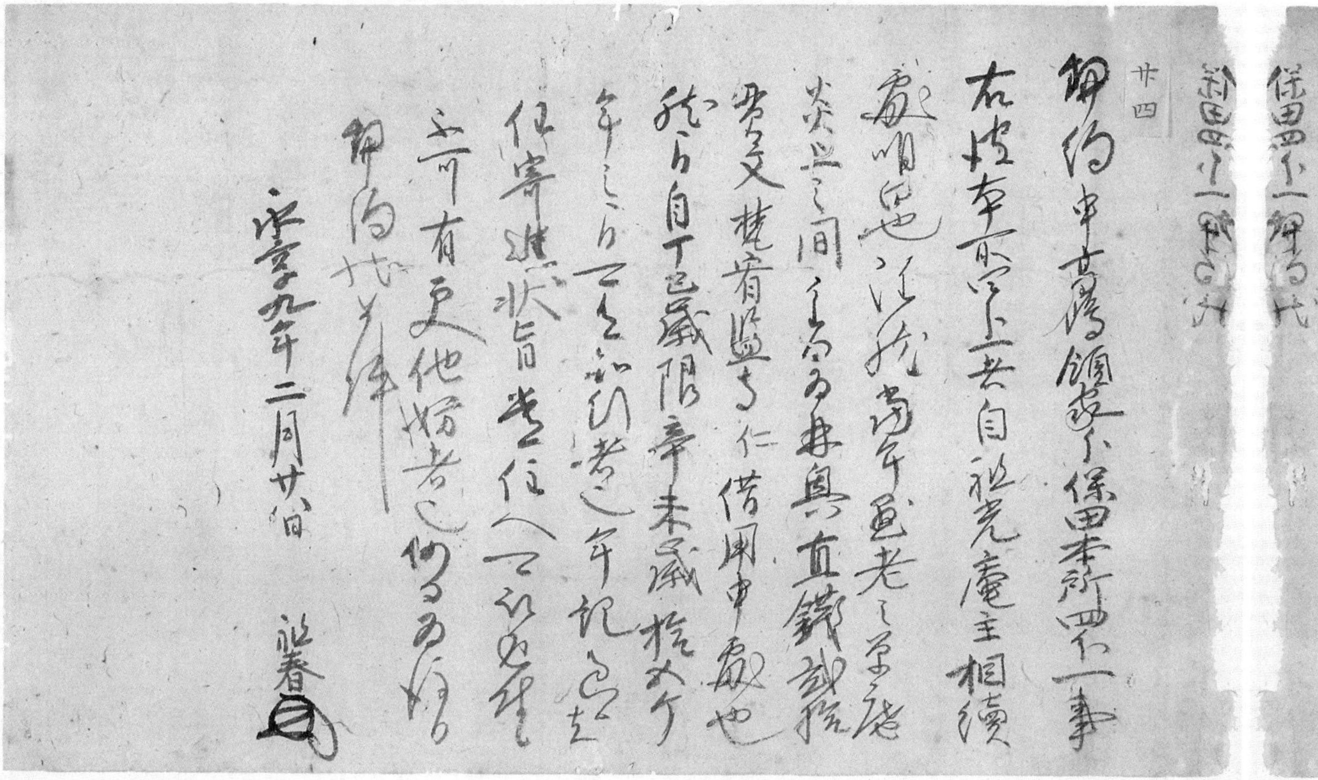
廿四

27.9×45.8

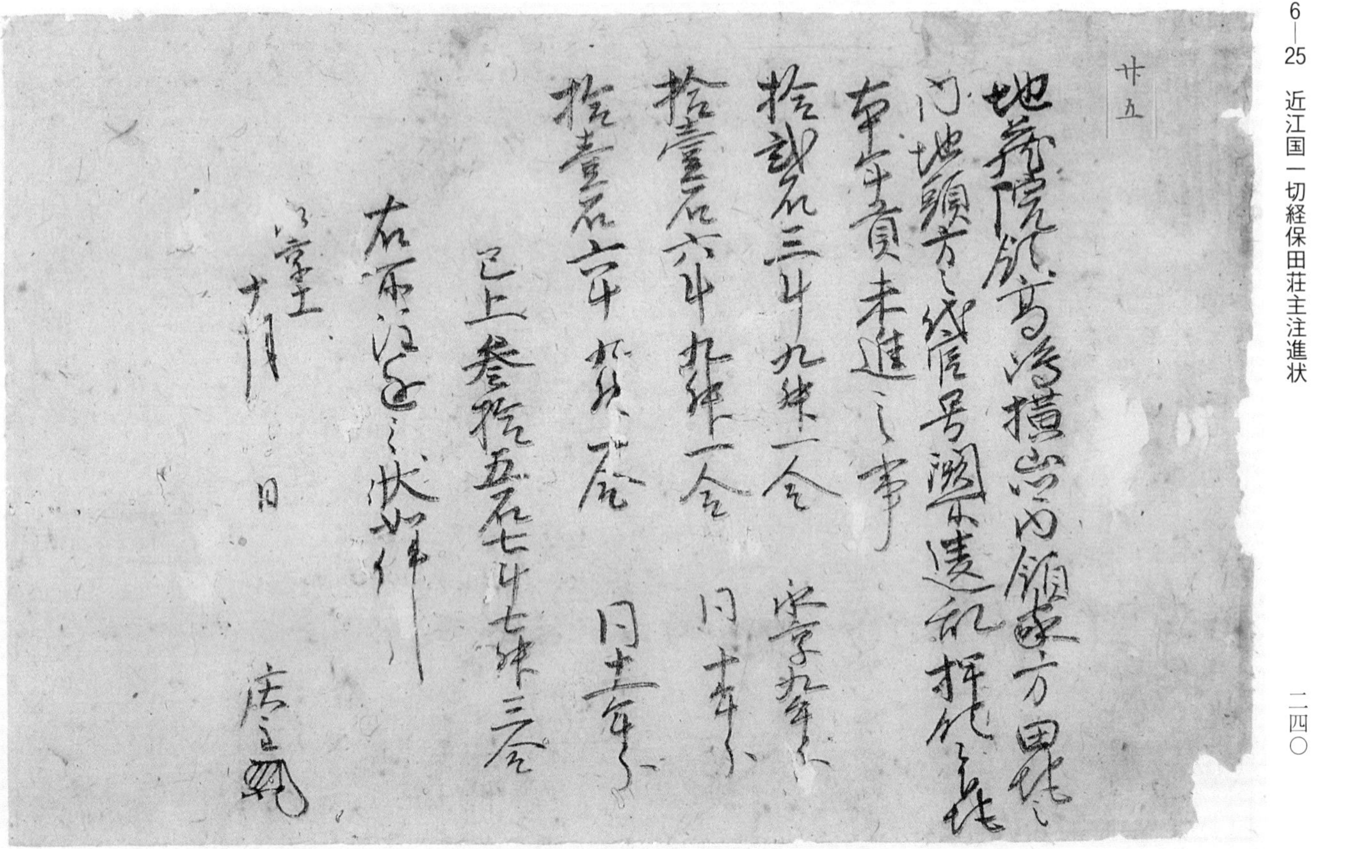

6—25 近江国一切経保田荘主注進状

27.8×43.0

廿六

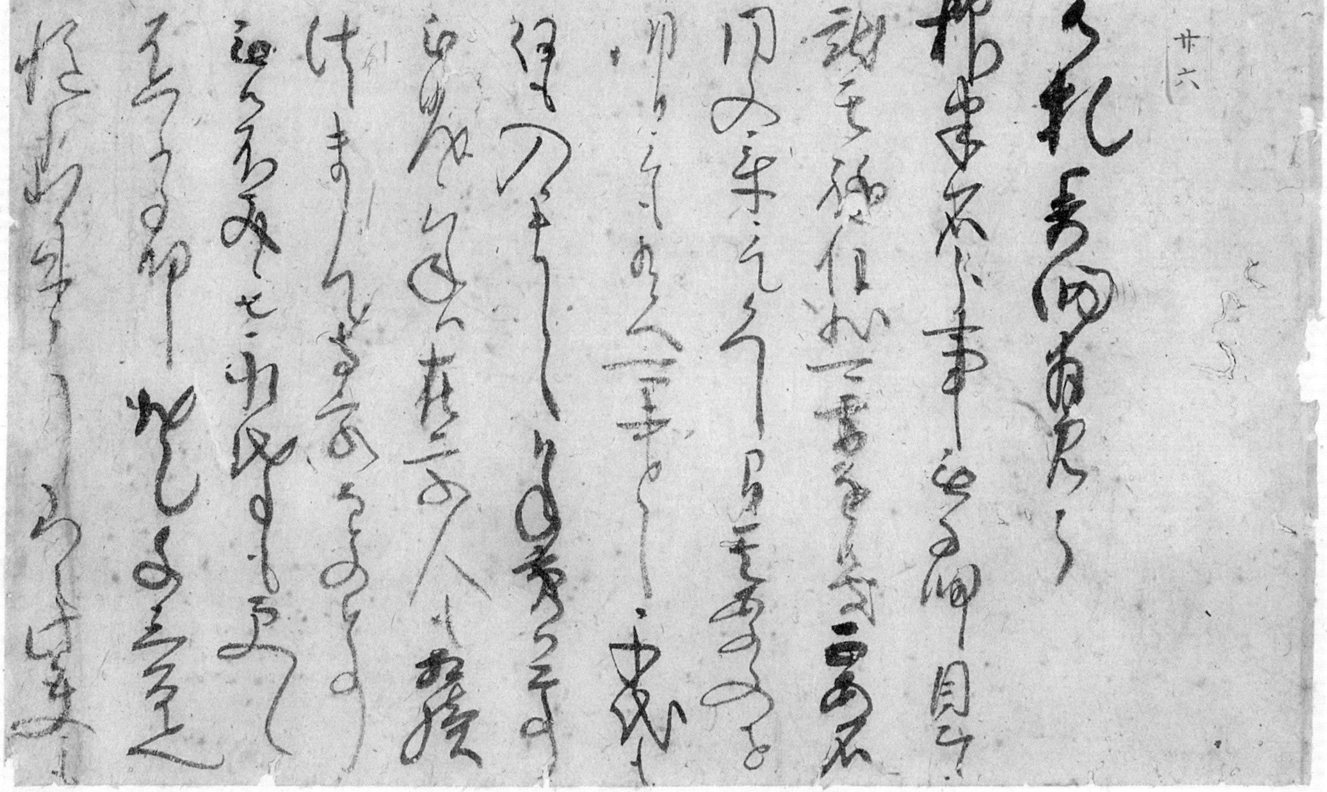

27.8×47.1

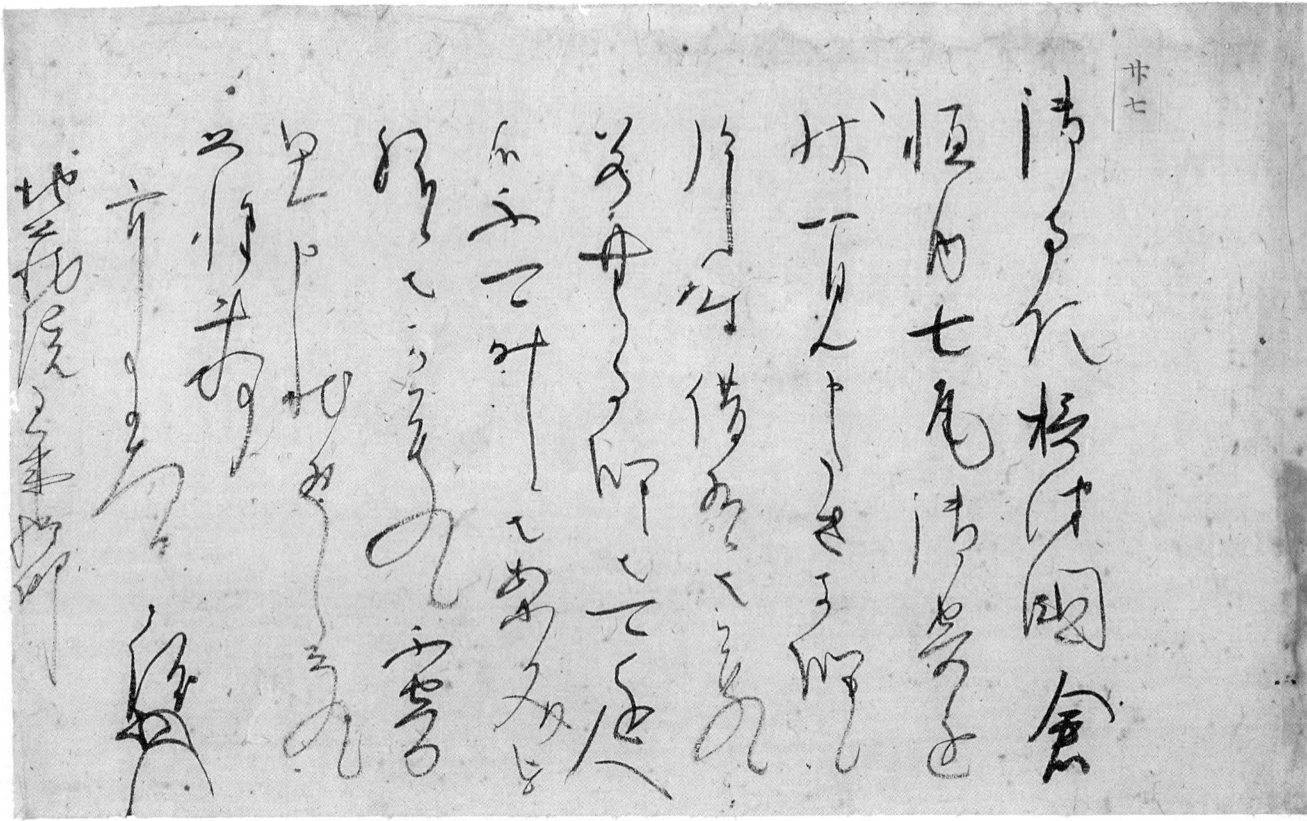
廿七

27.7×46.0

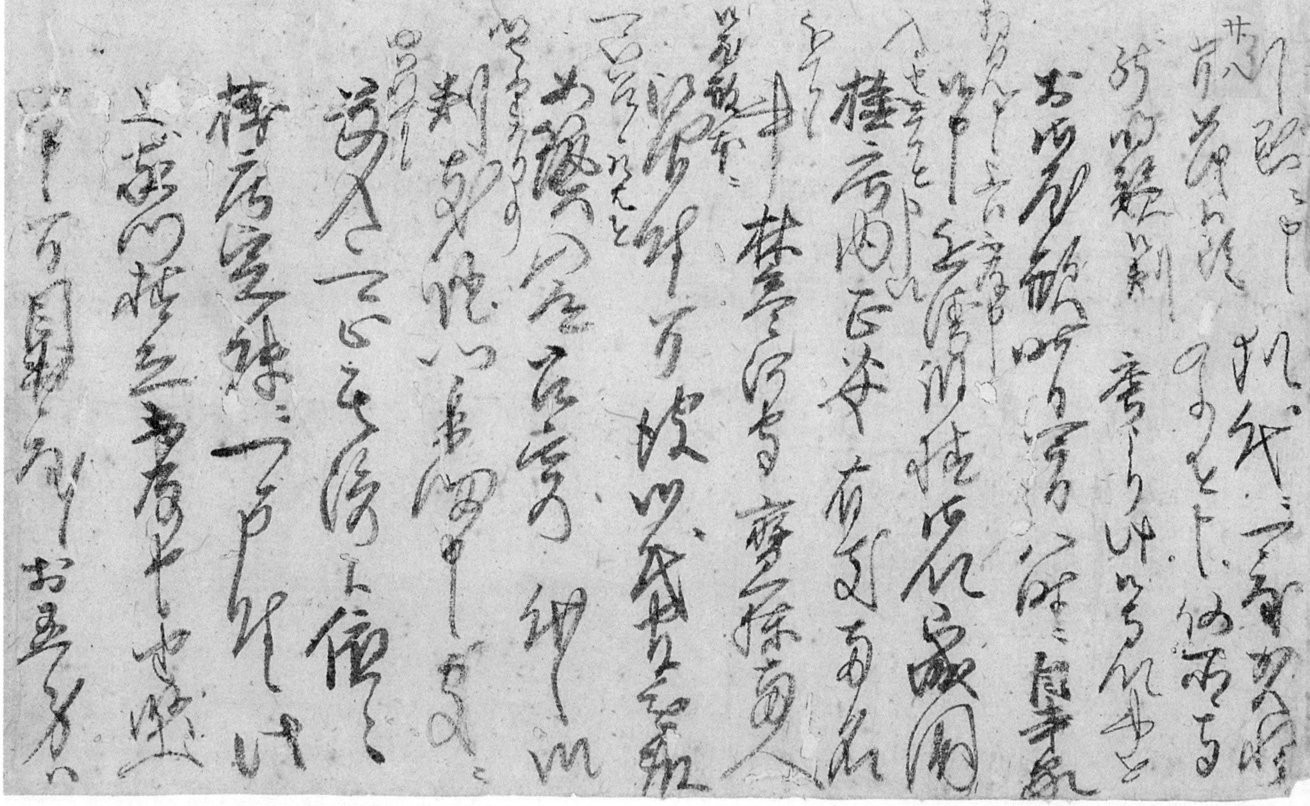

27.8×46.5

6—28（2）　経永書状

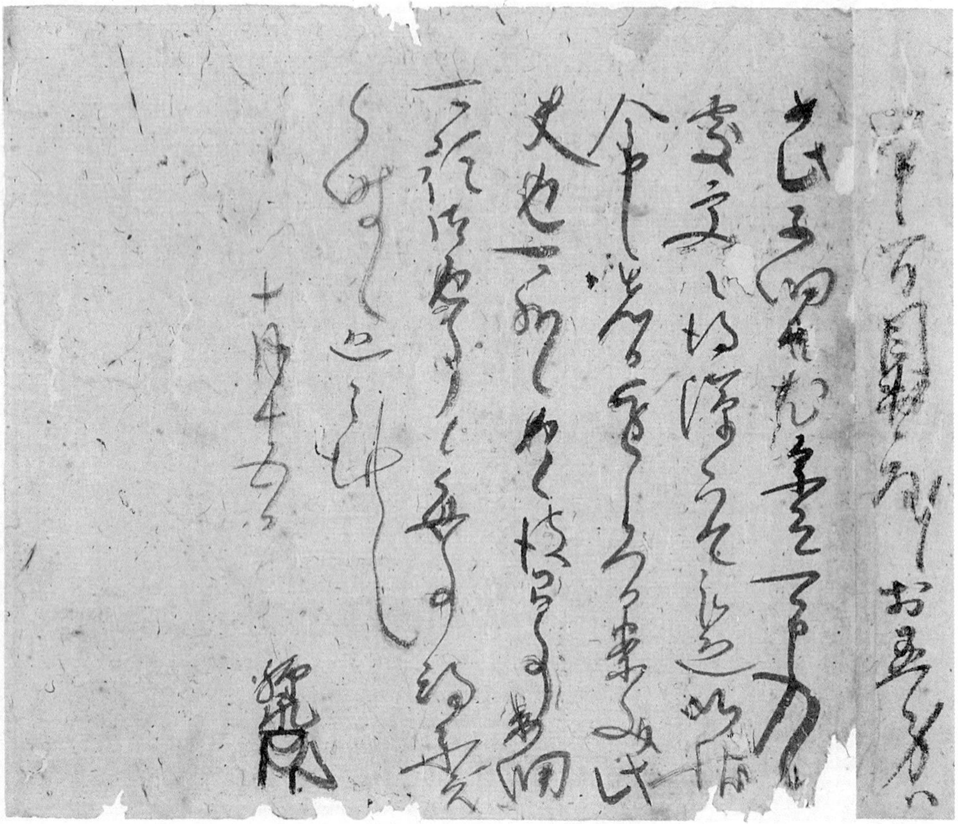

27.8×30.0

廿九

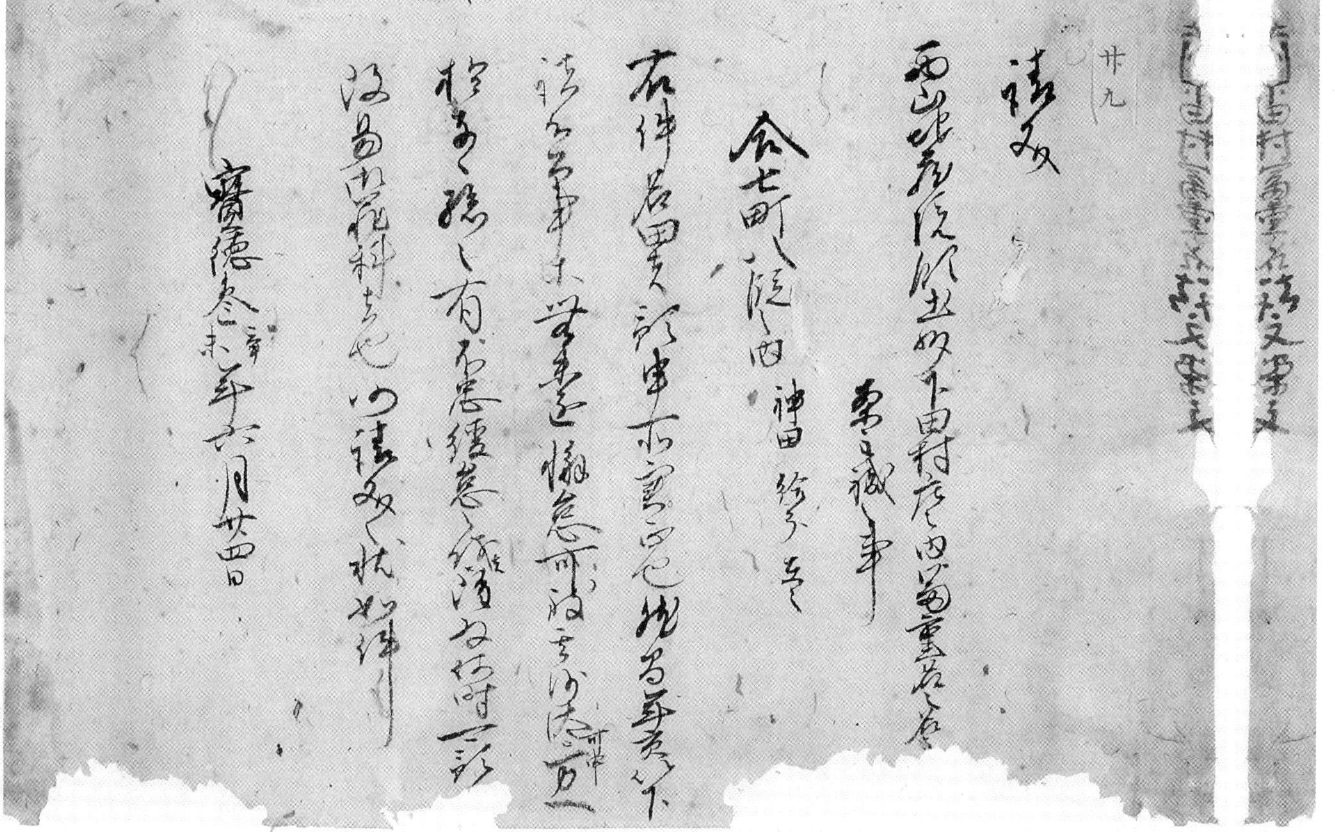

27.8×41.7

6—30　宗秀書状

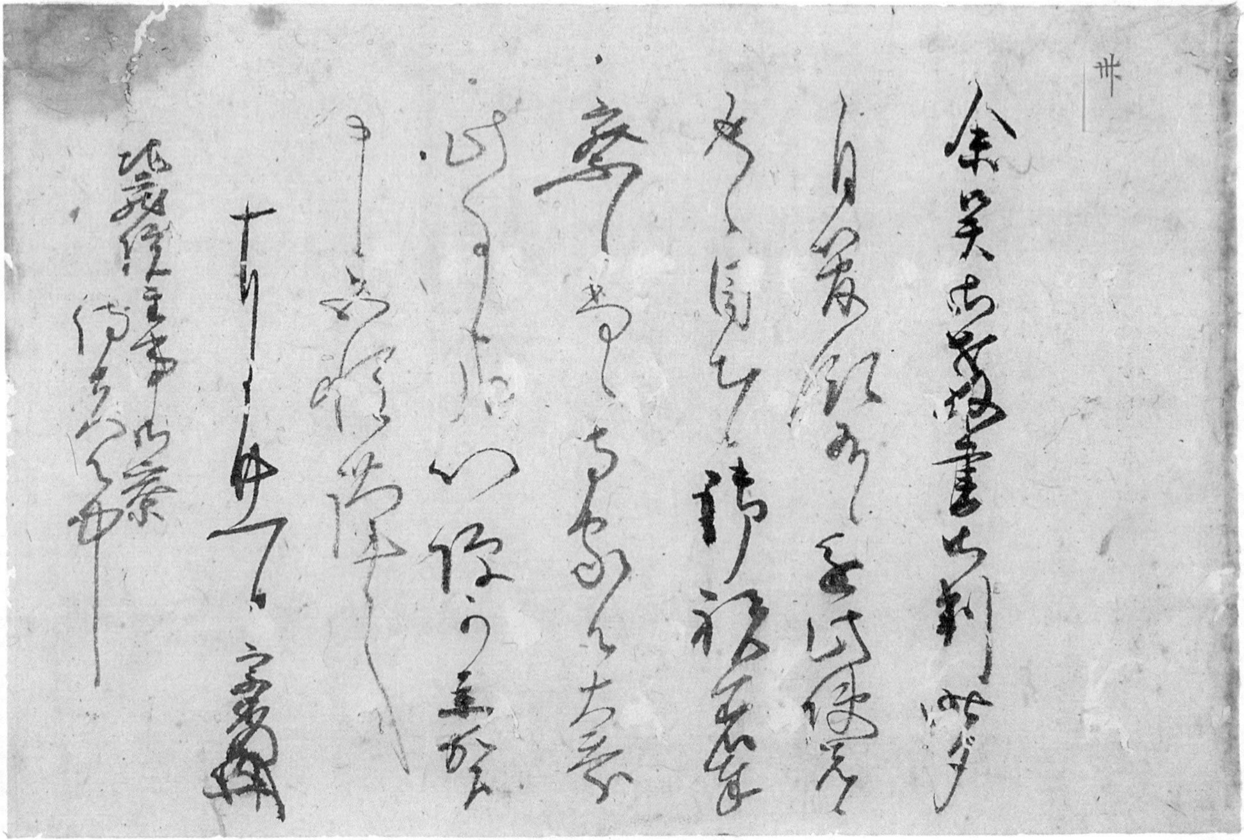

27.6×42.3

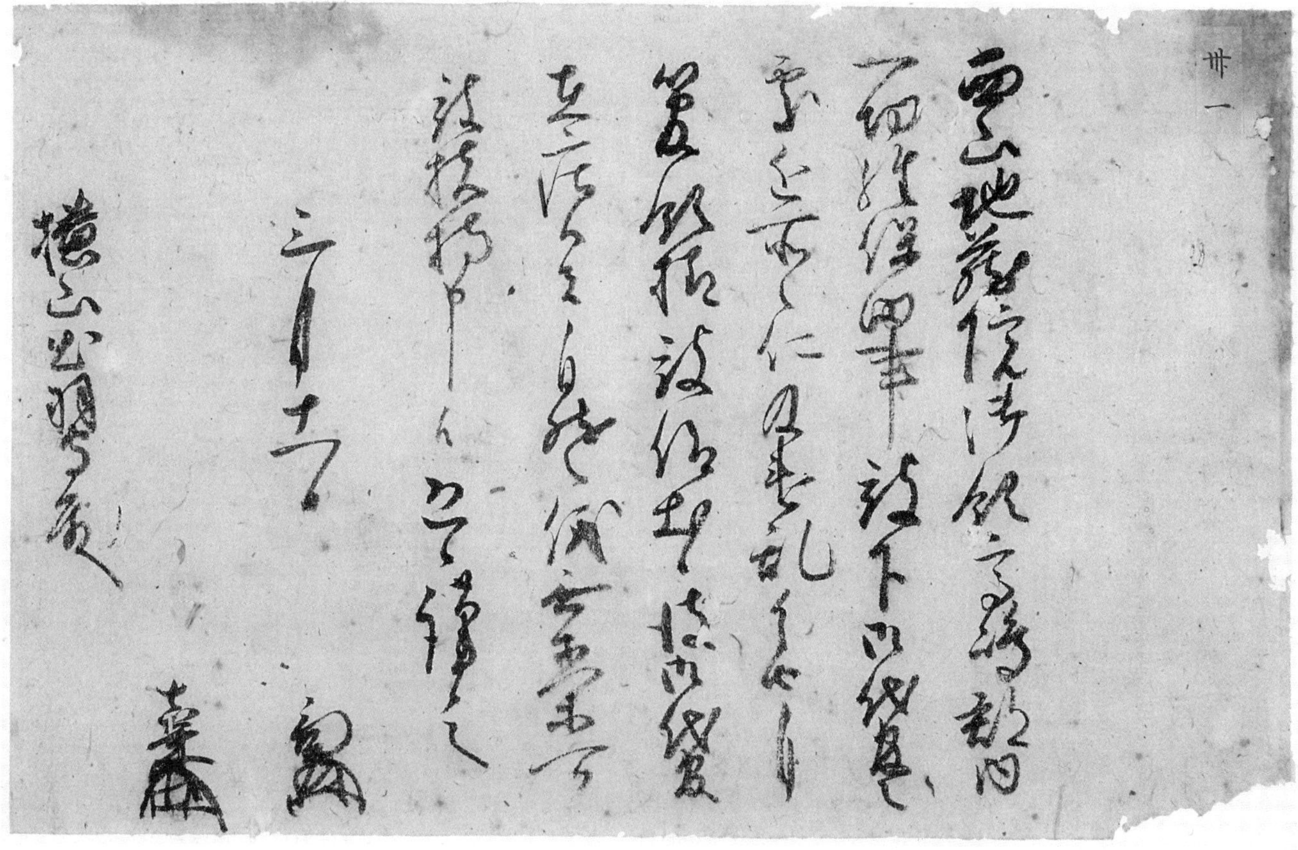

27.7×44.0

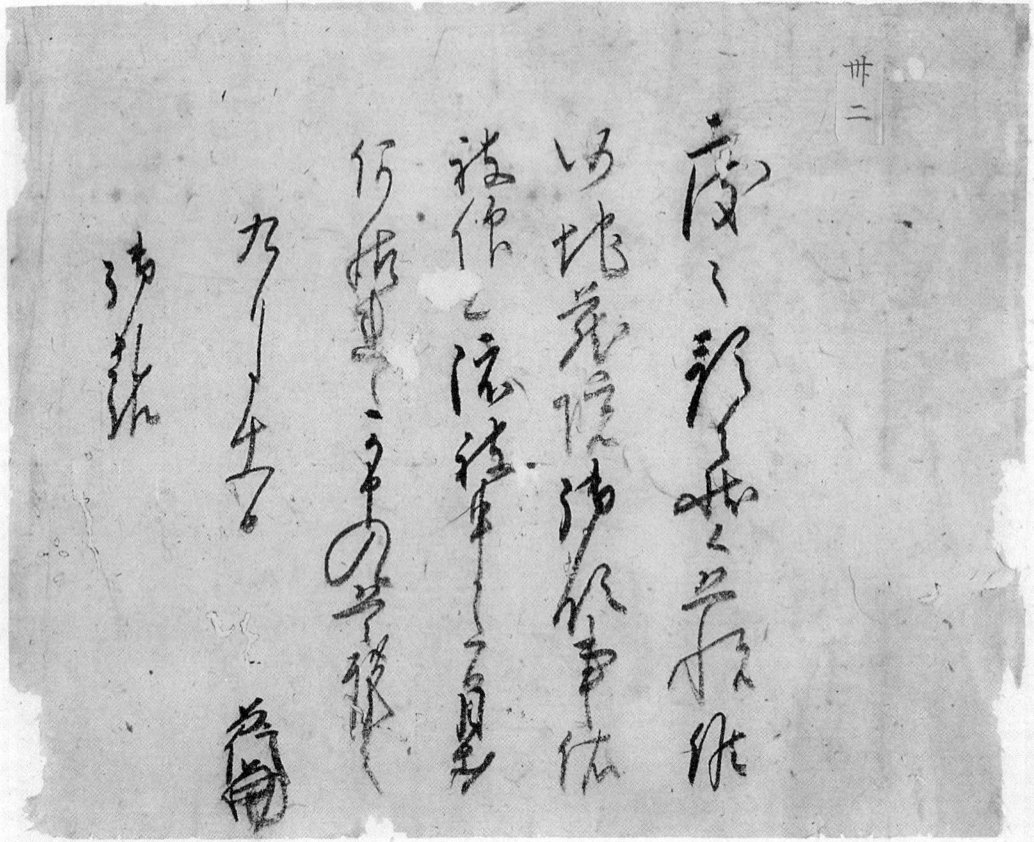
卅二

27.8×35.0

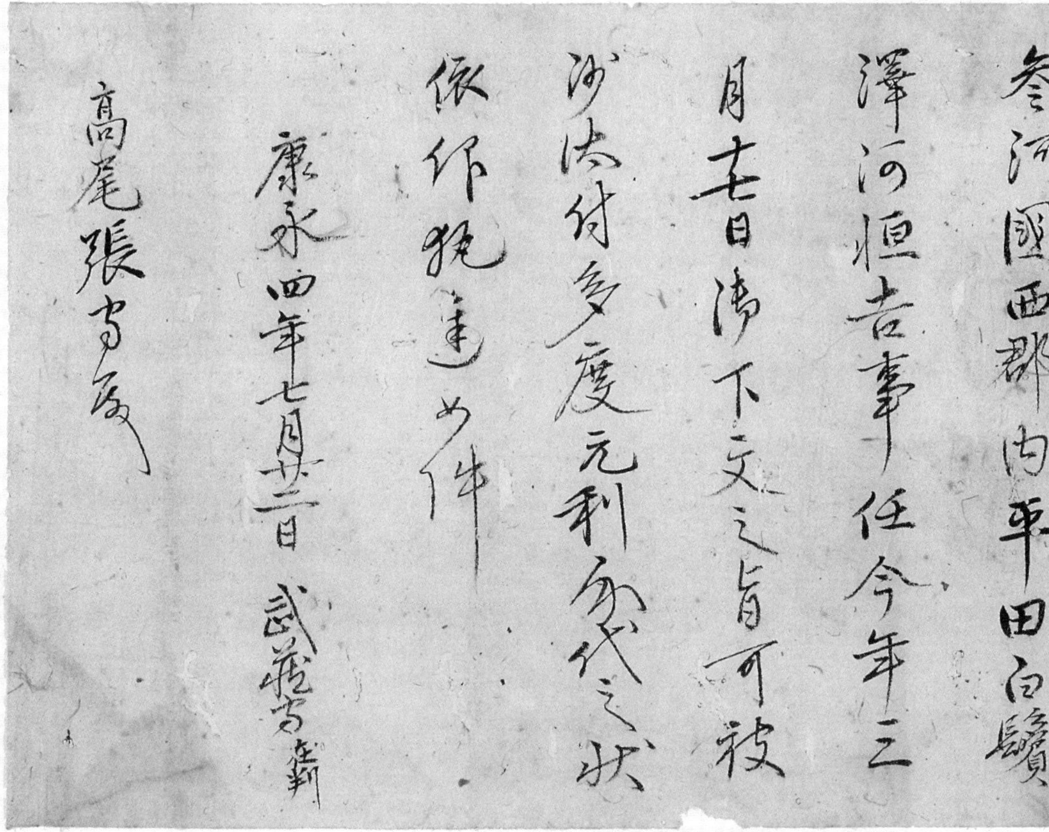
卅三

参河國西郡内平田白鬚
澤河恒吉事、任今年三
月廿七日御下文之旨、可被
沙汰付多度元利代之状、
依仰執達如件、
康永四年七月廿二日　武蔵守在判
高尾張守殿

28.2×46.3

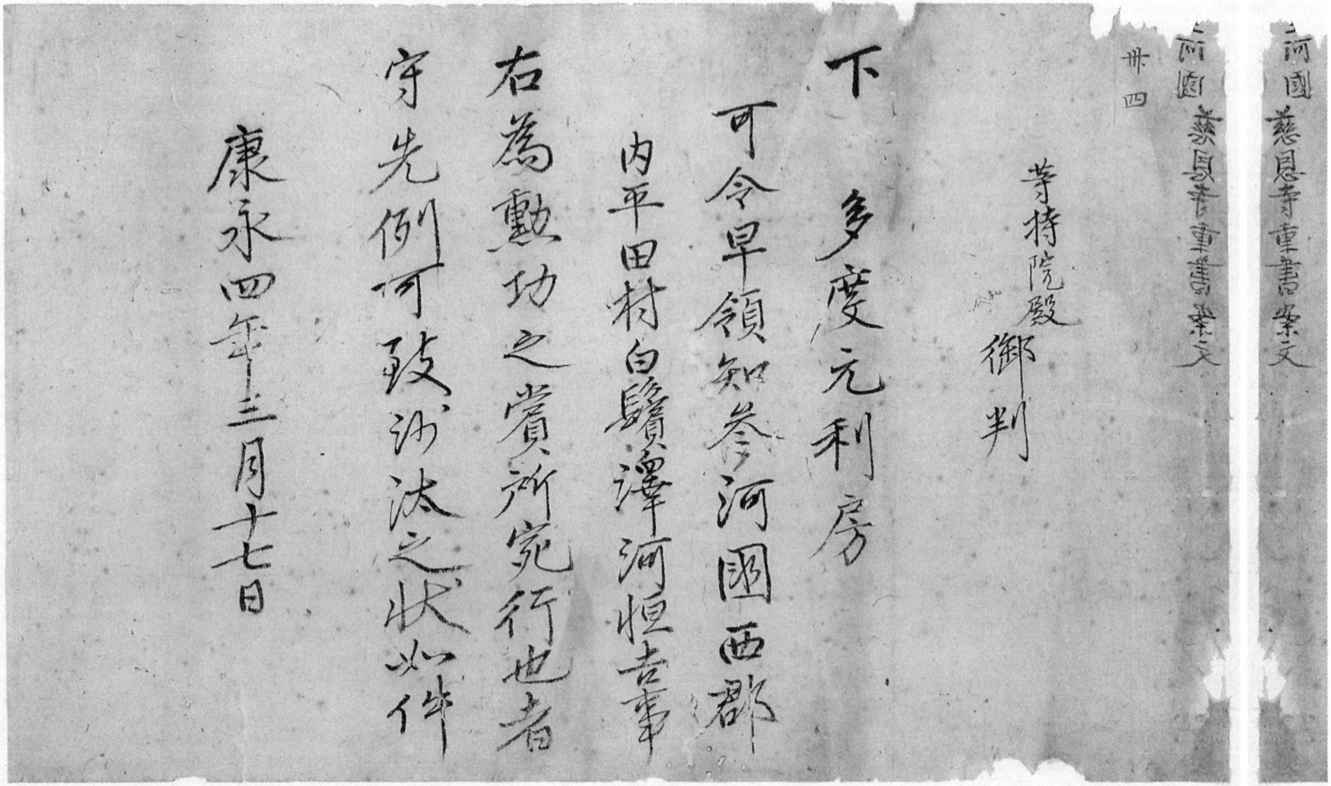

三河國慈恩寺重書案文

三河國慈恩寺重書案文

卅四

等持院殿 御判

下 多度元利房

可令早領知参河國西郡

内平田村白鷺澤河恒吉事

右爲勲功之賞所宛行也者

守先例可致沙汰之状如件

康永四年三月十七日

28.0×45.5

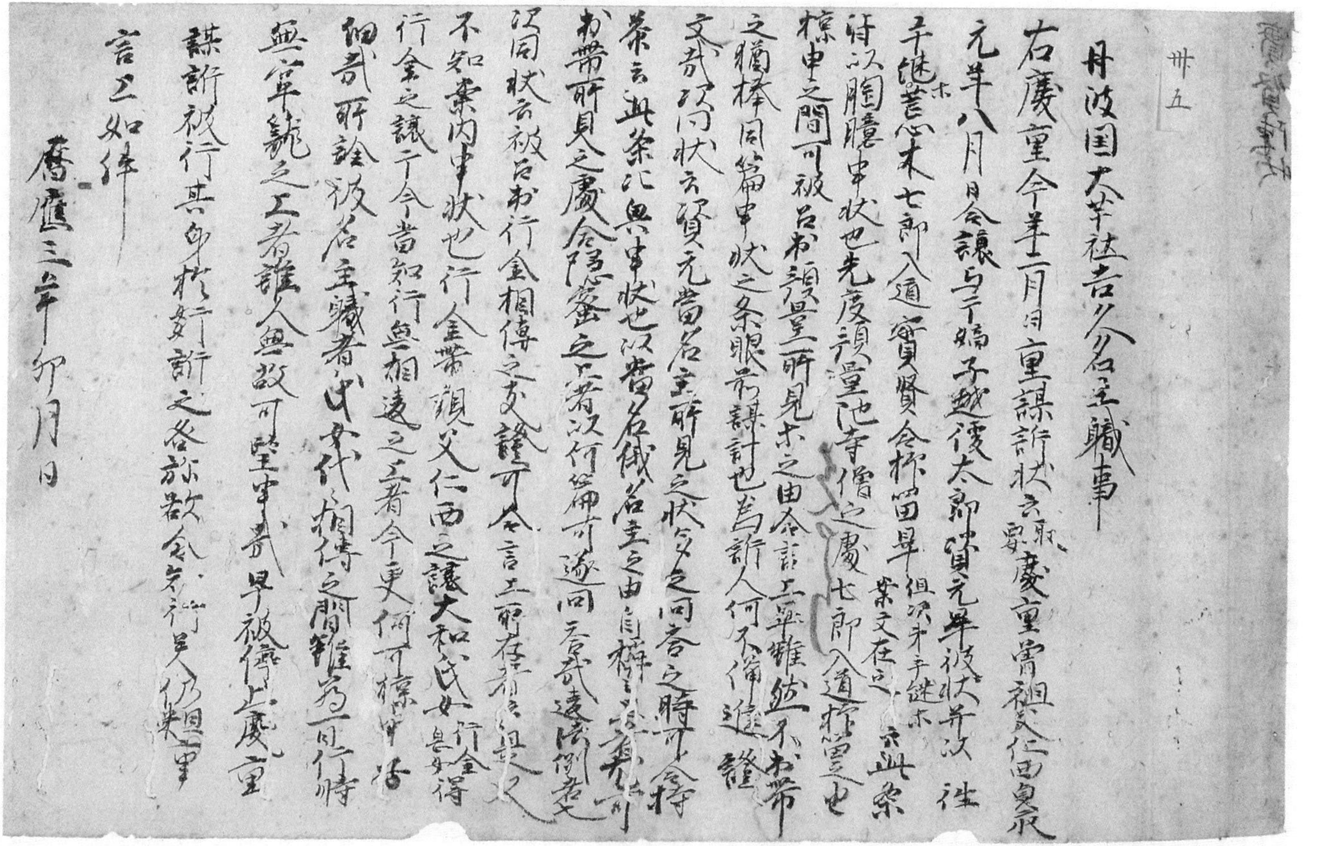

卅五

丹波国大芋社吉久名主職事

右、慶重今年二月日重謀訴状云、取要、慶重曽祖父仁西自永
元年八月日令譲与于嫡子越後太郎、同貞元年被状并次往
手継等、並同木七郎入道宝賢令拘留畢、但次第手継等案文在之、亦無券
附、以胸臆申状也、先度預池寺僧之處、七郎入道拘留之也
棟中之間、可被召出之旨、預置之所見之由令言上畢、雖然不帯
之猶捧同篇申状之条、眼前謀計也、為訴人何不備進證
文哉、以同状云、賢元當名主所見之状并之問答之時可令持
参云、無参之、無申状也、以當名職名主之由自称云云、而
不帯所見之處、令隠密之上者、以何亦帯可遂問答哉、違法例者也
以同状云、被召出行金相傳之支證、可令言上、所存者、但於之
不知案内申状也、行金帯親父仁西之譲、大和氏女行金得
行金之譲于今当知行、無相違之上者、今更何可掠申哉
細哉、所詮被召主職者、代〻相傳之間、雖為一日、行時
無牢籠之上者、誰人無故可望申哉、早被停止慶重
謀訴、被行其身於所当之咎、於本領者、令知行者、仍粗
言上如件

暦應三年卯月日

28.1×44.7

6—35 紙背

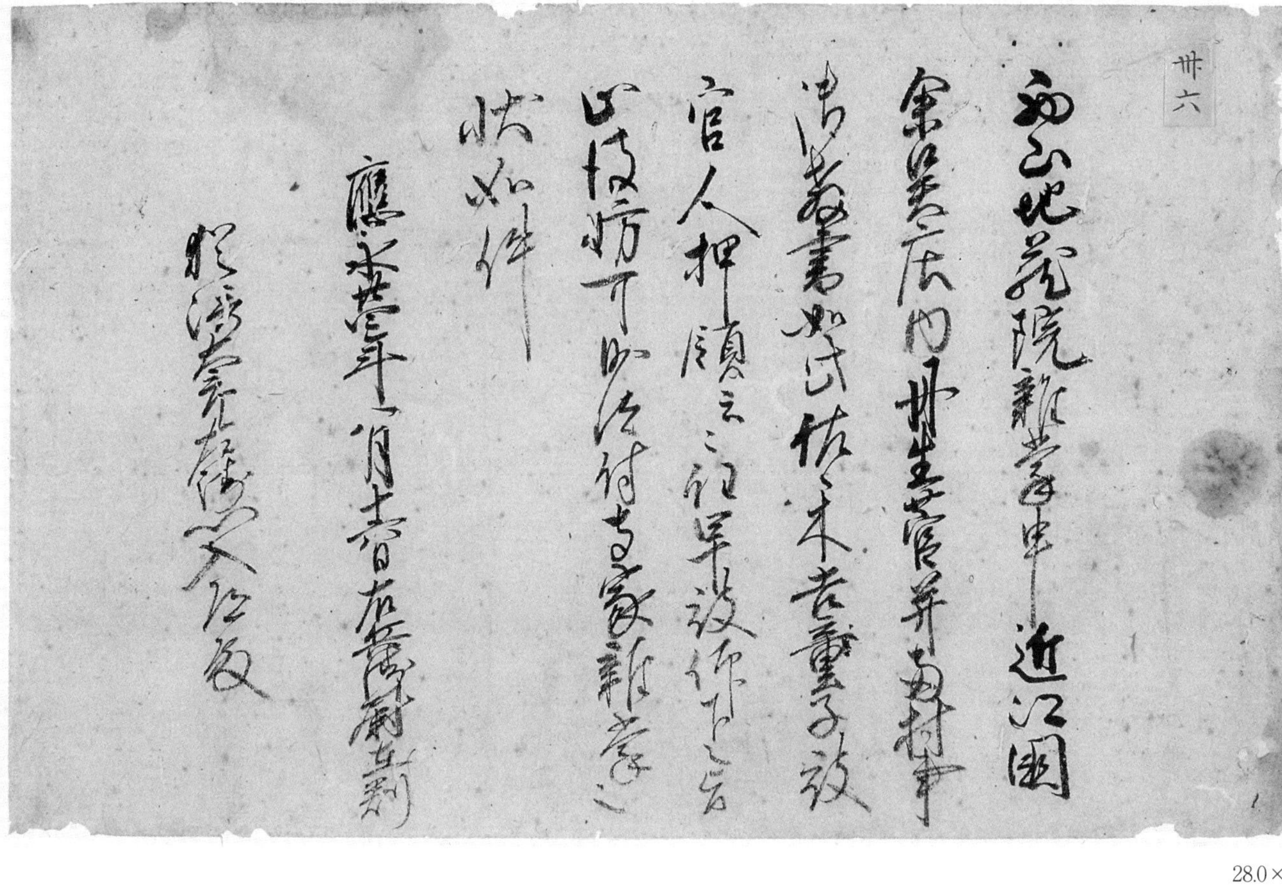
卌六

東山地蔵院雑掌申、近江国
余呉庄内丹生・菅並幷[illegible]村事
任去年御教書如式、依木者童子被
官人押領之、雑掌没御下知之旨
止彼妨可沙汰付下地於雑掌之
状如件
応永廿三年十月十三日 左衛門尉
[illegible]九郎左衛門入道殿

28.0×45.3

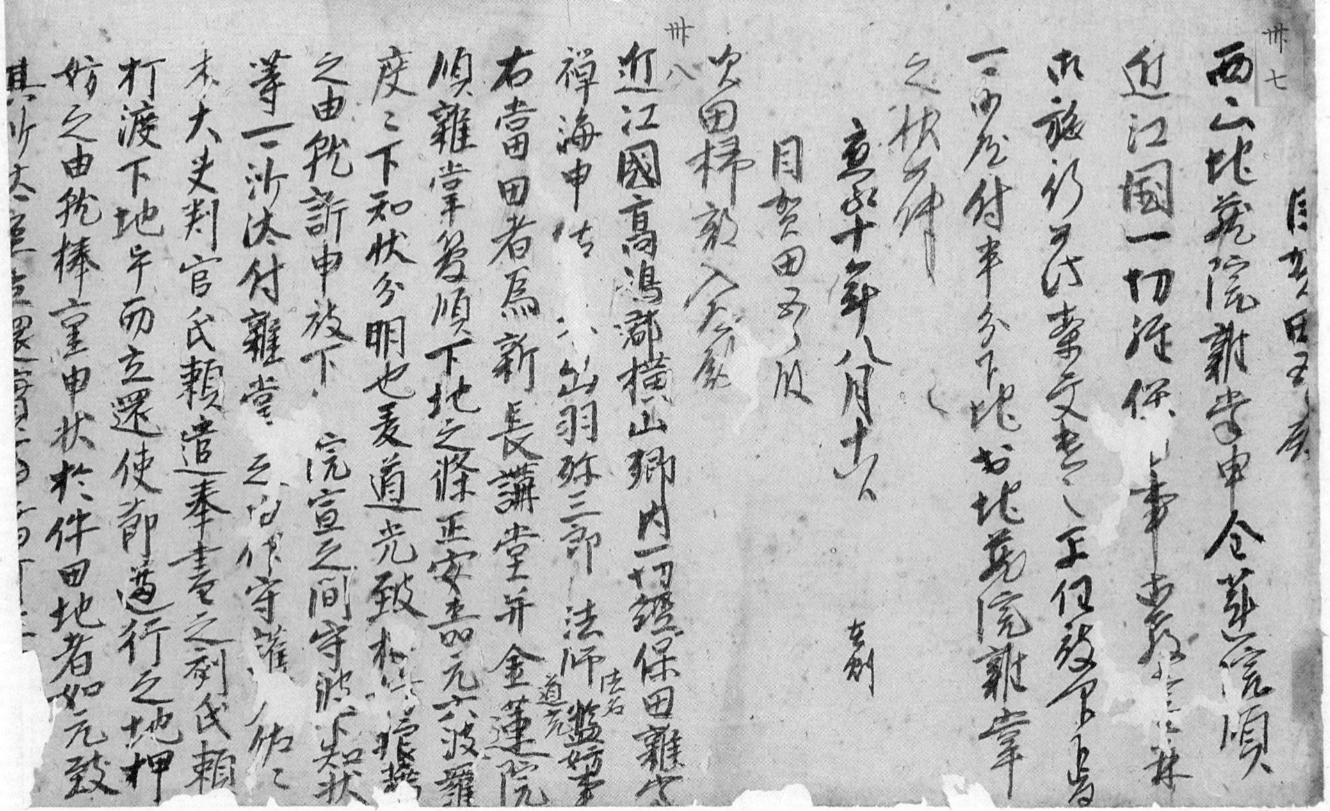

6—37・38　近江国守護代目賀田某書下案／足利直義下知状案

28.0×46.0

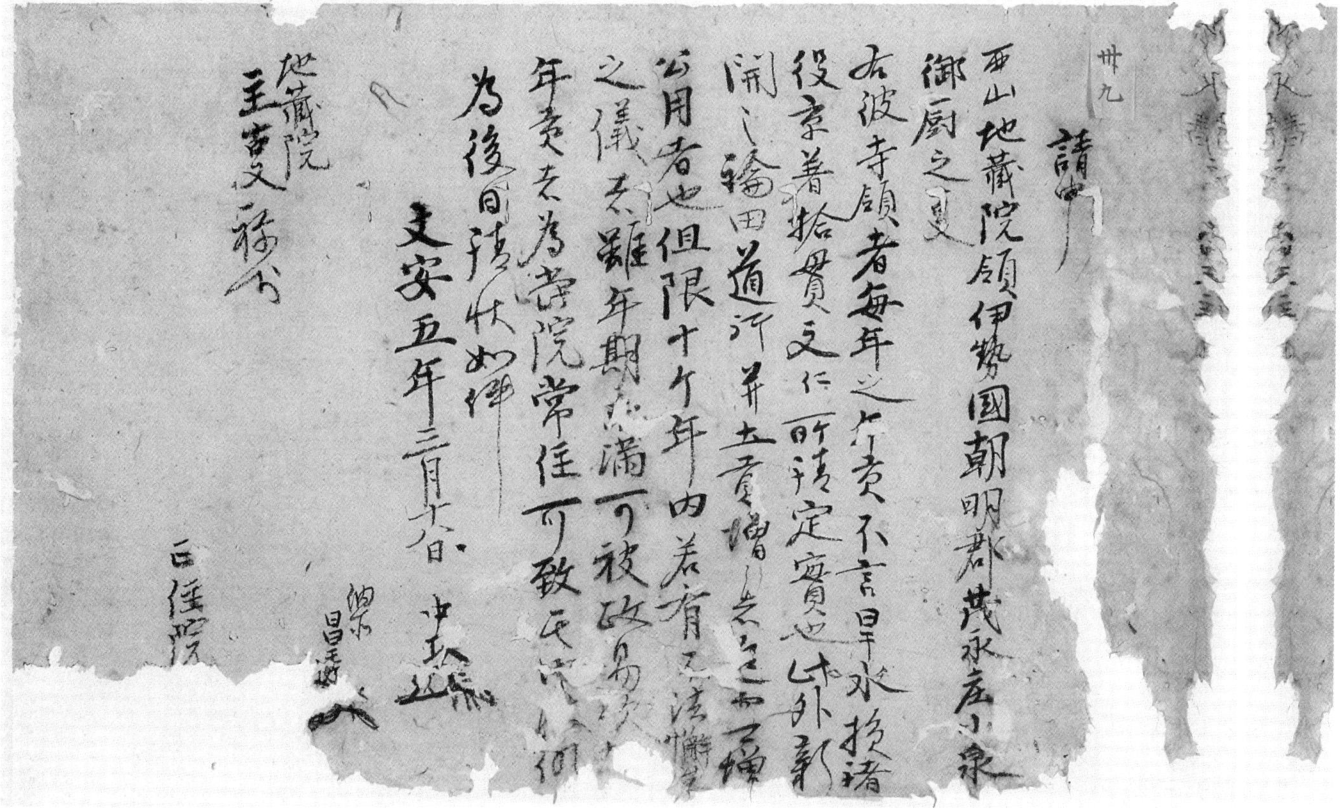
册九

請文

西山地蔵院領伊勢國朝明郡茂永庄小泉
御厨之事
右彼寺領者毎年之所當不言旱水損諸
役京着拾貫文仁所請定實也、此外新
開々輪田道所并土貢増之者可[illegible]
公用者也、但限十ヶ年々内若有不法懈怠
之儀者、雖年期未満可被改易、次
年貢者為寺院常住可致其沙汰候、仍
為後日請状如件
文安五年三月十六日　中[illegible]（花押）
納所
昌[illegible]（花押）
[illegible]住院
地蔵院
主事文[illegible]

27.8×43.7

6—40　松尾社前神主秦相言申状土代

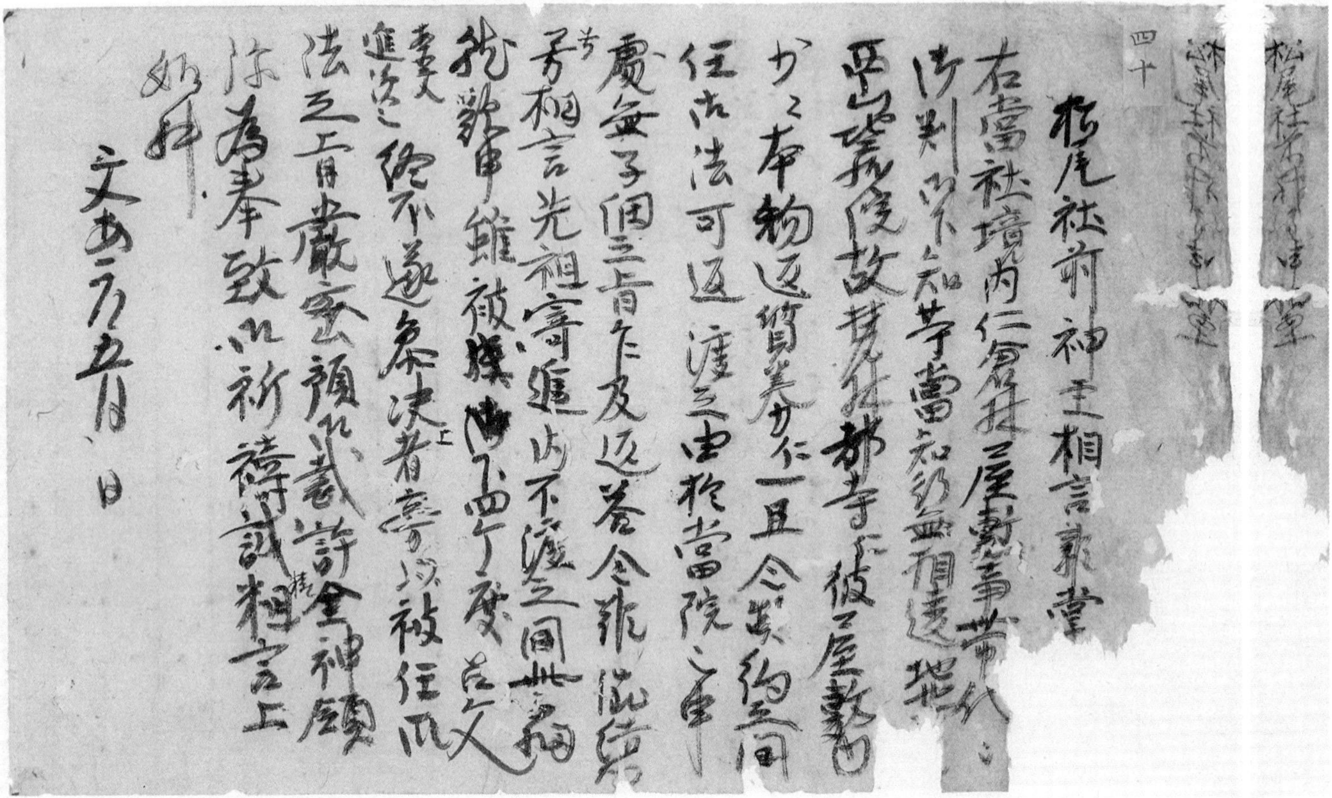

27.6×44.3

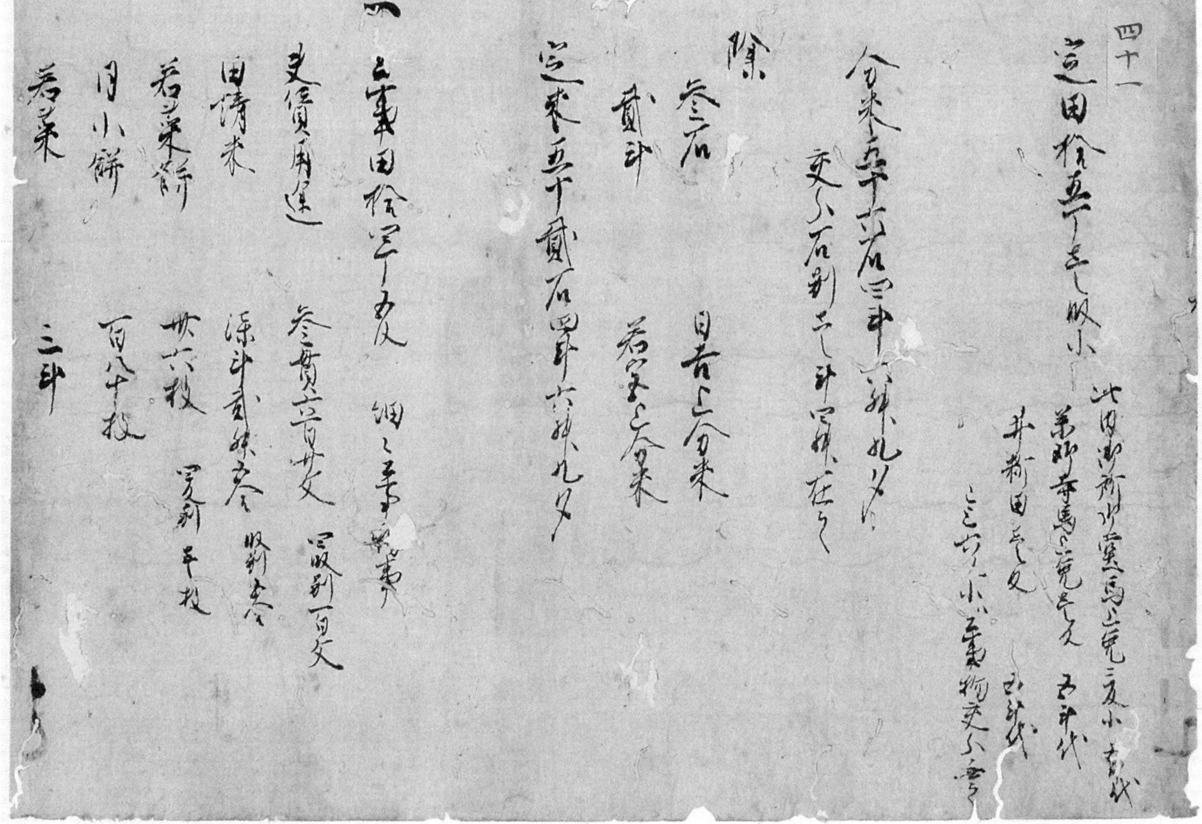

28.1×41.2

6—42 某書状案

四十二

28.0×25.7

四十三

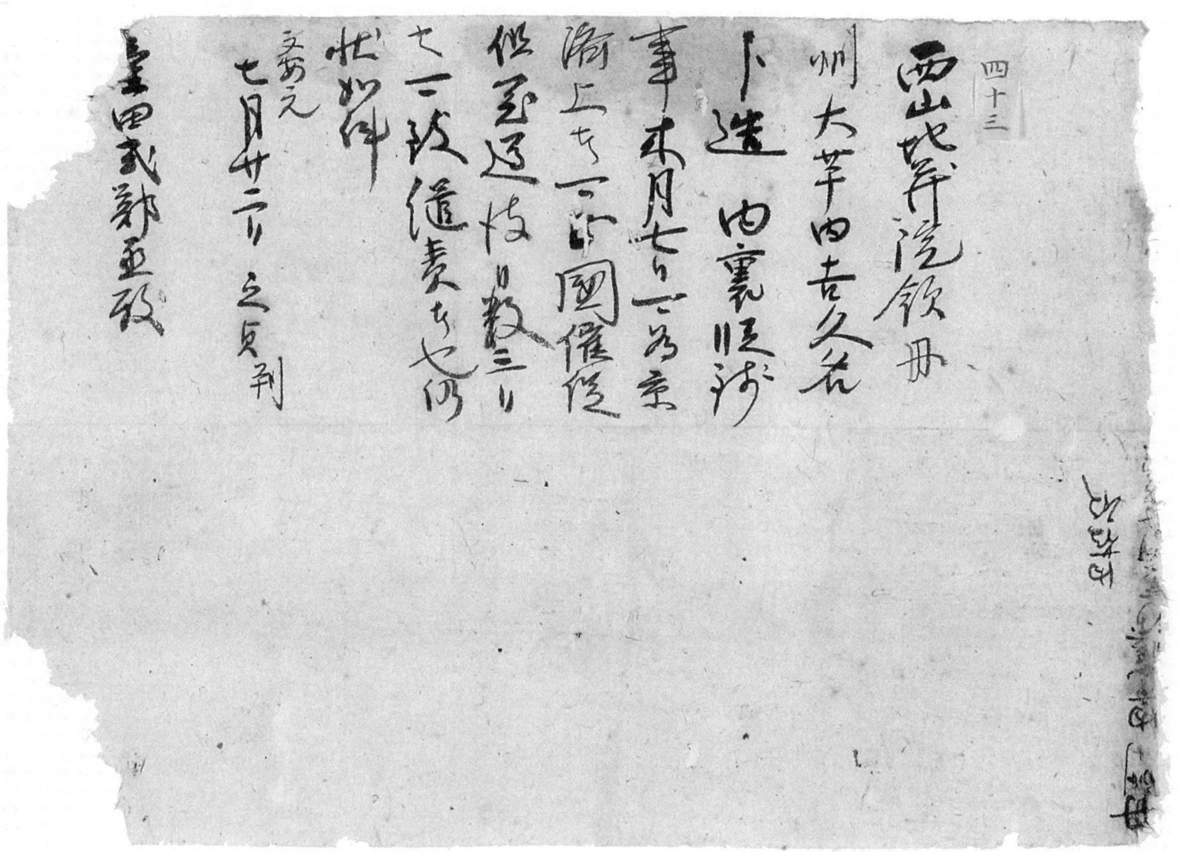
西山地蔵院領丹
州大芋内吉久名
下地、内裏段銭
事、去月七日為京
済上者、可止国催促
候、但返抄可被出
之、可致違乱者也、仍
状如件
文安元
七月廿二日　之貞（判）
豊田武部丞殿

27.5×39.3

6—44 顕勝書状

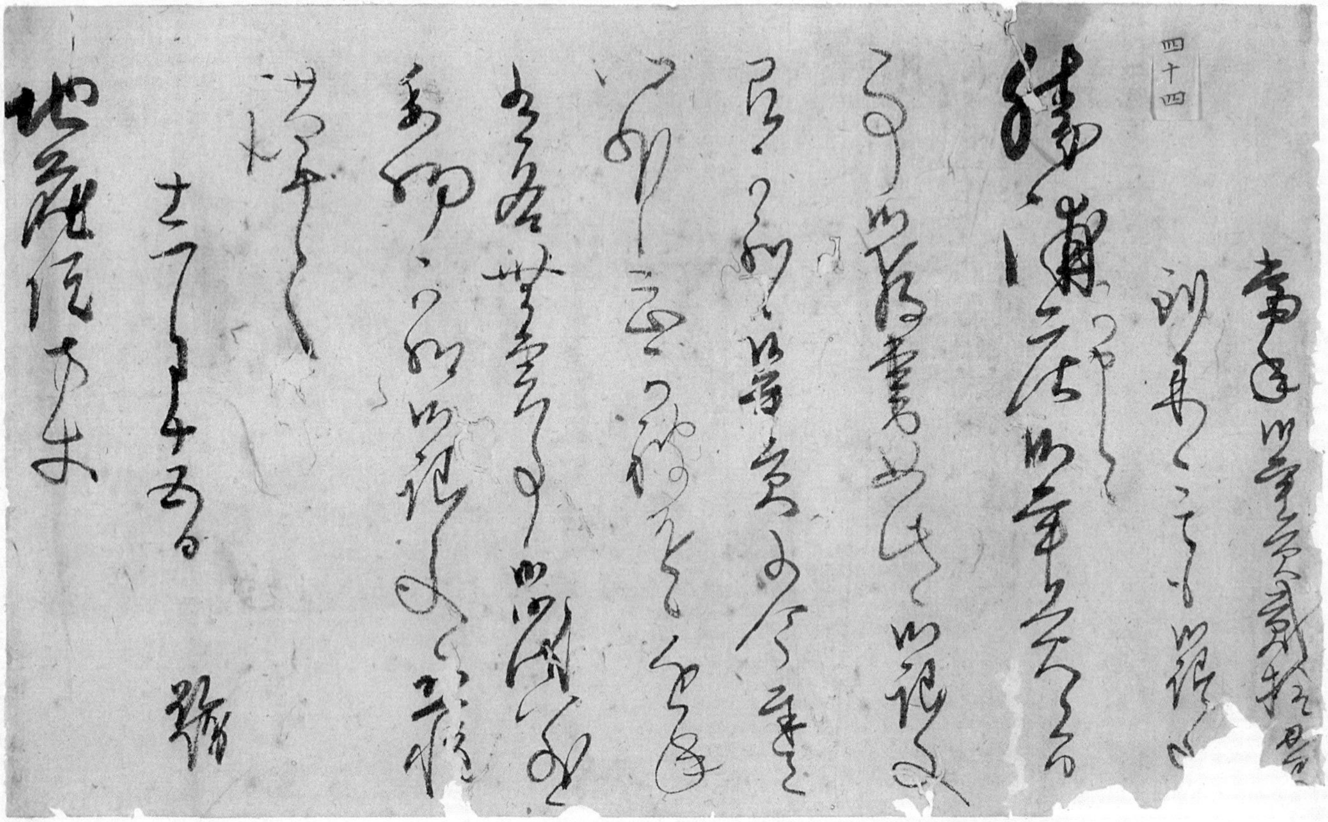

27.7×46.3

64 東裏松屋地相伝系図

四十五

系図

東裏松屋地相傳之次第

大炊御門二品嗣雄卿 ― 観宣上人

等信副寺 ― 桓光庵主

27.7×43.0

6—46 長松為国申状

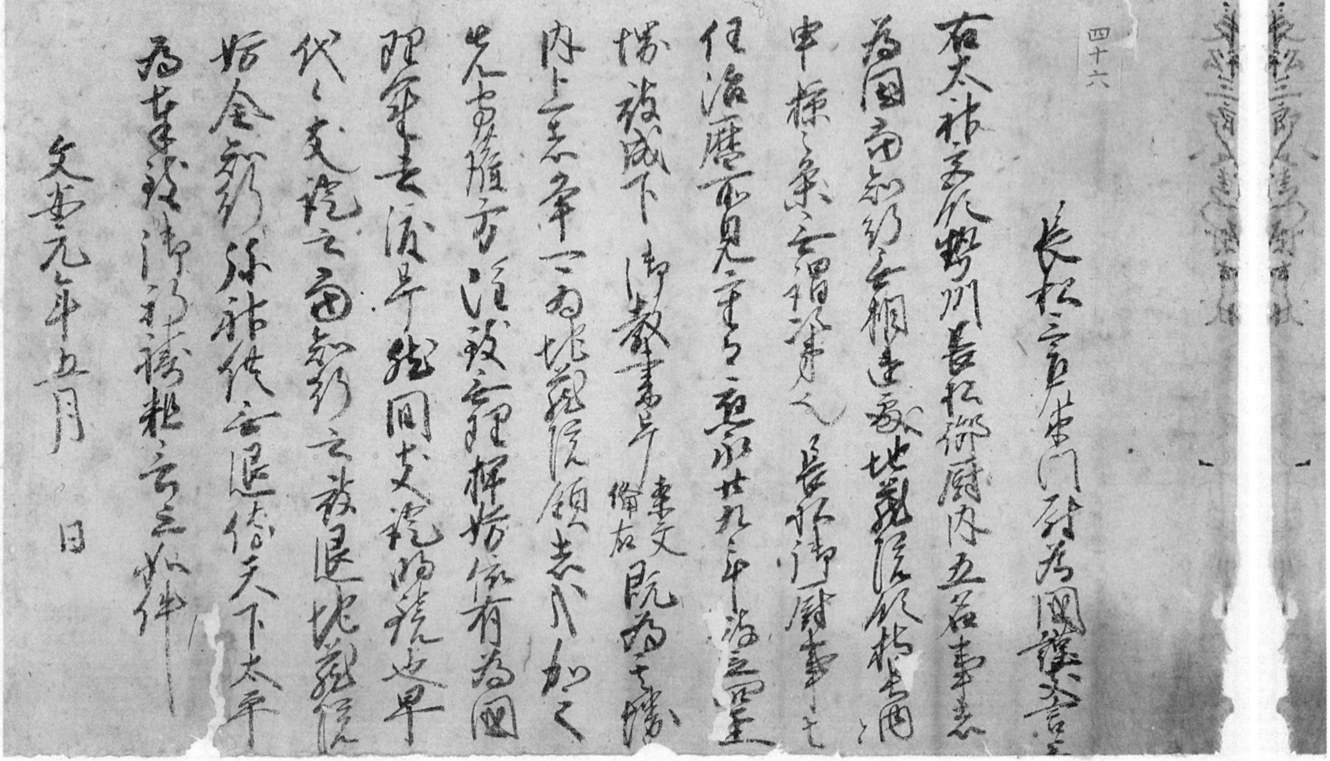

四十六

27.6×46.0

翻刻

1―1(1) 某書状

地蔵院領勝浦庄内江田郷長夫役事、今度者高田方より可勤仕候処、守護殿方へ仮奉公号、被申異儀候由自寺家御申候間、難渋之儀無謂候、所詮如此間、人夫等可進候由高田方へ可被

（後欠）

1―1(2) 尚長書状

（前欠）

参着候哉、諸事期後便候、恐々謹言、

（追筆）「応永六年」八月十六日　　尚長（花押）

地蔵院
御報

○墨引跡あり。

1―2 天台座主尊胤法親王令旨案

○3―44の案文につき省略。端裏書「案」。付年号「貞和三」はこの案のみにあり。

1―3 足利直義下知状案

伊勢国茂永・小泉御厨雑掌良光申当御厨事

右彼地者、新長講堂并金蓮院領也、随而文永十年十一月日官符宣・正安元年五月三日・元亨三年十二月十一日・建武三年九月十七日度度　勅裁分明也、爰今河式部大夫押妨之由就申之、為有尋沙汰、去三月十九日・四月廿九日詫（誂）仁木右馬権助義長、両度封遣訴状之処、如義長執進代官泰久請文者、雖加催促、不及是非散状云云起請文詞載之、者、難遁違背之咎、然則

停止彼妨可全雑掌之知行、次濫妨咎事、可付寺社修理状下知如件、

貞和元年十一月十七日

左兵衛督源朝臣御判

1―4　摂津国長町荘野間村預所職宛行状

摂津国長町庄ハ、しほかハの源二郎入道にあふりやうせられて、多年知行なく候ところを、無足にさまく\のさたをせられ候て、武家の御教書を申なされ候て、あくたうらをしりそけられ候ぬるらうこうにより候て、当庄野間村の領（預）所しきをハ永代あておこなふところなり、なかくさをいあるへからす、

一、本田・本畠年貢、毎年三十石けたいなくさたせられ候へし、

一、新田・新畠・山野等のことハ領（預）所給分たるへき也、

一、京・ゐ中のこと、奉行としてとりさた候へき也、仍宛状如件、

貞和二年九月三日　明浄（花押）

青木大夫殿

1―5　石清水八幡宮俗別当紀兼能契約状

（端裏書）「石清水八幡宮領土佐国両徳善保俗別当殿契約状」

契約申　土佐国両徳善保事

合壱所者

右彼両徳善之保者、八幡宮御領正月十伍日厳重之御料所也、雖然、去応永九年依国方物忩、両大将御下向之刻被借召了、仍神役等令懈怠之間、連々雖歎申、更不事行、其後国中静謐之間、有両大将御上洛、幸依為守護方御寺、奉契約西山地蔵院之処也、然而契約之土貢者、永代有京済三分一御沙汰者也、但天下一同之旱水損之時者、可下上使候、若異変之議出来之時者、永代可為貴院之御領、仍契約之状如件、

応永十六年三月十八日　兼能（花押）

地蔵院主事禅師

1―6　しのむら成教田地売券

(端裏書)
「下津林(桂)衛門太郎殿状」

下桂庄内たかひの下地三反事、身かいもとの比丘尼永代地蔵院へうりわ
たし申候上ハ、せひをさしをき申候て、向後かの下地ニし、そん〱
□いらんわつらひ申ましく候、仍為後日状如件、

応永十二年酉きのとの十一月十五日　　しのむら
成教(花押)

1―7　近江国守護六角満高書下

西山地蔵院雑掌申金蓮院領近江国一切経保田事、御教書如此、早任被仰
下之旨、可沙汰付半分下地於地蔵院雑掌之状如件、

応永十年八月十八日　　前備中守(花押)

目賀田五郎殿

1―8　摂津幸夜叉丸寄進状案

(端裏書)
「土州田村下庄事、摂津殿重一円之寄附状案文」

寄進　西山地蔵院

土佐国田村庄事

右彼庄者、為毎日法花読誦、祖父道賛(能直)寄附当院乎、随而相残半分下地、
為亡父行済追善、一円所奉寄附也、更不可有其煩之状如件、

応永九年七月廿五日　　藤原(摂津満親)幸夜叉丸

1―9　某書状

(端裏ウハ書)
「御西堂様より御蹟御遣下候

宮内大輔

梅(カ)侍者□(禅)師　　教」
(墨引跡)

智円寺領段銭之事者、是英様御免候ハヽ、其のをも免申候へく候、此由
民部に仰候て御とり候へく候、勘料の事ハ、柳原殿へ出し候事なく程に、
民部に尋御返事可申候、恐々謹言、

五月十二日　□（花押）

1—10　室町幕府管領細川満元奉書案

西山地蔵院領所々付諸末寺、并敷地田畠山林等目録在別紙、事、早任去十月廿日安堵、
可被全所務之由所被仰下也、仍執達如件、
応永廿年十一月廿六日　沙弥御判
住持

1—11　円寛等連署紛失状案

（端裏書）「紛失状　衣笠敷地事」
立申　紛失状事
合
一所　衣笠敷地在上山　限南路 限東山林在家　限北堀 限西堀
自余略之
右件田畠等者、為西山最福寺智性坊之坊領、知行于今無相違者也、而依
世間動乱、彼証文等預置於寺庫之処、去年建武三正月廿七日軍勢乱入寺
中致追捕之刻令紛失畢、件所々当知行之条雖無相違、向後若号有証文申
子細□（之）輩令出来者、可被処盗犯之罪科者也、且寺家并諸官之御判於申請、
為備後証之亀鏡、仍紛失状如件、
建武四年十月廿日　円寛在判
慶覚在判
公文所
（後欠）

○継目裏花押あり。
○3—29に接続する。

1—12　飯尾頼連書状

（前欠）

仰付候者也、恐々謹言、
十一月廿五日　　頼連（花押）
西条殿
○墨引跡あり。

1―13　定恒書状

（前欠）
候也、兼又先日御入寺之時、諸事不示給候間、不尽意趣候、無念覚候、
千万併期御入寺之時候也、恐惶敬白、
三月四日　　定恒（花押）
○墨引跡あり。

1―14　広成書状

（前欠）
百姓等互ニ成水魚之思□ハん条、尤可然候、此分能□（々）可加下知候、又御
領内百姓ニも能々可被仰含候、恐々敬白、
九月卅日　　広成（花押）
地蔵院方丈
○墨引跡あり。
○1―35に接続する。

1―15　浄恵寄進状案

奉寄進下人事
合貳人者字次郎大（太）郎男　大（太）郎三郎男
右件下人者、洛陽西山地蔵院末寺土佐国田村上庄正禅庵常住ニ可召仕者
也、依有存子細、寄進令申候、尚々委事者有別紙、仍為後代寄進之状如
件、
明徳参年壬申五月廿四日　　浄恵在判

1―16　しゃうきう茶園等譲状案

ゆつりわたす　うゑのやまのきぬかさの事

合

右のやま、ちゃゑんいろ〳〵のしゆもく、くわうみやうゐんのあと、ひくにめうしやうの御はうにゆつりわたすところしちなり、これハた中のこはうすのしやうきうにゆつりたふうへハ、他のさまたけあるへからす、ゆつりしやうハ、しやう中の御はうにあつけをくものなり、正月十二日の御八かうにまいねん五百文つゝさたせられ候へく候、さらにけたいあるへからす候、よてゆつりしやうくたんのことし、

かうあん（康安カ）くわんねん五月廿一日　しやうきう 在判

○継目裏花押二顆あり。

○5―12に接続する。

1―17　豪慶屋敷譲状

（端裏書）「上山輔阿闍梨御坊譲状」

譲渡　上山屋敷事

合壱所

四至　限東　三尊院西堺
限南　衣笠山北
限西　大道
限北　松尾社領、但杖数見絵図

右屋敷者、豪慶之相伝之地也、而難去有由緒、宮王殿限永代所譲渡也、且相副本証文等之上者、至子々孫々更不可有子細、仍譲渡状如件、

元徳弐年八月十二日　豪慶（花押）

1―18　西山地蔵院雑掌重申状案

（端裏書）「茂永重目安　案文」

西山地蔵院雑掌謹重言上

右当院領伊勢国茂永御厨内鳥居戸下地三段河北方押領事、去四月以目安

歎申処仁、河北方之申状被召出、耕徳寺支証者不可有其隠云々、然而御左右遅引之間、自当院相尋之処、則耕徳寺幷地下古老者令注進了、仍自彼寺支証一通・名主百姓等之折紙二通捧之、如彼支証者、為茂永内当院領事無疑者也、亦茂永之新開之事、同為当院領処仁、長松方押領之由、地下之公文幷名主百姓等注進如此、所詮、任理運旨全知行、弥為可致御祈祷精誠、重言上如件、

文安元年閏六月　日

1―19　家茂書下

摂津国能勢郡長町庄内西倉事、任被仰下之旨、地蔵院庄主仁所渡付申之状如件、

八月三日　　家茂（花押）

井上助五郎殿

1―20　某書状

半名事、諸方雖望申候、未被経御沙汰候、寺家如此被申候へハ、可被経御沙汰候、但進物事、可為何様候哉、本名主遺跡替面秘計申候者、縦進物■〔巨〕太候とも、為傍例御難義候、無其儀候て、寺家知行候事ニて候ハ、、可被経御沙汰之由被仰下候、来月五日行幸ニ御計会事候間、さ候ハ、、又々御沙汰候やと御荒増候、補任と申、又当名〻〔半〕分ニても候へ、知行と□候間、定御心得候哉、更々も再往候ハぬやうに御計候て、可承御左右候也、恐々敬白、

二月廿三日　　教（花押）

地蔵院
　侍者御中

〇2―4（2）と同じ花押である。

1―21　阿波国勝浦荘領家職半済所務職請文案

円勝寺領阿波国勝浦庄領家職半済所務職事、御寄附地蔵院御教書謹給候了、当庄為□□地之上者、御年貢雑物等任庄主注進、半分者、毎年無懈怠可召進候、残半分者、可為寺家得分之由可令存知候、万一致不法懈怠者、被破御寄附之儀之時、更不可申子細候、仍為後日請文如件、

永和元年八月　日　　　―判

1―22　秦相季寄進状

（端裏書）「地蔵院門前敷地社務寄進状」

寄進　地蔵院屋敷壹所事

号仁倉林内西在家 東西拾貳丈五尺 南北拾丈捌尺

四至 限東地蔵院路　限西類地（垣）桓 限南境（垣）桓　限北大道

右屋敷者、相季為別相伝之神領、当知行無相違者也、爰依有存之旨、限永代所奉寄進于当院也、至本券者、就有類地不副進、然者向後為相季後胤、不可申一言子細、不可有他妨者也、仍寄進之状如件、

応安五年十二月七日　　　松尾神主秦相季（花押）

○4―38に案文あり。

1―23　源某名主職宛行状

（端裏書）「下末次書下　文和三」

宛行

桑田召次保下末次名主職事

尼円妙

右人者、聊雖有被召放事、就歎申如元令補彼職者也、有限御年貢已下御公事等、任先例可致沙汰之状如件、

文和参年三月廿八日　　　左衛門尉源（花押）

1―24　阿古丸寄進状

寄進　土左国田村上庄正善庵神田入道名玖段事
右件田地者、為右馬助家統後菩提、所令寄進也、宜祈彼幽霊九品上昇安養之台、爰任家統遺状、子息阿古丸約(幼)稚之間、源阿加扶持之間、所及判形也、仍寄進之状如件、

観応元年十月　日　　　左衛門尉頼基奉

源阿（花押）

1―25　近江国横山郷地頭佐々木横山道光請文

金蓮院領近江国高嶋郡横山郷内於一切経保田貳拾陸町六段大者、任正安・嘉元六波羅御下知和与状幷当御代貞和二年十二月七日御下知状等之旨、自今以後雖為段歩、自地頭方、云下地、云所務、曽不可致違乱者也、且去年十月七日、号日吉領今更掠申御下知云々、雖然、如此相互契約之上者、此後於濫妨人者、依為郷内、速令追出而可令全領家之御所務之条、永代不可有相違、此条若為表裏之沙汰偽申候者、可蒙八幡大菩薩御罰之状如件、

貞和四年八月廿四日

沙弥道光（花押）

1―26　室町幕府管領斯波義将奉書案

〇3―40の案文につき省略。裏に花押あり。端裏書「御教書案」。

1―27　摂津能直寄進状

寄進　西山地蔵院
土佐国田村庄事
右志者、為毎日法花経伝(転)読所奉寄附当院也、更不可有其煩之状如件、

至徳二年二月廿四日　　　掃部頭藤原朝臣能直（花押）

1―28　丹波国横田保等補任状

（花押）

補任

　丹波国御厩横田保并公文分事

右両所者、畑弥六方ニ所被補任也、有限年貢公事物以下厳密可有執沙汰、万一不法懈怠之儀、或又不義之子細等出来之時者、則可有改易也、仍所補任如件、

　永正四年九月廿七日　　右兵衛尉康胤奉

1―29　某書状

彼是三通慥遣之候、

公用先千疋分無子細候、返々目出候、仍御借書遣之候、先日所残慥被返遣之候、其分銭主ニ可被仰付候、相構今五百疋明後日御秘計候て被進者、可目出候由御沙汰候、可為何様候、又小田事、明春不可有子細候、但御計会言語道断候へハ、

（後欠）

○1―20と筆跡は同じである。

1―30　沙弥道久寄進状案

奉寄進　正禅庵

　土佐国上田村庄内種子名之事

右件田地者、洛陽西山地蔵院末寺於正禅庵、為細河（頼之）永泰院殿御菩□（提）、種子名一円仁奉寄進之所也、仍為後代寄進状如件、

　明徳三年壬申卯月廿一日　　沙弥道久
　　　　　　　　　　　　　在判

1―31　下桂孫七郎田地売券

（端裏書）
「今能名
下桂孫七郎売文　応永四十二月七日　殿御領内一段」

売渡　田地事
合壹段者在所下桂殿御領今能名内里ノ北藪ノソヘ
四至限東類地　限南藪
　　限西岸　限北徳大寺領
右田□(者)、□(孫)七郎自親父讃岐丞相伝之地也、而依有要用、直銭捌貫文仁限
永代最福□(寺)華蔵院持仏堂料所売渡者也、本所当□者、八合升ニ八斗、此
外万雑公事無之、本文書者、先年焼失之時紛失畢、地下無其隠者也、或
号親類、若他人之中、此田ニ違乱煩ヲ申者有之者、可被処罪科、又者下桂
内今堂下地壹段小ヲ入置候、是ヲモ可被召押候、仍後日ノ為ニ売文状如件、
応永四年丁丑十二月七日　売主孫七郎(略押)
子息左衛門次郎(略押)
同源八

1—32　西山地蔵院住持等連署請文案

請申　御室御領阿波国勝浦庄事
右当庄御代官職事、無相違候条畏存候、仍向後御年貢御料足百五十貫被
借召候内七月廿九日貳拾貫、八月十日廿貫、同廿日卅貫
　　　　同廿四日参拾貫、同廿日日(八)五拾貫文、如此可致沙汰者也、随而
公用御立用之趣者、任御契状之旨、此間進上分以五十貫御年貢、今御借
用之百五十貫文本利相当之間者、雖為何个年、可有御立用候、但半済内
自守護方依有被渡残所々、被申成厳蜜(密)御教書之由被仰下候、此段国相尋
候、依左右彼地御年貢員数段遂勘定、云　本所御方、云地蔵院方可致沙
汰者也、如此乍申請文、若寄事□(於)左右、有不法懈怠之儀者、雖為何時、
可被改御代官職候、其時更不可申一言子細候、仍為後日請文之状如件、
応永六年七月廿日　地蔵院住持
左衛門尉

1—33　丹波国桑田郡召次保領家某宛行状

(端裏書)「□□御下知状」

（花押）

宛行
　丹波国桑田召次保下末次名主職田畠屋々敷事
　　尼円妙
右件名主職以下事、尼円妙与山僧詮純相論、如円妙申状者、祖母妙願為財主、文保元年卯月六日以心覚譲状幷元亨三年三月廿九日領家御下知・同施行等、正中二年十二月十一日譲得之時、詮純加判形於彼状之条必然也、彼以後相伝当知行無相違処、詮純致濫妨之条無謂、其上詮純者、建武元年十二月十八日一族加署、妙願令義絶之上者、非御沙汰之限之由訴之、如詮純陳状者、以光仏（妙願夫）号財主、帯彼譲状之上、自心覚之手以詮純名字、文保元年卯月六日買得之条無其隠、全不加判形於正中譲状、為謀判之由陳之、仍欲召決両方処、詮純遁避之上、判形真偽、義絶実否事、一紙譲状内就錦小路町六角西洞院敷地、於使庁円妙得理之上者、不及訪法意歟、然者、早任元亨三年御下知幷当知行、円妙令領掌、有限之御公事無懈怠可致其沙汰之状、下知如件、
　暦応三年八月十日

1—34　某書状

猶々于今遅々候条、殊背本意候、
先日御披露題目之事、依無衆義治定候、不及返報候、恐恨無極相存候、昨日衆義聊定治候処、使節進旨聞食候、可有御左右歟（候々）哉、其旨状難尽候間、公人進候、評義之旨、定可言上
（後欠）

1—35　広成書状

地黄御薗与長町庄山堺事、自往古当知行之堺、且任御教書之旨、自守護殿渡給候、就其彼山草柴なとハ、からせられ候ハん事、寺領御事候へハ、不可有子細候、於嫩々之儀者、能々可有御下知候、御領与当庄憐（隣）郷事候、

（後欠）

○1―14に接続する。

1―36　丹波国大芋吉久名名主職補任状

下　丹波国大芋庄吉久名但除別相伝、

定補　名主職事

平貞孝

右以彼名主職者、別儀所被補也、有限御神事幷御年貢・御公事以下、任先例可被致其沙汰状如件、社家宜承知、敢勿違失、故以下、

永徳三年十二月十七日　　掃部助宗継

（花押）

1―37　阿波国勝浦荘内多奈保領家職半済請文

（端裏書）「勝浦庄多奈保半分請文補陀寺」

阿波国勝浦庄内多奈保領家職半税請状事

定

右件領家職半税之分自来年丙辰歳、毎年以貳拾伍貫文無懈怠、自補陀寺幷真光庵、可致其沙汰候、仍所請申状如件、

永和元年乙卯十一月廿六日　　都寺義了（花押）

都管昌恩（花押）

住持（花押）

地蔵院

2—1　細川家奉行人奉書案

地蔵院領阿州勝浦庄今明両年段銭事、被向御借物候、可被止国催促之由
候也、仍執達如件、

嘉吉元
五月十三日　　久連(飯尾)在判

東条入道殿

2—2　室町幕府奉行人連署奉書

西山地蔵院領土左国下田村・徳善保内宮役夫工米事、可為直進之上者、
可被止国催促之由候也、仍執達如件、

文安二
八月三日　　凞基(斉藤)(花押)
為秀(飯尾)(花押)
常承(摂津)(花押)

守護代

2—3　細川家奉行人書下

(端裏書)
「田村周防殿」

土左国東徳善保之事、任十二月十三日御奉書之旨、地蔵院之雑掌彼下地
可被沙汰付候也、仍執達如件、

二月十日　　沙弥(花押)

六郎左衛門尉殿

2—4(1)　某書状

尚々如此事、よき程事ニて不可有子細事候、如此治定候上ハ、御無沙汰候
ハすハ、永代御官領無子細事候、早々御沙汰□候者、目出候、

昨日委細申承候、恐悦存候、抑勝浦事、先立被進候如御案文、御請文等をも被書進候ハてハ不可叶由堅被仰候、且故御所之御時御契状ニも永代詞ハ候はぬニ、昨日承候ハ被書哉之様仰候、御不審候、其御案文をも給候て可入見参候、

（後欠）

2―4（2）　某書状

急年内被沙汰進へく候、御沙汰候ハんと被仰下候、同可為何様哉、次両名皆納注下之候、又使馬厨米□（料）・御公事物等免状同進之候、尚々小田事、御大事時分候上ハ、御要ニも御立候へくと存候、恐惶謹言、

十二月廿七日　　教（花押）

○墨引跡あり。
○1―20と同じ花押である。
○1―29に関連するか。

2―5（1）　足利義持御判御教書案

西山地蔵院領所々付諸末寺、并敷地田畠山林等目録在別紙、事、早任当知行領掌不可有相違之状如件、

応永廿年十月廿日

内大臣源朝臣　御在判

2―5（2）　室町幕府管領細川満元奉書案

○1―10と同文により省略。
○以上二点は、一紙に書き継がれている。

2―6　某書状

桂殿内有友半名主職事、宛文書進之候、如此本所領一向於御寄進者、不能左右候、至御年貢等沙汰所者、被止寺社之名字候、仍載僧名字候、為

向後亀鏡書進別副状候也、恐□敬白、

康暦三年二月廿四日　□

2—7(1)　某書状

勝浦庄令旨被成進候、目出候、先日御請文詞者、文障(章)肝要にて候を、被略候之条、無勿躰候由被仰候間、余再往候、其煩にて候へハ、よき程にて被召置候哉之由申入候、仍此令旨も聊相違事候へとも、自他御事候へハ、可被留置候、凡不可有

(後欠)

2—7(2)　秋庭元明書状

(前欠)

可得御意候、恐惶謹言、

十一月廿日　元明(花押)

地蔵院へまいる

待(侍)者御中

○6—4は本文書の包紙である。

2—8　宝然書状

(前欠)

寺家御中条目何事候哉、猶本ニ付候哉、毎度自裏御申候子細等候間、心地悪、無面目存候、所詮、　御屋形様御成敗不相違候間、忝存候、心中計ニ寺奉行を申次候、於向後ハ自寺家奉行を可有御申定候也、恐々敬白、

康正元

九月五日　宝然(花押)

地蔵院

主事御室進覧之

○墨引跡あり。

○6—28(1)と同筆。

2—9　細川家奉行人奉書案

西山地蔵（院脱）領土左国下田村・徳善保等　内宮役夫工米事、可為京済之上者、
可被止国催促之由候也、仍執達如件、

文安二
　　　　　　　　　　飯尾備前殿
八月九日　　　　　　常進（遅）判
麻殖参河入道殿

2—10　摂津満親書状案

西山地蔵院領土佐国下田村・徳善保内宮役夫工米事、直進之上者、可止
催促由可被成奉書候、恐々謹言、

文安二　　　　　　　津殿
七月廿八日　　　　　在判
斎藤上総（野）介殿

2—11　細川家奉行人奉書案

（端裏書）「奉行飯尾備中（前）殿
丹波国段銭□□□案文」

西山地蔵院領分丹波国所々　内裏段銭事、可有京済之上者、可被止国催
促之由候也、仍執達如件、

文安元
七月廿一日　　　　　常遅（飯尾）判
内藤弾正忠殿

2—12　古先印元書状案

先立承候金蓮院事、永代可為御計候間、自老僧門中不可申異儀候也、委
細之旨此僧令申候、恐々謹言、

（応安四年）後三月七日　　　　印元
金蓮院坊主光禅師

2―13 摂津国長町庄内西倉村相伝系図

摂津国長町庄内西倉村相伝系図

（大蔵卿）匡房卿―家子（匡房卿室家従三位）―範賢（阿闍梨）―隆智―

覚玄―寧王丸（勝円）―暹円（法眼）―明道上人（木幡幷西八条長老）―

（実冬卿）入道大納言家―近衛局（実冬卿息女）

2―14 飯尾久連書状案

先日内々申候勝浦庄庫夫事、屋形へも申候、被仰下候て雇給候者、畏入候、此之趣東条方へも申へく候、彼催促ハあるましく候、四分一共ニ御寺領分事、一具ニ御寺領（催促）分候て可給候由、庄主方へも今朝岩脇下向候便宜ニ申へく候、可得御意候、恐惶謹言、

正月十三日　　いゝのお　久連在判

地蔵院
　納所禅師

2―15 細川持賢書状案

地蔵院造営事、門中被加談合候者、可然候、弘源□（寺）如被申、自是可申□（談）□（候）、先々早々御上□□（洛候）者、目出候、委細猶自寺家可被申候哉、恐々謹言、

三月十日　　道賢（細川持賢）

英公監寺禅師

○文安年中のものと思われる。

2―16 藤井嗣尹書状

桂殿内有友半名事、承候了、惣六名々主職皆令拝領候き、雖然、蒙仰候之間、不可有子細候、闕可申候、恐々謹言、

九月十日　　　嗣尹

2―17　近江国高島郡一切経保田文書請取状

観空上人
等信副寺（古先弟子）
祖光庵主
　碧潭和尚俗弟
古先和尚　法春（弟子）
文書十四通（此外奉行折紙）
　五月十八日　　中正（仲方中正）（花押）
　　今日懸御目候、
　地蔵院主事
　　御寮

（ウハ書）
「地蔵院」

（端裏書）
「中正蔵主」

中正蔵主の御所の御めにかけられたるおりかみのあふみのくにたかしま（近江国高島）
のほうてん（保田）のもんしよを、たしかに〳〵かゑし給候、
　応永廿一年五月十九日

2―18　某書状案

（端裏書）
「就仏殿造営事、□方様より□書御返事の案文」

御書趣謹拝見仕候、仍地蔵院御造営事、可令門中談合之旨、被仰下候条、
誠忝畏入候、則可罷上候之処、養生之子細より延引恐入候、得減候者、
早々罷上、御礼可申上候、此旨預御披露候者、可畏入候、

○2―15、6―10に関連するか。

2―19　足利義持御判御教書案

西山地蔵院領摂津国広田位倍庄事、帯山名駿河入道了順御下文、雖申子

細、寺領之段証文分明之上者、於了順者可宛行替地、至当所者寺家領掌不可有相違之如件、(状脱)

応永十九年八月五日

内大臣源朝臣御判

2―20　足利義持御判御教書案

西山地蔵院領近江国余呉庄内丹生・菅並両村事、任相伝支証等之旨、寺家領掌不可有相違之状如件、

応永廿六年十二月十九日

従一位源朝臣在判

2―21　近江国守護六角満綱書下案

西山地蔵院雑掌申近江国余呉庄内丹生・菅並両村事、御教書如此、先度遵行之処、遠藤代官前野入道構城墎及敵対云々、早任被仰下之旨、止彼妨、沙汰付下地於雑掌、可執進請取之状如件、

応永廿六年十月廿二日　右衛門尉(右兵衛尉カ)在判

猶(楢)崎太郎左衛門入道殿

2―22　近江国丹生・菅並両村関係重書案

2―22(1)　某言上状案

(前欠)

□□注進謹言上如件、

応永十六年八月　日

2―22(2)　祖光寄進状案

奉寄附　西山地蔵院金蓮院領半分事

右寺領所々半分、観空上人所被契約申古先和尚分明也、然間、等信副寺為未来領主、於彼寺領所々半分者、譲与祖光、早可自専之条明鏡也、仍

院宣幷古先和尚契状、観空上人・信副寺等状相副而、永代所寄附当院
也、為後日之状如件、

永和五年三月廿一日　　祖光在判

2—22(3)　光厳上皇院宣案

金蓮院幷同寺領、任観空上人寄附、管領不可有相違之由院宣所候也、仍
執達如件、

貞和五年六月廿日　　四条大納言隆蔭卿
　　　　　　　　　　権大納言判

印元上人御房

2—22(4)　某安堵状案

金蓮院領近江国余呉庄内丹生・菅並両村事、寺家知行不可有相違之状如
件、

（後欠）

○以上四点は一紙に書き継がれる。

2—23　倉恒経久田地預状

預申
地蔵院御領摂州長町庄売買地□職□（事）
　合肆段者
右田地者、根本為下司職預申処仁、中絶而□清水方押預（領）、雖然、以本支
証堅依歎申□（如カ）□（本カ）預申也、只彼下地本役毎年六斗宛至（致）其沙汰、所寺家奉公
仕也、為下司職上者、地下御□□（公事）・御年貢等有未進懈怠儀者、雖為何時、
為寺□（家）可有政（改）易者也、仍為後証預状如件、

宝徳参辛未年十一月廿一日　　倉恒雅助
　　　　　　　　　　　　　　経久（花押）

地蔵院
　主事禅師

2―24 土岐持頼書状

地蔵院領事、蒙仰候、此在所事者、寺家多年雖不知行候、蒙仰事候之間、渡進之候、恐惶謹言、

（貼紙）「永享二庚戌」
九月十一日

持頼（花押）

（貼紙）「伊勢守護土岐大膳大夫殿」

（貼紙）「細川右京大夫殿」
御報

3—1　昌忻寄進状

きしん申　なうや跡所々の事
たんは（丹波）の国くハたこほり（桑田郡）めし（召）次の保の内下のすゑ次名主しき、同わき
名得分の事
つの国しゆく野の名田畠等の事
右かの所々ハ、性智院殿（細川持元）さまの御ほたいならひに昌忻こしやうのため
に、にし山地蔵院へなかくきしん申物なり、かたしけなくてんきう（典廏）さま（細川持賢）
の御判をなさるゝうへは、せゝまつ代さういあるへからさる物なり、し
かれハもくろくのことく、御寺納にて年中の下行をきふミにまかせて、
たいてんなくとりおこなはるへく候、仍こうせうのためにきしん申状如
件、

嘉吉三年十二月廿九日　　　昌忻（花押）

3—2　沙弥心覚田畠屋敷等売券

沙弥心覚沽却進私領田畠幷屋々敷等事
合貳町貳段貳拾代　此外屋々敷在之
在丹波国桑田郡宗我部郷内
一、桑田召次保内下末次名主職幷田畠屋々敷荒野等事
一、同名内榎本貳拾沬坪貳段　是ハ買得地、本証文在之
一、同保内成宗名内門田五坪貳段　同買得地、本証文在之
一、此外屋敷麻主等　別々文書在之
四至堺坪付等見本証文
右件名主職田畠荒野屋々敷麻主買領地等者、心覚（童名有若丸）為相伝地、領掌
所無相違也、而直銭依有要用、限永代銭賃佰貳拾貫文仁相副本証文等、
所尼妙願沽渡也、更不可有他人妨、於有限所当公事者、任先例可有其沙

汰、仍為後日亀鏡放券文之状如件、

文保元年大歳丁巳卯月六日　　沙弥心覚(花押)

3―3　卜部宿祢田地売券

沽却　私領小泉御厨壱処事

在

伊勢国朝明郡覇訓(訓覇)郷内子細見本券雑事注文在別紙

田畠幷荒拾町捌段

見作田伍町捌段大

見畠肆段

右件御厨者、曽祖父神祇少副兼時相伝之所領也、而為募神威、去元永二年寄進外宮御厨、所備毎年三度之供祭也、仍年来之間、更無他役之煩、而依有直要用、銭佰伍拾貫文限永代相副本券等、所沽渡藤原氏女也、但朝明・三重両郡令建立畢、於三重郡者不沽却者也、若自牢籠出来之時、同心可申沙汰也、仍為後代証文之状如件、

安貞貳年正月廿八日

散位卜部宿祢(花押)

嫡子散位卜部宿祢(花押)

3―4　秦相季寄進状

奉寄進　地蔵院屋敷一所事

仁倉林内山大路東西口陸丈五尺南北奥参拾丈

四至東限境榎　西限類地垣　南限山大路　北限井北耳

右屋敷者、為　勅施入之神領四至境顕然也、仍於領主職者、相季当知行無相違者也、而為現当結縁、永所奉寄進当院之敷地也、向後為相季子孫、云公方、云私、申子細之輩者、可為不孝者也、仍寄進之状如件、

応安六年九月廿四日　　松尾神主相季(花押)

○4―36に案文あり。

3―5　摂津能秀寄進状

奉寄進地蔵院
（後筆）「法」衣事黄色紗
（後筆）「右此法」衣者、　天龍開山国師依有相承之儀、所令付属故入道々賛給也、仍鎮当家雖可為奕世之家珎、地蔵院開山宗鏡禅師者、故入道依為蜜（密）教伝授御弟子、帰敬異他、况於能秀、就之為当寺本尊所奉寄進也、但雖為五山十刹之住持・諸山甲刹之長老、永不可披用之、若有背此旨者、即時可取返申之、到後々末代、雖為子々孫々、堅可守此旨、且又為寺家被破此法、於其仁一人可申行罪科者也、寺家・私家同心、当永代守此法、為備後日亀鏡、粗寄進状如件、
至徳四年三月廿一日　　　左馬助能秀（花押）

3―6　金蓮院雑掌定勝言上状案

金蓮院雑掌定勝謹言上
欲早任文永十年官符宣・代々　勅裁幷貞和元年御下知旨、被経厳密御沙汰、被成御教書於守護方、被停止庄十郎不知実名、押領、全寺用伊勢国茂永・小泉御厨事
副進
一通　御下知案　貞和元年十一月十七日
官符宣・代々　勅裁等依事繁略之
右於彼地者、当寺院領也、仍任文永十年官符宣幷正安元年以来代々　勅裁之旨、為寺領知行送年序訖、而貞和元年今河式部大夫違乱之間、就訴申被成御下知、当知行無相違之処、去貞治四年八月以来、庄十郎号守護披（被）管（官）仁、募彼武威、以仏性燈油料所無是非令押領、追出寺家雑掌、不寄付所務之条、難堪之次第也、所詮、被経厳密御沙汰、被成御教書於守護方、被退彼輩押領、被打渡下地於寺家雑掌、全寺用、弥為奉祈　天下安全、謹言上如件、
応安元年卯月　日

3―7　某田地売券

（端裏書）
「桂公文名文書」

売渡申永代田地之事

　合壹段者　在所朝原之西公文名之内也

　四至限東類地　南類地　西秋延名　北路也

右件之田地者、有要用而直銭伍貫文仁限永代、売渡於地蔵院申処実正明鏡也、彼田地之御年貢者八斗代也、是本所之年貢也、春成之料足百文、四月中仁可有候、但定内検之御下地也、御公事藁者、与年貢之御納米同壹斗仁一束宛可有候、此外無万雑公事下地也、自今已後無相違可有御知行候、若万一於此田地而違乱煩出来候者、為沙汰人孫太郎而本銭可弁申候、尚以違目出来候者、蜜円支証人而可致其沙汰者也、仍而為後日永代売券之状如件、

　応永三十二年乙巳十二月十三日

　　売主御代管（官）　六郎次郎（花押）

　　請人　孫太郎（略押）

　　同　蜜円（略押）

3―8　比丘尼性遍等寄進状

（端裏書）（細川頼之）
「永泰院殿御買得
　地蔵院北寄敷地寄附状正文」

奉寄進　衣笠地蔵院□□（北寄）地事

右敷地者、比丘尼性遍為先祖之墳墓相伝之私領也、然相副本券五通、為亡父浄賢律師幷代々先祖之追善、以彼地所奉寄進地蔵院也、尽未来際不被改彼墳墓、可被訪亡魂之菩提者也、仍為後日寄進之状如件、

　応安六年正月廿四日

　　比丘尼性遍（花押）

　　僧□□（豪顕）（花押）

　　僧昌冲（花押）

○4―37に案文あり。

3—9　六波羅下知状案

（前欠）

□□□国検帳者、近江国高嶋□□□々惣田数事、一切経□（本カ）免廿町・新免廿町云云、自□□（為）国検除田之由所見也、仍地頭不可相綺之条勿論□（也）、而当郷地頭職者、以大膳大夫広元朝臣始被補任□後、被改補山城前司広綱之処、依京方之咎、承久被収公之、近江守信綱法師拝領之間、頼信所令伝領也、為二代没収之地、一郷之下地悉地頭進止之由、宗成雖申之、於郷分之下地者、非相論之限、至保田者、為往古除田之間、自本地頭之時、令相綺彼下地之条無其証、頗為胸臆申状歟、随又如初答状者、三分二与三分一相分、領家・地頭令進止之由載之、自安貞年中始令領掌三分一下地之条顕然也、於彼申詞者、前地頭代□（源）智同意于雑掌、依載陳状令追放之由、宗成雖□申、不立申同心証拠之間、不足信用、就中、道円□国検帳地頭三分一之領知者非拠也、於所務者不依押妨之年紀歟、任根本之道理、一円可為領家進止之由雖称之、安貞相分之後、経数十年畢、今更難及改沙汰歟、然則領家三分二、地頭三分一如日来可管領下地焉、

□（一）米末名事

□当名者、為領家進止之由、道円令訴申之処、保□□（四）十町之外、領家全不相綺之旨、宗成陳之、爰備進□

（後欠）

○3—20参照。

3—10　細川頼元書状案

土佐国地蔵院末寺正禅庵仁先代官違乱之事候、可有沙汰厳蜜（密）候、恐々謹言、

正月廿六日　　頼元御判

（細川満之）兵部大輔殿

3—11　西山地蔵院領総安堵御判御教書等目録

（端裏書）「寺領惣安堵御判九通目録」

西山地蔵院領代々総安堵御判御教書等目録

右大将（足利義満）御判 鹿苑院殿　一通　康暦元年九月十二日
□（鹿）苑院殿御判　一通　至徳三年六月七日
勝定院（足利義持）殿御判　一通　応永廿年十月廿日
岩栖院（細川満元）殿御判　一通　応永廿年十月廿六日
岩栖院殿御判　一通　応永廿年十月廿六日
右寺領幷諸末寺等目録袖判也、紙数三枚、奉行飯尾加賀守（之清）封裏、
□（勝）定院殿御判　一通　応永廿一年閏七月廿六日
□（勝）定院殿御判　一通　応（永脱）三十年四月十五日
普広院（足利義教）殿御判　一通　永享二年十二月廿六日
当職右京大夫（細川勝元）殿御判　一通　文安三年八月廿五日
已上九通

長禄四年（庚辰）八月三日　志之
住持周玉（花押）

3—12　有氏等連署寄進状

奉寄進田壹所事
合参反坪在所者
右志者、為故廷尉常皓禅門月忌十五日追饍（善）、所奉寄進地蔵院也、於彼下地者、相伝異于他、万一雖違乱煩出来、兄弟加連判上者、不可有他之妨者也、仍為後日之証文状如件、

明徳貳年（辛未）八月五日
有氏（花押）
有景（花押）
有賢（花押）

3―13　秦相音屋敷畠売券

（端裏書）「□地□□状」

沽渡　屋敷畠事

在一所　東西十六丈二尺　限東路　限西二郎番匠屋敷竹木
　　　　南北九丈六尺　限南因州屋敷築地　限北竹同垣

右屋敷畠者、舎兄因幡守相峯相伝□□（地也）、而□（去）給于相乙之間、領掌無相違者也、爰聊□（依）有要用、相副相峯去状、直銭参貫伍百文仁奉沽渡葉室禅栖院周誼禅師処也、為永代彼寺領、御知行不可有相違者也、仍為後日沽奉状如件、

康安貳年九月四日　　秦相音（花押）

3―14　観空寄進状

奉寄進

山城国葛野郡金蓮院方敷地幷寺領（注文在別紙）等事

右院家同所領等者、観空重代相伝之所也、雖然、非興隆之器間、則相副文契等、自当時永代奉寄進等持寺方丈古先和尚者也、限未来際更不可有相違矣、仍契約之状如件、

貞和四年十一月三日　　沙門観空（花押）

（裏書）「地蔵院証文銘判形有之物也」

3―15　桂殿内正安名名主職宛行状

宛行　山城国桂殿内正安名主職事

沙弥宗賜

右為彼職有限之御年貢・恒例臨時御公事等、任先例無懈怠可致其沙汰之状如件、庄家宜承知、敢勿違失、故下、

暦応二年三月廿六日

沙弥（花押）

3—16　祖光書状

金蓮院領半分者、別相伝之間、奉地蔵院寄附候、就其者、下地等事被致
御興行沙汰、可然器用仁被仰付、両方共ニ無子細候之様ニ可有御計候、
老躰之間、一向憑申候、猶々能様ニ御沙汰候者、可為恐悦候、恐々敬白、

（異筆）「永和五」
三月廿九日　　祖光（花押）

（深渓昌資）
資公高侍禅師

3—17　深渓昌資寄進状写

（前欠）

北乾角地（東西長五拾壹丈・西南北広四丈五尺・東南北広九丈・但中程南方十二丈八尺在家一宇分）
限東本御寄進地、限西本御寄附山、南道賢寄附地、限北西芳寺南山、
右地以毎年地利貳貫文、自来午歳九月中、無懈怠可沙汰進候、今時分住
持未定之間、愚身先進状候、院主治定之後、可取進住持之状候、仍為後
証状如件、

永和元年九月廿四日　　昌資（花押影）

松尾縫殿寮正筆所持之、
万治二乙亥七月五日謄之了、

3—18　室町幕府管領細川頼之奉書案

西山地蔵院領伊勢造宮役夫工米幷大嘗会米已下諸役免除事、任去永和元
年八月十三日官符宣旨、不可有相違之状、依仰執達如件、

永和二年五月廿四日　　武蔵守在判

当院長老

3—19　某所敷地指図

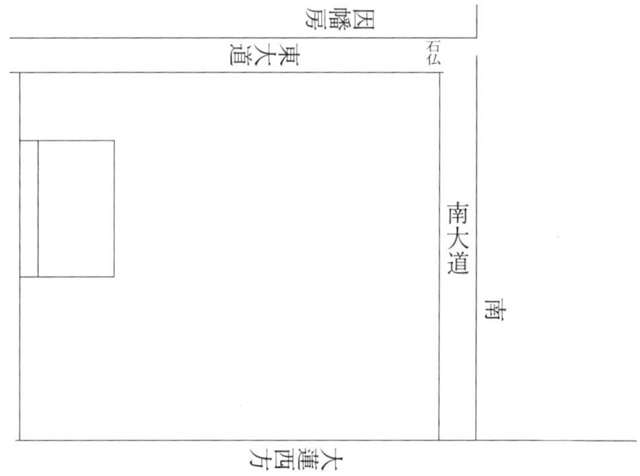
因幡房
東大道
石仏
南大道
南
大蓮西方

（紙背）
「金蓮院　近江国
保田　」

3—20　六波羅下知状案

新長講堂幷内親王御菩提料所近江国高嶋郡日吉一切経保田雑掌道円与
横山郷地頭佐々木出羽三郎左衛門尉頼信代宗成相論条々

一、保田四十町下地事

右訴陳之趣、雖多子細、所詮、如雑掌道円本解状者、於当保田下地者、本名主等安貞年中以三分二避進于領家方、以三分一避出于地頭方之後、経年序畢、而地頭称有新田、押妨領家分作田、加之、剰乱入山野伐取用木、奪取屋敷竹垣内樹木之条無謂云云、如地頭代源智陳状者、安貞年中名主等如出田注文、領家方三分二者地頭不相綺之、但遂内検之刻、荒野開発之新田令出来之間、任平均之例地頭可進止之条勿論歟、当郷山野者領家全不相綺、地頭之進退也、竹垣内者又非保田内、専国衙也、凡下地

事、為名主自由企之上者、可被中分云云、雑掌後則保田者、為除田代々
被除国検目録畢、地頭雖為段歩、不可進止下地之上者、一円可被付領家
之由申之、地頭亦当郷者国領也、国検之時、割分国衙公田四十町之所当
米、被寄附一切経読誦料之間、所弁済有限之所当許也、不帯地頭避状者、
以三分二難被付領家之旨称之、両方申状前後相違畢、爰如道円所

（後欠）

○3—9参照。

3—21 室町幕府管領細川満元奉書

西山地蔵院雑掌申近江国高嶋郡一切経保田事、重解状如此、問状使者等
数个度違背篇朽云々、然而為令無後悔、去年十一月以別儀猶雖触遣之、
于今無音、無理之所致歟、此上者、早止尊勝院押領可沙汰付雑掌、若有
子細者、可注申之由所被仰下也、仍執達如件、

応永二十年十二月廿七日　沙弥（花押）

（六角満高）
佐々木備中入道殿

3—22 近江国守護六角満高書下

西山地蔵院雑掌申近江国高嶋郡一切経保田事、御教書如此、早任被仰下
之旨、止尊勝院押領、可沙汰付雑掌、若有子細者、可注申之状如件、

応永廿一年二月十三日　沙弥（花押）

目賀田遠江守殿

3—23 室町幕府管領畠山基国奉書

西山地蔵院雑掌申金蓮院領近江国一切経保田事、解状・具書如此、背観
空上人割分状幷古先和尚契約、金蓮院雑掌一円押領云々、事実者、太無
謂、早止彼妨任相伝之証文、可沙汰付半分下地於地蔵院雑掌之由、所被
仰下也、仍執達如件、

応永十年八月四日　　　　　（貼紙）「畠山殿」沙弥（花押）

（六角満高）佐々木備中前司殿

3―24　足利義持御判御教書案

西山地蔵院領所々（目録在別紙）、諸公事并臨時課役段銭人夫以下事、所令免除也、早為守護使不入之地、可全領知之状如件、

応永廿一年閏七月廿六日　　　　御判

住持

3―25　細川家歴代書付

（前欠）

職十个年、嘉吉二年壬戌八月四日卒、四十三歳、至慶長十年乙巳百六十四年、

龍安寺殿勝元　仁栄宗宝　源持之息、六郎右京大夫、永亨（享）二年庚戌誕生、文安頃職四个年、二度職十二个年、文明五年癸巳五月十一日卒ス、四十四歳、至慶長十年乙巳百三十三年、

大心院殿政元　雲関宗興　源勝元息、九郎、従四位下右京大夫、文正元年丙戌誕生、文明十八年一日管領職任二武蔵守一、翌日上表、永正四年丁卯六月廿三日卒ス、四十二歳、至慶長十年乙巳九十九年、

真乗院殿澄元　安英宗泰　源政元養子、讃州道空入道孫ナリ、六郎、任二右京大夫一、延徳元年己酉誕生、永正十七年庚辰六月十日卒ス、三十二歳、至慶長十年乙巳六年（八十脱カ）、

三友院殿高国　松岳常桓　源防州（房）息、六郎、任二管領職一、文明十六年甲辰誕生、亨（享）禄四年辛卯六月八日卒ス、於テ二摂州尼崎一生害、四十八歳、至慶長十年乙巳七十五年、

清源院殿植（稙）国　宗廓了然　源高国息、六郎、永正五年戊辰誕生、大永五

年乙酉十月廿三日卒ス、十八歳、至慶長十年乙巳八十一年、
龍昇院殿晴元　心月一清　源澄元息、六郎右京大夫、永正十一年甲戌誕生、永禄六年癸亥三月一日於摂州富田卒ス、五十歳、至慶長十年乙巳四十三年、
見桃院殿氏綱　悟峯宗勤　源右馬頭尹賢息、二郎、任右京大夫、永正十三年丙子誕生、永禄六年癸亥十二月廿日於城州淀卒、四十八歳、至慶長十年乙巳四十二年、
大龍院殿信良　英豪清遊『雄』（朱筆）、源晴元息、六郎右京大夫、慶長元年十一月七日病死ス、

3—26　平則俊等連署寄進状

奉寄附　西山地蔵院
合田地壹町者在下桂正安名内坪付見本文書
右正安名者、僧翔恵相伝之地也、而以直銭佰参拾貫文、自西山地蔵院被買得彼名田之時、令沙汰進壹町分料足、為先考道覚禅門・先妣了性禅尼年忌月忌追善、所奉寄進当院也、仍寄附之状如件、
応安六年三月廿四日
平則俊（花押）
左衛門少尉平則能（花押）

3—27　足利直義下知状案

○1—3と同文につき省略。端裏書「伊勢国茂永文書案奉行三須校正案文也」。

3—28　西山地蔵院重書案

○3—21・3—22の書継案文につき省略。

3—29　円寛等連署紛失状案

（前欠）

良盛在判
当寺
一和尚　道端在判
件田地証文等紛失事、最福寺公文所以下証判分明之間、加署判而已、
明法博士兼右衛門大尉中原朝臣在判
彼文書紛失事、傍輩証判分明之間、加置署而已、
左衛門少尉中原朝臣在判
件文書紛失事、面々証判之間、暦応三年十月廿三日置署判而已、
防鴨河判官右衛（門脱）大尉中原朝臣在判

○継目裏花押あり。
○1―11に接続する。

3―30　西山地蔵院住持昌与請文案

（端裏書）
「□明徳四　十　廿八」
円勝寺御領阿州勝浦庄領家職事
半済之内於半分者、後常瑜（永助）伽院殿御代被下令旨御寄附当寺、永代知行
不可有相違之由就仰下、于今無子細者也、而御年貢少事之由蒙仰之間、
自当年毎年伍拾貫文、不謂損否無未進懈怠、可致其沙汰者也、若当知行
下地之外、追猶寄附事出来者、随其分限可増進御年貢、背請文之旨、更
不可有不法懈怠之儀、仍為後日請文之状如件、
明徳四年十月廿八日　　　　地蔵院住持昌与判

3―31　某書状

□月廿七日御札拝見了、□（抑カ）土州御領事、此間代官不儀事に候て、不可有
正躰由存候て、御使数月留置申候也、雖然、少思直事有之間、寄進状案
文土州遣候、定先ハ違儀候ぬと存候、始終者、不可有相違候也、
（後欠）

3—32 最福寺衆徒契約状

（端裏書）
「最福寺衆徒契約状正文」

契約　衣笠地蔵院敷地上分物事

右敷地者、田中性遍禅尼為相伝之地之処、以彼下地寄進西芳寺塔頭之間、於最福寺上分物者、自地蔵院雖可被致其沙汰、賜料足五百疋避渡申之上者、向後更不可有他妨者也、仍為後日契約之状如件、

応安六年正月廿四日

権少僧都仲豪（花押）

権少僧都信賢（花押）

法　印　実　誉（花押）

3—33 葉室長宗寄進状

寄附　西山地蔵院宗鏡禅師塔頭

摂津国安威庄下司職事

右職者、依為本所進止、下司請文幷勅裁等支証分明者也、仍且為現当二世之祈禱、且為代々追福所寄附之状如件、

永徳三年六月　日

前参議藤原朝臣（花押）

3—34 室町幕府管領斯波義将奉書案

（端裏書）
「長町庄御教書案永徳元十一廿七」

西山地蔵院雑掌申摂津国長町庄内西倉村事、綸旨・西園寺前右大臣家（西園寺実俊）御消息副解状具書、如此、能勢下野守濫妨云々、早止彼妨可被沙汰付雑掌之状、依仰執達如件、

永徳元年十一月廿七日

左衛門佐在御判

渋河武蔵次郎殿（満頼）

3―35　細川家奉行人奉書

地蔵院領土佐国下田村庄　内宮役夫工米事、可為京済之上者、可被止国
催促之由候也、仍執達如件、

応永卅二
九月廿九日　　　　　　　元資（香西元資）（花押）

横越右京亮殿

3―36　御室永助法親王令旨

阿波国勝浦五个庄所務職事、所被申付也、被致興行之沙汰、可被執進御
年貢候、但於本庄号篠原庄者、為公用料所上者、年紀以後可被申談之由　宮
御消息所候也、仍執達如件、

（永和元年カ）
四月廿六日　　　　　　法印了融

謹上　地蔵院方丈

3―37　藤原数信寄進状

奉寄進　西山地蔵院末寺土州田村正禅庵種子名新田弐反、依仰本名ニ帰
加物也、下作者正一作也、在所河原崎之新田也、仍為後日寄進状如件、

明徳五年四月九日　　　　藤原数信（花押）

3―38　足利義持御判御教書案

〇2―5（1）と同文につき省略。

3―39　某荘坪付状

（前欠）

限四至 東阡陌 西類地　南類地 北阡陌

在草北条郷内同里廿四坪四反九留樋

限四至 東阡陌 西富吉　南河 北阡陌

在草北条郷内同里廿六坪椋下

限四至東類地　西山峯　南類地　北阡陌

在草北条郷内同里廿七坪四反十

限四至東黒谷堂田　西山峯　南澤殿領　北阡陌

在草北条郷内同里廿八坪十五

限四至東上殿　西山峯　南同　北阡陌

在草北条郷内同里廿九坪二反

限四至東山峯　西西実房　南阡陌　北阡陌

在草北条郷内同里卅三坪内一反十

限四至東峯　西西実房　南阡陌　北類地

在草北条郷内同里卅五坪卅

限四至東山峯　西類地　南阡陌　□

（後欠）

3—40　室町幕府管領斯波義将奉書

西山地蔵院雑掌申摂津国安威庄内高野免田并小高野田等事、申状・具書如此、土民等募武威押妨云々、早止彼妨可被沙汰付雑掌之状、依仰執達如件、

嘉慶二年八月廿一日　　左衛門佐（花押）

細河右京大夫殿（頼元）

○1—26に案文あり。

3—41　梵松寄進状

奉寄進

出雲国塩冶郷善巧禅寺住持式（職）事

右彼寺者、依為開山嵯峨門徒、如元檀那光清被返付梵松西堂、然間老僧一期之後者、自本寺地蔵院相計而下住持、末代為嵯峨門徒之様可被定、此寄進状之外者、以前以後之状更不可立者也、仍為後日之状如件、

永享六年（甲寅）十月廿四日　　梵松（花押）

地蔵院方丈

○朱方印あり。印文「雲巣」。

3—42 西山地蔵院什物目録

入目録

開山御袈裟黄絹、黒白二基塔、付嚢、核皮籠、　鑰子入此箱、　数珠二連一連□粧□

御影九条黒袈裟一領付裹、　一袋大小二个

織物嚢一个内有色々道具、　仏餉鉢四入、織物小袋入之、

紫色磁器小一个　硯一面付箱、剃刀一双、水滴一个、小刀一个

蒔画硯箱一个付硯一面、銅水滴一个、小刀一个、　薬器一个内有御髪、

蒔画小箱一个内有水晶壺大一个、五重五色小袈裟一頂(領)、仏舎利若干粒、金襴守袋一个、付銀鉢・銀杓子・木鉢各一个、

黒漆香合一个内有小香合、　自開山相伝箱一个黒漆、

紙張箱一个有画、　法衣一領以光師古衣製之、付箱、

已上

享徳元年壬申八月廿四日　侍真周歓(花押)

住持周玉(花押)　前住中康(花押)　周篁(花押)

(追筆)「此内之物少々入地字之箱、尚此内少々於西芳預□(置カ)之時

失却、簡要之物計蔵得之、

(文明元年)文明己丑歳八月朔旦　侍真周澄(花押)

住持梵舒(花押)　住持□薫(花押)」

3—43 摂津能直書状

土佐国田村庄地蔵院寄附状令調進候、就其者御約束状可給候也、諸事穢

土寺塔主可被伝申候哉、心事期参拝候、恐々謹言、

二月廿四日　能直(花押)

進之候

3―44 天台座主尊胤法親王令旨

金蓮院領近江国横山郷内一切経保田事、被下　院宣之間、可令停止違乱之由御下知候了、可令全領掌給之由座主二品親王令旨所候也、仍執達如件、

（貞和三年カ）十月廿三日　　権少僧都救豪

観空上人御房

○1―2に案文あり。

3―45 室町幕府引付頭人二階堂時綱奉書

摂津国長町庄雑掌幸禅申当庄内吉丸西倉売買村々事、重申状如此、先度雖被仰下、不事行云々、所詮、止竹内孫三郎以下輩濫妨、来月廿日以前沙汰付下地於雑掌、以起請之詞可被注申之状、依仰執達如件、

文和二年二月廿七日　　沙弥（花押）

細河式部大夫殿

3―46 盛氏寄進状

奉寄進　正善庵料物事

右当庵者、故右馬助家員為御菩提立置之間、田村庄之内種子名年貢毎年五石、限永代奉寄進之状如件、

観応元年八月十九日　　左兵衛権少尉盛氏（花押）

3―47 友光屋敷売券

沽却　上山屋敷事

合玖貫文者

右屋敷者、自親栄于晴（時）号教雲坊、年以来（ママ）、雖買取、依有要用直銭玖貫文仁限永代字虎夜叉殿ニ売渡申処実也、委細之旨本券見タリ、然而万一有煩事時者、彼本銭以一倍、不日可致其弁者也、其時更以不可申子細、仍為後記沽却

之状如件、

観応貳年辛卯九月十六日

売主友光（花押）

請人国次（花押）

4—1 細川家奉行人連署借状

□申料足事

合参拾貫文者

右料足者、為　公方様御一献幷御礼物等、自屋形所被借申候也、但毎月貫別加参拾文宛利分、当院領段銭以当年分内、本利悉可有返弁由被成奉書之上者、不可有無沙汰之儀候、仍借状如件、

嘉吉元年五月三日　　清孫右衛門尉
　　　　　　　　　　　常連（花押）
　　　　　　　　　　飯尾因幡守
　　　　　　　　　　　久連（花押）

地蔵院
　納所禅師

4—2 飯尾久連書状

尚々態御文恐入候、

如仰昨日入御畏悦候、其子細態可申入候処、関東より頸等御実検、公私取乱候之間、今朝自佐河方且申させ候、此御文畏入候、兼又御秘計事、今四五日之間ニ廿貫文可有□（御）□簡之由承候、［　　］□□以前［　　］せめて五十貫文之［　　］候て給候ハ、、今年□（明）［　　］さし候て借□（書）奉［　　］可進之由被申候、殊今日も廿貫文候ハてハかなうましき事候間、待入候処、此御状驚入候、いかにも今日中廿分、早々可給候、借状・奉書事ハ任御意可調進之由候、可参申候、恐惶謹言、

（嘉吉元年）
五月四日　　　　久連（花押）

御報

○墨引跡あり。

4—3　丹波国桑田郡宿野阿弥陀寺領田畠等目録案

丹州桑田郡宿野（小河）阿弥陀寺号長興寺寺領田畠幷山林敷地等目録事

合　四至境 東限東嶺椎木　南限南嶺　西限西嶺　北限升井谷中道古瀬

一、田数

二反　寺前　一反　山田

五反　氷所

已上

一、□□（畠）分

一反十代　丁畠　十五代　宮松木□

四十代　起墓　廿五代　倉垣内

十代　西条　卅代　卅代畠

十五代　大仏供田　十代　畠中

廿五代　宮前　廿五代　山崎

廿代　寺西　□

已上

寛正五年四月廿九日

（裏書）「判」

4—4　花徳院光世書状

丹州桑田郡之内恒枝名之事、為北野社領当知行之処、依錯乱此一両年打置候、預御調法候者、可為祝着候、依之執進候、猶々可申合候、恐々謹言、

九月十日　花徳院 光世（花押）

応祥寺床下

4—5　波多野秀忠書状

大田之内応祥寺抱分□八斗者、面々相納由候、其余者、於京都侘

言子細候間、令領掌候、従来年有様可納所由候間、重而催促有間敷候、
恐々謹言、

十二月十八日　　秀忠（花押）

孫左衛門尉殿

4―6　有岡堅有書状

料足参着候者、自院主以御状御悦喜候者、可然候、内々可有御意見候、
先日右馬頭（細川持賢）殿約束被申候奉加銭、可進之由候、人を給候て可渡申之旨、
私より其へ申候へく候、早々人夫を可給候哉、今程路次物忩之由承及候、
御力者を御そへ候ハヽ、可然候、就寺家御作事、御粉骨之（由）披露仕候間、
殊更悦喜被申候、御成之日限来十四日御治定候哉、日をいかさま重可
参申候、恐々敬白、

三月五日　　堅有（花押）

「（ウハ書）持宝庵進之候　　有岡入道 堅有」

○墨引跡あり。
○6―10参照。

4―7　長布施保秀等連署書状

十月廿六日浄金房之便宜ニ御折紙委細拝見仕候了、抑河比（北、以下同）方違乱之下地
事、御本帳記給候、地下候帳と引合披見仕候、寺家御帳ニハ里坪ヲしるし
給候、地下に候帳ハ、名寄計に字他放券志儀之戸と候間、為中の帳お進
上申ニ不及候、目安之状委細注進□□御披見候て、早々御送遣候者、地
下も皆々畏入候、猶々河比方出候支証ハ、正道所山村寺与末富名内双論
により候て、自祭主方下知之状有之候間、更々自余之所領等事ニ寄も不
仕事候、可有御心得候、就其候てハ彼三反下地、自性古（往）無相違地候、先
度進候善慶庵ヨリ状、如御披見、百余年之内ニ自他領無違乱煩地候、近年

河比ヨリ兎角申候、不思儀子細候、大澤方へ仰付候て、任当知行旨如本無
子細状おめされ候て御下候者、目出畏入候、諸事重言上可申候、恐惶謹
言、

十一月七日　　　長布施七郎左衛門尉
保秀（花押）

昌徳寺
孟増（花押）

地蔵院納所禅師

○墨引跡あり。

4―8　丹下盛賢書状

就西岡東久世築山之内地蔵院下地之儀、先日預御状候、昨日御一献取乱、
御返事延引恐入候、此儀従石田四郎兵衛殿蒙仰候、子細申分之由候、重
而示給候通、鶏冠井相尋、別可申入候、一両日之事者、不得隙之段、可
被分別候、連々可申通之処、兎角取過候、本意之外候、於自然之儀者、
可申承候、祝着候、何様従是可申入候、猶々時宜相尋可申候、旁期後音
候、恐々謹言、

霜月十八日　　　盛賢（花押）

（ウハ書）
「河田右衛門大夫殿
御返報　　　丹下備後守
盛賢」

○墨引跡あり。

4―9　近江国余呉荘内丹生・菅並両村支証目録

近江国余呉庄内丹生・菅並両村支証

一通　（足利義満）鹿苑院殿御判　　永和五年三月二日
一通　（細川頼之）永泰院殿御判　　永和五年三月廿五日
一通　三井入道在判　　康暦元年四月廿一日
一通　（細川満元）岩栖院殿御判　　応永廿四年八月五日
一通　右兵衛尉御判　　応永廿四年八月十六日
一通　岩栖院殿御判　　応永廿四年十一月廿一日

一通　岩栖院殿御判　応永廿六年九月廿七日
一通　右衛門尉御判　応永廿六年十月廿二日
一通　従一位源朝臣御判　応永廿六年十二月十九日
已上九通

4―10　西山地蔵院契約状

契約近江州高嶋郡横山郷内一切経保田事
合
右件保田者不知行之処、就公私依為御秘計安堵仕之上者、自当年午歳所務弐(ニ)拾个年之間、半分千代満殿ニ所令約契(ママ)実也、若背此約契在違変之儀者、永代一円可有御知行者也、其時更以不可申一言子細候、仍為後証契約之状如件、

応永廿一年甲午三月　納所昌忍(花押)
主事梵琳(花押)
住持(花押)

4―11　土岐持頼書状

委細蒙仰候、畏入候、抑国中半済事、被仰出候之間、此在所事も、雖可申付候、蒙仰事候之間、不可有相違候、委細者寺町方へ申候、恐々謹言、
八月十六日　持頼(花押)
貴報

○土岐持頼の伊勢国守護補任は正長元年である。

4―12　野田泰忠書状

御寺領之内東久世増井方及違乱候之由承候間、罷出、堅百性(姓)江申付押置候、早々於京都被仰達候て、増井方へ可留違乱之由、御成敗之御折紙□□候て給候者、自是可申候、殊先日者寛蔵主御光臨申候、御煩至不知所謝候、恐惶謹言、

十一月三日　　　　　　泰忠（花押）

4—13　四宮宗能書下

地蔵院領摂州上郡之内、音羽村下司職・銭原村内弘安寺并極楽寺・同寺領等事、去年十月十五日任御遵行之旨、可被渡付寺家雑掌之状如件、

文明三
二月卅日　　　　　　宗能（花押）

原源五殿

4—14　細川持益書状案

就地蔵院領之内下地等、済監寺・王子別当相論之事、去年も申下候処、上田村之内之由被申上候、自寺家承候分理運にて候哉、可去渡之由堅可申付候、雖然、上田村之内ニ一定候者、此際者地蔵院之年貢を沙汰候哉、不思儀次第にて候、乍去別当早々以参洛可申開之由可申候、何連下地等被荒候事、太不可然候、此趣無無沙汰可被申付候也、恐々謹言、

嘉吉三年
六月廿六日　　　　　　持益判

入交肥前殿

4—15　丹波国守護細川勝元書下案

丹波国小河宿野阿弥陀寺（号長興寺、）寺領散在田畠并山林等（目録在別紙、）事、任明善上坐譲与之旨、当知行之上者、寺家領掌不可有相違之状如件、

寛正五年四月廿九日　　　　　　右京大夫御判

住持

4—16　四宮長能書下案

（端裏書）「案文　音羽村」

地蔵院領摂州上郡内音羽村事、度々御成敗之処、音羽次郎左衛門尉于今

不被去渡云々、所詮、任今日十九日御遵行之旨退彼妨、早可被渡付寺家代之状如件、

文明十三
十二月十九日　長能

原源左衛門尉殿

4—17　室町幕府奉行人連署奉書案

天龍寺・臨川寺・三会院・雲居庵其外諸寺院領諸国所々事、一乱以前未納借銭等、就今度寺家還補先有返弁者、寺院再興造営以下一向難事行云々、所詮、以寛宥之儀、十个年已後連々可被糺返之、然早被遂営作之功、可被専勤行之由所被仰下也、仍執達如件、

文明十一年九月廿日　丹後前司（松田秀興）
和泉前司（清貞秀）

当寺都聞禅師

嵯峨諸寺院乱前旧借返弁延引御奉書案文

4—18（1）　仁木常忠書状案

自寺家状致披露候、東条ニ被仰付状を被出候、此者進之候、宝光院へ御書被遣候、此子細被仰候、彼方へ先可被見申候哉、可為御意候、次御陣かへ近日たるへく候、内々令申候、恐々謹言、

仁木三郎
常忠

二月十九日

飯尾殿

4—18（2）　飯尾真覚書状案

勝浦蔵納年貢事、依被押置候、公用陣夫等無沙汰候、旧冬進状之処、山城方状候ハて、不可叶由承候、余事之一具御屋形より江州ニ被仰付、城州状被召下候、早々無為御計可目出候、尚々勝浦事者、我々為御代官多

年知行仕候、取分故江州被懸御意候ツ、如先規御成敗恐悦候、委細庄主
方可被申也、恐々謹言、

二月廿日　　飯尾真覚

芥河二郎殿

○継目裏花押あり。脇に「飯尾因幡入道」。
○これら二点は一紙に書き継がれている。

4―19　細川勝元書状土代

「(端裏書)自御屋形様横山方へ御状之案　寛正七丙戌二月廿二日」
地蔵院領江州高嶋保田領家分年貢□(預)未進并末寺宝慶寺分之公用貳千疋之
事、無沙汰不可然候、御被官中堅ᴄ成敗候者、(永代無相違候者、)悦喜可申候、恐々謹言、

二月廿二日　(御)□判

佐々木
出羽守殿

此趣文章事、御用捨候て御披露憑入給候、

寺町殿

○4―22と関連あり。

就寺領地蔵院(自)□子細□□(預)御成敗所詮候、委□(細)□(寺)町可申候、

4―20　丹波国守護代内藤元貞書下

当郡河関村長興寺領内田貳段廿五代・畠拾代事、今度寺家与作人両方糺
明之処、彼作人根本支証無所持上者、如元被全寺家知行、於本役等者、
可被致其沙汰由可有成敗者也、仍状如件、

文明十一
四月廿七日　元貞(花押)

弓庭若狭入道殿

4—21　摂津国守護代薬師寺元長書下

地蔵院領摂州上郡内音羽村下司職・銭原村内弘安寺幷極楽寺々納半分等
事、任去九月五日御奉書之旨、可被沙汰付寺家雑掌之状如件、

文明三
拾月十五日　　　元長（花押）

四宮四郎右衛門尉殿

4—22　細川勝元書状案

地蔵院領江州高嶋保田領家職未進分幷末寺領公要（用）等事、難渋不可然候、
早々可被致其沙汰候、委細猶寺町大（太）郎左衛門尉可申候、恐々謹言、

寛正七丙戌
二月廿三日　　　勝元御在判

横山出羽守殿

依高嶋年貢未進御催促之御書案

4—23　細川家奉行人奉書案

地蔵院領摂州上郡内音羽村事、度々御成敗之処、音羽次郎左衛門尉于今
不去渡云々、言語道断次第也、所詮、退彼妨、早可被沙汰付寺家代之由
候也、仍執達如件、

文明十三
十二月五日　　　秀久

薬師寺備後守殿

4—24　定泉坊瑄演折紙銭請取状案

（端裏書）
「定泉請取案也、蔭涼にて□」
納申御折紙銭之事
合参拾八貫九百文者
右為嵯峨諸塔頭還附御礼、且所納申之状如件、

文明十四年十二月廿八日　定泉 瑄演在判

贈状在所

勝鬘院　霊松院　慈済院

南芳院　寿寧院　続芳庵

亀渓院　法久院　洪恩院

永泰院　地蔵院　弘源寺

4―25　四宮長能書下案

音羽村内地蔵院領分今度人夫事、於京都申合子細候、先可止国催促者也、
仍状如件、

長享三
七月十九日　四ノ宮 □ 長能判

原源左衛門尉殿

4―26　赤沢季政田地売券

永代売渡申田地之事

合壹段者 東ハ地るい 南ハさゝきう町也 西ハ小林六郎左衛門下地也 北ハにしはう町なり

右田地在所丹州桑田郡小河村召次内、雖為赤沢蔵人季政先祖相伝之田地、依有用要、直銭四貫文ニ永代龍安寺宗孝江売渡申処実正也、但石代也、此内壹斗ハ本役小河宮へ三年壱度出之、壱斗者定溝職尓出也、此外者無諸公事候、万一於子々孫々違乱妨申輩出来候者、為公方堅可為御罪科候、為後日売券状如件、

明応七年つちのへむま四月五日　季政(花押)

4―27　四宮長能書状

西山地蔵院領摂州音羽村下司分代官職事、寺家可有御直務之由色々承候間、去渡申候、如先規可被仰付候、国へも此由申付候、恐々謹言、

四宮
長能（花押）

（文明十三年カ）
十一月卅日

地蔵院
納所禅師

4―28　氏盛書状

（ウハ書）
「安部六□（郎）左衛門尉殿　　美濃守
氏盛」

知行分あまるへの内、貞観寺同三名・うへの分、わかつき三名合六名幷
ニこくふ寺の御事、当年より三个年間、代官職之事あつけ申候也、とく
分ハ十分一ひきめさるへく候、た□も御ふさた候て□き□
□かいへき可申候、その時御一言□ましく候、そのため二御うけ
文堅給おき候、恐々謹言、

卯月五日　　氏盛（花押）

安部六郎左衛門尉殿

4―29　古霊道充書上土代

一、衣笠山地蔵院　開山夢窓国師、第二代碧潭和尚関東北条子息、第三代笑
山和尚細川清氏舎弟　管領頼之公養子、
一、西ノ岡衣笠山ハ古ノ歌人衣笠内大臣（近衛家良）之旧跡也、貞治六年管領細川武蔵
守頼之公買得被成候、則於此所地蔵院御建立、同十月四日衣笠山ヲ開キ、
同五日大工始、同六日地蔵院と御名付被成候、
一、此地蔵院ハ　光厳院　光明院　後光厳院御三代勅願寺ニ被遊候、則
後円融院ノ綸旨今ニ地蔵院ニ御座候、
一、明徳三年壬申三月二日管領頼之公御逝去被成候、則地蔵院ニ葬申候、
公方鹿苑院義満公幷大名高家不残葬送被成候、此子細頼之公祠堂記ニ
見ヘ申候、
一、細川頼之公四十二歳之御時、寿像ヲ御造リ、此地蔵院ニ安置被成候、尊
像ノ右ノ方ニ天童之像有之候、頼之公御存生之時、夢中ニ天童来テ扇ヲ

開キ、歌ヲ唱テ舞、其歌ニ云、百伊志登百伊志加里登、於毛伊志仁、加
衛須加衛須毛百伊志記加那、此歌ノ中ニ百ノ字三ツ有之、三百年之心也、
此歌ヲ数返くりかへし歌候故、幾百年共数ヲしらす、此瑞相ハ
(貼紙)「管領頼之公ノ御子孫細川ノ御家」
細川家永代○(御累代)長久ヲ告ル也、此事委細ハ延徳三年辛亥三月二日頼之公
百年忌之時下屋形阿波大守細川右京大夫久之(マヽ)公仏事御執行被成候時、
京都ヨリ建仁寺之天隠和尚幷駿河清見寺之住持祖渓和尚ト申両人之名
僧ヲ阿波(マヽ)御呼下シ被成候、法事之陞座拈香ノ中ニ具ニ見ヘ申候、右
頼之公ノ尊像幷天童像今(現在)(マヽ)地蔵院ニ御座候、
一、至徳四年三月廿一日細川右馬助能秀(マヽ)公地蔵院ヘ法衣之寄進状、今ニ御
座候、
一、管領頼之公御存生之時、狗ト鷹トヲ御好被成候故、尊像之前ニ狗ト鷹ト
ヲ造リ置申候、或時鷹失却仕候故、細川右京大夫久之(マヽ)公御自筆ニ鷹之(白)
絵ヲ被遊、地蔵院ヘ御寄進被成候、則策彦和尚ヘ讃ヲ御所望被成候由、
讃ノ中ニ見ヘ申候、
一、応仁丁亥山名一乱之時、地蔵院炎上仕候ヘ共、細川家御代々ノ御墓所
故、細川家ヨリ早速再興被成候、此段策彦和尚頼之公鷹ノ讃ニ見ヘ申候、
一、七月十九日細川兵部大輔藤孝公於地蔵院和漢会、
秋風モ庭ノ訓ノ一葉哉　藤孝公
梧涼無暑残　琛甫璘西堂　地蔵院住持
乍晴弓様月
入山近シクル、日ノ影　三甫
江ノ波モ深々見ヘ(エ)シ(御)湊舟　藤孝公
一、当院ニ御座候細川○家ノ系図、細川丹後守(行孝)殿御所望ニ付、先代ノ住持
書写進上仕候、
一、(先年)日細川丹後守殿当院ヘ御参詣被遊、寺大破ノ様子幷頼之公尊像・天童
ノ尊像(容)具ニ御○(拝)覧被成候、
右地蔵院由来如此御座候、寺領桂川近所等多年打続水損仕リ、当院次

第ニ衰微故、修理延引ニ付及大破、頼之公尊像雨露ヲ防可申様無御座候、もはや時節相待可申堪忍も不罷成躰ニ御座候故、是非共来春ハ如何様ニ成共、頼之公尊像風雨ヲ防申候様ニ可仕と相極申候、依之　太守尊公へ御奉加之儀申上度奉存候、且又御国中之御同姓中へも御先祖之義ニ御座候間、少御力ヲ被添御奉加有之候者、相応ニ造営仕度念願故、如此御座候、以上、

八月　日

地蔵院
充長老（古霊道充）

4―30　某書状

先日懸御目申承候条、□悦存候、兼又鳥井殿下地之事、委細しせうを、懸御目候上者、御違乱を御留〻候へき哉、御左右可承候、猶も御違乱候ハヽ、公方様へも此分なけき可申候、其方ニハ御しせう御もち候ハね共、自ゐ中申□□御承引候て、加様承候□次第候、愚身事者一日申入候つる分にて候、其分御心得候て院主様へ御披露あるへく候、

（後欠）

○1―18に関連するか。

4―31　渋谷之弘等連署書状

尚々存申候、御折紙被下由候、

応性寺抱分年貢米之儀申拵、去年・当年者相果候間、百姓中抱置候米之事、応性寺へ可納所由、可令仰付候由候、恐々謹言、

十二月十八日

渋谷
之弘（花押）

与兵衛尉
秀親（花押）

孫左衛門尉殿
御宿所

4―32　俊秀書状

御寺領丹波国桑田郡内召次保下末次名主職支証事、私取次申候て寄進被申候上者、於已後寺領御知行弥不可有相違候、恐々謹言、

十月廿六日　　　　俊秀(花押)

地蔵院
侍者御中

4―33　四宮長能書状

西山地蔵院領摂州音羽村下司分代官職事、自寺家可直務由色々被申候間、渡申候、聊不可有相違候、恐々謹言、

十一月卅日　　　　長能(花押)

馬場次郎太郎殿

4―34　室町幕府奉行人奉書案

嵯峨地蔵院領山城国仙洞段銭目録在別紙事、為免条(除)之地上者、可被止催促候者也、仍執達如件、

応永廿三
十一月八日　　　　基喜在判

斎藤賀加(加賀)殿出おりかミ

守護

4―35　宗光代官職請文

請申

西山地蔵院領伊勢国朝明郡茂永□小泉御厨之事

右彼寺領者、毎年之土貢、不言旱水風損幷諸役等、京着拾貫文仁所請定申実也、但限三个年、若有不法懈怠之儀者、雖年期不満、可被政(改)易、次於其年貢、為梵銘監寺可致其沙汰、仍為後日請状如件、

文正元年三月十七日　　　　宗光(花押)

口入
梵銘(花押)

地蔵院
納所禅師

4—36　秦相季寄進状案

○3—4の案文につき省略。

4—37　比丘尼性遍等寄進状案

○3—8の案文につき省略。端裏書「地蔵院北寄敷地寄附状案」。

4—38　秦相季寄進状案

○1—22の案文につき省略。

4—39　泰綱寄進状

奉寄進
土左国田村上庄正禅庵料所事、種子名内一町奉寄補(付)所也、仍之状如件、
貞治五年二月七日　　参川守泰綱(花押)

4—40　栄賢屋敷売券

売渡申西殿屋敷之事
合一所者
右件屋敷者、依有用々代銭九貫五百文ニ浄証坊ニ本文書二通相そゑて売渡申処実正也、若已(違)乱煩出来之時者、住(任)テ本文書御沙汰候て可被召候、其時不可有他訪(妨)候、依売渡申状如件、
応永十八年辛卯十二月廿三日　　売主栄賢(花押)

4—41　神部氏正寄進状

奉寄進
丹波国菜（桑）田郡召次保下末次名主職証文十四通事、久敷所持仕候へ共、寺家御知行上者、為菩提奉寄進西山地蔵院江処実正也、万一於子々孫々違乱煩申者出来者、為　公方様可預御罪科者也、仍寄進状如件、

文明十八年十月七日　　神部
氏正（花押）

4—42　秀親書状

応祥寺与岡井分と相論之下地五反卅代事、従来年者、遣（貴）所へ可被□以糺明可被相果儀候へ共、遣□別而無御等閑事候間、不及□（是）非、如此候由候、於巨細者、以面□（令）□間、不能一二候、恐々謹言、

十一月廿七日　　秀親（花押）

（ウハ書）
「赤民殿御宿所　　松与兵
秀親」

○墨引跡あり。

4—43　秋庭元明書状

就地蔵院領人夫兵粮米事、委細承候、兵粮米事者、寺家御失遂もあるましく候、其在所にて自然可然仁躰も候へハ申事候、但左様之子細、末にて可申談候、次人夫事、小清水より二人立候、其外ハ不存候、此二人をハ今度之陣替在所まてハやとい可申候、更々無人足候て毎事迷惑候、此等之趣御心得候て、自其も可被懸御意候、恐々謹言、

三月廿二日　　元明（花押）

寺町殿
御返報

○墨引跡あり。

4—44　之棟書状

与利飛驒入道、此間貴所無御等閑之由被申候、猶□之儀蔵人殿ニも
御取合可為祝着候、恐々不宣、

十月十六日　　之棟（花押）

応祥寺
御座下

5—1　室町幕府管領細川満元奉書案

西山地蔵院雑掌申近江国余呉庄内丹生・菅並両村事、訴状具書如此、先立就施行遵行之処、遠藤代官前野入道構城墎及敵対云々、事実者太不可然、早止彼妨沙汰付下地於雑掌、可執進請取之由所被仰下也、仍執達如件、

応永廿六年九月廿七日　　沙弥在判

佐々木四郎兵衛尉殿

5—2　道忠借用状案

（端裏書）
「借状案文」

かり申ようとうの事

合陸十貫文者

右くたんのようとうハ、まい月貫文へちに五十文あてのりふんをくわゑて、らい十二月中ニかゑし申へく候、たゝし質物ニハ西山地蔵院の所りやうたかしまのこうりの内一切経保田を、しちニ入申候上ハ、かのねんくの時分代なして、毎ねん利平を上申へく候、もしりふんのこり候ハヽ、本物ニ上申候へく候、此借物返弁のあいたハ、かのさい所、我物の思をなすへからす候、もしなをふさた候ハヽ、一方の請人、山上坂本坊舎はんはうの供そうまいをおさへ立用候へく候、一方の請人、京とのとりぬし、さい所そのほか、いかやうのところにても候へ、見あいのかうしち（高質）をめされ候へく候、その時、更一言のしさいを申ましく候、仍借状如件、

応永廿五年戊戌五月廿九日

借ぬし　道忠在判

請人　隆全在判

請人　兵衛二郎在判

請人　筑賀在判

5—3　周範請文案

（端裏書）
「□」

御室御領阿波国勝浦庄領家職四分壱地蔵院御寄進地除之、事

右此所御代官職者、飯尾因幡入道御預旨、□□□□就周範望申、被仰付候上者、御年貢并公事物・長夫等、任先例可取沙汰仕候、但御年貢員数事者、被仰候へ共、未在所不知案内候、先罷下、所務様相尋、蒙仰土貢候者、取沙汰候て可仕候、若無其儀候者、追而可申其顕申（ママ）候、尚々御年貢其外物共、不法無沙汰仕候者、雖何時、彼処を被召放、別人ニ可被仰付候、仍為後日請文状如件、

正長元年六月十一日　　周範

飯尾殿

5—4　河北新左衛門等使節請取状案

（端裏書）
「地蔵院」

伊勢国朝明郡茂永・少泉鳩之新開并ひなう田等之事、任九月十五日　御教書旨、所渡付地蔵院雑掌申也、仍渡状如件、

応永卅一年
十月二日

長野使河北新左衛門在判
関使芝原入道在判

5—5　西山地蔵院雑掌目安案

（端裏書）
「□」

目安

西山地蔵院雑掌申

近江国余呉庄内丹生・菅並両村事

右彼両村者、就祖光庵主寄附、永和五年被成下安堵　御判、為当院領知

行無相違之処也、然畠山匠作禅門彼庄拝領刻、被混惣庄、無理押妨不便次第也、所詮、度々任御判等支証之旨、退彼押妨、如元被沙汰付寺家、弥為専御祈祷、粗言上如件、

永享七年八月　日

5―6　東久世荘内田地請取状

請取申

山城国乙訓郡東久世庄内田地事

合参町者里坪付在別紙、

右彼領者、為増位局性厳私領、相続増位掃部助入道善楽地也、然間、自彼庄為性厳追善、於毎年伍拾貫文可奉寄附西山地蔵院由、従　勝定院殿(足利義持)依被仰出之、于今無相違、雖然、為末代被進割分田地参町□(分)米参拾斛（相当五十貫文、和市六升□(也)、）上者、於彼菩提可訪申者也、万一及違乱者、為　公方可預御載(裁)許者也、仍為後日状如件、

永享七年八月

良□(紹カ)（花押）

5―7　某書状

（前欠）

思候事候を、毎度御案文ニ令相違候、奉行を仕候も返々其煩にて候事候、態可参申入候也、恐惶謹言、

十月廿九日　良□(紹カ)（花押）

皆明寺

良□(紹カ)

（ウハ書）「侍者御中」

○墨引跡あり。

5—8　土佐国田村上荘種子名坪付

田村上庄種子名八町五反廿代坪□

合

西条六里

十七ヶ（サコノ内）　六反　　廿二ヶ　卅代　庵免

同七里

十一ヶ（松木）　四反

井ノ門条六里

十九ヶ（平木）　一町　　廿ヶ（千楽ノ内）　四反

廿一ヶ（クホタ）　四反　　卅ヶ（タカヤナキ）　七反

廿九ヶ（マヱタ）　八反　　廿八ヶ　二反

同七里

十九ヶ（神木之内）　一町　庵免　　廿ヶ（クホ四郎ヤシキ）　七反　　卅二ヶ（倉ノ内）　四反廿（庵免）

同八里

六ヶ（タチ花本）　一町　庵免　　一ヶ（上嶋）　八反廿

以上八町五反廿代内本免二町五反

残公田六町廿代

応永五年五月　日

5—9　周礼書状

（前欠）

以御使、□（定）可被仰付候由、可有御申候、急々ニ御奉書を御下候者、可畏入候、若遅々候者、可失生涯候、此使を御留候て、御奉書を可有御下候、委細の事ハ此使者可申入候、恐々謹言、

六月十五日　　周礼（花押）

納所禅師

○墨引跡あり。

5—10　栖雲庵雑掌申状案

栖雲庵雑掌謹支言上

西山地蔵院末寺栖雲庵永領切米拾斛之事

右彼庵開基神宮寺法印、依為松尾前社務之曽祖父之預所、有致忠節感余付属之云云、終命之後、嫡子憲智三位阿闍梨相続之、已及逝去、妹義海勝長老受三位譲、契約周三都聞、為済北院末寺年已久遠也、長欲使弔菩提也、然去応永廿四年　勝定院殿(足利義持)様取還彼庵、御寄付賜地蔵院、謂如□(何)、義海依為碧潭和尚小師也、従而以来代々処々経七十余年、于今至永享四年全知行者也、爰同年十月柳原殿無理競望彼庵、使等恩侍者住居刻、前社務又押彼切米、同六年自地蔵院出帯　当御代案(安)堵御判、致愁訴取還彼方、若如言落追薦(善)之寄進具神供、神寧可享之乎、以此義毎度預理運之御下知者也、然間、内々申入典廏(細川持賢)様、被引付奏者、雖被尋事子細、自寺家依申披理運之由、已無御扶持之由蒙仰者也、於此御沙汰以前、事已落居処、今亦於肥前(飯尾為種)方、依預彼私領、破以前御成敗、濫訴至也、七十余年処々知行後、新尋支証、以前如言不受手続相伝之譲、惟応　公方御命、所務等尽済北為本、其上彼庵証文大半秀西堂逐電刻散失、然於彼切米忠節同賞輩、於地下有之、或寄進仏陀、或相続子孫、何支証如之、□栖雲一所何可没取乎、於女子相続事、私之議論不及処也、　鹿苑院殿(足利義満)・勝定院殿様御判有之、所詮、被任理運、止彼姦訴、重預御成敗、弥奉祈仏祖擁護者也、粗言上如件、

永享九年十二月　日

5—11　栖雲庵雑掌申状案

栖雲庵雑掌謹言上

西山地蔵院末寺栖雲庵永領切米拾斛之事

右此切米者、彼庵開基三位法印、為松尾先社務之増(曽)祖父之領(預)所、有忠節之勲功感余、従丹波国雀部庄中付属云云、依為別相伝也、及逝去妹義海

勝長老受三位譲、契約周三都聞、為済北院末寺年已久遠也、長欲使弔菩提也、鹿苑院(足利義満)殿様御下知在之、於此二代、於彼切米遂不及違乱、同門徒秀西堂住院時、不聞有其沙汰、然去応永廿四年　勝定院(足利義持)殿様取還彼庵、御寄付賜地蔵院、謂如何、義海依為碧潭和尚小子(師)也、従而以来至永享四年全知行如前、茲同年十月柳原殿無理競望彼庵、使等恩侍者住居刻、先社務又押彼切米、同六年自地蔵院致愁訴、取還彼庵、乃如本欲全庵領処、先社務不還付彼米、結句於　公方曰、女子相続無謂、無一紙支証、已不(ママ)経代々七十余年耳、預其時賞輩三四人相続于今無相違、何支証如此、栖雲庵一処何可没取哉、是即背先祖之命、濫訴至、不孝仁也、女子相続之私訟(支証)破代々御判、豈無罪過歟、其上比丘尼五山長老也、豈其言可立乎、又七十余年処々知行後、新尋支証、是又姦曲至也、於其支証等者不知、秀西堂逐電時随身歟、唯地蔵院応　公方御命、不受手続譲、所務等尽済北為本、況永享二年　当御代被下安堵御判、此上者、私軽　公方破前知行、寧可不歎歟、若如言三位一期給恩、於社家必有三位請文、雖及度々、被召出証文等、未敢出対、何於無支証用久知行歟、用近歟、於理不疑之処也、

一、神供欠除社役不勤云、此皆耀神申掠　公方者也、夫彼在処之神供云者、六月一月之事也、此者自六十名名主営之、更不拘本処年貢者也、当社務不申処、掠申条明、次社役事、彼在処者、先社務代々号別相伝上、尽不当社領、有何社役哉、栖雲唯以取領所得分、於公事本弁公私、近年前住松西堂住院時、号使者出料、乞取米三斛、進退鮎羮垸飯、此上者、那如本致公私之披露、依松西堂定置也、是皆不拘切米者也、所全(詮)、被任理運、預御成敗、弥為致御祈禱、粗言上如件、

永享七年十一月　日

5—12　亀山上皇院宣案

院宣案

西山坂本地内衣笠坂前内□地事、任相伝之理、領掌不可有相違之由、所

被伝仰按察二品者、院宣如件〻（此）、仍執達如件、
弘安五年
二月十四日　　参議経長
謹上　修理大夫殿
○奥に継目裏花押二顆あり。
○1—16に接続する。

5—13　古先印元置文案

定置
山城国葛野郡内金蓮院等事
右彼寺者、観空上人相伝之所也、雖然、依有由緒貞和四年十一月三日譲給印元上者、定本寺、雖不可及門徒之評定、為後日堅定置之者也、然而敷地之外、門田并寺領所々半分者、令付属信副寺之処也、万一背印元置文者、退違乱之人躰、一円被沙汰付於下地、（致）致其身者、可擯出門徒者也、末代止住之僧侶、堅可守此旨、仍所定置之状如件、
貞和四年十一月廿四日　　等持比丘印元

5—14　古先印元契状案

□（約）□申
山城国葛野郡内金蓮院等事
右彼寺者、観空上人相伝之所也、雖然、有由緒而貞和四年十一月三日譲給畢、仍新古之寺領等至彼方分者、悉於半分者、云下地、云土貢、観空上人方別相伝知行、限未来際更□（不可）有相違者也、末代当寺止住□僧侶等、若違此契約者、可擯出門徒者也、仍亀鏡之状如件、
貞和四年十一月三日　　等持比丘印元

5—15　某書状

桂殿有友名内参段少事、為半名内之由、度々雖及訴訟、先立已寺家可有

知行之由、被成御教書了、此上者、今更非御沙汰之限、然者、寺家如元
領知不可有相違之旨候也、恐々謹言、

（後欠）

5―16 近江国高島郡横山郷一切経保田領家方田数等目録

金蓮院并地蔵院御領近江国高嶋郡横山郷内保田領家御方散■（田）御年貢等目
六事

合

惣田数貳十六丁六段大内

除

四段　若宮神田
三反　松蓋寺免田内 二反阿弥陀堂供米田 一反大般若田
三反小　御所御堂馬上免
壱段　薬師寺馬上免田
三反　三尾神田
一丁三反小　公文給分
一丁三反小　下司給
一丁三反小　新下司給
一丁五反　図師給
二反大　職事給
二反小　井料田

（後欠）

5―17 西山地蔵院雑掌陳状案

（端裏書）「案　就保田事」

（追筆）「以□（此）支状寺家無為ニ落居了、依山ノ尊勝院ノ契約、御所
遁世者珍阿方ノ奉行飯尾山（大）和守也」

西山地蔵院雑掌謹支言上

就近江国高嶋郡一切経保田珍阿方掠訴間事

副進　一巻　此外支証依繁多先略之

右田堵者、祖光庵主碧潭和尚舎弟也、相副　勅裁幷　御判度々具書等、自被寄進当院已来、知行于今無相違地也、而応永十九年北山尊勝院雖□□(押)妨、依申披子□(細)、同廿年十二月被成下御教書於当寺、重賜安堵　御判処、近日珍阿方仮山門之威、企奸訴条、無勿躰次第也、且云近年究決之御沙汰、且云支証明鏡之当知行、旁無諍上者、急被奇捐(棄捐)珍阿方乱訴者、弥為致天下安太(泰)之御祈祷精誠、謹支言上如件、

永享二年三月　日

(追筆)「以此支状同九月二日、松田対馬守為寺家之奉行、被召寄寺家文書ノ正文有御披見而、為寺家之理運之上、当知行之間、被停止珍阿之違乱之旨、被仰下了、」

5—18　西山地蔵院借銭書付案

(端裏書)「案文」

西山地蔵院常住へ口入申料足事

合応永十九年ヨリ

一、佰漆拾貫文　僧堂造時口入申　応永十九年

一、千壹貫余　山門造時口入申　応永二十五年

一、佰貫文　宝珠庵ヨリ御借　応永廿七年 但梵林私ヨリ返弁

一、佰貫文　蔵拙庵ヨリ御借　応永廿七年 但梵林私ヨリ返弁

一、参佰貫文内 応永三十一年二月借　永泰院殿御仏事時、大西蔵ヨリ借、

貳佰捌拾貫文　利分共ニ梵林私ヨリ返弁 応永卅一年自二月至同卅二年潤六月返弁

残銭本佰貳拾貫文但梵林□□□□□

(後欠)

5—19　室町幕府管領細川満元奉書案

○5—1と同文につき省略。端に「表巻　佐々木四郎兵衛尉殿　道歓」とあり。

5―20　室町幕府管領畠山満家奉書

西山地蔵院雑掌申近江国高嶋郡一切経保田半分事、訴状如此、以一旦之寺恩、忠阿令契約他人哉、剰其身逐電及数年云々、何一代之寺官、任雅意以寺領可充行忠阿之条、不可然、早止非分之掠領、可沙汰付下地於寺家雑掌、若又有子細者、可注申之由所被仰下也、仍執達如件、

応永卅三年十二月廿四日　　沙弥（花押）

佐々木四郎兵衛尉殿（六角満綱）

5―21　沙弥某寄進状

奉寄進

土左国田村上庄正禅庵々免事

右種子名以年貢内毎年任先例、五石奉寄進也、仍寄進之状如件、

応安貳年十一月日　　沙弥（花押）

5―22　浄恵寄進状

奉寄進

洛陽西山（ママ）地蔵院末寺土州田村上庄正禅庵幷寺領等事

右私領等者、先祖相伝之地也、然而依有志、手継之証文相副、所奉寄附当院也、永代更不可有其煩状如件、

至徳三年丙寅五月廿四日　　浄恵（花押）

5―23　摂津国守護細川頼元書下

西山地蔵院雑掌申摂津国安威庄内高野免田幷小高野田等事、去八月廿一日御教書如此、案文遣之、土民募武威押妨云々、早任被仰下之旨、可沙汰付下地於雑掌之状如件、

嘉慶二年十一月十三日　　右京大夫（花押）

内藤弾正左衛門尉殿

5—24　**細川義之書状**

御札委細拝見仕候了、抑　御室へ勝浦領家職請料御沙汰目出度候、渡残
寺領等事、委相尋候て、自是重可令申候、将又毎月地蔵□（講）候、扇・蠟・
茶拝領恐悦候、諸事期後信候、恐々謹言、
（追筆）「応永六年」
九月十八日　　　　沙弥常長（花押）
謹上　地蔵院御報

5—25　**近江国守護代目賀田某書下**

西山地蔵院雑掌申金蓮院領近江国一切経保田事、御教書幷御施行如此、
案文遣之、早任被仰下之旨、可沙汰付半分下地於地蔵院雑掌之状如件、
応永十年八月十八日　　　　（花押）
吹田掃部入道殿
○6—37に案文あり。

5—26　**細川家奉行人書下**

（端裏書）「□（天）竺上野殿」
東得善事、任御奉書之旨、可被渡付于地蔵院之庄主候也、
応永十七年
二月七日　　　　沙弥（花押）
館六郎左衛門殿

5—27　**秦相遠本物返借用状**

借申　本物返用途事
合壱貫四百文者
右件用途方ニハ、□（井）戸の西屋敷より南、宮仕二郎屋敷を入置申候、彼地
子等ニおいてハ、直ニ可被召候、但雖何時候、本銭壱貫四百文沙汰申候
者、彼屋敷おハ可返給候、たとい御徳政行候といふとも、いらん不可申
候、更於此屋敷、他妨あるましく候、仍為後日状如件、

応永十八年十二月廿四日

相遠（花押）

5―28　宮仕兵衛二郎用途請文

請かい申屋しきの用途事

合貳百文者当年百文出申候

右件御用途ハ、毎年貳百文つゝけたいなくさた仕候へく候、更々ふさた
のきあるましく候、仍為後日状如件、

応永十八年十二月廿五日　兵衛二郎　宮仕（花押）

5―29　慈恩寺住持職補任状案

住持在判

補任

西山地蔵院末寺三河国西郡内慈恩寺住持職事

右住持職者、自当年丑歳限五个年、令補任於中慶上坐処也、但養活和尚
彼寺之重書　御教書等被於（マヽ）入置質物之借銭、早々可有返□、若就于諸事
有無沙汰、雖為何時、可有改易者也、仍補任状如件、

永享五年卯月五日　納所梵宥在□（判）
侍真周泉在□（判）

5―30　三塔衆議事書案

永享三年三月八日日吉社頭三塔集会議曰

可早相触地蔵院事

右山王権現者、天地経緯之霊神、衆生気命之明祇也、出於本有性徳之境
智、現於遍応法界之冥合、内証利生之慈雲、無所不覆、外用和光之恵風、
無物不扇者乎、爰江州高嶋郡横山郷保田内十禅師御灯田壹町者、排宝前
之蘭灯、祈天下之苋（艾）安者也、延慶以来之神領及百餘年処、近年被押領之

条、無勿体之次第也、云神稔、云衆鬱、豈無恐怖哉、所詮、且優神慮、且任衆議、不日可被避渡者也、若猶無承引者、可訟申　公方哉之旨三塔群議如斯、

5—31　石清水八幡宮俗別当紀兼能袖判書下

（花押）

土佐国東得善保年貢之内五貫文逸侍者進之候、毎年地蔵院主事之御方より可被召候、仍状如件、

応永十八
五月卅日

（後欠）

5—32　禅守譲状案

譲与　和泉国池田寺事

右池田寺者、禅守相伝之領掌之私領也、其旨趣代々手継幷　後白川院・御室庁御下文以下証文分明也、而相副調度文書、所令譲与息女秀聡侍者也、令建立草庵一宇、為閑居之資縁可被送生涯者也、仍譲与之状如件、

至徳元年十一月十五日　　法眼禅守判

5—33　室町幕府管領細川頼之奉書案

金蓮院雑掌申近江国余呉庄内丹生・菅並両村事、任安堵之旨、可被沙汰付寺家之状、依仰執達如件、

永和五年三月廿八日　　武蔵守在判

佐々木亀寿殿（六角満高）

○4—9に記載あり。但し三月二五日付である。

5—34　西山地蔵院雑掌定勝目安案

（端裏書）「茂永」

目安

西山地蔵院雑掌定勝申当院領伊勢国朝明郡茂永庄事

副進　証文等　一巻

右茂永庄、依有由緒祖光庵主寄附当院、仍相伝明鏡而知行無相違之処、金蓮院代代背契状等之旨、依掠申毎度及違乱之条、更以不得其意、所詮、任大方殿御口入之旨、停止無理之奸訴、被沙汰付寺家之雑掌者、増致武運長久之御祈祷、仍粗目安言上如件、

応永八年十一月　日

5—35　祖光寄進状案

○2—22(2)の案文につき省略。

5—36　細川満元書状案

(端裏書)「伊勢国茂永・小泉応永廿一壬七月廿日」

西山地蔵院領伊勢国茂永□相違之様、被□悦入候、恐々謹言、

応永二十一年
後七月廿日　道歓判

土岐殿

右京大夫殿管領時内書

5—37　足利満詮譲状案

参河国西郡内沢川慈恩寺事、代々為相続于今無相違処也、而彼在所寺領等之証文已下悉相副、昌育首座仁奉渡者也、仍可被申前住達訪候、為後々以料所儀無其煩上者、可全知行之状如件、

応永廿二年六月三日

小河殿
養徳院殿
在判

5―38　西山地蔵院領重書案

（前欠）

住持

西山地蔵院領所々目録在別紙、諸公事幷臨時課役・段銭・人夫以下事、所令免除也、早為守護使不入之地、可全領知之状如件、

応永廿一年閏七月廿六日　　在御判

（後欠）

○3―11に言及あり。

5―39　祖光書状案

○3―16の案文につき省略。

5―40　古先印元書状案

○2―12の案文につき省略。

5―41　祖光書状案

○3―16の案文につき省略。

5―42　室町幕府管領細川満元奉書案

西山地蔵院雑掌申近江国余呉庄内丹生・菅並両村事、先度被仰之処、未遵行云々、太不可然、早可被沙汰付下地於雑掌之由、所被仰下也、仍執達如件、

応永廿四年十一月廿一日　　沙弥在判

佐々木吉童子（京極持高）殿

5―43　室町幕府管領細川満元奉書案

西山地蔵院雑掌申近江国余呉庄内丹生・菅並両村事、訴状如此、佐々木

吉童子被官人押領云々、太不可然、早止其妨、可被沙汰付寺家雑掌之由、
所被仰下也、仍執達如件、

応永廿四年八月五日　　沙弥在判

佐々木四郎兵衛尉殿（六角満綱）

5—44　足利義満御判御教書案

□（惣）安堵西山地蔵院

康暦元年九月十二日

右大将御判

5—45　足利義満御判御教書案

当院々主

重安堵

至徳三年六月七日

左大臣源朝臣御判

5—46　足利義持御判御教書案

西山地蔵院領所々付諸末寺、幷敷地・田畠・山林等目録在別紙、事、早任当知行、領
掌不可有相違之状如件、

応永廿年十月廿日

内大臣源朝臣御判

○44〜46は一紙に書き写される。端裏書「中逸首座進上支証案文」。

6―1　正禅庵文書重書案

洛陽西山地蔵院末寺土佐国田村上庄正禅庵文書案文事

一、御判在　侍従御局

下　土左国田村庄

補定種子名々主職事

源能所

右以人所補定名主職也、但恒例有限御年貢以下御□□□(公事等カ)無懈怠可令弁勤之者也、仍庄官・百姓等宜承知、敢勿違失、故下、

(後欠)

6―2　梵宥等連署借状

借用申料足之事

合貳拾貫文者

右料足者、依金蓮院主祖春上坐草庵炎上、自寺家所借用渡也、然保田四分一之年貢米銭於拾五年之間、無相遺(違)可有知行者也、当年丁巳以来辛未之歳於限而、寺家之庄主ヨリ可致取沙汰者也、但彼在所有相遺(違)ハ、毎月貫文別加参拾文宛利分、本利共ニ自寺家可返弁者也、万一天下一同之雖有徳政、於此料足者、不可有違変之儀者也、仍而為後証借状如件、

永享九年二月廿八日

納所梵宥(花押)

侍真梵隶(花押)

6―3　教道屋敷預状

(端裏書)「□□(教道)屋敷六尺五寸分請文」

請負申御屋敷之事

合六尺五寸者　但西ハ□(限)　東限□

右件之御屋敷ハ、預かり申所□、但愚身教道か家□(北カ)□あつかり申物也、地子ハ十文宛□教道いちこの間ハ御免ある□者也、若又他人之方へ雖□渡事、此御屋敷をハ□□(返弁カ)可申物也、仍為後日請文□状如件、

永享十年二月六日　　上山□
教道（略押）

地蔵院納所御寮

6―4　秋庭元明書状包紙

「(追筆①)文安四年丁卯十一月廿日」
「(追筆②)文安四年丁卯十一月廿日　依山相論文也」

地蔵院へまいる　侍者御中　　秋庭修理亮
元明

6―5　千屋某請文

西山地蔵院領土州下田村庄内富重名之名主職幷案主職之事
合七町八段之内神田給分在之、
右件名田者、任御補任之旨、御年貢以下諸御公事等、無未進懈怠致其沙汰可申候、万一於子々孫々有不忠緩怠之儀者、雖為何時、可預御改易御罪科者也、仍請文之状如件、

宝徳参辛未年六月廿四日　　千屋弾正
道□(賀カ)（花押）

6―6　祖春寄進状

奉寄進
西山地蔵院領伊勢国茂永御年貢内半分事
右彼□(半)分□年貢之事者、祖春相続之私領也、雖然、為未来当院仁限永代奉寄附者也、若背寄附之旨違乱之輩出来者、於公方可被所(処)罪科者也、仍為後証寄進之状如件、

永享六年正月六日　　祖春（花押）

6—7　梵松書状

京都罷下候者、聽て可致音信候処、拙者違例以之外及大事□未快候
間、于今延引不□（儀）□計候、千万可有御免□之事、依為開山
嵯峨□梵松候之条、本望此事候畢、随而梵松一期之後者、永代令成
地蔵院之末寺候、同檀方之寄進状等相□令進上候、住持等可然西堂様被
下申末代（為）嵯峨門徒之様可有御計候、悉皆憑塔頭申候、能様可有御了簡候、
委細者此僧可申披候、恐惶敬白、

永享六年十月晦日　　梵松（花押）

地蔵院方丈

6—8　細川家奉行人連署借状

借用申料足事
合陸拾貫文者
右料足者、毎月貫別加参拾文宛利分、来年以地蔵院領勝浦庄段銭返弁可
申候、若無沙汰候者、堅可有御催促之由候、仍為後日之状如件、

永享八年十二月十九日
清孫三郎　常連（花押）
飯尾因幡守　久連（花押）

6—9　西山地蔵院申状案

（前欠）

□□

右当院領伊勢国朝明郡茂永・小泉厨内新開分事、三条殿様御被官人長松
三郎左衛門□押領之間、可有出帯支証之由、自寺家雖令申之、更以無承
引之儀○（間）、前管領御時依歎申、去永享十二年被仰付飯尾肥前（為種）、理非落居
之間、先年貢於可置中之由、被成下　御奉書畢、然及四个年無音之上者、
可令寺家知行者哉、次同寺領内鳥居戸三段事、彼御被官人河北令押領之
間、是又可有出帯支証、其間者、同年貢於可置中之旨、一具ニ被仰下之

処、不及是非近日被責取年貢之条、言語道断次第也、所詮、任理運之旨、
厳蜜ニ可有御成敗之由、三条殿様へ可被仰之状如件、

　　文安元年四月　日

6—10　西山地蔵院仏殿造営奉加帳

西山地蔵院仏殿造営門中奉加帳次第不同　文安□□十月日

伍貫文　院主
壹貫文　周範
壹貫文　周泉
伍百文　周音
壹貫文　中靖
千二百貫文（佰文）　周鉉
壹貫文　梵舒
貳百文　周究
貳拾貫文
（細川勝元）管領・典廐様（細川持賢）持宝へ御折紙代
以前奉加分柱在之、
佰参拾貳貫七百卅九文　中瑛
佰文　昌湧
□□□

壹貫文　周□（玉）
壹貫文　梵珠
参百文　周□
参百文　□□
壹貫文　周友
貳百文　中俊
壱貫文　周□（嘉）
参百文　□□
佰貫文　□□
佰□
参□
□□

（後欠）

6—11　西山地蔵院契約状案

（端裏書）「自当院慶雲庵へ契約状案文」

契約申所領事

合一所摂津国野勢（能勢）郡内長町庄
　一所越中□（国）□

右所領者、□□大姉重代□□相副調度文書等、所被寄進西山地蔵院也、自当院彼所々土貢半分永代可取進者也、若末代不法懈怠之時者、（被）経上訴可被破御寄進者也、仍為後日亀鏡所契約之状如件、

康暦二年十一月廿八日　　納所昌隆在判

主事昌光在判

住持在判　　昌資在判

6―12　室町幕府管領斯波義将奉書案

西山地蔵院雑掌□□□事、比丘尼善玉雑掌□(捧カ)観応・文和・貞治等勅裁以下証文、雖申子細、善玉為一期領主跡相伝之条、当院所進文保・元応　院宣分明之上、任菅三位長衡寄附、可為当院領之由、応安六年・康暦二年　勅裁炳焉也、仍至徳三年六月□(七)日被成安堵御教書畢、早任彼安堵、清式部四郎左衛門入道相共、可被沙汰付地蔵院雑掌状、依仰執達如件、

康応元年四月十七日　　左衛門佐判

能勢下野守殿

6―13　室町幕府管領畠山満家奉書案

(端裏書)「長松三郎左衛門尉出帯之支証」

太神宮領伊勢国長松御厨□(内)所々事、四至東限海　西限桑(垂)坂寺　南限三重与□(朝)□　北限二条九□□事、治暦所見分明之上者、□(於)□内者、停止他家知行、可沙汰付為□由所被仰下也、仍執達如件、

応永廿九年閏十月廿日　　沙弥

土岐刑部少輔殿

6―14　石清水八幡宮俗別当紀兼能契約状案

○1―5の案文につき省略。端裏書「石清水八幡宮領土佐国両徳善保俗別当殿契約状案」。

6―15　石清水八幡宮俗別当紀兼永公用銭売寄進状

（端裏書）
「土州東得善保之公用八幡俗別当之寄進状」

奉売寄進土佐国東得善保公用銭事

　合伍貫文者

右彼在所者、石清水八幡宮領也、而俗別当代々依為別而相伝、以前寺家令契約以来、中逸書記知行者也、雖然、彼仁死去之間、彼公用雖全此方知行、就有要用直銭貳拾貫文、於彼年貢者、永代奉売寄進西山地蔵院処也、此上者、於後々将来、違乱煩不可申者也、若他之妨出来候者、以此旨被致糺明、可被処罪科者也、仍為後証売寄進之状如件、

　　嘉吉元年五月三日

　　　　　　　　俗別当
　　　　　　　　　兼永（花押）

6―16　宗用書状

当御寺領土州下田村名田職事、依訴人出来候、寺家尓被召置由、以前御注進之際、則致披露候、雖然、彼訴人対寺□（家）□又不事問逃下候之由、寺官方□承候間、其子細重而披露申候間被召置候、名田等当知行、上野□□（三）御披官人千屋三郎左衛門方へ可被返付之□（旨カ）、屋形様より被仰出候、恐惶敬白、

　　六月八日　　　　　　宗用（花押）

地蔵院
　侍者御中

6―17　足利義満御判御教書案

　御判

摂津国廣田位倍山名駿□□跡事、所宛行細川右京大夫頼元也者、守先例、可致沙汰状如件、

　　明徳五年六月廿日

6—18 吉久名系図

吉久名系図

兼俊 吉久名本主太郎大夫
　├俊実 大芋大夫
　└覚厳 兼俊譲覚厳相伝也
　　├能実 満田新太夫
　　│　├吉綱
　　│　├吉□亀石 □□（五カ） 今構於謀略吉光是也、
　　│　└香王四郎
　　└仁西 越後殿 自覚厳之手得譲相伝也、
　　　├行金童字毘沙王丸 同相伝也、 〻〻
　　　├越後太郎 嫡子 法名蓮行 此時被押領有吉、—大進—大貳
　　　├治部執行行校 二男 無跡
　　　├亀王次郎 三男 無跡
　　　└大貳法橋行金 四男 女子 □

6—19 恵彝書状案

良久不啓案内候条、背本意存候、兼又丹波国大芋庄内吉久名事、東林院為地蔵院末寺之間、彼院領事公方之安堵ニ被載、当知行之処、依本覚寺訴訟候て、自仙洞当絵所へ被仰下候由奉存候、此所之事者、絵所も私ニ不可自専候哉、仙洞様まて申上候事者、不思寄之事候、可然之様預御成敗候者、所仰候、委細之旨此僧可申入候、恐々敬白、

三月廿六日　恵彝判

進覧之候

（ウハ書）
「広橋殿
□進覧之候　自勝定院
恵彝」

6—20 昌信奉書

地蔵院領朝明郡内茂永事、如元可被渡付寺家雑掌□□、被仰出候、恐々

謹言、

正長元
九月七日　　昌信（花押）

神戸肥前守殿

6—21　正育譲状

（端裏書）
「慈恩寺事　養浩西堂譲与於中慶□□（上坐）言状」

参河国西郡内澤川慈恩寺事、代々御相伝之支証　養徳院殿（足利満詮）被譲下　御判
幷寺領等相副、中慶上坐仁所譲渡実也、仍養徳院殿代々御菩提、同前住
達之御追善無懈怠可奉訪者也、仍為後日譲状如件、

永享二年壬子八月十七日　　正育（花押）

6—22　沙弥某書下

（端裏書）
「伊勢国朝明郡奉行大澤□」

地蔵院領茂永事、可渡付雑掌状如件、

永享二
九月十二日　　沙弥（花押）

葛山孫左衛門尉殿

6—23　祖春去渡状

（端裏書）
「金蓮院主祖春上坐去状」

去渡
江州高嶋郡横山保田領家職四分一事
右彼四分一者、祖春一期後可奉寄進当院由之有状、雖然、不知幾命、爰
去永享八年之春比有草庵炎上之事、依計会自寺家憑合力而、料足貳十貫
文於給上者、縦雖触（経）百年齡、於彼四分一者、不可異乱申、此上者為本寺
之御計、可被○永代知行全之状如件、

永享九年丁巳二月廿八日　　祖春（花押）

6—24　祖春契約状

（端裏書）
「保田四分一契約状」

契約申高嶋領家分保田本所四分一事
右彼本所四分一者、自祖光庵主相続処明白也、雖然、当年愚老之草庵炎
上之間、重而為再興、直銭弐拾貫文梵宥監寺仁借用申処也、然間、自丁
巳歳限辛未歳拾五个年之間、可有知行者也、年記過候者、任寄進状旨、
常住へ可被返付候、不可有更他妨者也、仍而為後日契約状如件、

永享九年二月廿八日　　祖春（花押）

6—25　近江国一切経保田荘主注進状

地蔵院領高嶋横山郷内領家方田地之内、地頭方之代官号闕所違乱押領之
下地本年貢未進之事
拾弐石三斗九升一合　永享九年分
拾壱石六斗九升一合　同十年分
拾壱石六斗九升一合　同十一年分
已上参拾五石七斗七升三合
右所注進之状如件、

永享十一
十月　日　　庄主（花押）

6—26　某書状

御札委細拝見候了、抑半名分事、無子細候、目出候、就其補任状可書進
候処、正安名同文章ニて候へく候間、其案文を同日ニても給候て可書進
候、永代も何も入候ましく候、御年く（貢）・御公事、無沙汰候ハねハ、在京
人も相続仕候、まして寺家なとの御事、無御不義候者、永代事も更々不
有子細候、料足千三百疋慥到来候了、即此御使ニも

（後欠）

6―27　公隆書状

御寺領摂津国倉恒内七尾御寄進状、一見申たき子細候、片時借給候者、可畏入候、若無子細候者、可進入候、不可叶候者、案文を給候者、可畏入候、不寄思申状、返々畏入候、恐惶敬白、

六月十八日　　公隆（花押）

地蔵院主事禅師

6―28（1）　某書状

猶代ニ一度かんれうの事を申候、仍所々寺庵より此御寺領事を引懸ニ申候間、如此候、雖然、明鏡御判拝見申候上ハ、不及申入候由、しかと申候、分ても御屋形本ニ可被召候得者、今御せせりなる事ゆハれす候、

於御屋形、昨日四日八時ニ自寺家御申候近衛殿様御領山城国桂庄内正安・有友両名事、林参河守・斎藤両人被仰付候間、彼御代官進藤安芸入道召寄、代々御判・支証以委細申候処ニ畏入候、可止其綺候、依之桂庄定使ニ可申付候、此上ハ家門様之不申及申候由、堅被申候間、目出度候、於愚身ハ

（後欠）

○2―8と同筆。

6―28（2）　経永書状

（前欠）

如此子細共、尤参候て可申入候処、更々得隙候ハて、乍恐以状令申候、先日進候つる案文此使返可給候、返々彼間事、委細可預御返事候、毎事期参会之時候、恐々謹言、

十月十五日　　経永（花押）

○右二点は貼継がれるも、別文書である。

6―29　千屋某請文土代

（端裏書）
「土州下田村富重名請文案文」

請文

西山地蔵院領土州下田村庄之内富重名之名主□案主職之事

合七町八段之内神田給分在之、

右件名田者、預申所実正也、然間、年貢以下諸御公事等、無未進懈怠可〻致其沙汰（可申）、万一於子々孫々有不忠緩怠之儀（者）、雖為何時、可預改易御罪科者也、仍請文之状如件、

宝徳参辛未年六月廿四日

○6―5の土代である。

6―30　宗秀書状

余呉御教書御判、昨夕自管領給候、進此使者候、返々目出候、御祝着奉察候、尚々寺家御大慶此事候哉、以便可参賀申候、恐惶謹言、

十月廿一日　　宗秀（花押）

地蔵院主事御寮
侍者御中

6―31　真栄等連署書状

西山地蔵院御領高嶋郡内一切経保田事、被下御代官之処、近所之仁及違乱候之由、自管領様被仰出候、彼御代官在庄候者、自然之儀無等閑可被扶持申候、恐々謹言、

三月十一日　　兼（花押）
真栄（花押）

横山出羽守殿

6―32　為信書状

度々預御状候、恐悦候、仍地蔵院御領事、依被仰候、被申候間、目出候、

何様連々可申入候、恐々謹言、

九月十一日　　　　為信（花押）

御報

6―33　室町幕府執事高師直施行状案

参河国西郡内平田・白鬚・澤河・恒吉事、任今年三月十七日御下文之旨、可被沙汰付多度元利房代之状、依仰執達如件、

康永四年七月廿二日　　　　武蔵守（高師直）在判

高尾張守殿

6―34　足利尊氏下文案

（端裏書）
「三河国慈恩寺重書案文」

等持院殿
御判

下　多度元利房

可令早領知参河国西郡内平田村・白髭・澤河・恒吉事

右為勲功之賞所宛行也者、守先例可致沙汰之状如件、

康永四年三月十七日

6―35　実賢陳状案

（端裏書）
「実賢陳状」

丹波国大芋社吉久名主職事

右慶重今年二月日重謀訴状云、取要、慶重曾祖父仁西、貞永元年八月日令譲与于嫡子越後太郎資元畢、彼状幷以（ママ）往手継等荒木七郎入道実賢令抑留畢〈但次第手継等案文在之、〉云々、此条皆以胸臆申状也、先度預置他寺僧之処、七郎入道抑留之由掠申之間、可被召出預置所見等之由令言上畢、雖然、不出帯之、猶捧同篇申状之条、眼前謀計也、為訴人何不備進証文哉、次同状云、資元当名主所見之状多之、問答之時可令持参云々、此条比興申状也、

以当名俄名主之由自称之上者、尤可出帯所見之処、令隠蜜（密）之上者、以何篇可遂問答哉、違法例者也、次同状云、被召出行金相伝之支証、可令言上所存者云々、是又不知案内申状也、行金帯親父仁西之譲、大和氏女（行金息女）得行金之譲、于今当知行無相違之上者、今更何可掠申子細哉、所詮、彼名主職者、氏女代々相伝之間、雖為一日片時、無牢籠之上者、誰人無故可望申哉、早被停止慶重謀訴、被行其身於奸訴之咎、弥欲令知行矣、仍粗重言上如件、

暦応三年卯月　日

「（裏書）はんアリ」

6—36　近江国守護六角満綱書下案

西山地蔵院雑掌申近江国余呉庄内丹生・菅幷（並）両村事、御教書如此、佐々木吉童子（京極持高）被官人押領云々、任早被仰下之旨、止彼妨可沙汰付寺家雑掌之状如件、

応永廿四年八月十六日　右兵衛尉在判

猶（楢）崎太郎左衛門入道殿

6—37　近江国守護代目賀田某書下案

○5—25の案文につき省略。宛名の「目賀田五郎殿」は在判にかかるものと思われる。

6—38　足利直義下知状案

近江国高嶋郡横山郷内一切経保田雑掌禅海申佐々木出羽弥三郎法師（法名道光）濫妨事

右当田者、為新長講堂幷金蓮院領雑掌管領下地之条、正安・嘉元六波羅度々下知状分明也、爰道光致押妨狼藉之由就訴申、被下　院宣之間、守彼下知状等可沙汰付雑掌之由、仰守護□（人）佐々木大夫判官氏頼、遣奉書之刻、氏頼打渡下地畢、而立還使節遵行之地押妨之由、就捧重申状、於件

田地者、如元致其沙汰□(至カ)立還実[　　]

（後欠）

○右二点は一紙に書き継がれる。

○本文書は1—25に見える貞和の下知状の写と思われる。

6—39　中玖請文

「(端裏書)茂永請文　□正住[　　]」

請申

西山地蔵院領伊勢国朝明郡茂永庄・小泉御厨之事

右彼寺領者、毎年之年貢、不言旱水損・諸役、京着拾貫文仁所請定実也、

此外新開之論田道行并土貢増候者、追而可増公用者也、但限十个年内、

若有不法懈怠之儀者、雖年期未満、可被改易、次□(於)年貢者、為当院常住

可致其沙汰、仍為後日請状如件、

文安五年三月十八日　　中玖（花押）

納所　昌透（花押）

地蔵院
主事禅師　　正住院[　　]

6—40　松尾社前神主秦相言申状土代

「(端裏書)松尾社前神主申状案」

松尾社前神主相言雑掌[　　]

右当社境内仁倉林屋敷事、帯代々御判御下知等、当知行無相違地也、□

□西山地蔵院故梵林都寺仁彼屋敷内少々本物返質券仁一且(旦)令契約之間、

任御法可返渡之由、於当院令申処、無子細之旨乍及返答令難渋、結句号(号)

相言先祖寄進内、不渡之間、此子細就歎申、雖被経(成)御下四个度召文(案文進覧之)、

終不遂参(上)決者、旁以被任御法之旨、厳密預御裁許、全神領弥為奉致御祈

禱誠(精)、粗言上如件、

文安元五月　日

6—41　近江国高島郡横山郷一切経保田年貢注文

（前欠）

定田拾五丁壱段小　此内御所御堂馬上免三反小　五斗代
　　薬師寺馬上免壱反　五斗代
　　井料田壱反　五斗代
　　已上六（五）反小ハ公事物交分無之、
分米五十六石四斗六升九夕
　　交分石別壱斗四升在之、
除
　参石　日吉上分米
　貳斗　若宮上分米
定米五十貳石四斗六升九夕

一、公事田拾四丁五反　細々公事物事
夫賃用途　参貫六百廿文　四段別百文
田請米　柒斗貳升五合　段別五合
若菜餅　卅六枚　四反別壱枚
同小餅　百八十枚
若菜　三斗
（後欠）

○継目裏花押あり。

6—42　某書状案

□

抑地蔵院領□（勝）浦庄四分一事、自御室多年御契約之処、有御変改、可被仰付別人之由御沙汰之趣、自地蔵院此間連々歎申候、如何様之次第候哉、
不審□
（後欠）

○裏に「自是進候」とあり。

6—43 丹波国守護代内藤之貞書下案

（端裏書）
「丹州内裏段銭京済□□□
　　　　　　内藤殿　」

西山地蔵院領丹州大芋内吉久名分造　内裏段銭事、来月七日可為京済上者、可止国催促、但至過彼日数三日者、可致譴責者也、仍状如件、

文安元
　七月廿二日　　　　　　　　之貞判

産田式部丞殿

6—44 顕勝書状

当年御年貢貳拾貫到来候、其も御請文可申候、勝浦庄御年貢之間事、御教書如此候、御請文即可給候、御年貢于今遅々以外候、急可被進候、近年有名無実事、御沙汰以外候、委細可給御請文候、恐惶謹言、

十二月十五日　　　　顕勝

地蔵院方丈

6—45 東裏松屋地相伝系図

系図
東裏松屋地相伝之次第
大炊御門二品嗣雄卿——観空上人——等信副寺——祖光庵主

6—46 長松為国申状

（端裏書）
「長松三郎左衛門尉申状」

長松三郎左衛門尉為国謹支言上

右太神宮領勢州長松御厨内五名事者、為国当知行無相違処、地蔵院領持長内と申掠之条、無謂次第也、長松御厨事者、任治暦所見、重而応永廿九年被立四至堺、被成下　御教書畢（案文備右）、既為其堺内上者、争可為地蔵

院領者哉、加之、先守護方雖致無理押妨、依有為国理運去渡畢、然間支
証明鏡也、早代々支証云、当知行云、被退地蔵院妨全知行、弥神供無退
伝(転)、天下太平為奉致御祈禱、粗言上如件、

文安元年五月　日

解説

図１　細川頼之夫人画像（西山地蔵院蔵）

図２　豊臣秀次画像（同右）

西山地蔵院領の形成と展開

早島大祐

1　西山地蔵院とその文書

西山地蔵院は応安元年（一三六八）に細川頼之が京都西郊の地に創建した禅宗寺院であり、碧潭周皎を事実上の開基（一世として夢窓疎石を置く）とした、細川家の京菩提寺の一つである。

西山地蔵院の中世寺院としての特色も右の点に集約される。一つは碧潭周皎に対する信仰、二つ目は幕閣細川家が創建し、「守護方御寺」と称されたことに象徴される武家からの庇護の厚さである。

この点を西山地蔵院に残された文書から見てみよう。前者に関連する教学に関する聖教類などは、後述する聖教目録を除いて残念ながら十分ではないが、後者に関連しては、所領関係文書が多く残されており、ここから同院のような中小規模の荘園領主の経営の実態をうかがうことができる。そしてこれが、顕密寺院や神社でなく、京都の禅宗寺院である点に注意したい。従来、古記録の分析をもとに中世後期に禅僧が活躍し、荘園経営や都鄙交通を考える上で重要であることが知られていたが[1]、その実態が古文書の分析を通じて、より具体的に明らかになるからである。

さらに、禅院のなかでも五山寺院ですらない西山地蔵院が、室町時代の荘園経営において一定の存在感を示した事実も重要である。

先に守護が京に創建した菩提寺を京菩提寺、領国に設けた菩提寺を国菩提寺と名付け、両者のつながりが中世後期の都鄙交通の一要素であることを明らかにしたが[2]、ここであらためて京菩提寺を定義すると、第一に在京生活が定着した守護が京都に創建した禅院であり、のちに菩提寺としての役割を果たした寺院であること、そして第二に五山寺院のような寺格を有さないにもかかわらず、守護家の庇護を背景に地方の所領経営を進め、京において都鄙交通の一端を担った寺院ということになる。つまり、西山地蔵院文書は京菩提寺を知るため

[細川氏略系図]（太字は室町幕府執事・管領）

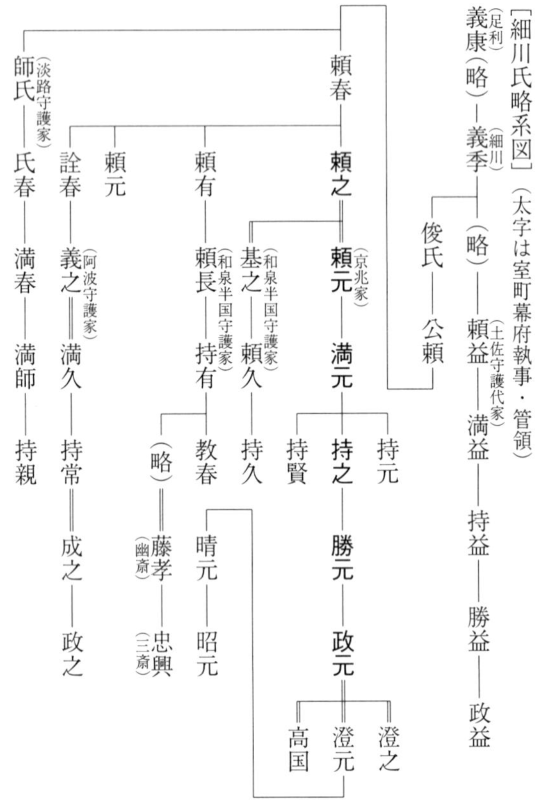

（足利）義康（略）―（細川）義季
（略）―（土佐守護代家）頼益―満益―持益―勝益―政益
俊氏―公頼
頼春
頼之＝（京兆家）頼元―満元―持之―勝元―政元
持元
持賢
澄之
澄元
高国
（和泉半国守護家）基之―頼久―持久
頼有―（和泉半国守護家）頼長―持有―教春
（略）＝藤孝（幽斎）―忠興（三斎）
晴元―昭元
頼元
詮春―（阿波守護家）義之＝満久―持常＝成之―政之
（淡路守護家）師氏―氏春―満春―満師―持親

の基本史料であり、その読解を通じて室町期荘園制の実態や中世後期における都鄙交通の一形態を明らかにすることができるのである。

本文書の特質を以上のように押さえた上で、文書を概観しよう。現在、京都大学総合博物館が所蔵する西山地蔵院文書は、二四九点の文書から構成され、六巻に装幀されている。本文書群は明治四四年六月に大阪の古書肆から購入されたが、京都大学の購入台帳には巻物であることが付記されており、軸装は購入以前からなされていたようである。(3) 西山地蔵院文書が購入された年は、陳列館の建設が認可された時期にあたり、三浦周行教授の指導のもと、古文書収集が本格的に進められた年だった。本文書もその過程で購入されたものの一つなのである。

凡例にも示した通り、今回、西山地蔵院文書を影印・翻刻するにあたっては、巻ごとに文書に朱で付された番号を踏襲している。ただし、成巻される際、誤って別の文書と貼り継がれた文書については、枝番を付して、本来は別の文書であることを示した。一例をあげて説明すると、一巻一号（以下、1—1と表記する）は、二紙から成る書状だが、内容から、本来、別の書状の断簡が貼り継がれたものであることが明らかである。そこで枝番を付し、一紙目を**某書状**（1—1(1)）、二紙目を**尚長書状**（1—1(2)）というかたちで新たに文書名を付けて表記している。

また、本来の文書との接合が判明するものに関しても、可能な限り注記している。例えば、現在、一紙目が一巻、二紙目が三巻に別々に配列されている**僧円寛等紛失状案**（1―11、3―29）は、内容と継目裏花押の存在から、本来は一通の文書であったことが明らかだが、この点についても翻刻注釈において明記している。なお翻刻にあたっては、大山喬平編『博物館の古文書第3輯　細川頼之と西山地蔵院文書』（思文閣出版、一九八八年）を参照している。

以上が翻刻の概略だが、現在、西山地蔵院には、ここで翻刻した文書以外にも、数点の文書、及び細川頼之画像（口絵2）、碧潭周皎画像（口絵1）、細川頼之夫人画像、そして豊臣秀次画像（図1・2）といった絵画類が残されている。また、かつて同院が所蔵していた文書については、東京大学史料編纂所が明治四二年に採録した影写本（架蔵番号3071／62／134、以下東大影写本と表記）に引き写されている。これらは、上記六巻の文書と重複しない文書群である。この時には六巻にまとめられた文書は影写されていないから、あるいはすでにこの段階で寺の外に出ていたのかもしれない。なお史料編纂所にはもう一つの影写本が架蔵されるが（3071／62／70）、これは京大の六巻の文書を影写したものである。また、一七世紀後半、西山地蔵院主を務めた江岳元策によって作成された『笠山会要誌』（東京大学史料編纂所蔵謄写本）にも、これらの文書の一部が収録され、東大影写本と重複する史料が多く、本解説でも活用している。(4)

2　碧潭周皎という僧侶

続いて西山地蔵院の事実上の開基である碧潭周皎について、『笠山会要誌』をもとに見ておきたい。周皎は北条氏一族の出身で、仁和寺禅助のもとで密教を学ぶ僧侶だった。しかし、鎌倉幕府滅亡後、一転、夢窓疎石のもとで禅宗に帰依し、康永元年（一三四二）六月二日に夢窓の命で西芳寺に住したという。(5)西山地蔵院が西芳寺側の地に建てられたのも、長年にわたる周皎の西芳寺住持時代と密接に関わるものと思われる。

このように教・禅をあわせ修めたことに加えて、周皎は「地蔵之再生」とも称される僧だった。北条氏が滅亡した年、地蔵が北条氏と運命をともにするはずだった周皎の身代わりになったとの夢告を得て以来、彼は地蔵信仰に没頭し、地蔵菩薩像六〇万体を造立・書写したという。

そして、西山地蔵院にはその名の通り、地蔵像が安置されていた。『笠山会要誌』には、寺内の建造物として「地蔵宝殿」があげられ、その割書に「以天龍国師・宗鏡師両作地蔵菩薩像、安置此宇」と記されている。また、それに加えて三幅の地蔵菩薩絵もかけられていたようだ。地蔵院が創建された時期は、ちょうど足利尊氏・義詮父子を筆頭として、室町幕府関係者のあいだで地蔵信仰が一種のブームを見せており、尊氏自筆の地蔵像が多く残されていることなどはよく知られる通りである。[6] おそらく、頼之もこのような地蔵信仰流行の影響を受けて地蔵院を創建したのに相違ない。地蔵像と、三幅の地蔵菩薩絵を安置していた西山地蔵院は当時の信仰の好みを反映した小刹だったといえる。

話を周皎の事績に戻そう。西山地蔵院にかつて所蔵されていた聖教目録には、康安元年（一三六一）一〇月一一日と一三日の両日に大覚寺不壊化身院にて周皎が書写した聖教の一覧が載せられている。そこには「金剛仏子周皎」と署名されており、ここからも周皎の禅密兼修の姿勢がうかがえる。のちに大覚寺門跡の隠居所とされる不壊化身院は、後宇多天皇による大覚寺再興のなかで興隆された律院であり、延文年間には彦証房清算が長老を務めていた。彼は『梵網経上巻古迹記綱義』を著わしたことなどで知られる学僧であり、延文五年（一三六〇）に西大寺長老に転じた後は、弟子と思われる十算が不壊化身院の長老の任にあったと推測される。[7] 周皎が不壊化身院を訪れた経緯は明らかではないが、おそらくこの時の同院には清算が集め、弟子十算が管理していたと思しき、多くの聖教が残されており、それを周皎は精力的に書写したのである。

このように教学に励んだ周皎の室町幕府との関わりは夢窓派の一員としてだった。『笠山会要誌』によれば、天龍寺亀頂塔落成の際、夢窓疎石の命で供養の大導師をつとめ、また義詮の代にはその母である赤橋登子の中陰にあたり、等持寺で周皎は諸経論の講を行ったという。[8] また、貞治六年（一三六六）四月一九日、義詮が主導して行われた天下御祈禱にあたっては大般若経転読を依頼されている（東大影写本）。いずれも西芳寺住持時代の事績である。

西山地蔵院の経営を考える上でも、この西芳寺時代は重要である。西芳寺は、南北朝期に禅宗寺院に改宗し、夢窓派の管轄となったが、細川家と並び、同寺の大檀越だったのは、幕府評定衆の摂津家であり、長年にわたり西芳寺住持を務めた碧潭周皎との関わりも深かったと考えられる。そして創建直後の西山地蔵院の経営を実質的に支えたのも摂津家であったが、この点については次章で触れることにしよう。

3　荘園経営

(1)建造物

以下、二章にわたり、西山地蔵院の経営について論じていくが、その前提として地蔵院の当時の寺容から確認しておきたい。

院内に地蔵堂が存在したことは先に触れた通りだが、『笠山会要誌』にはそのほかにも、金剛界門（惣門）、来鳳軒（方丈書院額）、枯木堂（僧堂額）、観音堂（仏殿、安千手大士像）（源武州公大夫人、玉湖君所持之霊像、応安四年寄附本山、為宝殿之本尊云）があげられている。建物の本来の用途は括弧内に示した割書の通りだったのだろう。

ただし、これらの建物は応安元年（一三六八）に一挙に建てられたわけではない。僧堂の造営は応永一九年（一四一二）で、山門は応永二五年と創建から約五〇年後（5―18）、さらに仏殿の造営は文安六年（一四四九）と、長期にわたっている（6―10）。これはもちろん焼亡などによる再建でなく、順次、寺容が整備されたことの反映と見るべきだろう。すなわち地蔵院は創建当初、碧潭周皎の隠居寺として、方丈・書院と名称の由来である地蔵宝殿から構成された小刹だったが、その後、整備が進み、応永年間に僧堂や山門を建立するなど寺容を拡大していったのである。

当然、その背景には経営の変化が想定される。ここで**西山地蔵院借銭書付案**（5―18）を見よう。後欠であるのが残念だが、少なくともここには応永一九年から応永三二年までに西山地蔵院が行った借入と返済が記録されており、借り入れの契機が僧堂や山門の造営、そして応永三一年（一四二四）の細川頼之の三十三回忌法要だったことがわかる。本文書は返済の主体として記される梵林が作成したと見られ、厳密にいえば、事書に示される通り、梵林が仲介・口入した地蔵院の借入リストである。

右で見た地蔵院僧堂や山門の造営時期もこの史料の記載から明らかになるのだが、応永三二年段階で残りとして一二〇貫文が計上されている点についても、

図3　地蔵院領の分布と細川領国

丹波　召次保(下末次名・成安名)　(寄)1443-
恒枝名(桑田郡)　?　年号未詳
御厩横田保　?　1507
雀部庄　(寄)1417-
大芋庄吉久名　(初)1444-
山城　衣笠屋敷　(寄)1370-
桂殿(正安名・有友半名・公文名)　(買)1373-
東久世庄　(寄)-1435-
出雲　善巧寺(徳治郷)　(寄)1434-
出雲
丹波
(1392-1552)
備中
(1390-1518)
＊
摂津
(-1383-1558-)
京都
山城
近江
近江　一切経保田　(寄)1379-
丹生・菅並村(余呉庄)　(寄)1379-
三河
淡路
(1336-1519)
＊
和泉
(1408-1554)
伊勢
讃岐
(-1337-1508-)
阿波
(-1339-1553-)
土佐
(1362-1508-)
三河　慈恩寺(西郡)　(初)1433-
伊勢　茂永・小泉御厨　(寄)1379-
阿波　勝浦庄　(契)1375-
土佐　田村庄　(寄)1385-
正善庵(田村上庄)　(初)1386-
得善保(下田村)　(契)1409-
摂津　長町庄(野間村・吉丸・西倉村)　(寄)1373-
倉垣庄(七尾)　(寄)年号未詳
音羽村・銭原村　(初)1470-
宿野　(寄)1443-
安威庄　(寄)1383-
広田位倍庄　(初)-1394-
和泉　池田寺　?　1384
備考　国ごとの数字は細川の守護時代
＊：半国守護
(契)：契約の年
(寄)：寄進された年
(買)：買得した年
(初)：地蔵院領であることがはじめて確認される年
?：文書にみえており、地蔵院領と思われる割書の「但梵林□□□□□」の欠損部分が、ほかの割書但書から判断して、返済を示す内容が記されていたと類推できるから、この史料は、巨額の借入もきちんと返済できる寺院経営の健全さを示すものとして評価できるだろう。そしてその背景には当然、所領経営の順調さを見なければならない。

この点は所領の形成過程からも確認できる。表1は地蔵院領化した時期が判別するものを一覧にしたものだが、ここからおおよそ一三七〇年代と一四一〇年前後に寺領形成の二つのピークを見て取ることができる。寺容の変容からは地蔵院の経営の展開を考えるにあたり、創建時と一五世紀初頭と大きくいって二つの画期を想定することが妥当なようである。

表1　西山地蔵院領化の時期

摂津国榎坂	1370 →	
阿波国勝浦荘領家職半済内半分	1375 →	1467
伊勢国茂永・小泉御厨	1379 →	1467
近江国高島郡横山郷一切経保田	1379 →	1467
近江国余呉荘内丹生・菅並村	1379 →	1467
摂津国長町荘野間村吉丸・西倉村	1380 →	
摂津国安威荘下司職	1383 →	1467
土佐国田村荘	1385 →	1467
土佐国両徳善保	1409 →	1467
三河国慈恩寺	1415 →	1467
山城国東久世荘	～1428 →	1467
丹波国桑田郡召次保	1443 →	

(2) 創建直後の状況

以上の点を念頭に置きつつ、西山地蔵院の財政について検討しよう。応安元年に創建された地蔵院の財政の柱は三つある。一つが、「守護方御寺」としての権勢を背景とする代官請負を通じた得分、一つは先にも触れておいた幕府評定衆である摂津家からの寄進、そして持明院統皇女の菩提寺だった金蓮院の所領半分の寄進の三点である。

このように書くと、西山地蔵院領は当初から、経営が安定していたかに見える。しかし、実際のところ、財政面での細川家の関与は乏しく、この時期の地蔵院の経営は周皎の個性によるところが大きかった。後述する通り、地蔵院の寺領荘園は細川家分国内を中心に設定されており、ほかの寺社本所の多くが南北朝動乱の過程で守護などにより所領の侵略を受けたのとは対照的な状況にあったのは確かだが、大檀那である細川家自身は、直接、地蔵院の経営を維持するために必要な所領を設定していなかった事実にも、やはり十分に注意を払う必要がある。

この点をわかりやすくするために、次の京善提寺の事例もあげておこう。細川頼之の弟である頼有は延文三年（一三五八）無涯仁浩を住持として迎え永源庵を創建したが、翌年に仁浩は死去し、その後、寺領の不足が原因で寺院経営も頓挫してしまう。(9) この永源庵の事例を踏まえれば、地蔵院も同様の展開をたどる可能性は十分にあったのである。

以上の点を踏まえて、所領の変遷を見ると、当初は諸家からの寄進が寺産の中心だった。初期の例としては、応安三年（一三七〇）の摂津国榎坂の地の寄進（東大影写本）や、応安六年の菅原長衡による摂津国長町荘の寄進（6—12）などがあげられる。そのほかにも永徳三年（一三八三）に葉室長宗から摂津国安威荘下司職の寄進をうけるなど（3—33）、創建当初の地蔵院は寺院から半径約二〇キロメートル以内の所領で構成された、所領規模の面から見ても小刹だったのである。

このように経営の土台がかたまりはじめるなか、応安七年（一三七四）に碧潭周皎が示寂し、同院に葬られた。ただし、地蔵院の経営にとって転機となったのは、周皎が没した翌年からであり、仁和寺が管領していた阿波国勝浦荘の代官請負と幕府評定衆摂津家からの土佐国下田村荘の寄進、そして周皎の俗弟である祖光から金蓮院領半分の寄進が相次ぐことになる。康暦元年（一三七九）に大檀那細川頼之が、いわゆる康暦の政変で政界から追われたことも想起すれば、これらの所領の確保と維持が西山地蔵院にとって重要であったことは確かであり、以下、個々の荘園にそくして西山地蔵院の経営について詳しく見ることにしたい。

(3)守護方御寺としての代官請—阿波国勝浦荘

永和元年（一三七五）八月、仁和寺御室が管領していた六勝寺領のうち、円勝寺領阿波国勝浦荘の経営が地蔵院に委託された。その際の所領の名称は「勝浦庄領家職半済所務職」とされており、南北朝動乱の過程で同地は守護から押領された半済地となっていた。仁和寺はその半分の所領すら維持できず、現地に精通した西山地蔵院に「興業之沙汰」を依頼したのである。

その背景にはすでに何度も触れた「守護方御寺」としての地蔵院の立場が大きかったが、同年八月一三日に、西山地蔵院が伊勢役夫工米、造内裏大嘗会段米などの諸公事免除を認める官宣旨を獲得したことも無視できないだろう（東大影写本、3―18）。前年の応安七年二月には、碧潭周皎が示寂してすぐに宗鏡禅師と勅諡されていたから、周皎追善の文脈のなかで、朝廷から諸公事免除の特権を獲得できたのかもしれない。

右のような中央の動向をうけた現地の動きは迅速だった。同年一一月には阿波国の補陀寺と真光庵から、「勝浦庄多奈保領家職半税之分」として二五貫文を地蔵院に進上することが約されている（1―37）。この補陀寺は細川和氏が隠居所として阿波国に創建した禅院で、彼の没後に菩提寺となった細川家の国菩提寺である。この国菩提寺と京菩提寺が一体となって勝浦荘の経営にあたっており、その背後に細川家の権力があったことはいうまでもない。中央における諸役免除の獲得や細川家の存在と、地方における細川家の国菩提寺との連携。このような都鄙双方への太いパイプが、同荘の経営に有利に働いていたのである。

それから一八年後の明徳四年（一三九三）には御室からの要請で、年貢進上額が五〇貫文に設定しなおされている（3―30）。先の永和元年の請文を参考にすれば倍増であるが、地蔵院も仁和寺からの要請をすみやかに受け入れたことから、代官を請け負った二〇年弱の時間のなかで、それに応えられる程度に経営が安定していたと考えられる。

正長元年（一四二八）には、契約上の大きな変化があり、代官職分を細川家奉行人の飯尾因幡入道が請け負うことになった。仁和寺からすれば、地蔵院を介さずに直接、守護家の奉行人と結びつくことでより経営の果実をとろうとしたのだろうが、地蔵院からすれば、晴天の霹靂である。地蔵院は仁和寺と交渉の末（6―42）、飯尾因幡の又代官として周範が請負うかたちで経営の実質を維持しようと試みている（5―3）。この時の一件は、本主である仁和寺の経営が安定したことを示す証拠ともいえるが、変則的な契約ながら、その後も同荘は地蔵院の主要な荘園として維持されていたようである。

（4）幕府評定衆摂津家の寄進—土佐国田村荘

至徳二年（一三八五）、寄進を通じて一部が西山地蔵院領となった土佐国田村荘は、幕府評定衆摂津家の所領だった。暦応四年（一三四一）に摂津親秀が作成した遺産処分状には惣領能直の分として、以下の所領があげられている。(10)

美濃国脇田郷一色・三井・大幡・簗瀬・大嶋
伊予国矢野保内八幡浜
備中国船尾郷
伊賀国若林御薗
和泉国下条郷
上野国高山御厨領家職
武蔵国重富名南北
加賀国倉月荘
近江国柏木御厨内本郷

このように所領が列挙されるなかに土佐国田村荘も記されており、それから四〇年あまりが経過した至徳二年二月二四日付で、惣領摂津能直は毎日の法華経転読の資として地蔵院に同荘を寄進したのである（1—27）。

これを皮切りに、翌至徳三年には浄恵という人物が土佐国田村荘内の正禅庵と寺領を寄進し、地蔵院の末寺としている（5—22）。至徳四年に能直の息子能秀が、故入道道賛＝能直が所持した夢窓疎石の黄色の法衣を地蔵院に寄進しているから（3—5）、田村荘の寄進後まもなく能直は亡くなったのだろう。

正禅庵を寄進した浄恵について、山本大氏は、入交氏が出家後、浄の一字の通字としたことを根拠に、入交氏の一族と推定している。(11)入交氏は田村に拠点を置く在地領主であり、(12)時期は少し下るが、嘉吉三年（一四四三）に、京に居た同国守護代細川持益が地蔵院と田村荘内の王子別当らとのあいだで繰り広げられていた知行相論を裁許する際、入交肥前に田村荘現地を荒廃させせないように指示している（4—14）。

この正禅庵は、盛氏が右馬助家員（家統とも記す）の追善のために設けた寺庵であり（1—24、3—46）、貞治五年（一三六六）には三河守泰綱が種子名内一町を寄進していたことが確認できる地域寺院である。彼らと入交氏との関係は不明ながら[13]、浄恵が地蔵院に寄進した事実から、入交氏が正禅庵の大檀那だったことは間違いない。地蔵院の田村荘支配は地域寺院と在地領主の掌握により支えられており、これらの点も踏まえると、摂津家は在地と密接な関係を構築した上で、荘園経営を行っていたことが確認できる。この時期の寄進には、自身の経営の不安定さを背景に行われることが多いが、田村荘の事例はそうではなく、額面通りの菩提追善の性格が強い寄進だったといえるだろう[14]。

ではなぜ摂津家は地蔵院に菩提追善を依頼したのか。そこには、碧潭周皎とのつながりが存在していた。先に触れた摂津親秀処分状には、西山穢土寺と西芳寺の両寺は摂津家代々の墳墓の地であり、禅宗に帰依した摂津家が夢窓疎石に寄進したことや、惣領能直は檀那として両寺を興隆すべきことなどが記されている。そして碧潭周皎は能直が興隆を命じられた西芳寺の住持を二〇年以上務めた人物だったことは先に触れた通りであり[15]、長年にわたり、住持と檀那として関係を築いた両者だから、新たに移った地蔵院に菩提追善を依頼するのも自然の流れだったといえるだろう。

その後、明徳三年（一三九二）に細川頼之が死去した際には、菩提追善のために、沙弥道久という人物が上田村荘種子名一円を正禅庵に寄進し（1―30）、さらに明徳五年には開拓された新田二反を寄進している（3―37）。応永五年（一三九八）五月付の**土佐国田村上荘種子名坪付**（5―8）によると、種子名は八町五反二〇代の耕地を有する大規模な名であり、地域信仰の拠点としての性格をさらに強めている。

応永九年には、摂津幸夜叉丸（満親）が田村荘の残り半分も寄進しているが（1―8）、これは亡父行済の追善のためだというから、この時に行斉＝能秀も亡くなったのだろう。それを契機に一円寄進がなされたのである。

このように細川本家や土佐国守護代家との密接な関係を背景にして、応永一六年には俗別当が別相伝していた石清水八幡宮領土佐国両徳善保が、年貢額の三分一進納を条件に地蔵院へ契約され（1―5）、さらに嘉吉元年（一四四一）には二〇貫文で地蔵院に売寄進されるに至っている（6―15）。阿波・土佐といった、大檀那である細川家の権力が強い地域で、内乱が続いた南北朝期から室町初期にかけて、ここまで見た荘園は安定して経営が行われていたのである。

（5）金蓮院領半分の寄進

以上の荘園は安定した経営が見込めた荘園だが、次に触れる金蓮院領の経営は、逆に苦戦を強いられた荘園群である。

康暦元年（一三七九）に地蔵院に金蓮院領の半分が寄進された。金蓮院とその所領については、小原嘉記氏による分析がある[16]。これによると、金蓮院は後深草院女貴子内親王の菩提寺であり、持明院統の庇護下にあったが、南北朝内乱の初期の貞和三年（一三四七）、金蓮院主観空が院領半分を古先印元に寄進した。印元はその後、所領を等信副寺・祖光に相伝し、康暦元年（一三七九）に周皎が舎兄であることから寄進が行われたのである。

寄進地は大別して三カ所あり、伊勢国茂永・小泉御厨、近江国高島郡横山郷一切経保田、そして近江国余呉荘内丹生・菅並村がそれに該当する。以下、各所領ごとに順に説明していこう。

ⓐ伊勢国茂永・小泉御厨

まず伊勢国の茂永・小泉御厨について見ると、応永八年（一四〇一）、本主であり、半分の領有権をいまだ保持していた金蓮院が地蔵院を訴える事態が発生した（5—34）。同様の訴訟は、後述する横山郷一切経保田でも提起されており、内乱の終息により都鄙の支配秩序が安定したことを背景に、金蓮院が本主として権益を回復しようとした動きと小原氏は評価している。これは先に見た阿波国勝浦荘の事例でも同様であり、一五世紀にはいり、本主の権限が強まっていた様子がうかがえるだろう。

このような寄進者との争いに加え、同地をめぐっては応永二九年以降、在地領主と思しき長松家や河北家と相論が繰り返されている（6—20、6—42、1—18）。西山地蔵院も現地勢力との相次ぐ訴訟を前に経営の困難さを悟ったのだろう、文安五年（一四四八）に現地寺院と思しき正住院に一〇貫文で経営を請け負わせており（6—39）、文正元年（一四六六）には宗光という人物がやはり一〇貫文で請負代官に任命されている（4—35）。得分を獲得することで最低限の果実をとろうとしたのだと考えられる。

ⓑ近江国高島郡横山郷一切経保田

近江国高島郡横山郷一切経保田については、前掲小原氏、および西島太郎氏[17]の論考に詳しい。これらの研究によると、一切経保田は、正応四年（一二九一）に後深草上皇により娘貴子内親王の菩提追善のために金蓮院に寄進された所領だった。しかし、金蓮院がこのように持明院統の由緒を有する寺院だったにもかかわらず、南北朝動乱の過程で天皇からの庇護が期待できず、地蔵院に所領半分を寄進するに至るのである。

けれども内乱が終息した応永一〇年（一四〇三）に本主金蓮院が所領を取り返す動きを見せたことは茂永・小泉御厨と同様であり、さらに、応永一九年には北山尊勝院が知行を主張している（5―17）。応永二〇年には一旦勝訴を得たものの（3―21、3―22）、永享二年（一四三〇）には尊勝院の契約をうけた御所遁世者珍阿弥が新たな相論の相手として登場していた（5―17）。そもそも金蓮院領のころから、この一切経保田は日吉社との係争地だったが（1―25）、永享三年には延暦寺も山門事書を出すなど（5―30）、新たに攻勢を強めているのである。

このように一切経保田をめぐっても裁判が相次いでいたのだが、ここで新たに相論に介入してきた尊勝院と一体、何者なのだろうか。その正体はおそらく青蓮院の執事を務め、脇門跡とも称された尊勝院だと考えられる。応永の相論では「北山尊勝院」と記されていたが、のちの永享の相論において尊勝院は「山ノ尊勝院」とも注記されており、保田を巡る相論の歴史も想起すれば、この「山」は北山の誤記ではなく、山門を指すと見て大過ないだろう。

ではなぜ尊勝院は応永の相論で「北山尊勝院」と記された一方、永享の相論では「山ノ尊勝院」と呼ばれたのか。それはこの間の同院の歴史をたどることで整合的に理解できるかもしれない。

尊勝院の院主が代々青蓮院の執事をつとめたことは先に触れた通りだが、青蓮院が尊道の代に足利義満とかかわりを深めたことを背景に、青蓮院は内側からもその傾向を強めていく。その大きなきっかけとなったのが、応永元年の足利義満の日吉社参詣である。その翌年に青蓮院脇門跡として寺務を支えていた東南院尊玄が突然、追放された[18]。そのかわりに執事に任命されたのが尊勝院忠慶である。尊玄追放の背景にはおそらく、延暦寺支配を強める義満に対する、尊玄の何らかの反発があったのだろう。かわりに新たに青蓮院を切り盛りすることになった忠慶は、義満の期待通りに従順な姿勢を見せ、自身が押小路家出身だったにもかかわらず、忠慶以降、尊勝院は日野家出身者が占めることになる[19]。日野家が足利家の正室を輩出する家柄であることはいうまでもなく、足利家の意向にそった人事を行ったわけである。のちの展開から見れば、尊玄が追放されたのは、日野家関係者の入室を拒否したためであったからかもしれない。その後、応永一〇年には義満の子息義円が青蓮院に入室するなど、同門跡は足利・日野家との関わりを深めていく。尊勝院もこの時期までには相論に介入するに相応しい後ろ盾を獲得していたのである。

尊勝院をめぐる状況が以上の通りであり、応永一九年（一四一二）の時点で尊勝院に「北山」と付せられたのも、義満の北山第時代に里坊を置いていたからではないだろうか。青蓮院自身が北山に里坊を置いていたことはよく知られており[20]、執事である尊勝院も当然、拠点を置く必要があった。その後、北山第が政務の場から離れると、青蓮院や尊勝院も北山の里坊を放棄したと推測される。そしてこのことが「北山尊勝院」から「山ノ尊勝院」へという呼称の変化にあらわれたと考えられる。

このような金蓮院や尊勝院の動きに対して、地蔵院は応永二一年には、蔭涼軒の留守僧であり、僧録と義持のあいだの連絡係だった仲方中正と文書のやりとりを通じて事態の打開をはかっているが（2—17）、好転しなかったのだろう。不知行という現状を踏まえた上で、地蔵院は応永二一年三月に千代満という人物に二〇年間の長期にわたり地蔵院領半分の請負契約を行っている（4—10）。西島氏は彼を在地領主横山氏の一族と推定しているが、金蓮院から寄進されたのが一切経保田の半分だから、全体として四分一を長期請負に出したのである。

また応永二五年（一四一八）には道忠という人物が西山地蔵院領の半分を担保に借銭している（5—2）。応永三三年に一切経保田半分を寺官忠阿が勝手に他人に契約した後に逐電する事件が起こっていたことを踏まえると（5—20）、道忠が担保としたのは地蔵院が直接経営していた残りの半分を指すと考えられる。道忠の連帯保証人の一人である隆全という人物が「山上坂本」に「坊舎」を構えていたという記述から、かれが山僧であるのは明白だが、さらに推測すれば、もう一方の連帯保証人である「京とのとりぬし」＝兵衛二郎も、京に多く存在した延暦寺配下の土倉の関係者だったのではないだろうか。地蔵院が相論で山門の介入を防ごうとしたことは右で見た通りだが、結局はこのように別のルートから山門関係者の介入を許しており、近江国の荘園経営上、山門の手から逃れることは想像以上に困難だったようだ。金蓮院から寄進をうけた一切経保田半分のうちの半分、すなわち四分一は在地領主と思しき千代満に請け負わせ、残る四分一は、山門関係者に奪われていたことになる。後述するように応仁の乱前まで経営は維持していたようだが、相論続きの所領経営だった。

ⓒ近江国余呉荘内丹生・菅並村

余呉荘内丹生・菅並村も、文書に残された痕跡は現地の武家による押領の事例ばかりである。応永二四年（一四一七）には京極持高の被官に押領され（5—43、6—36）、幕府から一旦安堵は得るものの（2—20）、永享七年（一四三五）には畠山匠作という人物から押妨を受けている（5—5）。同地もまた経営の安定しない所領だった。

以上、一五世紀初頭までの西山地蔵院領の経営状況を見たが、大きくいって安定して経営された荘園とそうでない荘園の二つに分かれていた様子が確認できる。そしてその違いは、守護・守護代の後援や在地領主、さらには国菩提寺との密接な関係の有無にあることは間違いない。この段階では西山地蔵院は細川家分国内の阿波国勝浦荘や土佐国田村荘においては経営を安定させ、そのほかの荘園の代官請負も行うほどであったが、一方、近江や伊勢など、そうではない国の所領では、ほかの荘園領主一般と同様に苦戦し、在地の有力者などに経営を請け負わせている。結果的にではあるが、地蔵院領の経営は、これら二つの方向性を見せ始めていたのである。

4 応永年間の西山地蔵院領

(1)足利義持の庇護

以上、初期地蔵院領の構成と経営を概観してきたが、室町中期の足利義持の時代に庇護が行われた点も重要であり、このことが冒頭で述べた新たな堂舎の建立とも密接に関わっていたと考えられる。この点を明らかにする糸口となるのが、二通の**栖雲庵雑掌中状案**（5—10、5—11）である。

この史料に登場する栖雲庵は、神宮寺法印が創建した寺庵であり、彼は松尾

社の預所として忠節を尽くした功績として、同社領丹波国雀部荘内の一〇石を宛がわれたという。この得分は別相

神宮寺法印─┬─憲智三位阿闍梨
　　　　　　└─義海勝長老

伝され、神宮寺法印の嫡子憲智法印、さらに妹の義海勝長老に相伝されたが、応永二四年には足利義持の命により、栖雲庵そのものが地蔵院の末寺とされた。理由は義海が碧潭の弟子にあたるからというもので、その菩提追善のために所領とともに地蔵院の末寺となったのである。

このように義持の意向をうけて地蔵院末寺となった栖雲庵だが、経営の危機が訪れたのは永享四年（一四三二）である。この時に柳原某が競望し、おそらくはそれと連動して松尾社側が栖雲庵とその庵領を奪還しようとしたのである。

この動きに対して地蔵院は、細川持賢に内々に申し入れを行い、勝訴への道筋をつけようとした。しかし松尾社側はこの時期頭角をあらわしていた奉行人飯尾肥前守為種に私領を預けて裁判を覆そうとし、以上の過程で作成されたのがこの史料なのである。

相論の過程では、松尾社と為種側から出された、女子相続いわれなしとの主張や、一紙の支証なしという抗弁は、女性史や文書主義の観点から興味深い内容だが、ここでは義持が主導して末寺化が進められた点に注目したい。実はこのような庇護の動きは、山城国東久世荘が地蔵院領化する過程でも見られたからである。

先に論じたように[21]、東久世荘は義満により箏の名手であった増位局に与えられた荘園である。彼女の没後には義持の命で追善のために地蔵院に毎年五〇貫文の年貢が寄進され、ここで地蔵院との関係が生まれる。この時は得分の寄進に過ぎなかったが、その後、永享七年に田地三町を割分して寄進されるに至るのである（5―6）。このように増位家の息女の領地が地蔵院に寄進された背景として、増位家が摂津家の重臣であり、その所縁であることを可能性としてあげたが、栖雲庵の事例も踏まえれば、義持期の特徴として、地蔵院庇護の傾向もさらに読み取れるだろう。

この時期に見られた地蔵院庇護の姿勢については他にも例証がある。

応永二二年（一四一五）に、足利満詮から三河国慈恩寺と所領が地蔵院へと寄進された（5―37）。足利満詮は義満の同母弟で、義持からは叔父にあたる人物

であり、彼からの信頼も厚かったようだ。その満詮が、応永二五年に没した後、地蔵院は彼の菩提寺と化しているのである。地蔵院文書には、足利尊氏が勲功の賞として多度元利房という人物に三河国西郡平田村・白鬚・澤河・恒吉を与えた康永四年（一三四五）の下文が残されており（6—33、6—34）、これが「三河国慈恩寺重書案文」として地蔵院に伝えられたことから、多度氏の所領が慈恩寺領となり、その後、地蔵院末寺化を契機に文書が地蔵院に納められたのだろう。慈恩寺は本来は多度氏の菩提寺だったのかもしれない。永享五年には地蔵院が発給した慈恩寺住持補任状が残されているから（5—29）、この時までは安定した本末関係が維持され、相応の資金も進上されたと考えられる。

（2）碧潭周皎像の制作

さて、以上の事例からうかがえるのは、義持と満詮という室町幕府の中心にいた二人が地蔵院を手厚く遇した点である。そしてその象徴と考えられるのが、現在も西山地蔵院に残される碧潭周皎像である（口絵1）。

この画像には応永二三年（一四一六）一〇月付で玉畹梵芳が賛をつけており、制作時期もこの頃だと確定できる。梵芳は詩文だけでなく画僧としても知られる人物であり、応永年間の詩画軸の多くに題詩を付すほか、建仁寺・南禅寺の住持を歴任するなど、義持のおぼえもめでたい禅僧の一人だった[22]。大山喬平氏の解説に基づき賛の内容を見ると、周皎が地蔵の再来で、教説に卓越したことが称揚されている[23]。

画像そのものも特徴的である。

禅僧の頂相といえば、曲彔に座ったものが多いが、享徳元年作成の**西山地蔵院什物目録**（3—42）に、「御影九条黒袈裟一領付裹」ともあるように、黒衣でそのまま座している周皎像は、密教僧の姿そのものであり、右のような意味での禅僧らしさが全くない。義持の夢窓派批判が華美・放漫に流れた禅僧の風紀粛正にあったという玉村竹二氏の説を想起すれば[24]、これは当時の禅僧のあり方の対極にある画像であるといえ、さらにとがった後頭部や独特の鉤鼻は、典型的な隠者のモチーフとも考えられる。これらの意味で周皎像自体が確かに義持の禅好みにかなっていたといえるだろう。この画賛が応永二三年に作られた事実は、義持政権の地蔵院庇護を象徴するといえ、周皎画像の作成をうながしたのも、義持の周辺と見て大過ないだろう。教・禅、そして地蔵信仰をあわせもった彼の流派が、禅宗の現状への批判という文脈のもとで義持政権内部に受け入れられ、所領のさらなる拡大と周皎像の制作というかたちであらわれたと考えられる。

(3)二極化する荘園経営

足利義持政権の後援もあって、寺領を拡大した地蔵院だが、庇護をうけて経営が順調な荘園もある一方、旧金蓮院領のように相論続きで経営が不安定な荘園も存在するなど、経営が二極化していたことがわかる。つまり守護の後援を得て、国菩提寺や在地領主との連携といった現地とのつながりも良好な地域については、代官請負も行うなど積極的に経営を展開し、そうではなく知行を維持できない所領は、現地有力者に長期の請負を依頼し、少しでも得分を確保するかたちへと柔軟に経営を変えていた状況がうかがえる。

これは自明の事柄ではあるが、知行維持が困難だった荘園についていえば、幕閣細川家と強いつながりを有していても、細川家が守護ではなく、現地の掌握までは十分でない場合は支配が貫徹できず、在地領主に経営を委託するのがせいぜいだった点は、しっかり押さえておきたい。つまり、現地の掌握こそが不可欠なのである。この点を踏まえれば、荘園経営において、守護との関わりが深く現地の事情にも通暁した国菩提寺の果たした役割が重要だった事実があらためて浮かびあがるだろう。

西山地蔵院領の経営からは、室町期に整序が進められた荘園の姿がよくわかり、このように再編された都鄙関係の上に中世後期社会は存在していた。かつて室町時代の都鄙交通を、商人の道、守護の道、禅僧の道として整理し、これらが時にからみあい機能する一方で、荘園領主は独自の道を持たず、これら三つの手段を通じて、荘園支配を行ったことを指摘した[25]。阿波国・土佐国については、守護の後援も背景に禅僧の道がうまく機能していたが、それ以外の地域の所領経営では、幕閣細川家との太いパイプにもかかわらず、室町期のほかの荘園領主と同様、他の領主との相論や在地領主との対応に苦慮する一領主にすぎなかった事実も教えてくれるのである。

（4）当事者主義

さて、以上のように西山地蔵院が経営の活路を見出す一方で、所領を争っていた金蓮院の寺勢は衰える一方だった。

この点は永享六年（一四三四）正月六日に祖春が私領として相続していた伊勢国茂永の年貢半分を地蔵院に寄進したことからうかがえるが、金蓮院の建物自体が永享八年に焼けたことは決定的だった。金蓮院は再建費用二〇貫文を地蔵院からもらったのとひきかえに、一切経保田の領家職の四分一を渡している（6—23）。それにともない、地蔵院の直接支配も復活したようで、永享九年から一一年にかけての現地調査が行われ、地頭方代官の違乱として三年で三五石七斗七升三合が計上されている（6—25）。

直務再開後の展開は明らかでないが、寛正七年（一四六六）に高嶋保田未進分と末寺領の公用を支払うように命じた細川勝元の書状が出されている。細川家の権勢を背景にして、寺領の維持をはかっていたのである（4—22、4—19）。

その過程で注目したいのが、**細川勝元書状土代**（4—19）である。そもそも、なぜ勝元が書いた書状の下書が地蔵院に残されているのだろうか。

一見してわかる通り、この文書の構成は複合的である。まず最初が佐々木出羽守宛の細川勝元書状、その次が細川家家臣寺町への披露依頼状、そして最後が細川家からの返答となっている。なぜこのような構成となっているのかといえば、端裏書にも記されるように、細川家に書状作成を依頼するにあたり、このような書状を書いてほしいと文面の雛形まで記した依頼状だからである。これを受けた細川家では内容が吟味され、実際に出されたものの案が**細川勝元書状案**（4—22）である。若干の文面の相違から、地蔵院からの雛形の提示を受けた細川家側でも、当然ながら吟味して書状をしたためたことがわかるだろう。

文書の文面を文書発給を受ける受益者が基本的に決定した点については、すでに戦国期畿内の事例をもとに矢田俊文氏が明らかにしているが[26]、この事例は権利に関係する内容であれば、書状という形式においても、文面の指示が行われた様子がうかがえる興味深い事例といえるのである。

5　在京生活の用途調達

以上、西山地蔵院の荘園経営をもとに、室町期に都鄙関係が整備される様子を見たが、このような社会構造を前提に、経営が安定していた阿波国の地蔵院領をめぐって、次のような融通が行われることになる。

西山地蔵院住持等連署請文案（1―32）は、仁和寺御室領である阿波国勝浦荘の代官職請負を再確認した文書である。文書が出された背景には、荘園経営と借銭の問題が横たわっている。内容は「向後」の借用として、七月二九日と八月一〇日に二〇貫文、八月二〇日と同月二四日に三〇貫文、そして同月二八日に五〇貫文、都合一五〇貫文を借りたいというものである。

この申し出を受けた地蔵院は今年度、御室に進上する予定だった五〇貫文を送ったが、おそらくそれ以前にも一〇〇貫文余を進上していたから、右の金額となったのだろう。西山地蔵院と御室との契約は年額五〇貫文だったから、都合三年分を前借りしたことになる。

この文書で特筆すべきは、月日単位で借銭の要求が記される点である。ではなぜ御室はこのように詳細な借銭要求を行ったのだろうか。そこで注目すべきが、この文書が作成された応永六年（一三九九）という時期である。実はこの年の九月一五日に足利義満による相国寺七重大塔供養が行われており、このこまめな借銭要求もその準備資金だった可能性が高い。地蔵院側も、今後三カ年分の年貢に相当する金額を立て替えるわけだから、そのあいだに代官請負契約を破棄されてはかなわない。以上の事情を背景にこの請文は作成されたのである。

そもそも義満の主催する仏事や儀礼に出仕する費用は、原則、自弁だった。より厳密にいえば、義満は、自身の主催する儀式に参加する公家・寺社に対して所領を安堵し、原則そこから用途を捻出するように仕向けていた。

このことは寺社や公家の経営に変化をもたらし、例えば東寺では明徳二年（一三九一）を初見として「五方」という組織が成立したことが知られている。これは主な寺領の年貢から一部を徴収し、渉外交渉費用を負担する仕組みである。(27)ただし、度重なる要求を前に、安堵された所領の自助努力的な再編や、右のような対処療法的な処置ではもはや追いつかなかったようであり、東寺において義持政権以降、寺外からの借入が増加することが指摘されている。

右の点はおそらく武家においても同様であり、嘉吉元年（一四四一）には阿波国守護細川持常から、将軍足利義教の御一献・御礼物費用として三〇貫文の借用が地蔵院に依頼されている（4―1）。ここで借銭を依頼している阿波守護家は本家京兆家以外で唯一、幕政を決定する重臣会議に名を連ねた家柄であり、御相伴衆にも列せられるなど本家に次ぐ家格だった[28]。その阿波守護家が地蔵院に借入を依頼していたわけだが、それだけでは足りなかったようであり、阿波細川家の奉行人である飯尾久連が四～五日中にあと二〇貫文用立てほしいと懇願した書状がのこされている（4―2）。先に仁和寺の借銭要求について触れたが、公武を問わず、将軍家から負担の自弁を求められ、その調達に苦心しているのである。永享八年（一四三六）にも月利三パーセントで六〇貫文を借りた借用状が作成されているから（6―8）、地蔵院に対する銭の無心も恒常化しつつあったと見てよいのではないだろうか。

では阿波守護細川家の借銭返済はどのようなかたちで進められたのだろうか。いずれの借状にも記されているのは、地蔵院領段銭で返済するという一文である（2―1）。ここから地蔵院領勝浦荘が荘園代官である地蔵院からだけでなく、守護家からも恒常的に守護段銭を賦課されていたことがわかる。さらに年未詳三月二二日付**秋庭元明書状**（4―43）なども参照すれば[29]、地蔵院領に細川家から人夫役や兵粮米が課せられていたことも明らかになる。この時期の在地社会が、朝廷・幕府双方から二重の負担を課せられていたことは、よく知られているが、勝浦荘もその例外ではなかった。そして中央における将軍家を頂点とする儀礼の負担が、在地に転嫁されただけでなく、その借銭さえも現地で実質的に相殺されていた様子がこれらの文書からは読み取れるのである。

京の細川家の入用が、西山地蔵院領勝浦荘の年貢借入で賄われ、その返済も守護が勝浦荘に賦課していた段銭で支払われる。つまり、都の奢侈の代償は、都で決済されずに地方の所領に事実上、転嫁されていたのであり、整備された都鄙交通は、都を富ませる方向に一方的に加速するものだったことがあらためて確認できるだろう。このような社会構造の先に、京都近郊社会では鄙の住民が都を襲う徳政一揆が生まれていたわけだが、そのあり方は、都鄙の再編に組み込まれた阿波国や土佐国にまでもしっかりとおよんでいたのである。

6 一族結集の核として

前章で見た阿波守護家と地蔵院、ひいては本家である細川京兆家との関係が、細川一族の統合に役立ったことはすでに指摘される通りだが[30]、この点をさらに具体的に見てみよう。

嘉吉元年（一四四一）、昌忻という人物が永享元年に死去した細川持元の菩提を弔うために、丹波国桑田郡召次保末次名と摂津国宿野の田地を地蔵院に寄進した（3―1）。摂津国宿野については、ほかの史料に「丹波国桑田郡宿野阿弥陀寺号長興寺」（4―3）とあるから、あるいは両者は同じ地なのかもしれないが、地蔵院が細川家の京菩提寺としての役割を果たしていたことが確認できる事例である。

ここで注目したいのは、この時期の地蔵院の経営のあり方である。昌忻寄進のさいには細川持賢が証判を据えており、この時期の地蔵院の経営には典厩殿と呼ばれた彼の力が大きかった。

文安年中に作成された**西山地蔵院仏殿造営奉加帳**（6―10）は、その名の通り、仏殿造営を目的としたものである。ここに管領として記される細川勝元の管領就任は文安二年（一四四五）三月で、文安六年七月には宝徳へと改元されたから、欠損した年号は、二年から五年までの三年に絞られる。この造営は細川持賢が主導したようで、彼は門中で談合して地蔵院造営を成し遂げるよう命じ、宛先の英公禅師に上洛を促している（2―15）。これを受けて持賢の家臣有岡堅有が奉加銭を進上している（4―6）。

この時になぜ持賢が仏殿造営を働きかけたかは明らかではないが、背景として細川家の内部事情を押さえておく必要がある。嘉吉二年には当主細川持之が嘉吉の乱の混乱のさなか死去し、文安二年に管領となった当主勝元もこの時、いまだ一六歳だった。このような幕政と細川家の不安定さを少しでも払拭するために、地蔵院の仏殿造営を通じて一門の結束を強めようとしたのかもしれない。

その甲斐あってか、細川家の結束はひとまずは保たれたようである。

宝徳三年（一四五一）六月二四日、地蔵院は土佐国下田村荘のうちの富重名の名主職および案主職七町八段を千屋弾正に請け負わせた（6―5）。実に七町以上の広大な所領経営を突如、在地領主に委任したのである。なぜだろうか。

この問題に関連すると思われる史料が、年未詳六月八日付**宗用書状**（6―16）である。下田村荘の名田職の知行に関して相論が発生したために、一旦、その領有が地蔵院に預けられた。しかしその後、訴人が逃亡したために上野某の被官人である千屋三郎左衛門へ名田を返付するように地蔵院に命じている。この上野は土佐守護代の細川家を指し、本書状が宝徳三年前後のものだとすれば、細川持益ということになる。[31]そして宗用はおそらく京兆家の人間だろう。下田村荘支配において、京兆家と土佐守護代家と地蔵院の三者が協同して事にあたる様子がうかがえるのである。

ただし、阿波国守護細川持常も宝徳元年に死去するなど、細川一族内部の人材も乏しくなる一方だった。そして、宝徳三年一〇月には、土佐国高岡郡津野の在地領主津野之高が反乱を起こすなど、[32]現地支配も転換期を迎えていた。西山地蔵院の経営を支えた状況そのものが揺らぎ始めていたのである。

7　その後の西山地蔵院

応仁の乱で寺内の建物や経典が灰燼に帰した後、細川家を中心に最低限の再建は行われたらしい。文明一一年には天龍寺以下嵯峨の禅院に対して、幕府は応仁の乱前の借銭支払を一〇年間延期することを命じている（4―17）。文明一四年（一四八二）には一旦、還住がなされたようで、地蔵院も含む嵯峨の塔頭が幕府に礼銭を進上している（4―24）。この間、袈裟や御影といった寺宝類は西芳寺に預けられていたようであり、文明元年八月に地蔵院に戻されている（3―42）。延徳三年（一四九一）三月二日には細川頼之百年忌が行われ、最低限の寺容は整えられていた（4―29）。この時の当主である細川政元が法会を主催したのだろう。

所領も近郊についてはある程度、収入が見込めたようである。

長享三年（一四八九）には摂津国音羽村へ課せられた人夫役関係のやりとりが残され（4―25）、永正四年（一五〇七）には丹波国横田保並公文分を畑弥六に補任するなど（1―28）、少なくとも一六世紀初頭までは、近郊の所領はある程度維持されていた。末寺化した栖雲庵が有していた京都近郊の大藪などからも、中世末まではわずかではあるが地子銭などが進上されていた。[33]しかし、檀越である細川家は、高国以後ふるわず、庇護は全く期待できない状況にあった。

時代は下って天正四年（一五七六）、織田政権の部将細川藤孝が、地蔵院も含まれる西岡の一職支配を認められた。京兆家ではなく、和泉守護家の流れとはいえ、大檀那の姓をついだ人物の登場には西山地蔵院側も期待を寄せたようで、一部の所領の寄進を受けたらしい。年未詳ながら、藤孝も地蔵院を訪れ、この時住持だった琛甫周璘西堂と和漢会を催している（4―29）。おそらくこの時に藤孝から財政的支援を受けたのだろう。

しかし天正八年に藤孝が丹後に封じられ、西岡が織田信長の直接支配地となると事態は一変する。天正一〇年三月には、織田政権の裁判で寄進地は松尾神領内だとして返還させられてしまうのである。[34]

この時、松尾社に対して、以後の異議申し立てはしないと誓約した地蔵院住持済叔周弘は地蔵院近くの「唐森士族」の出身だったという。ここから所領の上でも、人材の上でも中世末に地蔵院が地域の寺として定着していたことがわかるが、彼の時代は、のちに中近世の移行期とされる社会変動に直面しただけでなく、多難だった。天正年中（七年か一三年）の地震では地蔵院の建物が倒壊し、周弘は延慶院に退去したままだったという。この延慶院は天龍寺の塔頭として地蔵院境内に存在しており、『笠山会要誌』にも書きあげられているが、どの時期に附設されたのかは明らかでない。

応仁の乱や天正の地震などの被害に見舞われた地蔵院の歴史は、再建にむけた奮闘の道程だったといってよい。藤孝流細川家も、忠興が大徳寺高桐院を藤孝の京菩提寺とするなど、同家からの庇護は望みにくい状況にあった。このような状況下でも再建に向けた営みは続けられていた。現在も地蔵院に残される細川頼之像（口絵2）は応仁の乱で絶海中津が記した賛の部分が奪われたが、明暦三年（一六五七）に江岳元策が主導して新たに賛を付して修復されていた。[35]彼は冒頭でも触れた『笠山会要誌』を編纂した人物でもあり、地蔵院再興の動きは寺の由緒の復原と一体となって進められていたのである。

その活動は以後も継承され、一七世紀末、地蔵院の長老古霊道充は肥後国に拠点を移した細川家に奉加を求めて、地蔵院の由緒を書きあげた（4―29）。そこでは宇土藩主細川丹後守行孝が訪れ、細川家系図の書写を進上したことなど、細川家との関わりを述べた上で、大破した寺庵の修復を依頼している。現在の建物もこの時の再建になるものだという。

このように寺の由緒を物語り、寺の再建にも大きな役割を果たしてきた西山地蔵院文書も、近代に入りその役目を終えた後は、ただ静かに創建以来の歴史を教えてくれるばかりなのである。

（1）新田英治「室町時代の公家領における代官請負に関する一考察」（『日本社会経済史研究　中世編』、吉川弘文館、一九六七年）。

（2）早島大祐『室町幕府論』（講談社、二〇一〇年）。

（3）文書伝来の経緯から、軸装を行った候補としては第一にあげられるのは、西山地蔵院である。しかし、文書の配列を見てみると、寺として重要度の高い、禅僧や寺宝、さらには足利家や細川家などの文書が、配列上、重視されていないように見えることから、地蔵院による装幀が行われた可能性は低く見ざるをえない。このように考えた上で、候補として次に浮上するのが、京都大学に文書を販売した大阪の油谷博文堂である。この時、博文堂を任されていた油谷達は東京美術学校（現：東京芸大）で美術を学んだ経験があり、博文堂時代には、名筆の複製を作成・販売するなど文書の取り扱いにも知悉していた。彼が本文書を巻子仕立てにした可能性が高いのではないだろうか。

（4）関連文書として現時点で次の史料が確認されている。文書の所在については小原嘉記氏のご教示を得た。

　一つは早稲田大学図書館荻野三七彦蒐集文書であり、かつて金蓮院が所有していたと思われる関連文書が三点残されている。

①後宇多上皇院宣（正応四年四月九日付、『古文書集』一三四号）

②六波羅御教書（延慶四年三月三〇日付、『古文書集』一三九号）

③預所代道円・地頭代兼憲和与状（嘉元二年一一月二八日付、『古文書集』掲載無、紹介と翻刻は西島太郎『戦国期室町幕府と在地領主』八木書店、二〇〇六年、二六九～二七〇頁）。

　もう一つは兵庫県立歴史博物館所蔵文書で、摂津国長町荘関係旧地蔵院として文和元年一二月二四日付足利義詮御判御教書が納められている。内容は赤松師律師御房宛で塩河源次郎入道の濫妨を榎禅尼が訴えたもので、貞和二年に青木大夫に塩河源二郎入道押領を排除した功績で宛行った摂津国長町荘野間村預所職宛行状（1―4）に関連すると考えられるものである。

　また「土佐国蠧簡集拾遺」一〇四号（『高知県史』古代中世史料）には応永三年段階の土佐国田村下荘内正興寺関係文書が一点残されている。

（5）ちなみに法統一覧は次の通りである。番号は『笠山会要誌』に院主として記される順番である。

①夢窓疎石―②碧潭周皎―③旭峰妙朝―④仙英周玉―⑤雲谷周宝―⑥九成周韶―⑦叔和中康―⑧琛甫周璘―⑨西斎等琦・養仲周保―⑩済叔周弘―⑪堅操元松―⑫江岳元策―⑬絶岸元筬―⑭古霊道充―⑮雲崖道岱

　なお古霊道充書上土代（4―29）では第三代として細川清氏舎弟・頼之養子として笑山周念をあげている。琛甫周璘と西斎等琦は歴代に数えず、中康の次に養仲周保を置くものもある。この間、院主をめぐり、あるいは混乱があったのかもしれない。

また『西山地蔵院文書』から判明する住持は次の通りである。

昌与（明徳四年、3—30）

某（応永二一年、4—10）

周範（正長元年、5—3）

中康（享徳元年以前、3—42）

周玉（享徳元年〜長禄四年、3—11、3—42）

梵舒・□薫（文明元年、3—42）

なお周範、梵舒は文安年中作成の西山地蔵院仏殿造営奉加帳（6—10）にもその名が見える。

（6）辻善之助「足利尊氏の信仰」（『日本仏教史研究』二巻、岩波書店、一九八三年、初出は一九一七年）、八木聖弥「足利尊氏と地蔵信仰」（『博物館学年報（同志社大学）』二八号、一九九六年）、清水克行『足利尊氏と関東』（吉川弘文館、二〇一三年）など。

（7）細川涼一「中世国家と律宗」（『日本中世の社会と寺社』、思文閣出版、二〇一三年、初出は一九八七年）。また、船田淳一氏は清算が室生寺の忍空や醍醐寺の房玄から密教を伝授したことを指摘している（「『西大寺十代長老清算』考」『日本仏教綜合研究』一二、二〇一四年）。周皎の書写も密教教学伝授の側面から考えられるかもしれない。

（8）玉村竹二『五山禅僧伝記集成』（思文閣出版、二〇〇三年、初版は一九八三年）。

（9）前掲注(2)早島『室町幕府論』。

（10）摂津親秀所領処分注文写（「美吉文書」）。

（11）山本大「細川氏と土佐国田村庄」（『日本歴史』二五〇号、一九六九年）。

（12）島田豊寿「田村細川城館と守護代町について」（『土佐史談』一一九号、一九六八年）。

（13）大田壮一郎氏は、中世後期の地域寺院の末寺化が、檀那をはじめとする在地の諸領主間の競合関係の延長線上に実現することもあったと指摘する（「中世後期の本末関係と末寺支配」井原今朝男編『富裕と貧困』竹林舎、二〇一三年）。この指摘も踏まえると、浄恵による正禅庵の地蔵院末寺化は、田村荘内において入交氏が盛氏・泰綱ら一統から卓越する過程を象徴的に示すのかもしれない。

（14）応永二四年、摂津満親は家領加賀倉月荘内諸江・山口を南禅寺老僧寮哀勝軒に寄進しているが、本来は同じく家領武蔵小沢・小机を寄進したかったが同地がすでに不知行であるためにこのような処置をとったことが記されている（『大日本史料』第七編二八、一七三頁）。

（15）前掲注(8)玉村『五山禅僧伝記集成』。

（16）小原嘉記「西山地蔵院文書の伊勢国関係史料について」（『三重県史研究』二九、二〇一四年）。

（17）西島太郎「西佐々木七氏の経済基盤と序列」（『戦国期室町幕府と在地領主』、八木書店、二〇〇六年）。

(18)『兼宣公記』応永三年一一月三日条。関連史料は『大日本史料』第七編之二、六〇七頁を参照。

(19)下坂守「中世門跡寺院の歴史的機能」（『中世寺院社会の研究』、思文閣出版、二〇〇一年、初出は一九九九年）。

(20)細川武稔「『北山新都心』に関するノート」（『東京大学日本史学研究室紀要　別冊』二〇一三年）では、青蓮院執事の上乗院が北山に坊を構えたことが指摘されている。

(21)早島大祐「東久世庄増位家小伝」（『立命館文学』六二四、二〇一二年）。

(22)前掲注(8)玉村『五山禅僧伝記集成』。なお彼は蘭石図の作画も得意としていた。ピーター・F・ドラッカーなども彼に代表される室町絵画に魅せられた一人である（『ドラッカー・コレクション　珠玉の水墨画』二〇一五年）。

(23)大山喬平編『博物館の古文書第3輯　細川頼之と西山地蔵院文書』に基づき、賛を載せておく。

　後進隳活　先学範儀
　日印碧潭　大矣国師
　宗風紹続　山開蘭若
　想哉持地　宝杖飛来
　言行相顧　機用孰知
　舌翻四弁　波乱宜側
　衆聴学究　三蔵突奥
　快釈群疑　夫是之謂
　勅謚宗鏡禅師者也
　　応永丙申十月如意珠日焚薌拝讃　梵芳謹書

(24)玉村竹二「足利義持の禅宗信仰に就て」（『日本禅宗史論集　下之二』、思文閣出版、一九八一年、初出は一九五一年）。

(25)前掲注(2)早島『室町幕府論』。

(26)矢田俊文「戦国期の守護家」（『日本中世戦国期権力構造の研究』、塙書房、一九九八年、初出は一九九一年、原題は「戦国期河内国畠山氏の文書発給と銭」）。

(27)伊藤俊一「「有徳人」明済法眼の半生」（『室町期荘園制の研究』、塙書房、二〇一〇年、初出は一九九七年）。

(28)末柄豊「細川氏の同族連合体制の解体と畿内領国化」（石井進編『中世の法と政治』、吉川弘文館、一九九二年）。

(29)2―7(2)、6―4から細川家家臣秋庭元明が文安年間に活躍したことがわかる。

(30)前掲注(28)末柄「細川氏の同族連合体制の解体と畿内領国化」。

(31)石野弥栄「細川京兆家の守護支配について」（『栃木史学』七、一九九三年）、市村高男「細勝寺所蔵「細川氏家譜」について」（『高知大学教育学部研究報告』六一、二〇〇一年)。

(32) 前掲注(31)石野「細川京兆家の守護支配について」。

(33) 『松尾大社史料集』一三三八号。

(34) 『松尾大社史料集』一三三七号。

(35) 参考までに前掲大山編『博物館の古文書第3輯　細川頼之と西山地蔵院文書』に基づき、賛をしるす。

源管領武州太守桂岩居士像
徳容春温従之遊者未嘗〇(覚)其機密、正色冬凛
望之畏者未嘗覩其室虚、動而恒静、親而若疎、樹
旗幢以監邊威震夷狄、坐廟堂以論道信及豚魚、
遂能幼主於危邦之際、全神器於分崩之余、彼方
烏合而蝟聚、吾乃霆掃而風除、人徒見成績於今日
而不知予手之拮据、迄乎大緑夙契投機雲屋、弄西
河獅子、躍済北驊騮、殺活自在、縦横巻舒、宿師老衲
有所不如、然則致君与利民、豈非道真之土苴也耶、

右者、城西衣笠山地蔵院護法檀越細川氏武州
源頼之公肖像、仏智広照浄印翊聖国師絶海
和尚之尊賛也、応仁兵燹以后、院羅(罹)寇乱之難、而旧
物多為烏有矣、丁斯時、国師之旧讃、亦為奸賊所奪、
雖然居士之真容者、為神物所護也、嗚呼奇哉、今
地蔵院十二世之監務策禅伯、以慕遠追本之志乎、
表装之而請膽写斯讃詞、不克固辞下毫手
以応其求云
　旹明暦第参龍集丁酉
　　秋九月両十三日
　西芳小比丘惟堅叟書

[付記] 系図1と図3は注(23)の『博物館の古文書第3輯　細川頼之と西山地蔵院文書』より転載（但し系図1は補訂した）

京都大学史料叢書（第一期）

1	兵範記 1	上横手雅敬編	本体10,500円
2	兵範記 2		本体10,500円
3	兵範記 3		本体10,500円
4	兵範記 4 ・範国記・知信記		
5	兵範記紙背文書	佐藤泰弘編	
6	西山地蔵院文書	早島大祐編	本体13,000円
7	京都雑色記録 1	朝尾直弘編	本体14,000円
8	京都雑色記録 2		本体14,000円
9	京都雑色記録 3		本体14,000円
10	吉田清成関係文書 1　書翰篇 1	山本四郎編	本体13,000円
11	吉田清成関係文書 2　書翰篇 2		本体13,000円
12	吉田清成関係文書 3　書翰篇 3		本体13,000円
13	吉田清成関係文書 4　書翰篇 4		本体15,000円
14	吉田清成関係文書 5　書類篇 1		本体19,500円
15	吉田清成関係文書 6　書類篇 2		
16	吉田清成関係文書 7　書翰篇 5 ・書類篇 3		

編集・解説

早島大祐

京都大学史料叢書 6

西山地蔵院文書

平成二十七年十月一日　発行

定価：本体一三、〇〇〇円（税別）

編　者　京都大学文学部日本史研究室

発行者　田中　大

印刷所　株式会社図書印刷同朋舎

発行所　株式会社　思文閣出版

京都市東山区元町三五五

電話（〇七五）七五一―一七八一㈹

ISBN978-4-7842-1816-5　C3321　Printed in Japan

西山地蔵院文書編年目録

	年月日	備考	文書名
3－3	安貞二年正月二十八日		卜部宿祢田地売券
5－12	弘安五年二月十四日		亀山上皇院宣案
3－2	文保元年四月六日		沙弥心覚田畠屋敷等売券
1－17	元徳二年八月十二日		豪慶屋敷譲状
1－11・3－29	建武四年十月二十日		円寛等連署紛失状案
6－35	暦応三年卯月日		実賢陳状案
1－33	暦応三年八月十日		丹波国桑田郡召次保領家某宛行状
3－15	暦応四年三月二十六日		桂殿内正安名名主職宛行状
6－34	康永四年三月十七日		足利尊氏下文案
6－33	康永四年七月二十二日		室町幕府執事高師直施行状案
1－3・3－27	貞和元年十一月十七日		足利直義下知状案
1－4	貞和二年九月三日		摂津国長町荘野間村預所職宛行状
1－2・3－44	(貞和三年ヵ)十月二十三日		天台座主尊胤法親王令旨
1－25	貞和四年八月二十四日		近江国横山郷地頭佐々木横山道光請文
3－14	貞和四年十一月三日		観空寄進状
5－14	貞和四年十一月三日		古先印元契状案
5－13	貞和四年十一月二十四日		古先印元置文案
2－22(3)	貞和五年六月二十日		光厳上皇院宣案
3－46	観応元年八月十九日		盛氏寄進状
1－24	観応元年十月日		阿古丸寄進状
3－47	観応二年九月十六日		友光屋敷売券
3－45	文和二年二月二十七日		室町幕府引付頭人二階堂時綱奉書

1-23	文和三年三月二十八日	源某名主職宛行状
1-16	康安元年ヵ五月二十一日	しやうきう茶園等譲状案
3-13	康安二年九月四日	秦相音屋敷畠売券
4-39	貞治五年二月七日	泰綱寄進状
3-6	応安元年卯月日	金蓮院雑掌定勝言上状案
5-21	応安二年十一月日	沙弥某寄進状
2-12・5-40	(応安四年)後三月七日	古先印元書状案
1-22	応安五年十二月七日	秦相季寄進状
3-8・4-37	応安六年正月二十四日	比丘尼性遍等寄進状
3-32	応安六年正月二十四日	最福寺衆徒契約状
3-26	応安六年三月二十四日	平則俊等連署寄進状
3-4・4-36	応安六年九月二十四日	秦相季寄進状
3-36	(永和元年ヵ)四月二十六日	御室永助法親王令旨
1-21	永和元年八月日	阿波国勝浦荘領家職半済所務職請文案
3-17	永和元年九月二十四日	深渓昌資寄進状写
1-37	永和元年十一月二十六日	阿波国勝浦荘内多奈保領家職半済請文
3-18	永和二年五月二十四日	室町幕府管領細川頼之奉書案
2-22(2)・5-35	永和五年三月二十一日	祖光寄進状案
5-33	永和五年三月二十八日	室町幕府管領細川頼之奉書案
3-16・5-39・5-41	(永和五年)三月二十九日	祖光書状
5-44	康暦元年九月十二日	足利義満御判御教書案
6-11	康暦二年十一月二十八日	西山地蔵院契約状案
2-6	康暦三年二月二十四日	某書状
3-34	永徳元年十一月二十七日	室町幕府管領斯波義将奉書案
3-33	永徳三年六月日	葉室長宗寄進状
1-36	永徳三年十二月十七日	丹波国大芋吉久名名主職補任状
5-32	至徳元年十一月十五日	禅守譲状案

1-27	至徳二年二月二十四日	摂津能直寄進状
5-22	至徳三年五月二十四日	浄恵寄進状
5-45	至徳三年六月七日	足利義満御判御教書案
3-5	至徳四年三月二十一日	摂津能秀寄進状
3-40	嘉慶二年八月二十一日	室町幕府管領斯波義将奉書
1-26	嘉慶二年八月二十一日	室町幕府管領斯波義将奉書案
5-23	嘉慶二年十一月十三日	摂津国守護細川頼元書下
6-12	康応元年四月十七日	室町幕府管領斯波義将奉書案
3-12	明徳二年八月五日	有氏等連署寄進状
1-15	明徳三年五月二十四日	浄恵寄進状案
1-30	明徳三年四月二十一日	沙弥道久寄進状案
3-30	明徳四年十月二十八日	西山地蔵院住持昌与請文案
3-37	明徳五年四月九日	藤原数信寄進状
6-17	明徳五年六月二十日	足利義満御判御教書案
1-31	応永四年十二月七日	下桂孫七郎田地売券
5-8	応永五年五月日	土佐国田村上荘種子名坪付
1-32	応永六年七月二十日	西山地蔵院住持等連署請文案
1-1(2)	(応永六年)八月十六日	尚長書状
5-24	(応永六年)九月十八日	細川義之書状
5-34	応永八年十一月日	西山地蔵院雑掌定勝目安案
1-8	応永九年七月二十五日	摂津幸夜叉丸寄進状案
3-23	応永十年八月四日	室町幕府管領畠山基国奉書
1-7	応永十年八月十八日	近江国守護六角満高書下
5-25	応永十年八月十八日	近江国守護代目賀田某書下
1-6	応永十二年十一月十五日	しのむら成教田地売券
1-5・6-14	応永十六年三月十八日	石清水八幡宮俗別当紀兼能契約状
2-22(1)	応永十六年八月日	某言上状案

5-26	応永十七年二月七日	細川家奉行人書下
5-31	応永十八年五月三十日	石清水八幡宮俗別当紀兼能袖判書下
4-40	応永十八年十二月二十三日	栄賢屋敷売券
5-27	応永十八年十二月二十四日	秦相遠本物返借用状
5-28	応永十八年十二月二十五日	宮仕兵衛二郎用途請文
2-19	応永十九年八月五日	足利義持御判御教書案
2-5(1)・3-38	応永二十年十月二十日	足利義持御判御教書案
5-46	応永二十年十月二十日	足利義持御判御教書案
1-10・2-5(2)	応永二十年十一月二十六日	室町幕府管領細川満元奉書案
3-21・3-28	応永二十年十二月二十七日	室町幕府管領細川満元奉書
3-22・3-28	応永二十一年二月十三日	近江国守護六角満高書下
4-10	応永二十一年三月	西山地蔵院契約状
2-17	応永二十一年五月十九日	近江国高島郡一切経保田文書請取状
5-36	応永二十一年後七月二十日	細川満元書状案
3-24	応永二十一年閏七月二十六日	足利義持御判御教書案
5-38	応永二十一年閏七月二十六日	西山地蔵院領重書案
5-37	応永二十二年六月三日	足利満詮譲状案
4-34	応永二十三年十一月八日	室町幕府奉行人奉書案
5-43	応永二十四年八月五日	室町幕府管領細川満元奉書案
6-36	応永二十四年八月十六日	近江国守護六角満綱書下案
5-42	応永二十四年十一月二十一日	室町幕府管領細川満元奉書案
5-2	応永二十五年五月二十九日	道忠借用状案
5-1・5-19	応永二十六年九月二十七日	室町幕府管領細川満元奉書案
2-21	応永二十六年十月二十二日	近江国守護六角満綱書下案
2-20	応永二十六年十二月十九日	足利義持御判御教書案
6-13	応永二十九年閏十月二十日	室町幕府管領畠山満家奉書案
5-4	応永三十一年十月二日	河北新左衛門等使節請取状案

3 - 7	応永三十二年十二月十三日	某田地売券
3 -35	応永三十三年九月二十九日	細川家奉行人奉書
5 -20	応永三十三年十二月二十四日	室町幕府管領畠山満家奉書
5 - 3	正長元年六月十一日	周範請文案
6 -20	正長元年九月七日	昌信奉書
5 -17	永享二年三月日	西山地蔵院雑掌陳状案
2 -24	(永享二年)九月十一日	土岐持頼書状
6 -22	永享二年九月十二日	沙弥某書下
5 -30	永享三年三月八日	三塔衆議事書案
6 -21	永享四年八月十七日	正育譲状
5 -29	永享五年卯月五日	慈恩寺住持職補任状案
6 - 6	永享六年正月六日	祖春寄進状
3 -41	永享六年十月二十四日	梵松寄進状
6 - 7	永享六年十月晦日	梵松書状
5 - 5	永享七年八月日	西山地蔵院雑掌目安案
5 - 6	永享七年八月	東久世荘内田地請取状
5 -11	永享七年十一月日	栖雲庵雑掌申状案
6 - 8	永享八年十二月十九日	細川家奉行人連署借状
6 - 2	永享九年二月二十八日	梵宥等連署借状
6 -23	永享九年二月二十八日	祖春去渡状
6 -24	永享九年二月二十八日	祖春契約状
5 -10	永享九年十二月日	栖雲庵雑掌申状案
6 - 3	永享十年二月六日	教道屋敷預状
6 -25	永享十一年十月日	近江国一切経保田荘主注進状
4 - 1	嘉吉元年五月三日	細川家奉行人連署借状
6 -15	嘉吉元年五月三日	石清水八幡宮俗別当紀兼永公用銭売寄進状
4 - 2	(嘉吉元年)五月四日	飯尾久連書状

2-1	嘉吉元年五月十三日	細川家奉行人奉書案
4-14	嘉吉三年六月二十六日	細川持益書状案
3-1	嘉吉三年十二月二十九日	昌忻寄進状
6-9	文安元年四月日	西山地蔵院申状案
6-40	文安元年五月日	松尾社前神主秦相言申状土代
6-46	文安元年五月日	長松為国申状
1-18	文安元年閏六月日	西山地蔵院雑掌重申状案
2-11	文安元年七月二十一日	細川家奉行人奉書案
6-43	文安元年七月二十二日	丹波国守護代内藤之貞書下案
2-10	文安二年七月二十八日	摂津満親書状案
2-2	文安二年八月三日	室町幕府奉行人連署奉書
2-9	文安二年八月九日	細川家奉行人奉書案
6-4	(文安四年十一月二十日)	秋庭元明書状包紙
2-7(2)	(文安四年)十一月二十日	秋庭元明書状
6-39	文安五年三月十八日	中玖請文
6-10	文安□年十月　日	西山地蔵院仏殿造営奉加帳
4-6	(文安年中ヵ)三月五日	有岡堅有書状
2-15	(文安年中ヵ)三月十日	細川持賢書状案
6-5	宝徳三年六月二十四日	千屋某請文
6-29	宝徳三年六月二十四日	千屋某請文土代
2-23	宝徳三年十一月二十一日	倉恒経久田地預状
3-42	享徳元年八月二十四日	西山地蔵院什物目録
2-8	康正元年九月五日	宝然書状
3-11	長禄四年八月三日	西山地蔵院領総安堵御判御教書等目録
4-3	寛正五年四月二十九日	丹波国桑田郡宿野阿弥陀寺領田畠等目録案
4-15	寛正五年四月二十九日	丹波国守護細川勝元書下案
4-19	寛正七年二月二十二日	細川勝元書状土代

4-22	寛正七年二月二十三日	細川勝元書状案
4-35	文正元年三月十七日	宗光代官職請文
4-21	文明三年十月十五日	摂津国守護代薬師寺元長書下
4-13	文明四年二月三十日	四宮宗能書下
4-20	文明十一年四月二十七日	丹波国守護代内藤元貞書下
4-17	文明十一年九月二十日	室町幕府奉行人連署奉書案
4-27	(文明十三年ヵ)十一月三十日	四宮長能書状
4-23	文明十三年十二月五日	細川家奉行人奉書案
4-16	文明十三年十二月十九日	四宮長能書下案
4-24	文明十四年十二月二十八日	定泉坊瑄演折紙銭請取状案
4-41	文明十八年十月七日	神部氏正寄進状
4-25	長享三年七月十九日	四宮長能書下案
4-26	明応七年四月五日	赤沢季政田地売券
1-28	永正四年九月二十七日	丹波国横田保等補任状
2-14	(年欠)正月十三日	飯尾久連書状案
3-10	(年欠)正月二十六日	細川頼元書状案
2-3	(年欠)二月十日	細川家奉行人書下
4-18(1)	(年欠)二月十九日	仁木常忠書状案
4-18(2)	(年欠)二月二十日	飯尾真覚書状案
1-20	(年欠)二月二十三日	某書状
3-43	(年欠)二月二十四日	摂津能直書状
1-13	(年欠)三月四日	定恒書状
6-31	(年欠)三月十一日	真栄等連署書状
4-43	(年欠)三月二十二日	秋庭元明書状
6-19	(年欠)三月二十六日	恵麙書状案
4-28	(年欠)四月五日	氏盛書状

1－9	(年欠)五月十二日	某書状
6－16	(年欠)六月八日	宗用書状
5－9	(年欠)六月十五日	周礼書状
6－27	(年欠)六月十八日	公隆書状
4－29	(年欠)八月　日	古霊道充書上土代
1－19	(年欠)八月三日	家茂書下
4－11	(年欠)八月十六日	土岐持頼書状
2－16	(年欠)九月十日	藤井嗣尹書状
4－4	(年欠)九月十日	花徳院光世書状
6－32	(年欠)九月十一日	為信書状
1－14・35	(年欠)九月三十日	広成書状
6－28(2)	(年欠)十月十五日	経永書状
4－44	(年欠)十月十六日	之棟書状
6－30	(年欠)十月二十一日	宗秀書状
4－32	(年欠)十月二十六日	俊秀書状
5－7	(年欠)十月二十九日	某書状
4－12	(年欠)十一月三日	野田泰忠書状
4－7	(年欠)十一月七日	長布施保秀等連署書状
4－8	(年欠)霜月十八日	丹下盛賢書状
1－12	(年欠)十一月二十五日	飯尾頼連書状
4－42	(年欠)十一月二十七日	秀親書状
4－33	(年欠)十一月三十日	四宮長能書状
6－44	(年欠)十二月十五日	顕勝書状
4－5	(年欠)十二月十八日	波多野秀忠書状
4－31	(年欠)十二月十八日	渋谷之弘等連署書状
2－4(2)	(年欠)十二月二十七日	某書状
1－1(1)	(年月日欠)	某書状

1-29	(年月日欠)	某書状
1-34	(年月日欠)	某書状
2-4(1)	(年月日欠)	某書状
2-7(1)	(年月日欠)	某書状
2-13	(年月日欠)	摂津国長町庄内西倉村相伝系図
2-18	(年月日欠)	某書状案
2-22(4)	(年月日欠)	某安堵状案
3-9	(年月日欠)	六波羅下知状案
3-19	(年月日欠)	某所敷地指図
3-20	(年月日欠)	六波羅下知状案
3-25	(年月日欠)	細川家歴代書付
3-31	(年月日欠)	某書状
3-39	(年月日欠)	某荘坪付状
4-9	(年月日欠)	近江国余呉荘内丹生・菅並両村支証目録
4-30	(年月日欠)	某書状
5-15	(年月日欠)	某書状
5-16	(年月日欠)	近江国高島郡横山郷一切経保田領家方田数等目録
5-18	(年月日欠)	西山地蔵院借銭書付案
6-1	(年月日欠)	正禅庵文書重書案
6-18	(年月日欠)	吉久名系図
6-26	(年月日欠)	某書状
6-28(1)	(年月日欠)	某書状
6-38	(年月日欠)	足利直義下知状案
6-41	(年月日欠)	近江国高島郡横山郷一切経保田年貢注文
6-42	(年月日欠)	某書状案
6-45	(年月日欠)	東裏松屋地相伝系図